21世纪房地产系列教材

房地产市场营销

（第3版）

李 英 周 宇 杨世寨◎编著

Real Estate
Sales & Marketing

清華大學出版社
北 京

内 容 简 介

本书将市场营销的基本理论引入房地产市场营销，从营销环境的分析入手，直到4Ps组合策略的制定和实施，中间所经历的每一个环节均体现出房地产市场营销活动的特殊性。

本书共十五章。其中，第一和第二章主要阐述房地产及房地产市场的基本概念、特征以及政府对房地产市场管理的必要性；第三至第九章对房地产市场营销环境、消费者的购买行为、市场发展与竞争战略、市场调查与预测、STP战略等内容进行全面阐述，这一部分是开发商在制定具体的4Ps组合策略之前所必须经历的过程；第十至第十五章详细分析了房地产4Ps组合策略、房地产网络营销模式、房地产大盘开发与营销等。第3版更新了很多数据和案例，以保证本书内容的与时俱进。

本书可作为房地产经营管理、工程管理等专业的本科教材，也可作为相应专业研究生的参考用书，还可作为房地产领域从业者、房地产主管部门的工作参考用书，以及普通业主了解有关房地产知识的书籍。

图书在版编目（CIP）数据

房地产市场营销 / 李英，周宇，杨世寨编著．— 3 版．—北京：清华大学出版社，2022.4
21 世纪房地产系列教材
ISBN 978-7-302-60606-2

Ⅰ．①房… Ⅱ．①李… ②周… ③杨… Ⅲ．①房地产市场—市场营销学—高等学校—教材 Ⅳ．①F293.352

中国版本图书馆 CIP 数据核字（2022）第 065346 号

责任编辑：杜春杰
封面设计：刘 超
版式设计：文森时代
责任校对：马军令
责任印制：丛怀宇

出版发行：清华大学出版社
网　　址：http://www.tup.com.cn，http://www.wqbook.com
地　　址：北京清华大学学研大厦 A 座　　**邮　　编：**100084
社 总 机：010-83470000　　**邮　　购：**010-62786544
投稿与读者服务：010-62776969，c-service@tup.tsinghua.edu.cn
质量反馈：010-62772015，zhiliang@tup.tsinghua.edu.cn
印 装 者：三河市金元印装有限公司
经　　销：全国新华书店
开　　本：185mm×260mm　　**印　　张：**21.25　　**字　　数：**501 千字
版　　次：2010 年 12 月第 1 版　2022 年 5 月第 3 版　　**印　　次：**2022 年 5 月第 1 次印刷
定　　价：69.80 元

产品编号：088234-01

第 3 版前言

本书经过前两版的使用，已被将近两百多所本科院校、职业学院选作教材并收到了良好的使用反馈。考虑到目前国内外经济形势发生剧烈变化，尤其是新冠疫情的来袭以及 5G 产品的逐步推广，房地产市场状况和购房者的购房需求已发生了很大的改变，而前两版教材内容已显陈旧，因此我们决定再次进行全面修订。

教材修订过程依然坚持“学以致用”和“理论联系实际”的原则。在基本保持原教材框架结构的情况下，大幅度删减了原有案例和数据，更新了最新数据、相关案例和阅读资料，更便于读者深入掌握有关理论，了解当前的房地产市场行情和新的营销手段。在第 2 版增加“房地产网络营销”和“房地产大盘开发与营销”两章内容的基础上，考虑到新冠疫情和 5G 等情况的出现极大地影响了市场形势和开发商的营销策略，因此，第 3 版中新增了网络营销方式的相关内容；删去了“房地产 O2O 整体营销”，新增了“5G 时代的房地产营销”。改版后的教材更加立体地呈现了后疫情时代房地产开发商的数字化转型模式，贴近人们当下的新生活方式，可读性也更强。

本书在修订过程中得到了同行专家、业内人士的大力支持和专业指导，同时，清华大学出版社编辑杜春杰老师对全书内容的修订提出了很多建设性意见。在此，对他们的热心帮助表示深深的谢意。

受水平和能力限制，修订后的教材可能存在一些疏漏或不足，欢迎读者批评指正，以便我们及时纠正、完善，直至做出精品。

编　者

2021 年 10 月

第 2 版前言

本书自 2010 年 12 月首次出版以来，已被六十多所本科院校、职业学院选作教材，目前已经经过第六次印刷，获得读者的广泛好评，实现了我们最初写作本教材的目的。但是，考虑到目前国内经济形势日新月异，房地产市场状况已发生很大的变化，新的营销方式和手段层出不穷，原有教材内容已显陈旧，因此我们决定进行全面修订。

教材修订过程依然坚持“学以致用”和“理论联系实际”的原则。在基本保持原教材框架结构的情况下，补充了最新数据，增加了可操作性内容，更便于读者深入掌握有关理论，了解当前的房地产市场行情和新的营销手段。另外，随着互联网的发展，房地产网络营销得到快速发展；房地产大盘以独有的优势产生了巨大的社会影响力，引领着城市新的生活方式与居住方式。因此，本次教材修订增加了“房地产网络营销”和“房地产大盘开发与营销”两章内容，从而使得修订后的教材内容更加丰富，可读性更强。

本书的修订过程中，除了第 1 版中的同行专家、业内人士继续给予大力支持外，青岛建业集团前期策划主管庞如晓先生从实践的角度给本书提供了很多中肯的建议，在此对他们的热心帮助表示深深的谢意。

当然，受水平和能力限制，修订后的教材可能存在一些疏漏或不足，欢迎读者批评指正，以便我们及时纠正、完善，直至做出精品。

编　者

2016 年 3 月

第 1 版前言

在多年的教学工作中，我们深深地感受到，学生真正喜欢的教师不是那些只会大讲学术理论、解释学术名词的教师，而是既对理论有深入研究，又熟谙行业实践，能使其学以致用的教师，尤其像“房地产市场营销”这类实践性较强的课程，学生们更希望教师能将枯燥的理论结合生动有趣的案例加以解释。因而，学生以及其他读者喜欢的图书自然也应是读过之后能指导实际工作、能提高工作效益的图书。

本书写作的出发点正是如此，这也体现了我们一贯的写作风格，即既在理论上有一定的深度，又能与行业实践紧密结合。在写作过程中，我们查阅了大量的图书文献资料，读者可参阅书中的“参考文献”及每章的“推荐阅读资料”；随着写作的不断推进，我们又多次实地走访开发商，从他们那里获取了宝贵的实践经验。本书所阐述的理论和所用的资料，正是建立在上述工作基础之上的。

本书的结构安排基本上遵循了传统房地产市场营销教材的写作思路。将市场营销的基本理论引入房地产市场营销，从营销环境的分析入手，直到 4Ps 组合策略的制定和实施，中间所经历的每一个环节均体现出房地产市场营销活动的特殊性。

同时，本书注重内容的创新性。每章之前安排的“学习目标”可使读者预先了解本章将要学习的内容，而“导言”则起到使前后章节自然过渡的作用；每章最后的“本章小结”是对每一章内容的简短总结，与“学习目标”相呼应，便于读者温故而知新；“综合练习”可以检验读者对本章内容的掌握程度，其中，“案例分析”则体现了我们学以致用的写作初衷；“推荐阅读资料”及“网上资源”为读者在基本理论学习的基础上进一步拓展知识面提供了广阔的空间。每章所提供的“阅读资料”或“阅读案例”，或是力求反映最新的理论研究成果，或是成功实践经验的总结，便于读者深入理解和掌握书中所阐述的理论知识，避免了读者阅读之后只记得概念，而一旦面对具体项目却不会操作的尴尬。

总体上看，可将全书分为三大部分：第一部分包括第一章和第二章，主要阐述房地产及房地产市场的基本概念、特征以及政府对房地产市场管理的必要性；第二部分包括第三章至第九章，对房地产市场营销环境、消费者的购买行为、市场发展与竞争战略、市场调查与预测、STP 战略等内容进行全面阐述，这一部分是开发商在制定具体的 4Ps 组合策略之前所必须经历的过程；第三部分包括第十章至第十三章，用四章的篇幅详细分析了房地产 4Ps 组合策略，开发商营销目标的实施有赖于此。其中，第一章和第二章由中国青年政治学院周宇负责撰写，第三章至第十三章由山东科技大学李英负责撰写，附录由李英负责整理、周宇负责校对。

本书是编著层次的教材，可作为房地产经营管理、工程管理等专业的本科教材，也可作为相应专业研究生的参考用书，还可作为房地产领域从业者、房地产主管部门的工作参考用书以及普通业主了解有关房地产知识的书籍。

本书在写作过程中得到很多人的帮助，衷心地谢谢他们。感谢北京师范大学董藩教授的无私帮助和有益建议，感谢清华大学出版社编辑们的全力帮助，感谢青岛鲁商置业张金生先生、张恩军先生和孟祥波先生在实践方面给予的指导。

本书在写作过程中参阅了大量的文献资料，在此对所有文献的作者表示衷心的感谢。由于时间和水平有限，书中难免有不足和疏漏之处，欢迎广大读者批评指正。

李英　周宇

2010年10月

目　录

第一章　房地产与房地产市场

学习目标

- 房地产和房地产市场的概念、分类和特征；
- 房产与地产之间的联系与区别；
- 房地产市场的基本功能与作用。

导言

在人类经济社会中，特别是在发达市场经济国家和地区，从个人到企业，再到政府，都十分重视房地产及房地产市场。在大多数地区，房地产业成为当地的支柱产业。许多实力雄厚的大公司往往与房地产业有较强的联系或本身就是以房地产为主要生产或经营对象，一些银行也将筹集到的大量资金投入房地产开发和经营活动，既支持了房地产业的发展，又增强了自身的实力。随着市场经济的进一步深化，房地产业在我国已从原来的幼稚产业逐步成长为国民经济发展的支柱产业。特别是在最近20年，随着国家相关产业政策的实施，房地产业对我国GDP增长所做出的贡献更是令世人瞩目。

第一节　房地产——一个基本概念的大致界定

房地产到底是一种什么性质的商品？它具有哪些特点？又有哪些表现形式呢？下面就这些问题一一进行阐述。

一、房地产的含义

按照国家统计局的定义，从广义上讲，房地产是房产与地产的总称，指国家、集体及个人所拥有的房屋和土地。就我国目前房地产业的业务范围而言，它包括归国家所有的城镇生产性或非生产性用地（城市地产），以及附着在其上的城镇生产、生活用建筑和辅助设施（城市房产）和对这些建筑、辅助设施的管理等。农村生产用地、用房及宅基地等原来不属于城市房地产业的业务范围。国家有偿征用农村土地用于城镇建设时，只有所有权转让过程结束后，才纳入城市房地产业的经营范围。但随着农村集体经营性建设用地的市场化改革，一些规定在调整，在这种土地上建造的经营性房地产正在逐渐被纳入房地产的研究与统计、管理范围，尽管占比还很低。

我们认为，所谓房地产，即房产与地产的合称，是房屋与土地在经济关系方面的体现，属于资产范畴。房屋与土地反映的是物质的属性与形态，而房产和地产则体现着相应的生产关系。

由于物质形态的房屋与土地总是紧密相连的，房屋建筑与建筑地块总是连在一起，表现为一种有机整体，因此在经济形态上，房地产的经济内容和运动过程也具有内在的整体性，房产与地产这两个概念常合称为房地产。又由于房屋和土地不可移动或者一经移动就会丧失极大的价值，因此房地产又常常被称为不动产。

谈到房地产时，需要特别注意房屋与房产以及土地与地产的区别——通常所说的房屋是指某建筑物的物质形态或物理特征。提到房屋，一般会想到它是人类生活或生产的基本物质条件，想到的是它的形态（不管是古代的穴居、巢筑还是现代化智能建筑）、建筑材料、建造质量、设计技巧、使用用途等，是生产、分配、交换和消费的主体。而房产是指作为财产的房屋，也就是从财产角度考虑的房屋。提到房产，不仅是指实物形态的房屋，更侧重于指房屋的所有、占用、使用、收益、处分等权利、义务关系。

通常所说的土地，不管是原始状态的土地，还是经过人类开发改造的土地，都是指土地这一物质的资源形态。广义的土地是一个垂直系统，包括地球表面至地心乃至从气层至地心一定垂直距离的空间状态，是由土壤、地貌、岩石、植被、水文、气候以及地理位置所组成的自然综合体。狭义的土地一般仅指地球表面构成陆地的土壤层，通常被称为地皮或地表。地产即把土地视为财产时的称谓，这时，土地体现着相应的生产关系。也就是说，地产是土地社会属性的具体体现，是在一定所有制关系下作为财产的土地及其权益关系的总和。谈到地产，必然涉及所有关系和土地流通或使用过程中发生的利益关系及处理方式等。

二、房地产的分类

尽管从物质形态和价值构成上看，房产与地产常常是不可分离的，但从掌握知识这个角度，还需将两者“硬性”分开，以便了解它们各自包含哪些内容。

（一）房产的分类

我们认为，同其他许多事物一样，房产的分类也不是唯一的。从不同的角度，用不同的划分标准，可以对房产进行不同的分类。

1. 按房屋的用途划分

按房屋的用途可将房产划分为以下四类。

（1）居住用房。居住用房是指专供居住用的房屋。它主要包括经济适用房、普通住宅、高档住宅等，职工家属宿舍、集体宿舍（包括单身宿舍）和学生宿舍等也包括在内；但不包括住宅楼中作为人防用、不住人的地下室、车库等，也不包括托儿所、病房、疗养院、旅馆等具有专门用途的房屋。

（2）办公用房。办公用房是指机关、团体、企业、事业、学校、医院等单位的各类办公用建筑物。它包括档次较高的、设备较齐全的写字楼和条件一般的普通办公用房。

（3）商业服务业用房。商业服务业用房是指用于商业、服务业经营活动使用的房屋，如商场、酒店、饭店、度假村等。

（4）其他用房。其他用房是指非住宅中不属于办公用房、商业服务业用房的房屋建筑物，如工业生产及存储用房、中小学教学用房、托儿所、幼儿园、图书馆、体育馆等。

2. 按房屋的所有权性质划分

按房屋的所有权性质，房产通常可分为以下六类。

（1）国有房产。这是国家按照统一领导、分级管理的原则，授权国家机关、国有企业和事业单位等管理的、属于国家所有的房产。一般来说，上述单位在国家授权的范围内，对国有房产享有占有、使用、处分等权利，同时负有保护国有房产不受损害的义务。

（2）劳动群众集体所有房产。这是归集体组织和单位所有的房产。这些组织和单位依法对这类房产享有占有、使用、处分等权利。

（3）公民私人所有房产。公民私人所有房产包括公民建造、购买和受赠得到的房产（含住房制度改革中以各种优惠形式协助私人购买、建造，带有一定与国家共有成分，但法律确定为私人所有的房产）。

（4）共有房产。共有房产包括个人之间共有和不同所有制民事主体之间共有的房产。该类房产的产权人依照法律、法规或契约享有对房产的占有、使用、处分等权利。

（5）涉外房产。涉外房产即外国公民、三资企业、外国政府在我国拥有的房产以及我国香港、澳门和台湾同胞拥有的房产，这些房产同样受到我国法律的保护。

（6）其他房产。其他房产是指其他少量特殊的房产，如宗教房产、宗族房产、会馆房产等。

3. 按房屋所有制和管理形式划分

1985 年全国开展城镇房屋普查时，根据所有制和管理形式的不同，设定了普查房屋的“产别”项目，共划分为十一类[①]。由于目前在实践中还经常提及这些类别，下面简单介绍一下。

（1）公有房产。公有房产包括全民所有制房产和集体所有制房产。全民所有制房产是国家财产的重要组成部分。

（2）全民单位自管公有房产。全民单位自管公有房产指的是归全民所有制单位所有并由其自行管理的房产。

（3）集体单位自管公有房产。集体单位自管公有房产指的是归集体所有制单位所有并由其自行管理的房屋。产权来源主要是单位购置或投资建造。

（4）代管房产。代管房产指的是产权还未确认或产权人下落不明又未委托管理，经法院审定后由政府房地产管理机关代为管理的房产。

（5）托管房产。托管房产指的是房产的所有者因管理不便等原因，委托房地产经营单位代为管理的房产。

（6）拨用房产。拨用房产指的是房屋产权属于政府房地产管理机关，经批准，免租拨

---

① 1985 年以后再未进行过城镇房屋普查工作，在实际的房屋管理工作中，这种分类方式仍被沿用。

给某单位使用并由该单位自管、自修的房产。单位对这类房产只有使用权，没有处置权，不用时就要退还给房地产管理机关。

（7）中外合资房产。中外合资房产指的是我国政府、企业与外国政府、厂商和个人等合资建造、购置的房产，亦称“中外共有房产”。

（8）外国房产。外国房产指的是外国政府、企业、社团，国际性机构及外国侨民所有的房产。

（9）军用房产。军用房产指的是归军事单位所有并由其自行管理的房产，是全民所有制公产的一部分。

（10）私有房产。私有房产指的是所有权属于私人的房产。它包括普通公民私人所有的住宅，华侨、侨眷、归侨和其他外籍公民的房屋，包括国家或企业优惠出售给个人的住宅。

（11）其他房产。其他房产是指除了上述十类房产以外的房产，如宗教寺庙房产、会馆房产等。

这种分类方式虽然与按房屋的所有权性质分类在形式上有许多相似之处，但由于这种方法兼顾了房屋所有权和管理的不同形式，因而它与基于房屋的所有权性质的分类是不同的。

（二）地产的分类

从理论上讲，地产首先有“市地”（城市土地）和“农地”（农村土地或农民所有的土地）之分，但在房地产经济学中，房地产指的是城镇的房地产，即城市、建制镇、工矿区范围内的房地产，故一般提到的地产均是指国家所有的地产。这样，通常就不能按所有制对其进行划分，只能按使用性质来划分，当然，其中包含着使用等方面的产权关系。

1. 生活居住用地

生活居住用地包括居住用地、公共建筑用地、道路广场用地、公共绿化用地等。

2. 工业用地

工业用地是指工业生产用地，包括工厂用地、动力设施用地、工业区内仓库、铁路专用线占地和卫生防护地带等。

3. 对外交通运输用地

对外交通运输用地即城镇对外交通运输设施的占地，包括铁路、公路线路及各种站场用地、港口码头用地、民用机场用地及防护地带用地。

4. 商业、金融业用地

商业、金融业用地是指各种商场、杂货店、市场占用的土地及人民银行、商业银行、保险公司、信托投资公司等金融机构所占用的土地。

5. 仓库用地

仓库用地是指专门用来存放生活资料和生产资料的各种仓库的用地，如粮库、油库等均包括在内。

6. 科教事业用地

科教事业用地如各种中小学占用的土地，大、中专院校占用的土地，各种研究院所等占用的土地及相关的实验用地。

7. 党政机关用地

党政机关用地包括各级党委、政府、政协、人大、纪委、各民主党派等机关占用的土地，以及工会、共青团、妇联等各种团体所占用的土地。

8. 市政公用设施用地

市政公用设施用地是指设置公用设施和工程构筑物的用地，如自来水厂、污水处理厂、变电所、煤气站、防洪堤坝、火葬场、墓地等的用地。

9. 风景游览用地

风景游览用地是指各种供游览的风景区、森林公园及名胜古迹等占用的土地。

10. 卫生防护用地

卫生防护用地主要是指居住区与工厂、污水处理厂、公墓、垃圾场等占地之间的防护绿地或隔离地带，水源防护用地以及防风、防沙林带用地等。

11. 特殊用地

特殊用地包括文物保护区、自然保护区、军事用地以及监督所、看守所用地等。

12. 其他用地

其他用地包括市区边缘的农田、菜地、苗圃、果园、园林等占用的土地。

三、房地产的特征

房地产同其他商品一样，既有商品的一般属性，又有其特殊属性，仅仅研究房地产的物理属性是远远不够的。既然房地产是实体、价值和权利三者的结合，那么至少应从物理、经济和社会三个角度来探讨房地产的特征。

（一）房地产的物理特征

房地产区别于其他商品的物理特征包括固定性、单件性、耐久性和有限性。

1. 固定性

一般商品都具有可移动性，被生产出来后，可以通过运输工具运往全国乃至世界各地，但房地产不可能做到这一点。房产建造在土地上，不论其外形、性能与用途如何，从其建造那天起，直到它从土地上消失，都固定在一定的位置，不能随便移动。对于其他商品，人们则可以根据需要把它们从一个地方搬运到另外一个地方，以满足需要，但房地产由于其位置的固定性就不能如此，因而北京的住房困难不能由青海住房的相对宽松来调剂。

2. 单件性

由于每幢房屋的用途不同，所处的地理位置不同，因而通常不能像其他普通商品那样按照同一套图纸和方案批量生产或大量复制。每一幢房屋会因其用途、结构、材料和面积等不同而产生许多相异之处，即使采用同样的设计、结构、材料等，也会因建造的位置、朝向、时间、施工技术以及房屋周围景观和气候条件的不同而相去甚远。

3. 耐久性

房屋施工建造完成以后，只要不运迁、拆毁和烧毁，不遭受地震、风暴、洪水等自然灾害的破坏，使用期限都很长，一般可达几十年乃至上百年，像布达拉宫一般历经千年仍在发挥效能的古建筑也有不少。土地的使用价值一般来说是长久的或永恒的，而其他商品的使用期限相对都比较短，有的属于一次性使用商品，用完一次就丧失了使用价值或失去了存在形态（如一次性注射器、食品等）。

4. 有限性

房地产供给的有限性源于土地供给的有限性，而土地供给的有限性则是由两方面的原因造成的。一是受大自然的制约。土地是一个有限的量，任何地区的土地供给都不可能超过其拥有的地域面积。二是受到土地利用规划和城市规划的制约。一定时间内可用于开发建设的土地总是有限的，必须在保证人口、资源、环境协调发展的前提下开发、利用土地，必须在保证农业发展，即保证吃饭的前提下进行开发建设。由于房屋必须建造在土地之上，空中楼阁根本不存在，因此建在有限土地面积之上的房屋必然也是有限的。由于受到建筑密度、建筑容积率等指标的限制，楼房不可能无限制地向空中或地下延伸。这样，房地产整体供给就具有了有限性。在城镇，特别是在经济发达的地区以及大城市，由于不得不控制城市规模，可用于开发的土地非常有限，因此房地产供给就呈现供不应求的局面或者房地产价格居高不下。这些现象都是房地产数量有限性的客观表现。

（二）房地产的经济特征

从已经发表的论著看，对房地产经济特征的描述是比较复杂的，也是有争议的。我们通过研究发现，以下几方面的特征值得一述。

1. 土地价格常要借助房屋价格表现出来

从财务成本分析角度看，房产作为商品，其价值除了利润和建造房屋而消耗和支出的建筑及设备安装工程费用（含人工费、材料费、施工机械使用费、施工管理费等），设备及工具、器具购置费用，以及勘察设计费、施工机构迁移费等其他费用项目外，还包括并未转化和凝固到房屋商品中，但要借助房屋价值表现出来的土地的价值（包括土地征用费、土地使用权出让金、青苗补偿费等）。因此，房产的价值也就具有了复合性，既包括建造房屋的人工、材料、固定资产消耗，也包括土地使用代价。在我国，除了土地使用权的直接出让和转让外，一般情况下都是如此。土地作为房屋的生产要素，它的价格要借助房屋的价格体现出来。

2. 房地产开发周期长、投资大

一般工业产品从消耗原材料、燃料、动力以及劳动到生产出产品，可以在几天、几个小时甚至几分钟之内完成。而房地产开发建设的周期比一般商品要长得多，动辄半年，有时会更长，一些重要建筑甚至需要建设数年。同时，房地产开发建设需要巨额投资，一栋几千至上万平方米的楼房，仅建筑安装工程造价就高达几百万元至几千万元，甚至几亿元的也屡见不鲜。

3. 房地产投资的流动性较差

投资的流动性是指在必要的时候，投资可以迅速地兑换成现金的能力。房地产投资的流动性相对较差，造成这种状况的原因有四个。

（1）房地产开发大多出于生产或经营自用目的，这样，该笔投资只能通过折旧的方式逐渐回收。

（2）当某房地产被当作商品进行买卖时，由于多种原因，该房地产可能想卖而卖不掉或由于卖掉后损失太大而不愿卖。这样，房地产滞留在投资者手中，投资就沉淀于该房地产上。

（3）当房地产被当作资产进行经营时，其投资只能通过租金的形式逐渐回收。

（4）当房地产属于居住自用和办公自用时，一般不涉及投资回收问题，其价值逐渐被使用者消耗掉。

4. 房地产具有保值性和增值性

房地产是相对稀缺的，而随着社会的发展、人口的增加和经济的繁荣，对房地产的需求却日益增长。房地产长期供不应求，导致房地产价格的总趋势是不断上涨的，而且其上涨幅度通常大于或大致等于通货膨胀幅度。因而，在一般情况下，拥有房地产不仅能够有效地保值，而且能够获得增值。从这一角度来说，房地产具有资本品和消费品的双重属性，其在被使用过程中能有效避免通货膨胀的影响，甚至使所有者获得增值收益。

（三）房地产的社会特征

房地产的社会特征是指房地产在法律、制度、风俗习惯等方面表现出来的特征。

1. 房地产在生产经营过程中涉及复杂的法律关系

房地产在开发、经营、管理、服务过程中涉及多个领域，牵扯到众多部门，因而需要专门的法律，如《中华人民共和国城市房地产管理法》《城市房地产开发管理条例》等，对房产投资、开发、管理、交易、使用等环节的程序、手续、权利义务关系做出专门的规定，以保护各方当事人的权利。除这些房地产专门法规外，与房地产有关的法律还包括《中华人民共和国民法典》《中华人民共和国外商投资法》及相关税法等。可以说，关于房地产，我国应该形成并且已经基本形成了一个庞大的法律体系，单纯运用某一种或几种法律已无法解决有关房地产的纠纷。这种情况是其他商品不具有的。

2. 房地产往往受到福利制度和社会保障制度的影响

作为商品，房地产价值巨大，若完全按照市场价格来出售或出租，许多家庭将难以承受。因此，在许多国家和地区，房地产的出售或出租往往深受福利制度和社会保障制度的影响。在美国，官方要考虑对贫困的人“提供一些能维持一家生活的……基本项目，包括足够的房租，保证他们不至于被赶走”[①]。美国学者奥纳提的研究表明，就美国一个四口之家而言，1960年与1908年相比，住房补贴翻了一倍[②]。而美国学者鲍登的调查表明，1980年联邦政府的住房补贴已达153亿美元之巨[③]。我国香港地区对公务员自己购房实行资助政策，凡薪级点在38薪级点以上的高级公务员，可以申请房屋津贴。此外，香港地区还兴建了大批“廉租公屋”，向低收入家庭提供住房。在我国大陆地区，从新中国成立后至住房分配货币化政策彻底实施之前，可以说住房一直是最大的福利待遇，即使是在实行住房分配货币化政策的今天，政府也不得不考虑社会保障因素。例如，各地都有政府提供大量优惠条件、协助开发的限价房、经济适用房、廉租房、共有产权房等住房保障项目。

3. *房地产消费反映出较强的社会风俗和生活习惯*

房地产这种商品的建造、购买和持有，除受到一般的商品消费偏好的影响外，还在很大程度上受到民族风俗、宗教信仰、风水、生活习惯等因素的影响。我国的住房与欧洲国家的住房在建筑风格上迥异，在使用面积和房间布置上也相差甚远。宗教信仰不同的地区，住房也常出现很大的区别。

著名建筑学家梁思成在《中国建筑史》的序言中指出：“中国建筑既是延续了两千余年的一种工程技术，本身已造成一个艺术系统，许多建筑物便是我们文化的表现，艺术的大宗遗产。”[④]著名作家林语堂在《建筑》一文中对包括住宅在内的中西建筑做过比较，他指出：“中国建筑……主要倾向是寻求与自然的和谐……不仅如此，中国建筑还辅以象征的意象……中国建筑引进了泛神论的因素，迫使人们考虑房子周围的风水。中国建筑的基本精神是和平和知足，其最好的体现是私人的住宅与庭院建筑。这种精神不像哥特式建筑的尖顶那样直指苍天，而是环抱大地、自得其乐。哥特式大教堂暗示着精神与崇高，而中国的庙宇宫殿则暗示着精神的安详与宁静。”[⑤]

第二节　房地产市场——一些基本认识的交代

同其他商品一样，房地产作为商品也只有通过市场流通渠道进行出租或出售，才能最终转移到消费者手中，房地产市场也因此成为市场体系中的一个重要组成部分。

但是，鉴于房地产是一种特殊的商品，房地产市场也就因此具有特殊之处，对房地产市场进行管理、调控也带有许多特殊性。本节将粗略描述一下房地产市场的分类、特点、功能以及作用等。

---

① 吉尔伯特，卡尔. 美国阶级结构[M]. 彭华民，齐善鸿，等，译. 北京：中国社会科学出版社，1992：355.

② 吉尔伯特，卡尔. 美国阶级结构[M]. 彭华民，齐善鸿，等，译. 北京：中国社会科学出版社，1992：357.

③ 吉尔伯特，卡尔. 美国阶级结构[M]. 彭华民，齐善鸿，等，译. 北京：中国社会科学出版社，1992：378.

④ 梁思成. 中国建筑史[M]. 天津：百花文艺出版社，2005.

⑤ 林语堂. 中国人[M]. 杭州：浙江人民出版社，1988：277.

一、房地产市场的类型、主体与客体和特点

所谓房地产市场（又称不动产市场），可以从狭义和广义两个方面来理解。从狭义上说，房地产市场是房地产交换的场所；从广义上说，房地产市场是房地产交换关系，即房地产全部流通过程的总和。

要了解房地产市场的“发育”和运行情况，进而掌握房地产市场的规律和运行原则，除了需要弄清楚房地产市场的含义外，还必须对房地产市场的类型有一个正确的认识，这也是进行理论研究和实践操作的基础和前提。

（一）房地产市场的类型

现阶段，我国房地产市场的类型根据其组成可以分为房产市场、地产市场、房地产金融市场、房地产劳务市场和房地产技术信息市场五种。

1. 房产市场

通过买卖和租赁这两种交换形式将房屋出售或出租出去，就形成了房屋的买卖市场和租赁市场。所谓买卖市场，是指通过买卖这种形式实现房屋产权关系全部转移的市场。这种市场的参与者包括房产公司、企事业单位和居民个人，特殊情况下可能涉及政府。交易对象包括居住用房、商业服务业用房、办公用房以及其他用房，其特点是产权关系全部由一方转移到另一方。所谓租赁市场，是指通过租赁这种形式将房屋出租出去，从而实现产权关系部分转移的市场。这一市场的参与者也是房产公司、企事业单位、居民个人和特殊条件下的政府，交易对象包括居住用房、商业服务业用房、办公用房以及其他用房。其特点之一是产权关系发生分离，一般是所有权归房产出租者，使用权归房产承租者；特点之二是产权分离受到时间的限制，随租期长短而定。

从供房时间来看，买卖市场又可分为现房买卖市场和期房买卖市场；从租期长短来看，租赁市场又可分为一般租赁市场和“批租”（一次性收款，出售房屋的定期使用权）市场；从房产的使用性质来看，买卖市场和租赁市场又可分为生产资料市场和消费资料市场。生产资料市场经营的对象包括厂房、库房、写字楼、旅馆等；消费资料市场经营的对象包括住宅、公寓、别墅等。可以说，一切以房产为标的物的权益让渡行为均可归结为市场的交换行为。

2. 地产市场

这是房地产市场中的另一个主要组成部分，它分为地产一级市场和地产二级市场两种形式。

城市地产一级市场即城市土地出让市场。在这一市场上，各级政府代表国家这一所有权主体将指定地块通过招标、拍卖、协议等形式提供给开发者（即受让者），开发者一次性支付出让期内享有土地使用权的费用。城市地产一级市场具有国家垄断的显著特征。因为我国《宪法》第十条明确规定：“任何组织或者个人不得侵占、买卖或者以其他形式非法转让土地。”这样，土地所有权便具有了只属于国家的特定主体性。

城市地产一级市场的主体包括土地使用权出让人和土地使用权受让人。国有土地使用权的出让主体不是任何单位和个人都可以充当的，必须符合一定的法律条件，仅限于能代表国家拥有土地所有权的县、市人民政府；相比起来，受让主体的范围比较宽泛，但也有一些相应的规定。

城市地产二级市场即城市地产转让市场，是指土地在一级市场上出让后，受让者将土地通过一定的投资过渡（我国禁止土地使用权的直接倒卖）再转让给其他土地或房屋需求者。当然，新的土地受让者（可称之为再受让者）需向转让者支付一定的转让费用。

城市地产转让还有一种方式，即对于原行政划拨的土地使用权可补办出让手续，补签土地出让合同。土地使用者交付了土地出让金，办理了土地出让登记手续后，可将该土地使用权再转让。

3. *房地产金融市场*

房地产金融市场是指通过商业银行的房地产信贷部、证券公司等其他金融机构，采用信贷，发行股票、期票和债券或者按揭和期货预售等方式为房地产买卖和租赁活动融通资金而形成的辅助性金融市场。房地产金融市场的建立对房地产经济的发展来说是十分必要的。在我国，这一市场在最近二十几年的发展十分迅猛，已逐步走出初步发展阶段，步入新的快速发展阶段，这对国民经济发展和人民生活水平的提高产生了深远影响。

在房地产金融市场中，特别值得一提的是房地产抵押市场，这种市场是指房地产的所有者以其拥有的房产或土地使用权为抵押物向金融机构或他人取得借款的房地产交易市场。这种市场的参与者主要是房产的所有人、土地使用权的拥有者和金融机构等。作为抵押物的房地产，可以是居民住宅及其占用的土地，也可以是工商业用房、办公用房和其他用房及其占用土地。在抵押期限内，房产的所有权和土地的使用权并不发生转移，只是所有权和使用权受到限制。

4. *房地产劳务市场*

房地产劳务市场是指为房屋住户和用户提供房屋修缮、加固、改造、危房鉴定、专修或改造方案设计、室内外装修、房屋附属建筑和设备的维修、房屋管理以及经纪人活动等综合服务的房地产辅助市场。随着生产力的发展和人民生活水平的提高，房地产劳务市场已经显示出巨大的发展潜力。

5. *房地产技术信息市场*

房地产技术信息市场是指围绕房地产业务和技术咨询、房地产租赁和买卖行情以及有关资料等所形成的供需市场。房地产市场越是向广度、深度发展，这一市场的作用就越不能被忽视。

总而言之，上述各种主体和辅助性房地产市场是互相联系、密不可分的，正是这种关联性导致它们在房地产经济运行中形成了一个统一的有机整体。

（二）房地产市场的主体与客体

在房地产市场中有两个不可缺少的要素，就是房地产市场的交易主体与客体。从法律角度来说，对此必须有一个明确的认识，因此在这里单独讲述一下。

房地产市场的交易主体是指直接或间接参与房地产商品交易的各方，他们在交易中扮演着不同的角色。一般来说，房地产市场的交易主体可以分为以下几类。

（1）供应方，即向市场投放房地产的一方。它主要包括房地产开发公司、房地产经营管理单位及出售或出租私房的个人。

（2）需求方，即从市场获得房地产的一方。它包括购买或承租房地产的法人和个人。

（3）融资方，即以资金投入保证房地产市场成功运作的一方。它包括国家、银行、企事业单位、社会团体和个人。

（4）代理方，即房地产代理经营中的中介机构和房地产经纪人，主要从事经营活动，提供信息和咨询服务等。

房地产市场的交易客体主要是指作为房地产市场交易标的物的地产和房产。对于不同类型的交易市场，交易客体有所差别。对地产市场来说，征地交易的客体是土地的全部产权，批租交易的客体只是土地的使用权；对房产市场来说，买卖市场的客体是房产的全部产权以及房基地的使用权，租赁交易的客体只是房产的使用权，个别情况下包括房基地的使用权。

（三）房地产市场的特点

由房地产商品的诸多特点所决定，房地产市场除具有市场的一般特点外，作为一个相对独立的市场系统，与其他商品市场相比，它还具有以下特点。

1. 房地产市场的都市性

房地产业是从事房地产开发、经营、管理、服务的行业。由于这一行业深受人口城市化的影响，导致房地产市场也具有较强的都市性。在农村，房地产业务是很少的，甚至有的地方根本不存在。城镇则存在许多房地产开发和经营业务，而且城镇越大，工业化程度越高，人口流动越大，人口分布越密，对土地及生产用房、经营用房和住宅等各类房产的需求就越大，房地产市场就越活跃，发育程度就越高。一旦人口不断从农村向城市移动，导致工业化进程加快，大城市及其卫星城的各类房地产需求增大，房地产市场就会异常活跃。有统计数据表明，95%左右的房地产业务集中在城镇，其中又有60%以上集中在大城市。

2. 房地产市场的区域性

由于房地产商品是不动产，具有位置上的固定性，再加上房地产商品所处的城市区域不同（区域不同将导致土地等级的差别和地理位置的差别），当地居民收入与购买力不同，区域经济发展状况不同，其市场供求状况和价格水平也必然会产生很大的差别，因而房地产供求状况和价格水平具有明显的区域性落差。这种落差折射出不同区域人口的密集程度以及社会经济的发展和繁荣程度。在我国，由于人口分布极度不均匀，区域经济发展也不协调，再加上房地产市场的发育尚处于不成熟阶段，这一特点表现得更为显著。北京、上海、广州、深圳被称为房地产“一线”城市，一些省会城市和计划单列市被称为二线城市，还有一些普通的地级市被称为三线城市或四线城市，这就是房地产市场区域性的体现。随着人口的跨区域流动和区域间经济差距的拉大，房地产市场呈现出区域性更加明显的倾向。

3. *房地产市场的垄断性*

我国《宪法》规定：“城市的土地属于国家所有。任何组织或者个人不得侵占、买卖或者以其他形式非法转让土地。”也就是说，除国家可以依法征用集体所有制土地外，城市土地的所有权是不能发生转移和进行买卖的。因此，在以土地作为交易客体的土地出让市场上，其经营必然是国家控制的垄断性经营，每年出让多少土地、出让什么性质的土地、出让哪个地块，都是政府说了算。我们从中可以得出结论，在城市里，无论是土地的一级出让市场，还是土地的二级转让市场，作为商品出售的只是土地的使用权，而土地的所有权仍然为国家所掌握。

4. *房地产市场的统一性*

这种统一性是指房地产市场的融合性。房屋所有权的转移必然导致与之相对应的土地使用权的转移。这是因为，对于房产来说，土地是它的载体，是它的一个重要组成部分。同样地，因为房产是地产的附着物，土地若到期收回，其地上建筑物也将随之收回。因而可以说，随着城市土地的开发建设，房、地已融于一体。任何一笔房产商品交易都必然是房地合一的交易且房价和地价交叉影响、相互包含。在现代城市中，几乎不存在与房产市场截然分开的纯粹性地产市场，也不存在与地产市场截然分开的纯粹性房产市场，这就是房地产市场的融合统一性。

5. *房地产市场供给的稀缺性*

由于土地是不可再生的稀缺性资源，房产也必然是相对稀缺的（因为如上所述，房产与地产是统一融合的）。因此，从根本上来说，房地产市场是一个供给稀缺的市场。随着社会实践的发展，经济增长和城市化使城市人口激增。由此，无论是从生产角度来说，还是从生活角度来说，对土地的需求量都在日益增加。但是，土地的供给数量基本上是个恒定的常量，能开发出来的房地产数量也会受到限制，这就产生了供给有限和需求增加之间的矛盾。

二、房地产市场的功能

市场作为商品的交易场所和商品经济的一种调节机制（从不同角度的考察结论），一般来说，它具有进行商品交易和提供信息的功能。房地产市场作为统一市场体系的一个重要子系统，它的功能也不外乎以下两点。

（一）为参与者提供交换场所和机会

房地产生产者必须到市场上去出售房地产，而房地产购买者与承租者为了满足居住和生产经营的需要，也必须去市场购买或承租自己所需要的房地产。

一处房地产的价格高低及利用情况取决于它的物理特征和地理位置。一方面，所有者希望他的房地产面向更多的可能买主或承租方，以获得尽可能高的价格；另一方面，每个买主或承租方均想在众多房地产中选择，以求在适当的价格水平上最能满足自己的需求或在满足需求的基础上获得尽可能多的消费者剩余。这样，每一处房地产的交换价格和最佳使用就通过竞争实现了。

交换功能不仅在于出售，还包括租赁和互换。但是，无论是哪一种交换形式，在房地产市场的作用下，都将促进房地产资源的最佳配置，从而使投资主体收益的最大化、消费主体效用的最大化以及社会效益的最大化这三个目标有机地结合起来。

（二）为参与者提供各种经济、技术信息

房地产的开发商、设计者、建造商、管理者、估价员和经纪人等都需要使用有关房地产出售、租赁和互换的信息，作为进行投资、设计、招投标、经营管理和评估决策的依据。

房地产开发商作为投资者，要通过市场了解房地产的供求关系及其变化趋势，以决定投资与开发量的大小；同时要了解房屋售价与原材料、劳动力价格以及土地使用费等信息，以加强管理，控制成本开支，增加利润。

房地产的规划设计者要通过市场了解买方和承租方的需求，不断改进规划与设计方案，调整产品结构，以适应购买者与承租者的需求。

房地产建造商要根据市场上各种建筑材料的价格变化确定自己的标底。

房地产管理者需根据市场价格信息和需求量的大小来确定租金水平。

房地产经纪人则需根据市场价格信息和供求关系向顾客提出建议并收取相应的佣金。

房地产市场可以为参与者提供所需的信息，进而使参与者根据获取的信息调整自身的经济行为，以适应市场的需要。例如，房地产的开发商可以根据市场所提供的价格信息，改变其所有房地产的用途，以规避价格风险或提高企业利润。这种调整使得房地产市场能够连续、稳定地运行下去。

因此，房地产经济活动的各方参与者为做好相应的生产、经营、管理和服务工作，都应重视对房地产市场的调查。从获取信息和利用信息的过程来看，我们可以认定房地产市场具有信息反馈功能。

三、房地产市场的作用

在适当的条件和外力推动之下，房地产市场对于国民经济将产生诸多现实效用。归纳起来，房地产市场的主要作用包括如下几个。

（一）可以促进房屋生产的产业化和住宅消费的商品化

房屋的生产必须借助于房地产市场的活动才能不断向深度和广度发展。房屋的交换是房屋投资得以回收、房屋生产过程得以重新开始并连续进行的基本前提。同时，房屋交换将有关房屋供求与价格的信息反馈给生产者、投资者和消费者，从而引导房屋生产按市场的需要发展。从住宅角度来看，房地产市场的存在使得住宅必须按市场供求关系来决定买

卖价格和租赁价格，这就使住宅的投资与消费进一步具有了商品的性质，过去的福利化住宅制度被彻底终止，住宅成为特殊的、高价值的投资与消费商品。

（二）可以促进居民消费结构的优化

改革开放前，城市住宅主要由国家包建，统一分配使用，房租也很低。这种情况导致我国居民消费结构与国外相比呈现出畸形状态，住房消费支出在整个家庭消费支出中所占比重过低。开放和发展房地产市场可把部分消费资金引导到住房支出上，使居民在住房方面的支付能力相应提高，通过购买和承租的方式较好地改善居住条件，缓解住房紧张，从而使沉淀的住房投资运动起来，实现住房建设和个人投资置业、消费之间的良性运转。

（三）可以促进我国产业结构的合理化

随着我国产业结构的进一步调整以及住房制度和土地制度的改革，房地产业逐渐成长起来，成为发展潜力巨大的新兴产业。由于房地产业具有较强的前向关联、后向关联和侧向关联作用，它的发展可以带动一大批产业的发展，所以房地产市场的出现和发展必将带动园林业、运输业、商业、服务业、旅游业和金融业的发展，推动我国第三产业提升一个档次。同时，房地产市场的存在还能够促进建筑、建材、建筑设备、建筑机械、冶金、家电等基础工业和民用工业的发展，使第一、第二产业在内部结构上实现深层次的调整。由于房地产市场的发展将促进房地产金融市场、建筑市场、建材市场以及其他消费和服务市场的发展，从而促进我国市场体系的完善，所以它的存在将引导整体国民经济在产业结构上向更合理的方向发展。

（四）可以调节城镇住房的供求关系

在房地产市场建立以前，城镇住房几乎是无偿使用的，住房需求基本不受支付能力的限制，这必然刺激人们对住房产生过高、过多的需求——这种需求是很难通过增加住房供给来满足的。在住房分配过程中，也经常出现按权力、地位、人际关系分配的超经济形式，造成苦乐不均、摩擦增加。在房地产市场建立和发展起来以后，住房在适当考虑福利因素的情况下，主要按支付能力进行分配，需求就演变为有支付能力的需求。这样，家庭预算的硬约束将自发地限制人们对住房产生过高、过多的需求，使住房需求日趋合理，住房分配不公现象也大大减少。同时，在市场条件下，房价、房租水平的提高将促进投资的回收，刺激各经济主体的建房积极性，增加住房的有效供给。这样，住房供给的增加和需求的减少就会缩小住房供求的缺口，改善供求关系，从而实现住房供求的平衡。

本章小结

所谓房地产，即房产与地产的合称，是房屋与土地在经济关系方面的体现，属于资产范畴。房屋与土地反映的是物质的属性与形态，而房产和地产则体现着相应的生产关系。房地产区别于其他商品的物理特征包括固定性、单件性、耐久性和有限性。土地作为房屋的生产要素，它的价格要借助房产价格体现出来。房地产开发周期长、投资大，房地产投资的流动性相对较差。在一般情况下，拥有房地产不仅能够有效地保值，而且能够获得增值。房地产具有资本品和消费品的双重属性。所谓房地产市场（又称不动产市场），从狭义上说，它是房地产交换的场所；从广义上说，它是房地产交换关系，即房地产全部流通过程的总和。房地产市场的特点包括都市性、区域性、垄断性、统一性和稀缺性，它具有进行商品交易和提供信息的功能。

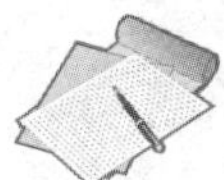

综合练习

一、基本概念

房地产；房屋与房产；土地与地产；房地产市场。

二、思考题

1. 房屋与房产、土地与地产之间有什么联系与区别？
2. 房地产的物理特征有哪些？
3. 房地产的经济特征包括哪些？
4. 房地产市场具有哪些特点？
5. 房地产市场具有哪些作用？

推荐阅读资料

1. 董藩，徐青，刘德英，等．土地经济学[M]．北京：北京师范大学出版社，2010.
2. 董藩，丁宏，陶斐斐．房地产经济学[M]．2 版．北京：清华大学出版社，2017.
3. 钱国靖．房地产经济学[M]．北京：中国建筑工业出版社，2010.
4. 金守祥．房地产市场管理实践与思考[M]．上海：同济大学出版社，2016.

网上资源

1. 董藩新浪微博：https://weibo.com/1149665262/fans?rightmod=1&wvr=6.
2. 微信公众号“藩丝财智厅”.
3. 住建部网站：http://www.mohurd.gov.cn/.

第二章　房地产市场管理：基于要素构成角度的考察

学习目标

- 房地产市场管理的必要性；
- 房地产市场管理的目标；
- 房地产市场管理的原则；
- 房地产市场管理的基本内容；
- 房地产市场管理的主要手段。

导言

房地产市场是市场取向改革的产物。就目前的情况看，房地产业对国民经济的贡献逐渐增大。但是，从房地产市场来看，有的地方超常发展，有的地区则发展平稳。从房地产各种类产品的供需关系来看，也产生了许多问题。因此，如何从宏观上规范和调控房地产市场，促进其健康发展，是房地产业面临的首要任务。

第一节　房地产市场管理——不可或缺的手

房地产经济作为国家宏观经济的一部分，对国民经济的发展具有很强的关联作用，可以促进或制约国民经济的发展。因此，发展房地产业已成为共识。但是，如果房地产业发展得过快，也会给宏观形势造成不利影响。房地产业长期超越其他产业孤立先行，可能会导致产业结构的失调及其他负面效应。因而，在发展房地产市场的同时，加强对房地产市场的管理也是十分必要的。

房地产市场管理是指房地产管理部门代表政府按照房地产经济的客观规律及城市经济对房地产业的要求，运用计划、行政、经济和法律手段对房地产市场中从事房产投资、经营、消费的单位或个人，就房地产的交易合同、交易价格、税收等方面所进行的组织、监督和调节。

一、市场体制本身要求对房地产市场实施必要的宏观管理

不论是从西方发达国家的情况来看，还是从新兴的资本主义工业化国家来看，为避免经济发展的盲目性，现在都很重视宏观经济管理问题。以美国为代表的欧美模式，自 20 世

纪30年代的世界经济危机后，在尽可能避免对微观经济主体进行干预的同时，开始通过货币政策、财政政策等手段对整体国民经济进行总量管理，从而达到宏观经济管理的目的；以日、韩为代表的亚太模式则比较重视政府与企业在经济决策上的相互协商，政府宏观经济管理不仅重视总量管理，也重视结构的合理化。无论这两种模式有何区别，它们在宏观经济管理的必要性方面的认识是一致的。

我国实行社会主义市场经济体制，既要坚持自己的特色，又要注重市场经济的共性，加强宏观经济管理。对于房地产市场这个国民经济的子系统，政府既可以用国家政权代表的身份行使管理职能，也可以用国有生产资料所有者代表的身份行使管理职能。同时，由于房地产市场的发展与国民经济的发展是密切相连的，因而如果把房地产经济的发展单纯交给市场去组织，那么很可能出现过热或过冷的现象。而政府在一定的发展目标之下，对其采取一定的政策、措施加以干预，可能会取得更接近政府设想的发展效果。

二、国民经济总量平衡的目标要求对房地产市场加强管理

国民经济总量平衡是国民经济得以持续、稳定、协调发展的前提。总量平衡就是使国民经济发展保持一个合理的比例，协调发展，使总供给与总需求大体平衡，使资源配置趋于合理。

房地产业是对国民经济影响较大的产业，它既对社会所能提供的投资资金、建筑材料、劳动力的数量，也就是房地产投资要素供给有较强的依赖，又对土地需求及各种住房、经营用房和行政用房等房产需求有很大影响，故在调节国民经济总量平衡中具有重要作用。房地产业的发展一方面要与国民经济总量平衡相适应，另一方面也要积极促进国民经济总量平衡。因此，我们既要根据经济和社会发展的需要大力推进房地产业，又要根据人力、财力、物力的供给情况把握好分寸和节奏，切不可脱离社会所能提供的资金、资源等条件盲目发展，否则就会引起总供给与总需求之间的失衡，造成国民经济的混乱。所以，采取措施，加强对房地产市场的管理，调控房地产开发与经营活动也就显得十分必要了。

三、要调整和优化产业结构，必须对房地产市场加强管理

从某种意义上来说，房地产业作为一个产业部门，是构成现实产业结构的重要基础。房地产业不能脱离整个产业结构而发展，必须与产业结构的发展相适应。

在传统的产业结构中，各部门的发展是不协调的，甚至形成了许多瓶颈部门，大大影响了结构配置效益。另外，第二产业之所以发展得较快，与第二产业的房地产投资较多有很大关系；第三产业之所以发展得较慢，则与缺乏经营用房有直接的联系。从国外的经验和我国的情况来看，要优化产业结构，除了要加大对通信、互联网、大数据、区块链、人工智能等行业的投资外，更要使房地产业从整体国家经济中独立出来，成为相对独立的行业，研究其稳定发展的条件。另外，还要通过发展房地产业促进旅游业、服务业等第三产业的发展，因为房地产业本身具有先导作用。

鉴于房地产业是关联性较强的产业，不仅直接影响其他产业的状态和比例关系，而且

对整个产业结构的调整与优化具有很强的牵动作用。因此，在调整和优化产业结构中，必须发展房地产业并为其他产业的发展提供条件，这就要求加强对房地产市场的管理，以便能够调节好房地产业的发展规模和内部结构。

四、房改工作的推进要求对房地产市场加强管理

现在，住房制度改革主体部分已经完成，绝大部分的公有住房都已分期、分批地出售给个人。同时，国家放开了“二手房”市场，而大大小小的房地产公司开发的新建商品房也大量推上市场，房地产市场基本成型。

但房改并没有结束，还不断有一些新的工作思路要落实，一些保障性政策要落实与完善，一些剩余房改工作要收尾，如住房公积金的改革与完善问题、农村集体建设用地入市改革问题、共有产权制度的建设与操作模式问题、军产房与央产房的管理问题、剩余少量公房的管理与改革问题。这些工作都涉及不同类别房产的市场化程度把控，以及它们与房地产市场运行机制的协调问题，这些内容也属于房地产市场的管理工作。为了维护房地产业的整体运行秩序，必须加强对房地产市场的管理。

第二节　房地产市场管理的目标

房地产市场管理是整个城市市场管理的重要组成部分，也是房地产行政管理的重要内容。要做好房地产市场管理，必须确立科学的管理目标。管理目标是指根据组织的使命而提出的、组织在一定时期内所要达到的预期成果。目标是使命的具体化，是一个组织在一定的时间内奋力争取达到的、所希望的未来状况。我们通过调查和研究发现，我国房地产市场管理的总体目标可以概括为以下几个方面。

一、创造良好条件，保障房地产市场的运行

从一定意义上来说，市场机制是市场主客体、市场信号及市场功能之间的一种互相依存、互相制约的关系。市场机制要处于良好的运行状态，必须具备一些基本条件。因此，创造这些条件就成为房地产市场管理的主要目标之一。对房地产市场来说，这些条件主要表现在以下几个方面。

（一）市场主体具有决策权力并能够承担风险

如果是房地产经营企业，它应该是自主经营、自负盈亏的经营单位，能够扮演市场主体的角色；如果是其他类型的房地产经营管理单位，在适当考虑福利因素的前提下，交易决策应尽量向市场型决策靠拢；如果供应房产者是个人，他必须具有对房产的处分权。

（二）房地产市场体系完善配套

房地产市场体系是由多个子市场构成的，不仅包括对内市场，还包括涉外市场；不仅

包括买卖市场，还包括租赁市场；不仅包括一般房地产市场，还包括房地产抵押市场、房地产维修市场等。房地产市场体系越完善，房地产市场机制运行越通畅。

（三）房地产市场信号灵敏、准确

房地产市场信号是指能反映房地产市场行情变化的价格、利率、工资等。由于这些信号是房地产经营单位和需求方进行交易决策的依据，所以就像马路上的交通信号灯一样，必须灵敏、准确。

二、促进房地产经营企业公平、合理地竞争

要使房地产市场处于良好的运行状态，使市场供需力量大体平衡，形成合理的价格，必须保证房地产经营企业处于公平、合理的竞争状态，严防行业垄断。也就是说，必须塑造良好的房地产市场竞争机制。一方面，各类房地产经营企业必须具有公平竞争的机会；另一方面，房地产经营企业可随时进入或退出房地产市场，以便使房地产市场与整个国民经济体系紧密联系起来。这样，从微观上来看，房地产经营企业的经营活动会更加灵活，整个房地产业的投资效益会大大提高。

这一市场管理目标对房地产这种特殊商品和房地产业这一特殊行业具有重大意义。因为土地具有垄断性，掌握在政府手中，房产和地产的价格又具有区域差异性，若不加强管理，企业就缺乏公平竞争的机会，就会出现一些企业利用不正当手段抢占土地的情况，造成企业间苦乐不均——管理得好的企业，效益不一定好，而管理平平的企业却可凭借权力、关系等获利丰厚。因而，只有加强市场管理，通过经济手段使房地产经营企业的盈利与本身的经营管理水平挂钩，才能使企业面向市场，重视加强自身的各项管理工作。

三、保证房屋总供给与总需求的基本平衡

保证房地产市场的供求平衡，就是要调节好房地产市场内部各层次、各类型和各方面的关系，使全社会各个层次的人都各得其所，使全社会对居住、工商业经营、行政办公等各种用房、用地的需求都大致得到满足，使国民经济各行业、各地区、各市场主体在供求关系和合作关系上基本协调，从而使房地产市场运行良好，整体功能得以充分发挥。如果房地产市场供过于求，就会导致投资回收缓慢、投资效益低下、资源配置不合理；供不应求，又会引起房地产价格上涨，进而在一定程度上推动整体物价的上涨。

要保证房地产市场供求基本平衡，必须利用价格、利率、财政补贴、税收等经济杠杆和经济政策调节好房地产的供给，保证合理增长，同时引导好需求，特别是要抑制对房地产过高的、不合理的需求，从而使供求趋于一致。从供求规模上来看，要调节好房地产市场发育与国民经济发展水平之间的关系，做到既不超前也不滞后；从供求结构上来看，要使各类房地产的需求和供给保持一个适当的比例，防止出现失衡。

四、维护房地产交易各方的权益

要保证房地产市场的正常秩序，还必须维护房地产交易各方的权益。也就是说，房地

产管理部门必须利用行政手段保障买方、卖方、出租方、承租方、代理公司、经纪人等各方享受的权利，督促他们分别承担起各自的义务。

房地产在买卖、租赁、腾退、互换、抵押过程中，可能会发生纠纷与争议。房地产管理部门（含房地产管理机关设立的房地产纠纷仲裁委员会）在审理房地产纠纷案件时，应以事实为依据，以法律与合同为准绳，公正地评判纠纷，保障当事人双方平等地行使权利，避免侵权行为的发生。房地产管理部门要严禁非法交易，防止国家税收和国有资产的流失并力争避免交易活动中欺诈行为的发生。房地产管理部门还要禁止和打击房地产交易中投机倒把、非法牟利的行为，尤其应注意在土地批租，公房出售、出租过程中保护作为卖方和出租方的国家的利益。

第三节　房地产市场管理的原则

管理原则是组织活动的一般规律的体现，是人们在管理活动中为达到组织的基本目标而在处理人、财、物、信息等管理基本要素及其相互关系时所遵循和依据的准绳。这一准绳是经过长期经验总结所得出的。房地产市场管理的原则是指在管理房地产市场的活动中，观察和处理问题的标准。我们认为，房地产市场管理应遵循以下几个原则。

一、统一领导、分级管理、相互协调

由于房地产业是国民经济的一个重要行业，从当前阶段来看，甚至可以说它既是支柱产业，又是主导产业和先导产业，再加上房地产业本身的一些特点，如产业规模大、涉及面广、与人民生活息息相关等，国家必须对房地产市场实行“统一领导”，以便对市场进行有效的宏观调控。在我国，住房与城乡建设部是房地产行政管理的最高机关，负责制定房地产管理方针、政策、行政法规等，对我国的房地产交易活动进行指导和监督，组织协调重大房地产科研项目的实施和房地产理论的研究。

同时，房地产市场具有区域性特点，它与各地区的经济发展水平、收入水平、市场发育程度乃至地理位置都有很大联系，因而要求突出其地方性管理。尤其是在经济发展不平衡、各地市场发育状况差异较大的条件下，国家对各地的房地产市场不能实行“一刀切”式管理，只能在统一领导的前提下，实行分级管理。

此外，房地产市场管理涉及规划、城建、计划、物价、税务、统计、金融和土地等众多相关部门，因而要求各级房地产主管部门在归口管理房地产市场工作的同时，充分尊重各有关部门的工作，发挥他们的积极性，以便做到相互支持与配合，协同作战，共同做好房地产市场的管理工作。

二、多种管理手段相结合

房地产市场涉及面广、影响到的利益主体多，房地产商品价值量大，而且与人民的生产、生活密切相关，因而房地产市场不能比照一般商品市场那样完全放开，而是需要政府

对房地产市场的供求、价格等方面进行宏观调控并基于土地供应做适当的计划管理。

同时，我国房屋曾长期处于供不应求的状态，目前，虽然中小城镇房屋供求接近平衡，但人口还在增加，一些大城市，房子还是有些短缺。为了充分发挥城市房屋的使用效益，实现房地产投入、产出的良性循环，促进房地产商品的开发和流通，必须建立起市场机制，尊重市场规律，允许多种经济形式、经营方式、流通渠道并存，共同活跃房地产市场，从而满足各行各业和广大居民对房地产的需求。

此外，当房地产市场中买方、卖方、出租方、承租方、代理公司、经纪人之间发生争议与纠纷时，房地产管理部门应利用行政手段公正地加以裁决，以维护各方的合法权益。如仍不能解决问题，应诉诸司法部门。

三、管而不死，活而有序

鉴于过去的管理工作常常处于“一放就乱，一乱就管，一管就死”的怪圈之中，所以要将“管”和“放”两者有机地结合起来，努力做到“管而不死，活而有序”。

当前，我国大城市特别是特大城市和超大城市的房屋还不是很充足，必须继续大力搞活房地产市场，繁荣房地产经济，发挥我国房地产业的潜在优势，尽可能地满足城市各行各业对生产营业用房、用地的需求和城市居民对住房的需求。因此，要逐步打破过去对房地产交易活动的种种行政限制，允许各种类型的房地产进入市场流通，适当放开和逐步理顺房地产价格体系，鼓励自管房单位和私房业主将备用的和富余的房屋出租或出售出去，以调剂房屋的余缺，最大限度地挖掘城市房屋的潜力。此外，还要鼓励和支持房地产商品的生产者和经营者为社会提供更多质优价廉的房地产商品，从根本上缓解大城市房地产的供求矛盾。这就是所谓的“管而不死”。

在搞活房地产市场的同时，还要抓好房地产市场的管理，努力做到让房地产市场“活而有序”。要把房地产市场活动控制在国家有关法规和政策允许的范围内，保证房地产经营企业和私房业主正当、合法地经营，杜绝霸王条款、价格欺诈、偷税漏税、建筑质量低劣等问题，维护租赁双方和买卖双方的合法权益。只有这样，才能维护房地产市场的正常秩序，使房地产市场健康发展。

四、为基层服务

在房地产市场管理过程中，还必须遵守为基层服务这一原则。这是由房地产市场管理的群众性和基层性所决定的。

在房地产市场中，从事房地产经营活动的主体主要是房地产开发商、房地产经营公司、房地产代理公司、二手房中介公司、一般企业或事业单位以及公民个人；房地产的需求者主要是房地产经营公司、企事业单位、行政单位、居民个人。无论他们是作为市场的买方和承租方，还是作为卖方和出租方，或者是从事居间服务的中介组织，都是市场活动的主体，是市场基层力量的构成者。房地产管理部门，如建委、房产局、规划局、土地局等，在市场管理过程中必须充分听取这些基层单位和群众的意见，尊重和维护他们各自的利益，公正地解决他们之间的纠纷与分歧。也就是说，房地产管理部门在管理过程中必须摒弃官僚作风，树立起廉政、精简、高效的管理形象，尽可能减少不必要的管理环节和程序，提高管理效率，方便交易当事人，为处于基层的市场主体排忧解难。

第四节　房地产市场管理的内容

随着社会的发展，房地产市场显得越来越重要，甚至成了关系到国计民生的重要内容。但是，其迅猛发展使诸多问题也随之凸显出来。如何依法确保商品房开发者、投资者、消费者的合法权益，减少矛盾与摩擦，促进房地产行业在高速发展的同时保持健康、有序，成为管理的重点。房地产市场管理是一项涉及多个部门，需从多角度、多层次来加以把握的复杂工作，因此把握好管理的内容十分必要。

一、从交换关系的角度来看

按房地产市场中交换关系的不同，房地产市场管理的内容应包括房地产买卖市场的管理和房地产租赁市场的管理。

（一）房地产买卖市场的管理

房地产买卖市场的管理主要包括房地产买卖市场秩序管理和房地产买卖市场价格管理两方面内容。

1. 房地产买卖市场秩序管理

房地产买卖市场秩序管理的主要内容包括对投入市场进行转让的房地产的管理、对房地产购买人资格的管理、对房地产交易立契审核程序的管理。对投入市场进行转让的房地产的管理，就是审核该房地产是否符合房地产产权归属清楚等买卖的前提条件。对房地产购买人（含单位）资格的管理，即对房地产购买人的条件给予必要的限制和规定，如规定购买城市旧公房的个人必须是拥有该市正式户口的常住居民、规定家庭购买的套数等。对房地产交易立契审核程序的管理，其依据是建设部、国家物价局、国家工商行政管理局在《关于加强房地产交易市场管理的通知》［建房字〔1988〕170号］中规定的内容：进行房地产交易的单位和个人，必须持有关证件到当地房地产管理机关办理登记、鉴证、评估、立契过户手续。这是加强房地产交易管理、维护房地产买卖市场正常秩序的一个重要环节。《关于加强房地产交易市场管理的通知》是一个发布时间很早的文件，但至今仍有效，各省、市在不同时期都据其并结合形势与调控要求出台了地方性法规。

2. 房地产买卖市场价格管理

房地产买卖市场价格管理的内容包括制定合理的价格标准、相应的价格政策和管理措施。如果当事人违背了这些标准和政策，将受到管理部门的处罚。由此引发的争议比较大，主要围绕房价该不该直接管以及如何管理等问题。经济学家一般不主张对商品房价格进行行政干预，尤其不适宜直接限价，否则会破坏价格机制、影响建筑质量，但对于对不同类型保障房的价格做一些规定和约束是认可的。

（二）房地产租赁市场的管理

由于房地产价值量大、使用年限长，加之有些居民的收入水平和购买力比较低，而且有一些流动人口没有买房的想法与条件，因而在相当长的时间内，房地产租赁仍是房地产交易中的另一种主要形式。对房地产租赁活动的管理不仅是房地产市场常态管理的一项主要内容，更是当前房地产市场管理的重点内容之一。房地产租赁市场的管理分为两个方面：房地产租赁市场秩序管理和房地产租金管理。

1. 房地产租赁市场秩序管理

房地产租赁市场秩序管理的内容主要包括：对允许出租的房地产的条件的规定；对房地产出租人与承租人的权利和义务的规定；对房地产租赁程序的规定和审核；对租赁收入纳税的管理；对租赁合同内容的规定及纠纷的处理等。

2. 房地产租金管理

房租是对房地产所有者分期出售房屋使用权的价值补偿。房租管理表现为租金标准及其管理办法的制定和实施等。

二、从管理机构的角度来看

由于管理机构不同，房地产市场的管理又可划分为自然资源行政管理部门对房地产的产权管理、产籍管理，房地产行政主管部门对房地产行业的管理，工商行政部门对房地产市场进行的工商行政管理，税务部门对房地产市场进行的税收管理等。

（一）房地产的产权管理、产籍管理

房地产的产权管理、产籍管理是土地行政管理部门的两项重要工作，是整个房地产管理的基础工作之一。这两项管理工作原来归属于住建部，后来划转到自然资源部。

1. 房地产产权管理

房地产产权管理是指自然资源行政管理部门对房屋和土地的所有权、使用权和其他权属，以及它们的合法变动情况的确认。它主要包括对所有权和使用权进行登记、审查、确认，核发土地使用权证书和房屋所有权证书（现在核发的新证书统一称为不动产权证书），办理产权变更登记，掌握全部产权的变动情况等。

2. 房地产产籍管理

房地产产籍管理是指通过经常性测绘、房屋与土地产权登记不断修正产籍资料，保持产籍资料与实际情况相符合，有效地为产权管理服务，为城市规划和建设提供准确数据等。

（二）房地产行业管理

房地产行业管理是指政府房地产管理机关运用行政、经济、法律等手段，通过一定的经济组织形式，对房地产领域的各种经济活动进行有效监督和管理，促进各种形式的房地产企业加强横向联系、提高经济效益。

（三）房地产市场的工商行政管理

房地产市场的工商行政管理是指工商行政管理部门依照国家的法律、行政法规和政策，对进入房地产市场从事房地产交易活动的单位和个人的资质、行为能力、权利能力进行的审查或对房地产交易行为、契约合同等进行的监督管理。

房地产市场工商行政管理的内容很广泛，归纳起来主要包括以下几个方面。

1. 房地产交易秩序的管理

这项管理工作的目的在于加强房地产交易市场的规范化建设，从严执行市场交易法规，从而保持房地产市场运行的连续性。

2. 房地产交易合同的管理

房地产交易合同的管理包括监督检查房地产交易合同的订立和履行、对交易合同进行鉴证、确认无效合同、查处交易合同中的违法行为等。

3. 房地产企业经营资质的管理

房地产企业经营资质的管理是指对进入市场从事经营的房地产企业进行资格审查和监督。资质管理的目的在于控制进入市场的经营企业的数量，同时保证企业的生产经营能力。

4. 房地产信息的管理

房地产信息的管理主要是指对房地产广告的管理，同时也包括对广告代理商和广告宣传媒介的管理。随着自媒体的出现和网络广告的增加，房地产信息管理不断出现新问题、新内容，对工商行政管理工作提出挑战，需要在实践中积累经验。

（四）房地产市场的税收管理

在房地产交易活动中，为了防止出现非法交易、投机倒卖、稳价瞒租、擅自提高收费标准和扩大收费范围，以及利用附加条件索取额外收入等现象，必须加强对房地产交易的税收管理，以维护正常的市场秩序，保证政府税收收入不被截留。

房地产交易中涉及的税收包括房产税、契税、增值税、所得税和土地增值税。

1. 房产税

房产税在1978年下放到各省、自治区、直辖市以后，大部分地区已停征，只对开放城市中的中外合资企业、外国企业和外籍人员的房产征税。1986年以后根据新的《中华人民共和国房产税暂行条例》，又恢复了对房产所有人征收房产税，但减免情况较多，主要针对写字楼、商业设施、公寓等征收。对住宅而言，目前只在上海、重庆两地征收房产税，其他地区未开征。

2. 契税

契税是以所有权发生转移变动的不动产为征税对象，向产权承受人征收的一种财产税。契税的纳税义务人是房地产权属变更合同中作为承受者的一方。

3. 增值税

增值税是以商品（含应税劳务）在流转过程中产生的增值额作为计税依据而征收的一种流转税。从计税原理上说，增值税是对商品生产、流通、劳务服务中多个环节的新增价值或商品的附加值征收的一种流转税。它实行价外税，由消费者负担。有增值时才征税，没增值则不征税。二手房交易中会涉及这种税种，符合条件的会免征。

4. 所得税

所得税是对企业与个人的生产经营所得和其他形式的纯收入计征的一种税。房地产经营企业通常都是纳税义务人，只有国有城市房地产综合开发企业在新开办的三年内可享受有限期的免税待遇。

5. 土地增值税

土地增值税是对转让房地产所取得的增值额征收的税种，纳税义务人为转让国有土地使用权、地上建筑物及其附着物并取得收入的单位和个人。土地增值税实行四级超额累进税率，个别情况下可以免征。需要注意的是，增值税和土地增值税都是对增值额进行课税的税种，但二者有很大的区别，含义、计算方法、税率都不同。

第五节　房地产市场管理的手段

手段的本义是为达到某种目的而采取的方法和措施。市场管理的目标必须通过一定的手段来实现。现阶段，我国房地产市场管理的手段主要有计划手段、经济手段、法律手段和行政手段。各类手段在使用时具有不同的适用范围、调节特点和作用。

一、计划手段

房地产计划管理是指按国家或地区统一的社会发展计划来指导房地产市场的供给、交易和消费等行为。通过房地产计划管理可以贯彻党和政府关于房地产市场发展的方针和政策，正确安排有关房地产业的各项经济发展计划及各种比例关系，合理配置生产力。

许多学者认为，房地产市场是市场取向改革的产物，在房地产市场管理中，计划手段已经不太起作用或本就不该起作用[①]。此种认识显然不正确，在市场体制下，尽管我们对房地产业的计划管理在范围上缩小了，在线条上放粗了，在力度上放松了，但适度的计划管理还是不可缺少的，它仍是房地产市场管理的基本手段之一。个别人将计划手段划为经济手段或行政手段的一种，我们认为，它确实既有经济手段的痕迹，又有行政手段的影子，

① 持此观点的人是很多的，在有关论文和专著中见不到将计划手段作为房地产市场管理手段的提法。

还有法律手段的色彩，但从内涵上看，将其划为任何一类都不合适，还是应当独立出来。

运用计划手段管理房地产市场时应考虑完成如下任务。

（1）研究和制定房地产经济发展战略，确定中期和年度计划的发展目标，编制各种土地出让计划和房地产经济计划。

（2）运用行政和经济手段制定出具体方法和措施，保证计划的实现。

（3）及时检查和总结计划的执行情况，实事求是地研究事实、数据、材料并分析实践过程，找出存在的问题及改进方法。

（4）建立必要的房地产计划管理制度，以保证长远规划和近期目标的实现。

二、经济手段

用经济手段管理房地产市场就是国家或地方政府利用价格、税收、金融等经济杠杆来调节和发展房地产市场。

1. 价格

这里所说的价格是指房地产的经营价格，即房地产作为商品被生产出来以后进入流通领域，在经营交易过程中所形成的价格。房地产经营价格大体有如下三种形式。

（1）与房地产出售市场相对应的出售价格。

（2）与房地产租赁市场相对应的租赁价格。

（3）与房地产互换、抵押、拍卖、保险、纳税等行为对应的评估价格。

从管理房地产市场的角度出发，国家或地方政府可适时调整各类房屋、土地的出售、出租价格标准，以引导房地产市场的交易活动，影响房地产市场的交易量。

2. 税收

税收在房地产交易中也具有重大作用，可用来调节房地产价格。这种作用从如下两个方面表现出来。

（1）税种的设立。税种的设立可起到调节房地产成本的作用，如房产税、契税、土地增值税等相关房屋、土地税种的设立都直接或间接地增加了房地产的成本，影响到房地产的供给、需求、价格和交易活动。

（2）税率的调控。税率的确定影响到税款额的大小，如房产税，有的可免征，有的则必须按余值的 1.2%计征，国家和各级政府可利用税率来影响房地产市场上交易房产的种类和数量。

3. 金融

运用金融手段管理房地产市场，可通过如下两个途径来实现。

（1）可以通过资金融通来调节房地产活动，进而影响房地产的生产、供给以及需求，如是否允许对开发商贷款、是否对购买者给予按揭贷款以及贷款的成数等。

（2）可以通过利率的调节来影响房地产的成本，进而影响房地产市场的供给、需求和交易量。

融通资金是银行的基本职能之一。从发展趋势上来看，银行应该努力扩大业务面，为商品房和保障性住房生产提供资金，同时要开拓购房贷款业务，以促进房地产的销售。当然，房地产经济领域资金的供给应符合国家的宏观经济政策，谨防推动通货膨胀。

三、法律手段

运用法律手段管理房地产市场是指对房地产市场管理中比较成熟、稳定、带有规律性的原则、制度和办法，由国家按一定程序以经济法律、法令和条例等形式固定下来，成为国家、地方政府、企业和个人从事房地产交易活动所必须遵守的行为规范。国家通过相应的强制手段保证这些法律、法令和条例的实施。

运用法律手段管理房地产市场，首先要做好立法工作。在这方面，我国已做了大量工作。例如，在《宪法》《民法典》《土地管理法》《城乡规划法》《全民所有制工业企业法》等法规中都有关于房地产方面的法律规定或文字叙述。尤其是《城市房地产管理法》，该法案于 1994 年 7 月 5 日经第八届全国人民代表大会常务委员会第八次会议通过，而后根据 2007 年 8 月 30 日第十届全国人民代表大会常务委员会第二十九次会议《关于修改〈中华人民共和国城市房地产管理法〉的决定》进行了第一次修正；根据 2009 年 8 月 27 日第十一届全国人民代表大会常务委员会第十次会议《关于修改部分法律的决定》进行了第二次修正，根据 2019 年 8 月 26 日第十三届全国人民代表大会常务委员会第十二次会议《关于修改〈中华人民共和国土地管理法〉〈中华人民共和国城市房地产管理法〉的决定》进行了第三次修正。与此同时，各地也出台了一些涉及房地产市场管理的地方性法规。但是我们的任务还远未完成，在建立健全房地产市场管理法规体系方面仍有许多工作要做。

在做好房地产立法工作的同时，还必须抓好执法工作。只抓立法，无人执法，法律也就失去了存在的意义。我们认为，在执法方面，应大力培养房地产法律方面的人才，提高执法水平，做到违法必究，把房地产市场行为纳入法治化管理的范畴。

四、行政手段

用行政手段管理房地产市场就是房地产行政管理部门依靠国家行政领导的权威，通过行政管理办法和规章制度等形式来管理房地产市场。

行政手段也是目前房地产市场管理的重要手段之一，它具有政策性、强制性和严肃性，一切房地产市场参与者都必须执行规定，否则将受到房地产行政管理部门及其他有关管理部门的行政制裁。

中共十一届三中全会以来，房地产作为社会生产和人民生活的重要物质资料，开始向市场经济轨道过渡，由此出现了许多新情况。这就要求房地产行政管理必须调整和扩展管理内容，以适应形势发展的需要。例如，对包括机关、全民企事业单位和部队房产在内的城镇房地产进行统一登记发证；对出现纠纷的房屋、土地产权进行审核、仲裁，维护房地产市场秩序；对房地产经营公司加强行业管理等。但是，由于客观实际繁杂混乱，行政性规定有时会出现重叠、交叉或相互冲突的情况，与法律原则不协调以致互相抵触的现象也时有发生。这时，行政管理就失去了法律的支持和保障，需要改进或调整相关规定。

本章小结

房地产市场管理是指房地产管理部门代表政府按照房地产经济的客观规律及城市经济对房地产业的要求，运用计划手段、行政手段、经济手段和法律手段对房地产市场中从事房地产开发、经营、消费的单位或个人，就房地产的交易合同、交易价格、税收等方面所进行的组织、监督和调节。我国房地产市场管理的总体目标可以概括为：创造良好条件，保障房地产市场的运行；促进房地产经营企业公平、合理地竞争；保证房屋总供给与总需求的基本平衡；维护房地产交易各方的权益。现阶段，我国房地产市场管理的手段主要有计划手段、经济手段、法律手段和行政手段，各种手段在使用时具有不同的适用范围、调节特点和作用。

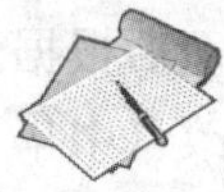

综合练习

一、基本概念

房地产市场管理；房地产产权管理；房地产产籍管理；房地产行业管理。

二、思考题

1．简述房地产市场管理的目标。

2．简述房地产市场管理的原则。

3．简述房地产市场管理的内容。

4．简述房地产市场管理的手段。

推荐阅读资料

1．席枫．房地产市场管理[M]．天津：南开大学出版社，2015．

2．董藩，丁宏，陶斐斐．房地产经济学[M]．2 版．北京：清华大学出版社，2017．

3．霍钊．中国房地产市场与宏观经济变量的互动关系研究[M]．北京：中国铁道出版社，2016．

网上资源

1．住建部网站：http://www.mohurd.gov.cn/.

2．乐居财经：https://news.leju.com/#csfp=bj&wt_source=pc_sy_dh.

3．链家网：https://bj.lianjia.com/.

第三章　从市场营销到房地产市场营销

学习目标

- 市场营销的内涵及核心概念；
- 企业经营观念的演变以及市场营销理论的发展过程；
- 房地产市场营销的概念及特征；
- 房地产市场营销的决策与规划。

导言

我国的房地产市场从恢复运行到长足发展，经历了几十年的时间。期间，人们的住房消费观念发生了很大的变化。与此相适应，在房地产开发与经营中，市场营销观念也逐渐被人们认识和掌握，它的重要意义也越来越受到人们的重视。从一般的市场营销理论出发，结合房地产经营活动的实践，形成了具有行业特征的房地产市场营销理论，据此指导房地产开发商开展营销活动可为更好地实现企业的营销目标奠定基础。

第一节　正确认识市场营销

房地产市场营销是市场营销的一个分支，故市场营销中的一些基本概念同样适用于房地产市场营销。因此，在研究房地产市场营销相关问题之前，有必要先了解市场营销的内涵以及企业经营观念的演变过程，把握市场营销理论的发展脉络，以形成正确的市场营销观念。

一、市场营销的内涵

“市场营销”一词源自英文“marketing”。它包含两层意思：一是指市场营销活动，即企业生产适销对路的产品，通过满足消费者的需求，达到实现企业经营目标的一系列经营活动；二是指市场营销学科，即建立在经济科学、行为科学以及现代管理理论基础之上的一门应用学科。

在西方国家，有学者认为，在人类进行第一次商品交换时，市场营销就产生了。实际上，这种观点是不正确的。虽然市场营销的核心概念是商品交换，但市场营销并不等于商品交换，而是具有更深层次的内涵。

人类的市场营销活动并不是一开始就有的，它是随着社会的进步、经济的发展逐步产生的。现代管理学之父、美国著名市场营销专家彼得·德鲁克（Peter Drucker）认为，市场营销活动最初产生于日本，而不是美国。他指出，在 1650 年左右，日本三井家族的一个成员作为商人在东京定居，开办了世界上第一家百货商店并为商店制定了一些经营原则。250 年之后，美国的西尔斯·罗巴克公司才提出类似原则。这些原则的基本内容包括：公司充当顾客的采购员；为顾客设计和生产适合需求的产品；保证满意，否则原款奉还；为顾客提供丰富多样的产品，而不是着眼于一套工艺、一种类型、一个程序。

德鲁克还指出，直到 19 世纪中叶，市场营销才在美国出现。19 世纪中叶，在美国国际收割机公司中开始出现市场营销，这家私人公司的创办人赛勒斯·麦考密克（Cyrus McCormick）不仅发明了收割机，还创造了现代市场营销的基本工具——市场研究和分析、市场定位、定价策略、服务推销员、为顾客提供零部件和服务以及分期付款信贷等现代市场营销手段。

按照德鲁克的说法，尽管市场营销活动不是产生于美国，但是作为一门应用学科，市场营销学产生于美国。20 世纪初，“市场营销”这个名词作为大学课程的名称首次进入美国大学讲堂中。哈佛大学的赫杰特齐（J. E. Hegertg）教授在走访了若干大企业后，于 1912 年出版了第一本以“市场营销学”命名的教科书。其《市场营销学》的问世标志着市场营销学作为一门独立的学科出现了。

市场营销学从产生之日起，理论本身不断推陈出新，而理论的发展又有效地推动了营销实践活动的逐步成熟。在市场营销学的不同发展阶段，人们对“市场营销”有着不同的理解。而在众多的定义中，备受推崇的是世界著名市场营销专家、美国西北大学教授菲利普·科特勒（Philip Kotler）博士提出的关于市场营销的定义：“市场营销是个人和集体通过创造、提供、出售并同别人自由交换产品和价值以获得所欲之物的一种社会和管理过程。”[①]从这个定义可以看出，市场营销应涵盖以下主要内容。

（一）市场营销是创造性活动

这种创造性活动不仅要求寻找已经存在的需求并满足它，更为重要的是要挖掘消费者尚未被满足的需求——潜在需求并通过创造性活动使这种潜在需求转变为现实需求。例如，在录像机、摄像机、传真机和个人数码产品面世之前，谁会想到自己有相应的需求呢？

（二）市场营销是自愿的交换活动

交换构成市场营销的基础与核心，但这种交换是以买卖双方自愿、自由为前提的，强买强卖不属于市场营销行为。

（三）市场营销是满足人们需求的活动

市场营销既满足消费者的需求，又满足企业的需求。消费者的需求是获得满意的产品，企业的需求是获得可观的利润。在交换过程中，买卖双方通过提供对方所需要的东西（货币或产品）取得回报（产品或货币）。为此，企业必须对市场进行调研，了解、识别、掌握消费者的需求并通过满足消费者的需求，最终达到企业的目标。

① 科特勒．市场营销管理[M]．10 版．梅汝和，梅清豪，周安柱，译．北京：中国人民大学出版社，2001：20.

（四）市场营销是系统的管理过程

市场营销活动包括生产前的调研分析活动、流通中的销售活动和售后的服务活动，其范围远远超出了流通领域。因此，推销、广告等销售活动虽然是市场营销活动的重要组成部分，但都不是完全意义上的营销。正如菲利普·科特勒所言："如果企业的市场营销人员做好市场调查研究，了解购买者的需要，按照购买者的需要设计和生产适销对路的产品，同时合理定价，做好分配、销售促进等市场营销工作，那么这些产品就很容易被销售出去。"所以，营销的目标是让销售成为多余的环节。

（五）市场营销是企业参与社会的"纽带"

企业生产出的产品通过市场营销活动输送到社会上，社会上的需求等信息通过市场营销活动反馈到企业中。市场营销的这种"纽带"作用使得营销工作者在制定营销策略时能够更好地权衡企业利益、消费者需要和社会利益。实践证明，只有满足社会利益的企业才能持续地获得成功。

二、市场营销的核心概念

菲利普·科特勒在解释市场营销的定义时，提出了一些与市场营销的定义相关联的核心概念，如需要、欲望和需求，产品，价值、满意和质量，交换与交易，关系与网络，营销者等。随着营销实践和营销理论的不断发展，菲利普·科特勒又提出了一些新的核心概念，如营销渠道、竞争、供应链、营销环境和营销组合等。由于营销渠道、竞争、供应链、营销环境和营销组合等概念在后续章节中会陆续详细介绍，因此这里不再赘述。

（一）需要、欲望和需求

需要、欲望和需求相互关联，三者十分相近，但又存在差异。它们是市场营销的核心概念，是营销者考虑问题的出发点，因此准确地区别这三者是十分有益的。

1. 需要

需要是人们能够感受到的缺乏状态。例如，人们为了生存而产生衣、食、住、行、安全以及其他方面的需要，这些需要大多是人与生俱来的，绝不是营销者能够创造出来的。

2. 欲望

欲望是指获得使缺乏状态得以满足的特殊物品的愿望。人类的需要并不多，可是人类的欲望很多。例如，住宅的基本功能是满足人们的居住需要，但人们凝结在住宅中的欲望是多种多样的，从最初的挡风避雨、满足最基本居住条件的低层次要求，发展到既追求建筑外形美观、别致，又注重居住者的健康和舒适等高层次要求，正是这种不断变化的欲望成就了今天的房地产业，也决定了开发商的主要任务就是了解人们购房的各种欲望并通过开发产品来引导和满足人们的欲望。

3. 需求

需求是指人们对某种产品有购买能力且有购买意愿的欲望，这是一种有效需求。当人们具备了购买能力，欲望便成了需求。例如，许多人都想买别墅，却只有极少数人能够买得起。所以，企业不仅要了解想买本企业产品的人的数量，更重要的是应该去了解真正愿意且有能力购买的人的数量。

上述解释让我们了解到，市场营销并不创造需要，需要先于市场营销而存在。市场营销的任务是影响消费者的欲望，最终影响他们的需求。

（二）产品

产品是指能够满足人们某种需要和欲望的一切有形产品和无形产品。市场营销中所指的“产品”实际上是“产品整体概念”，它除了包括产品的实体部分之外，更加强调能给顾客带来的效用，以及所带来的延伸产品等所有无形产品。例如，人们住高档公寓是为了享受它所带来的适宜的居住空间、优良的居住环境、良好的物业管理服务等多种效用，其中任何一种效用得不到满足，都会对公寓产品造成不良影响，这里的“公寓产品”实际上就体现了“产品整体概念”。企业只有全面、正确地理解所开发产品的“产品整体概念”，才能从根本上解决重视产品、轻视市场与顾客需求的问题。

（三）价值、满意和质量

价值、满意和质量是一组紧密相连的概念，只有高质量的产品才能让顾客满意，才能实现顾客价值。

1. 价值

价值是一个很复杂的概念。市场营销中所说的“价值”，即“顾客价值”，是指顾客从拥有和使用某产品中所获得的总价值与所支付的总成本之间的差值。在这里，总价值主要包括产品价值、服务价值、人员价值和形象价值等；而总成本则主要包含货币成本、时间成本、体力成本和精神成本等。企业在市场营销工作中，往往从提高总价值和降低总成本两方面入手来提高顾客价值。

2. 满意

满意是指顾客满意，指顾客将所获得的产品带来的效用与对该产品的期望值进行比较，若效用等于期望值，则顾客感到满意；若效用高于期望值，则顾客获得超值感受；若效用低于期望值，则顾客感到不满意。

3. 质量

质量是一个产品的特色和品质的总和，反映了产品满足顾客需要的能力，直接影响到顾客价值的获得和顾客满意。在“以顾客为导向”的今天，重视产品质量对每一个企业而言都是极其重要的。

（四）交换与交易

现实社会中，人们可以通过自产自用、“强取豪夺”、乞讨和交换四种方式获得产品。在这四种方式中，前三种方式都不会产生营销活动，只有当交换产生时，营销活动才出现。所谓交换，就是从他处获得所需之物并拿出某物作为回报的行为。交换被看作一个创造价值的过程，而不是一个事件。如果双方正在进行谈判并趋于达成协议，这意味着他们正在进行交换。当双方通过谈判达成协议，交易便产生。交易是交换活动的基本单元，是由双方之间的价值交换所构成的行为。与交易有关的市场营销活动，称为交易营销。不难理解，交易营销的核心是交易，企业通过诱使交易发生，从中获利。一般来说，在交易情况下，除产品和自身市场形象外，企业很难采取其他有效措施与他方保持持久关系。

（五）关系与网络

20 世纪 70 年代，北欧的一些学者在交易营销的基础上又提出了"关系营销"的概念。所谓"关系营销"，就是把营销活动看成企业与顾客、供应商、竞争者、政府机构及其他公众发生互动作用的过程，其实质是在合作共赢的基础上建立相互依存的、长期稳定的营销关系，以求彼此协调发展。

可见，关系营销与交易营销存在很大的差别。例如，现有一竞争对手用较低的价格向顾客出售产品。在交易营销的情况下，企业与顾客的关系很容易被竞争对手破坏；而在关系营销的情况下，由于企业与顾客建立了牢固的关系，顾客具有很高的忠诚度，此时价格就不再是竞争的主要手段，竞争对手就很难破坏企业与顾客的关系。

关系营销的主要成果是建立起企业的一种独特资源——营销网络。所谓营销网络，是指企业和与之建立起牢固的、相互信赖的商业关系的其他企业所构成的网络。在这个网络中，企业可以找到战略伙伴并与之联合，以占有更广泛、更有效的市场，同时可以享尽销售与采购的便利和优惠，还可以减少由于产品进入市场的时间滞后而被模仿者夺走市场的风险。营销网络建立起来之后，企业还必须协调好其中的各种矛盾和关系，这样，有利可图的交易才会随之而来。

（六）营销者

按照一般的理解，营销者应该是卖者。但在市场营销活动中，营销者既可以是卖者，也可以是买者。如果一方寻求交换的动机比另一方更强烈，那么我们就把前者称为营销者，把后者称为潜在的消费者。例如，有几个人都想买同一幢待售的房子，通过竞争，最终只有一个人被卖者选中。这时，买者就是营销者，而卖者就是潜在消费者。如果买卖双方都在积极地寻求交换，我们就把双方都称为营销者并把这种情况称作相互营销。

三、经营观念的演变

企业的市场营销活动是在特定的经营观念指导下进行的。所谓经营观念，是指企业在开展营销活动的过程中，处理企业、消费者和社会三者的利益时所持有的指导思想和行为准则。经营观念并非一成不变，而是随着经济发展和市场形势的变化而演变。现存经营观念大体经历了生产观念、产品观念、推销观念、市场营销观念和社会营销观念五个阶段的演变。这五大观念的内容如表 3-1 所示。

表 3-1 企业经营观念

经营观念		产生时间	观点	企业行为	特点	适应市场	备注
传统经营观念	生产观念	20世纪20年代以前	消费者喜欢可以随处买到价格低廉的产品	增加产量，获取利润	以量取胜	卖方市场	①不是从市场出发，而是从生产者角度出发；②以产定销
	产品观念	20世纪30年代以前	消费者喜欢质量最优、性能最好、功能最多的产品	提高质量，获取利润	以质取胜	卖方市场过渡到买方市场	
	推销观念	20世纪20年代末期	消费者不购买非必需品，但企业重视和加强推销工作，消费者可能会购买更多的产品	运用销售技巧和广告技巧推销产品，获取利润	促销取胜	买方市场	
现代经营观念	市场营销观念	20世纪50年代	企业的任务是确定目标市场的需求并采用比竞争对手更有效的方式去满足目标市场的需求	满足目标市场的需求，获取利润	以满足目标市场需求取胜	买方市场	①从市场需求出发；②以销定产
	社会营销观念	20世纪70年代	企业的任务是确定目标市场的需求并且在保持或提高消费者利益和社会福利的情况下，采用比竞争对手更有效的方式去满足目标市场的需求	追求企业利益、目标市场需求和社会利益三者的统一	以满足目标市场和社会利益取胜，考虑社会利益和人类发展的需要	买方市场	

表 3-1 表明，企业的经营观念归纳起来可分为两类：一类是传统经营观念，包括生产观念、推销观念和产品观念；另一类是现代经营观念，包括市场营销观念和社会营销观念。从总体上看，传统经营观念是一种“以生产者为导向”的观念，企业的出发点是生产和产品，采取的手段是增加生产、提高质量或加强促销，目的是扩大销售、获取利润，而较少考虑消费者的需求；现代经营观念是一种“以市场为导向”的观念，企业的出发点是市场需求，同时兼顾社会利益，采取的手段是集中企业的一切资源，安排适当的营销组合，通过满足市场需求来获取利润。可见，传统经营观念与现代经营观念有着本质的差别。不过，无论是传统经营观念还是现代经营观念，其产生和存在都有一定的历史背景，都是与一定的市场供求状况相联系、相适应的。但市场营销观念自产生以来，由于其先进的思想更加贴近市场需求，因而到目前为止，这种观念的影响力还是很大的。

随着社会经济的不断发展和市场需求的不断变化，必将不断产生新的企业经营观念，进一步推动企业改善市场营销活动，消费者的需求也将更好地得到满足。

四、市场营销理论的发展

与经营观念的演变一样，市场营销理论也是随着市场的变化和人们对这种变化的认识的不断发展而发展的。按照出现时间的先后顺序，现有的市场营销理论包括尤金·麦卡锡（E. J. McCarthy）的“4Ps”理论、菲利普·科特勒（Philip Kotler）的“6Ps”理论、罗伯特·劳特朋（Robert F. Lauterborn）的“4Cs”理论和 D. E. 舒尔茨（Don E. Schultz）的“4Rs”理论。

（一）4Ps 理论

1960 年，美国密歇根州立大学的麦卡锡教授对尼尔·鲍顿提出的 12 因素“营销组合”进行了高度概括和综合，提出了著名的“4Ps”组合策略，具体由产品策略（product）、价格策略（price）、渠道策略（place）、促销策略（promotion）组成，由此形成了市场营销学中较为完整的营销策略理论。该理论认为，如果一个营销组合中包括合适的产品、合适的价格、合适的分销渠道和合适的促销策略，那么这将是一个成功的营销组合，企业的营销目标也将得以实现。

（二）6Ps 理论

6Ps 理论，即大市场营销理论。1984 年，科特勒根据国际市场及美国国内市场贸易保护抬头、出现封闭市场的状况，提出了被称为“第四次浪潮”的大市场营销理论。“6Ps”组合策略是大市场营销理论的一项重要内容，它在“4Ps”组合策略的基础上又加上了两个“P”：政治权力（power）与公共关系（public）。之所以要强调“6Ps”组合策略，是因为在政府干预加强和贸易保护主义抬头的形势下，企业即使对“4Ps”进行适当的安排，也往往难以进入特定市场，此时必须配合实施政治权力策略和公共关系策略，才能使产品顺利地送到消费者的手中。

（三）4Cs 理论

美国营销专家罗伯特·劳特朋认为，无论是 4Ps 理论还是 6Ps 理论，虽然采用的是以消费者需求为中心的市场营销管理模式，但实际上仍然是遵循“企业导向”而非“消费者导向”。1990 年，劳特朋提出了 4Cs 营销理论，该理论以“消费者需求”为导向，指出在企业的市场营销活动中，应特别关注四个基本要素——顾客（customer）、成本（cost）、便利（convenience）、沟通（communication），即 4Cs。该理论认为，企业应将产品搁到一边，首先了解、研究与分析顾客的需求与欲望，不要再卖企业能生产的产品，而应该卖顾客想要的产品；其次，暂时忘掉定价，去了解顾客为了满足需求和欲望必须付出的成本；再次，顾客的购买便利比分销渠道的选择更重要；最后，用沟通代替促销，通过沟通把顾客和企业的利益整合起来，达到“双赢”的目标。

（四）4Rs 理论

与 4Ps 理论相比，4Cs 理论尽管更加关注消费者的需求，但这种理论在实用性和可操作性上存在一定的缺陷。鉴于此，美国的舒尔茨提出了全新的营销四要素——关联（relating）、反应（reaction）、关系（relationship）和回报（repay），即4Rs理论。该理论认为，在竞争性市场中，顾客的忠诚度是变化的，因此企业必须通过某些有效的方式在业务、需求等方面与顾客建立关联，形成一种互求、互助、互需的关系，将顾客与企业联系在一起，以减少顾客的流失。为此，企业必须建立快速反应机制，对顾客的希望和需求及时做出反应，以最大限度地减少抱怨，稳定顾客群。而在市场环境日益复杂的今天，关系营销越发重要。企业应该做到的是，与为企业创造80%利润的20%的顾客建立起牢固关系，而不能把大额的营销费用花在创造20%利润的80%的顾客身上。也就是说，回报是营销的源泉，企业应满足顾客需求，提高顾客价值，但不能成为“仆人”。一切营销活动都必须以为顾客和股东创造价值为目的。

4Ps理论、6Ps理论、4Cs理论和4Rs理论之间是一种什么关系呢？显然，它们之间不是取代关系，而是一种发展、完善的关系。4Ps理论构成市场营销理论的基本框架，可操作性强，至今仍被广泛应用。6Ps理论突破了4Ps理论中市场营销环境不可控这一传统看法，认为企业不应只是消极、被动地适应、服从外部环境，而应积极、主动地改变环境，通过政治权力和公共关系扫清流通道路上的障碍，变被动为主动。4Cs理论是对4Ps理论的创新和发展，充分强调“顾客导向”。但过分强调“顾客需求”，久而久之，会影响企业的发展，这也是这种理论的局限性所在。4Rs理论在上述三种理论的基础上概括出营销理论的新框架，突破了4Cs理论的局限性，着眼于企业与顾客的互动，通过关联、关系、反应与回报建立起企业与顾客的长期、稳定的关系，最终形成一种竞争优势。当然，同任何一种理论一样，4Rs理论也不是完美无缺的。如今，顾客的忠诚度在急剧变化，企业若想与顾客建立一种长期、稳固的关联和关系，让顾客忠诚于企业，需要相当的实力和某些特殊条件，这并不是任何企业都能轻易做到的。不过，4Rs理论还是给我们提供了一种很好的营销思路。与此同时，我们也应该看到，在市场竞争日益激烈、营销环境愈加复杂的今天，尤其是互联网平台的加入，任何营销已不能仅仅依靠单一的营销理论，必须将各种理论综合运用于营销实践中，唯有如此，才可以取胜。

第二节　房地产市场营销的概念和特点

随着房地产市场的不断发展，市场营销的理论和方法被逐步导入房地产市场，成为指导房地产开发与经营活动的理论基础。房地产市场营销策划也从最初的营销大师的“点子”演化为今天的项目全程策划，成为房地产开发过程中必不可少的一个重要环节。房地产市场营销理论随着房地产市场营销实践的成熟和发展而逐步完善。

一、房地产市场营销的概念

所谓房地产市场营销，就是房地产开发商以了解、满足和创造消费者需求为中心，以实现企业目标为目的，开发出房地产产品并将其有效地从开发商流向购买者的社会管理过程。

这个概念向人们展示出，房地产市场营销其实是房地产行业的具体营销活动，它既具有普通意义上市场营销所应具备的共性，又表现出明显的行业特性。

从营销共性来讲，如前文所述，房地产市场营销的理论和实践源于普通意义上的市场营销，二者并没有本质区别。例如，满足消费者的需求仍然是房地产市场营销的核心，为此，开发商必须对房地产市场进行调研，了解、识别消费者的需求并通过开发产品满足这一需求；房地产市场营销同样是一种创造性活动，这种创造性体现在不仅要满足现实需求，更要善于挖掘消费者的潜在需求，而且由于房地产产品的特殊性，房地产市场营销的创造性显得更为重要。开发商总是通过挖掘项目的潜在价值，突出亮点与独特性，以吸引消费者购买；通过创造产品及价值并同他人自由交换以实现其目标；同时，房地产市场营销牵扯到市场调研、产品开发、产品销售，这是一个系统的管理过程，绝不是营销部门能单独完成的；房地产市场营销更是房地产开发商参与社会活动的"纽带"。因此，市场营销的基本原理与方法同样适用于房地产市场营销。

然而，房地产产品及房地产市场毕竟具有不同于普通商品和普通市场的独特性。因此，房地产市场营销除了具有普通市场营销所具备的共性之外，还表现出明显的行业特点。

二、房地产市场营销的特点

概括起来，房地产市场营销具有以下特点。

（一）营销产品的地域差异性

虽然目前有些高端房地产开发项目的目标客户群不限于本地市场，但是房地产的位置固定性使得这种产品基本上属于地产地销，尤其是在一些中小城市或内陆城市，房地产营销的这一特性更加突出。不同地区，消费者的收入水平、审美趣味、消费习惯，人文地理，政策规划等都是不同的，这就要求开发商在进行具体项目开发之前，必须进行市场调研，对上述内容做详细了解，因地制宜地进行营销决策，若盲目进行开发，将"大城市"的运作经验和手法搬到"中小城市"中，极有可能造成项目的失败。现在，行业中流行这样一句话："如果有一座城市，你拿地的时候很痛苦，那么你卖房的时候就会觉得很幸福；如果有另外一座城市，你拿地的时候觉得很幸福，你卖房的时候就一定会觉得很痛苦。"这句话从一定程度上反映了房地产产品的这种地域差异性是开发商必须关注的。

（二）营销活动的社会复杂性

相比于其他普通商品的市场营销，房地产市场营销中所要处理的社会关系更加复杂。究其原因，主要是房地产市场营销包含了市场调研、地段选择、土地征用、产品设计及开发、楼盘定价、渠道选择、促销决策等一系列繁杂的过程，加之房地产产品的地域性特征，更增加了这一过程的复杂性。在这一过程中，可能会牵扯到营销策划公司、项目代理公司、设计单位、施工公司、监理公司、评估公司、广告公司以及物业管理公司等相关中介服务公司，还不可避免地要与当地土地、规划、园林、房管等政府部门打交道，与媒体、银行的合作也是至关重要的。任何一个环节没有处理好，都将影响到房地产市场营销活动的顺利展开。

（三）营销决策的时机重要性

通常情况下，开发商从拍到土地到预售房屋、建筑物，档期为1～2年甚至更长的时间，期间存在很多变数。例如，国家的方针、政策、法律、法规等的变化，经济形势的变动，股市的波动等都会对房地产营销活动产生巨大影响。因此，对开发商来说，营销时机的把握是非常重要的。在什么样的时点推出楼盘、每次推出的体量有多大、推出楼盘的节奏有多快，这些都是每个开发商必须考虑的问题。因为这既关系到开发商的盈利，又关系到整个社会的房地产供应量。特别是在房价高的时候，开发商对营销时机的把握更为重要。此时，如果推出楼盘的节奏过于缓慢或体量过小，就会有“捂盘惜售”的嫌疑，必然会面临来自政府层面的限制，也可能会使开发商错失良机；相反，如果推出楼盘的节奏过快或体量过大，则可能使开发商的利润受损。而在房价高的时候，政府政策的不确定性加大，这种情况对开发商把握时机的准确性提出了更高的要求。

（四）营销技术的专业性

尽管房地产行业不是高新技术行业，但所有房地产开发项目都要涉及土地产权、市场研究、规划设计、建筑施工、营销推广等多个环节，每个环节都具有很强的专业性。这样，在房地产领域做营销工作，需要营销者通晓各技术环节的基本原理，以便与不同技术部门以及客户进行有效的沟通和协调，这就使得该行业的市场营销活动具有了很强的技术性和专业性。显然，一个不能熟练掌握上述各环节知识的营销者，是不可能成为成功运作房地产项目的操盘手的。

第三节　房地产市场营销决策与规划

房地产市场营销是一个复杂的过程，在这个过程中，需要营销人员，尤其是营销经理做出一系列营销决策并针对决策的最终结果制定营销规划方案。决策或规划方案是否得当，关系到一个房地产项目能否顺利实施，甚至关系到企业的生存和发展，因此有必要对营销决策过程和营销规划进行了解。

一、房地产市场营销决策的分类

决策是对问题的裁决。在房地产市场营销实践中所需要进行的决策通常是为了解决两类问题，因而决策也就分为以下两类。

（1）常规性问题的决策。这类问题是重复的、常规的问题，如处理客户的投诉、评价销售代表的业绩等。一般而言，对于此类常规性问题，企业中已形成一系列程序和标准，营销人员只要按照这些程序和标准处理即可。

（2）非常规性问题的决策。这类问题通常是全新的、重要的、非重复发生的重大问题，如选择新项目、改变分销渠道、调整楼盘价格水平、重组企业的销售部门等。对这类问题的决策需要个性化处理，这也是营销人员尤其是营销经理的工作重点。这些问题的顺利解决可反映出营销经理的决策能力和解决问题的能力。因为此时不仅需要营销经理具备相应的知识，更为重要的是需要他们掌握解决问题的技巧和技能。

明确营销问题的分类非常重要，营销经理的工作重点在于对非常规性问题的决策，决策者要做出科学的决策，就绝不能墨守成规或拍脑袋做决定，必须认真研究和系统思考整个决策过程。

二、房地产市场营销决策过程

房地产市场营销决策过程通常需要经过四个步骤，即认识问题、拟定各种行动方案、收集资料、评估备选方案。虽然我们给出了这样一个决策过程，但这个过程中各步骤的先后顺序并非刚性的。例如，在对某开发项目初始备选方案的评估过程中，可能会发现新的问题，或者发现原先的问题需要重新定义；而在接下来的资料收集过程中，又可能发现新的问题或新的备选行动方案。因此，最终选定的决策方案是上述四个步骤交替进行以及反复磋商的结果。

（一）认识问题

认识问题是决策的基础，总是有了问题才需要决策。然而，问题不可能自己跳出来，那么，如何发现和认识问题呢？下面举个简单的例子来说明。例如，近一个月之内，楼盘的销量在下降，这是一个问题，必须对这个问题做深入研究，找到引起楼盘销量下降的原因，才算对这个问题有所认识。经过仔细研究，发现引起销量下降的原因可能有如下几个：代理商不合格、置业顾问不称职、广告投放不足、其他新楼盘入市等。进一步研究确认，引起楼盘销量下降的主要原因是置业顾问不称职。至此，如果你认为问题认识清楚了，可能为时尚早。因为造成置业顾问不称职的原因可能是多方面的，或是激励机制不恰当，或是培训和监管方法不得当等。若你通过研究，发现是培训方法不得当造成的，那么新的问题就随之而来——培训方法不当是由于培训时间太短，还是培训的内容或方式出了问题？现假定是培训内容不合适致使置业顾问没有充分掌握工作要领，进而直接引起了楼盘销量的下降。至此，楼盘销量下降这个问题基本上认识清楚了。

以上分析给予我们的启示是，在认识问题阶段，应将问题限制在可操作的层面上。当然，上面所举的这个例子只是阐述了一种非常简单的情形，即假定在认识问题的每一个阶段，引起问题的原因只有一个。在上例中，我们假定引起楼盘销量下降的原因是职业顾问不称职，实际上还可能有广告投入不足等原因，这就增加了认识这个问题的复杂性。也就是说，在实际操作中，引起问题的原因可能是多方面的。正因如此，才使得营销管理面临如此大的挑战。

（二）拟定各种行动方案

这是决策过程的第二步。一旦将问题认识清楚了，决策者就应拟定一些能解决问题的新的行动方案。例如，上面我们所列举的楼盘销量下降的最终原因是培训内容不合适，那么就应该改变原先的培训内容，重新拟定新的培训方案。这一阶段的任务是，根据事先确定的标准，尽可能多地寻找到各种备选方案。一般来说，这些标准与企业的战略有关。那种没有考虑企业的战略而选择的备选方案或太过于理想的方案，基本上是行不通的。

由于后续对备选方案的选择和评价需要收集大量的资料，是一项耗费时间和财力的工作，因此一个优秀的营销经理应依据自己广博的知识和丰富的经验，事先对这些方案的优、缺点做出判断，以降低备选方案的数量，便于后续工作的开展。当然，这种能力并非一朝一夕就能练成的，除了要对各类问题保持敏感性之外，还需要有一个不断学习、不断探索的过程。

（三）收集资料

收集资料是挑选可行方案的前提。需要什么样的资料、通过什么途径收集资料、这个过程如何进行、可能会碰到什么困难等，这些都是营销经理在收集资料之前必须要尽量想清楚的问题。收集到合适的资料，是营销经理最重要的职责。不过，无论采用什么样的方法，通过什么样的途径收集资料，其目的只有一个，即收集到的资料必须对评估备选方案有所帮助。

收集资料的途径有许多，如阅读行业发展报告，研究新技术和管理方法报告，参加各种展览会、博览会等。关于这一点，我们将在第七章房地产市场调查中详细学习。

在这里，还有一个问题是非常重要的，那就是资料的加工处理，这是实际应用收集来的资料之前必须要做的工作。如何组织和整合收集来的资料，能够反映出资料收集工作的效率并最终影响决策的质量。

（四）评估备选方案

当找到了问题，拟定出备选方案，收集到相应资料之后，必须对各种备选方案做出评估，以便从中挑选出一个可行方案。评估的过程首先涉及标准的选取问题，当然，这种评估标准必须符合企业的目标。在企业目标和所要解决的问题的限制之下，评估标准可能是置业顾问访问客户的次数、销售量的大小、利润的多少等。毫无疑问，在对各种备选方案做出评估时，标准的选取是非常重要的。营销实践中，最广泛采用的标准仍然是利润，即利润最大化（或成本最小化）。在市场经济的条件下，对所有的经济单位来讲，追求利润是必然的。

三、房地产市场营销规划

营销决策的过程和最终结果以营销规划的形式表现出来。房地产市场营销规划流程各部分的要点及其相互关系如图3-1所示。

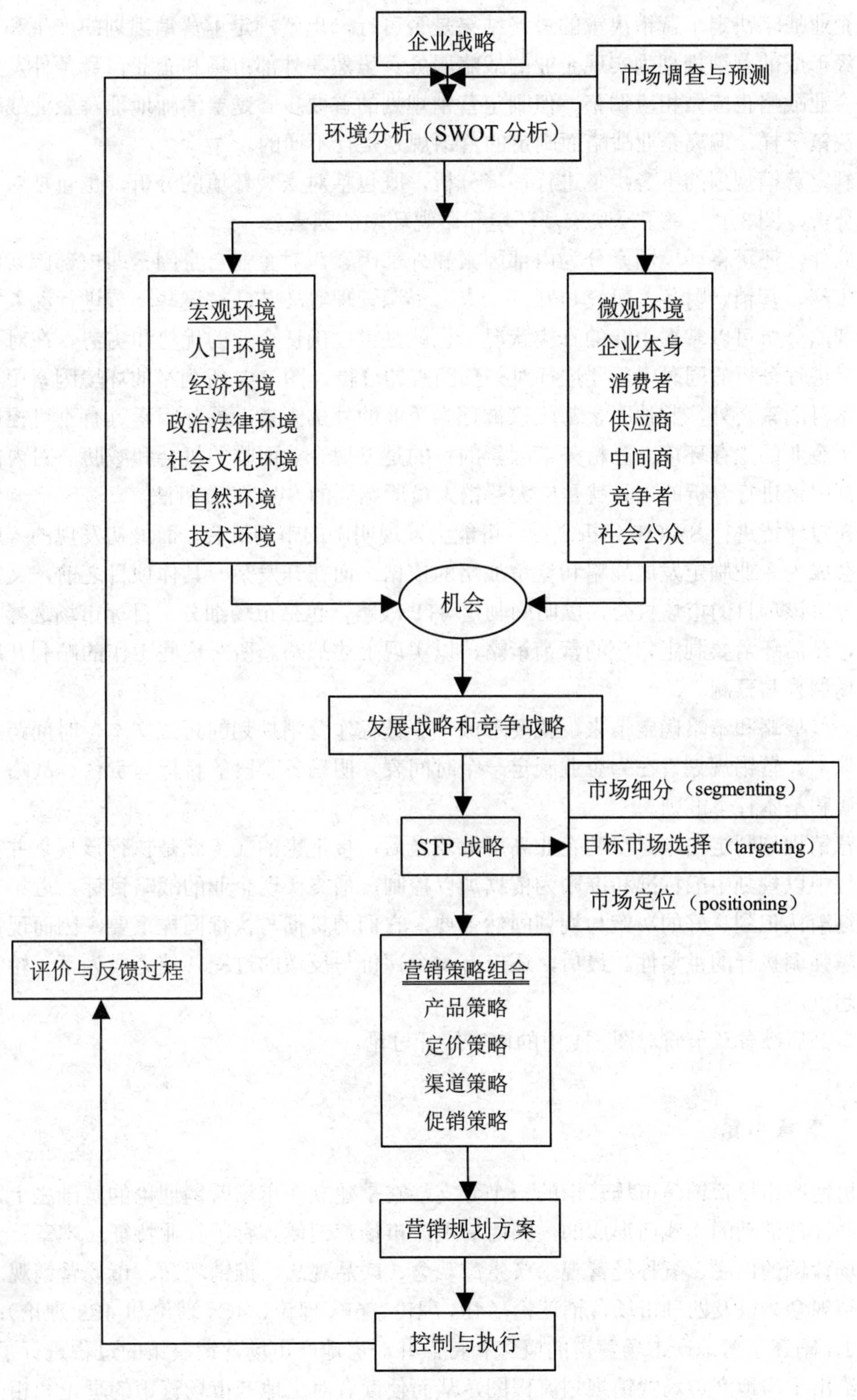

图 3-1　房地产市场营销规划流程

企业战略决定了营销决策的最终结果是否可行，也就规定了营销规划的产生和形成，而已经形成的营销规划为实现企业的战略服务。虽然在外部市场和企业自身条件发生变化时，企业战略也应做相应调整，但制定营销规划的首要步骤是要清晰地理解企业战略。与营销决策一样，偏离企业战略而制定的营销规划是行不通的。

制定营销规划的下一步是进行环境分析，既包括对宏观环境的分析，也包括对微观环境的分析，图 3-1 列举了反映宏观环境和微观环境的因素。

此外，还可将环境因素分为内部因素和外部因素。对企业自身因素即内部因素的分析包括生产、营销、财务、研究与开发、人力资源管理等环节，对这些环节进行深入、全面和客观的分析可以掌握企业的真实状况，也就是可以确认企业的优势和劣势。在对企业内部因素进行分析的同时，还要进行对外部因素的分析。图 3-1 所列举的环境因素中，除了企业本身因素之外，其他因素都应该被称为企业的外部因素。外部因素具有不可控性，但决定了企业的生存环境。分析外部因素的目的是发现企业面临的机会和威胁。对内部因素和外部因素进行分析的工具就是广大营销人员所熟知的 SWOT 分析法。

在对环境进行 SWOT 分析之后，可能会发现明确的市场机会，而最初发现的一般市场机会会成为企业制定发展战略和竞争战略的依据。而在开发某一具体项目之前，又需要进一步分析该项目的市场机会，以明确制定 STP 战略，包括市场细分、目标市场选择、市场定位，之后还需要制定相应的营销策略，以实现上述战略。所有这些工作的顺利开展离不开市场调查与预测。

一旦战略和策略确定下来，就要形成一个被称作营销规划的正式文本，时间跨度应为一年以上。营销规划旨在为企业制定一个时间表，明确各阶段的目标与责任、战略与策略的性质和基本行事准则。

营销规划制定出来并得到企业高层批复之后，接下来的任务就是执行该规划并在执行的过程中以规划中的标准和准则为依据加以控制，最终实现企业的战略目标。近年来，人们已逐渐认识到，好的决策与规划固然重要，它们的贯彻与执行同样重要，因而现代企业越来越强调执行的重要性。最后，还应有一个评价与反馈的过程，使之成为下一轮营销规划的起点。

本书后续各章节将对图 3-1 中的内容展开讨论。

本章小结

房地产市场营销是市场营销的一个分支，它是建立在市场营销理论的基础之上，结合房地产经营活动的实践而形成的，因而房地产市场营销便具有了行业特征。本章首先阐述了市场营销的内涵、五种经营观念（生产观念、产品观念、推销观念、市场营销观念和社会营销观念）以及四种市场营销理论（4Ps 理论、6Ps 理论、4Cs 理论和 4Rs 理论）；在此基础上，阐述了房地产市场营销的概念和特点并对房地产市场营销决策的过程进行了分析；最后给出了房地产市场营销规划流程图，从而使读者对房地产市场营销的理论和相关内容有了初步认识和总体印象。本书的后续各章节正是围绕该规划流程图的有关内容展开的，因而本章起到了提纲挈领的作用。

综合练习

一、基本概念

市场营销；房地产市场营销；关系营销；营销网络；需要、欲望与需求；价值、满意和质量；交换与交易。

二、思考题

1. 市场营销的定义应涵盖哪些主要内容？
2. 简述企业的五种经营观念及其特点。
3. 各种市场营销理论之间是什么样的关系？
4. 房地产市场营销的特点是什么？
5. 简述房地产市场营销的决策过程以及营销规划的内容。

三、案例分析

阅读下面的案例后请思考如下问题。

1. “融创宸院系”体现了一种什么样的经营理念？

2. 在我国，融创的这种经营理念若要得到广大房地产开发商的践行，还需具备什么条件？说明你的理由。

新国潮文化中，融创宸院系的中式之美[①]

历史总在时间的惊涛骇浪中泛起沉渣，岁月往往又在不经意间让我们回眸过去。这是个快速裂变的时代，但又从不缺乏记录与沉思的存在。回归到地产行业，中国房子的这轮国潮文化方兴未艾。而在刚刚过去的2019年，很多新兴产品系的探索更值得我们铭记。其中，融创北方中式产品谱系新代表——宸院系就又一次丰富、延伸了地产界的文化复兴。

仔细观察房地产行业的产品，不难发现，内地建筑的中式复兴存在着一条“南风北进”的路径，即南方建筑不断北上。而真正适用于北方地理、气候以及人居特色的中式产品却一直缺少关注，在行业内鲜有研发探索。

面对这一行业课题，作为业内中式专家的融创在2019年7月31日以“宸启中国心意”提出了北方中式产品战略。在这次发布会中，融创华北区域从企业战略、文化溯源、产品理念等方面展示了对北方中式的理解，同时也推出了在业内影响力颇大的明星产品系——宸院系。

融创将北方的现代中式产品命名为“宸院系”是希望可以让人们在实现社会价值的同时，也能够有一方天地使本心回归自然，所以在设计上主张通过忘形取意、由简驭繁的手法来实现仕隐相谐的人生状态。

---

① 资料来源于网络并经作者加工整理。

在建筑气韵上，宸院产品系提炼了中国传统建筑的设计元素并运用现代美学的方式加以表达，使其拥有以简驭繁与文化韵味兼容的建筑表达。在中式人居的营造上，宸院产品系更是取材“应天、岳麓、嵩阳、白鹿洞”四大书院之中的规划灵感，用“出仕”和“入隐”两条轴线，以观宸、枕流、仰止、半学、春深五重空间和文人十大雅趣的场景营造，构建出书院文化和雅居趣味和谐共生的理想生活之境，彰显出独特的文人气质。

融创关于北方中式的探索之路已经三年之久。2016年，郑州北部新区中心、索须河东风渠十字交汇，因与紫微星中心之势对应，融创宸院系正式诞生。历时三年，从中原的大河宸院到东北寒冷地区的御湖宸院，融创北方新中式上的开拓之路包含着对每个落地项目的反复评估，经历了与在地文化的相互融入。一步步走来，截止到2019年年底，宸院系已经发展到了3.0阶段，落成21座北方产品。

可以说，2019年是北方中式建筑的元年，也是融创宸院系澎湃发展、风华正茂的一年。当我们再次站在地产国潮文化的视角去梳理中式复兴的轨迹、研判宸院产品价值之时，不难发现，融创通过现代技法还原北方中式建筑精神的成功实践离不开回应自然与文脉并追求特定时间性与特定环境下的价值空间理念。这些离不开的理念，在呈现出北方文化历久弥新的同时，也为其自身积淀出差异化竞争的品牌护城河。

推荐阅读资料

1．杨叶．现代经济转型与房地产行业预警[M]．北京：中国经济出版社，2010.

2．上海社会科学院房地产业研究中心，上海市房地产经济学会．我国房地产业发展目标研究[M]．上海：上海社会科学院出版社，2010.

3．金永生．市场营销学通论[M]．北京：北京工业大学出版社，2000.

4．卞志刚，盛亚军，董慧博．市场营销学[M]．北京：清华大学出版社，2016.

网上资源

1．搜狐焦点：http://house.focus.cn/.

2．搜房房地产网：http://www.soufun.com/.

3．筑龙网：https://www.zhulong.com/.

4．中国知网：https://www.cnki.net/.

第四章　房地产市场营销环境

学习目标

- 房地产市场营销环境的含义和特点；
- 房地产市场营销的微观环境因素；
- 房地产市场营销的宏观环境因素；
- 房地产市场营销环境的 SWOT 分析法。

导言

房地产开发商的市场营销活动总是在一定的环境条件下进行的，必然要受到各种各样的环境因素的影响，这些环境因素构成开发商的营销环境。营销环境对开发商的生存和发展具有重要意义，它不仅决定了开发商能做什么和应该做什么，而且还影响到购买者的购买行为。由于营销环境是不断变化的，这种变化既可能为开发商创造出新的市场机会，又可能给开发商带来新的威胁，所以只有那些能抓住市场机会、规避环境威胁，同时能充分发挥自身优势、克服自身劣势的开发商，才能成为房地产市场上的成功者。

第一节　房地产市场营销环境的含义和特点

所谓房地产市场营销环境，是指影响房地产市场营销活动的众多参与者和影响力的集合，是开发商开展市场营销活动的基础与条件，直接决定了开发商的生存空间。开发商必须重视对市场营销环境的分析和研究，以做到扬长避短、趋利避害，最终实现营销目标。

一、房地产市场营销环境的微观环境和宏观环境

构成房地产市场营销环境的参与者和影响力可谓多种多样，可将它们分别归类于微观环境和宏观环境。

（1）微观环境。微观环境是指直接影响与制约房地产开发商市场营销活动的环境因素，主要包括开发商自身、消费者、供应者、营销中介、竞争者及公众等因素。这些因素往往与开发商的市场营销活动有或多或少的直接经济联系，因而可以对开发商的市场营销活动产生直接影响，故微观环境也被称为直接营销环境。

（2）宏观环境。宏观环境是指间接影响与制约房地产开发商市场营销活动的环境因素，主要包括自然环境、人口环境、经济环境、技术环境、社会文化环境、政治法律环境及特

殊事件等。宏观环境对开发商市场营销活动的影响一般是通过微观环境而发生作用的，因此宏观环境也被称为间接营销环境。

由此可见，微观环境和宏观环境并不是相互孤立的关系，而是相互影响、相互作用的关系。也就是说，微观环境受制于宏观环境，而宏观环境通过微观环境发生作用。两者的这种关系可通过图4-1清晰地反映出来。

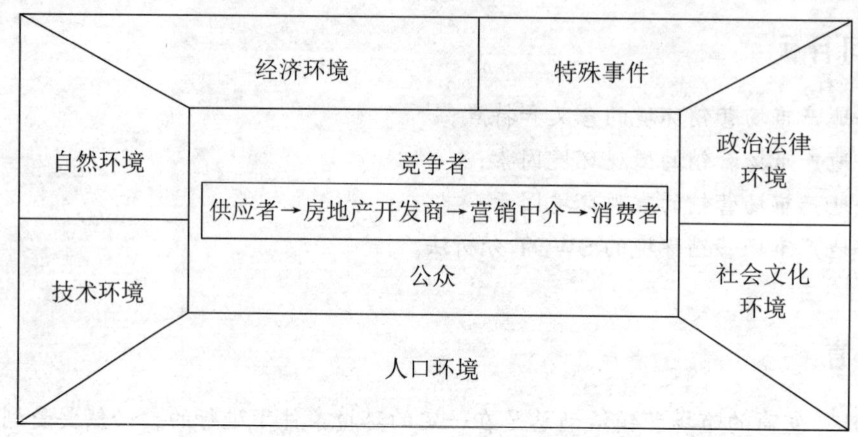

图4-1 房地产市场营销环境示意

二、房地产市场营销环境的特点

概括地说，房地产市场营销环境的特点主要表现在如下几个方面。

（一）客观性

客观性意味着房地产市场营销环境的存在及其对开发商市场营销活动的影响是不以人的意志为转移的，任何开发商的市场营销活动都不可能脱离环境而孤立进行。这种客观性决定了开发商的市场营销活动必须适应营销环境，这也是开发商进行营销活动之前必须进行市场调研的主要原因。

（二）不可控性

房地产市场营销环境的客观性也意味着它具有一定程度上的不可控性。这种不可控性主要体现在自然环境、人口环境、经济环境、技术环境、社会文化环境及政治法律环境等构成的宏观环境中。对于这些因素，开发商不能改变它们，只能认识和了解它们，进而适应它们。而构成微观环境的公众、供应者、营销中介、竞争者等因素，虽然也属于开发商的外部环境因素，但不可控程度相对较弱，开发商可以对这些因素施加一定的影响，使其尽可能朝着有利于开展房地产市场营销活动的方向转化。至于开发商自身，自然是可以控制的因素。

（三）关联性

关联性是指房地产市场营销环境的各构成因素之间不是孤立存在的，而是相互联系、相互影响的，一个因素的变化往往会导致许多其他因素的变化。例如，政治和经济从来都是相伴而生的；而一个国家的体制、政策与法律的完善程度将会影响该国经济和科技的发展，同样，科技和经济的发展又会引起政治和经济体制的相应改革或促使某些法律或政策做出相应调整。正是由于环境因素的这种关联性，使得它们对房地产开发商市场营销活动的影响变得复杂且难以把握。

（四）层次性

从空间概念来看，房地产市场营销环境可分为多个层次。如果着眼于全球，可将其划分为国内环境和国际环境。如果着眼于国内，可将其划分为三个层次——就某一具体项目来说，第一层次是该项目所在区域的环境，业内称之为微观环境；第二层次是项目所在城市的环境，业内称之为中观环境；第三层次是项目所在城市外围的环境，业内称之为宏观环境。各层次环境因素与房地产开发商市场营销活动的联系紧密程度是不同的。其中，宏观环境因素和中观环境因素对营销活动的影响较为普遍，微观环境因素的影响则较为直接，而且宏观环境因素和中观环境因素通过微观环境因素去影响和制约房地产开发商的市场营销活动。当然，这里所说的微观环境和宏观环境是从空间概念对环境加以区分，而我们前面提到的微观环境和宏观环境则是从对企业营销活动的影响程度来区分的。

（五）差异性

基于营销环境的客观性就不难理解它的差异性。虽然所有开发商的市场营销活动都要受到环境的影响和制约，但不同的开发商或者不同的房地产项目所面临的环境是不同的。处于不同城市的房地产项目，营销环境差异巨大，即使是处于同一城市，不同区域的房地产项目的营销环境同样存在很大差异。根据安居客的最新数据，我们发现，同样是观海楼盘，位于珠江路板块的中南海湾新城 2020 年 8 月的价格为 23 617 元/m^2，而位于黄岛老城区板块的竹苞花苑的价格为 10 859 元/m^2，这主要是源于两者的区位差异。[①] 中央和地方政府出台的关于调控房地产市场的政策、法规以及规划等的差异性，更是对房地产开发商的市场营销活动产生了不同的影响，这就导致各种环境因素会以不同的程度和方式影响房地产开发商的营销活动。

（六）动态性

从长期来看，房地产开发商所面临的市场营销环境不是一成不变的，而是一个不断变化和发展的动态过程。期间，各种环境因素会随着市场的发展变化而不断变化且变化程度也不相同。相比较而言，间接营销环境中的人口环境、社会文化环境和自然环境的变化相对缓慢一些，而技术环境、政治法律环境以及直接营销环境的变化相对快一些，尤其是政府政策的急剧变化会增添房地产市场营销环境的复杂性。尽管如此，在一定时期内，房地产市场营销环境还是具有相对稳定性的，这主要是由于变化相对缓慢的人口环境、社会文化环境和自然环境在一定时期内保持相对稳定，而房地产业关系国计民生，

① 珠江路板块区位良好，板块以北临近青岛开发区 CBD，南侧靠近唐岛湾滨海公园，得市政配套及沿海景观两者为先天优势，为开发区高端人群聚居核心区域之一；而黄岛老城区板块虽三面被海包围，气候条件良好，但自从炼油项目落户黄岛，自然环境受到破坏，加上开发区管委会搬迁到长江路办事处，板块内商业发展受到很大局限，因而目前居住人群的层次较低。

因此政府在一定时期内的政策、法律也会保持相对稳定，以保证房地产市场的稳定性，避免其大起大落。

综合来看，房地产市场营销环境的上述特点决定了它的复杂性，同时也给开发商的市场营销活动带来了很大的困难。这种复杂性表明，如果开发商不能很好地了解和认识每一处具体市场的营销环境，就不可能对市场做出准确的判断和决策，最终将可能失去宝贵的市场机会。如果开发商认为自己在北京、上海、广州、深圳等一线城市有许多成功的操盘经验，因此在中小城市也一定能成功，那可能就大错特错了。

第二节 房地产市场营销微观环境分析

如前文所述，房地产市场营销微观环境也称为直接营销环境，指直接影响和制约房地产开发商市场营销活动的环境因素，主要包括开发商自身、购买者、供应者、营销中介、竞争者及公众等。之所以将这些因素称为直接营销环境因素，主要是因为这些因素直接作用于房地产开发商的市场营销活动，影响其营销活动的成败。

一、房地产市场营销微观环境因素之间的关系

毋庸置疑，任何一个房地产开发商进行市场营销活动的根本目标都是获取最大利润，这一目标是通过满足购买者的需求得以实现的。为此，开发商首先必须要获得土地和获准项目立项，这关系到项目的市场营销方案的策划；其次，为了让项目顺利开发完成，开发商起码要从供应商那里获得所需要的建筑材料、建筑设备和生产工人等生产要素并需要与设计、施工、监理、装修、物业管理等相关企业合作，开发出房地产产品，这关系到项目的市场营销方案的实施；最后，需要委托营销中介或由企业本身的营销部门将开发出的房地产产品顺利地销售给购房者，这关系到营销活动的根本目标的实现。

因此，供应者→房地产开发商→营销中介→购房者构成以开发商为核心的营销系统，从营销方案的策划到营销方案的实施再到营销目标的最终实现，无不与这一核心营销系统直接相关。此外，这一核心营销系统的顺利运转还要受到来自竞争对手和社会公众的挑战和影响，他们共同构成了房地产开发商市场营销的微观环境。

二、房地产市场营销微观环境因素分析

既然房地产开发商自身、购买者、供应者、营销中介、竞争者及公众是房地产市场营销微观环境的主要构成因素，那么对微观环境因素的分析也就应从这些因素入手。

（一）房地产开发商自身

从严格意义上讲，房地产开发商自身不是市场营销环境，而是市场营销的组织者和实施者，只不过在企业内部，每一个项目的市场营销活动通常是由营销部门具体组织策划和实施的。之所以要将房地产开发商自身看成市场营销的一个重要的微观环境因素，是因为

不同的开发商，其企业背景、发展历史、企业文化、发展规模、管理者风格、品牌知名度等存在很大差异，这些因素会对企业的营销活动产生有利或不利的影响，因而我们将它们看成营销的微观环境因素。另外，一个开发商是由许多职能部门组成的一个完整的组织结构系统，虽然各开发商的组织结构模式和运作模式各有不同，但一些基本的职能部门，如营销部门、工程部门、财务部门等都是必须设置的，这些职能部门也构成了该开发商市场营销的微观环境。

（二）房地产开发商的供应者

房地产开发商的供应者是指向房地产开发商及其竞争对手提供项目开发过程所需要的各种资源的企业、组织或个人。这里所说的资源包括项目开发过程所需要的各种生产资料及服务，主要包括土地、建材、设备、能源、资金、劳动力以及各种服务等。供应者与开发商之间形成合作关系，对开发商的市场营销活动产生重要影响，这种影响主要表现在如下三个方面。

1. 资源供应的可靠性是房地产市场营销活动顺利开展的前提

资源供应可靠意味着资源能及时供应和稳定供应，这是房地产项目开发建设和市场营销活动顺利开展的前提。供应量不足、供应延迟可能会造成工期拖延，影响交房时间。这不仅会影响开发商市场营销活动的按期实施，更重要的是会使购房人对开发商的信誉产生怀疑。

2. 资源的质量将直接影响房地产产品的质量

房地产产品的构成实体是包括土地在内的建筑材料和房屋设备，因此开发商能否及时获得适宜的开发用地、材料和设备提供单位能否保证稳定供应以及能否保证质量的一致性，将成为影响房地产产品质量的决定性因素。此外，设计单位能否按期提供合格的设计图纸、施工企业能否按标准施工、监理单位能否认真履行监督管理职责也是影响房地产产品质量的重要因素。

3. 资源价格的变动导致开发成本随之同方向变动，但对营销活动的影响较为复杂

资源价格的变动最先影响到的是房地产产品的开发成本，两者是同方向变动的，这是毫无疑问的。例如，地价的上涨一定会导致房地产开发成本的增加。但是资源价格的变动对营销活动的影响较为复杂，两者并不必然表现为同方向变动。例如，对于地价的上升是否一定会导致房价的上升、地价的下降是否一定会导致房价的下降，需要具体情况具体分析。其他资源对房价的影响也是如此。

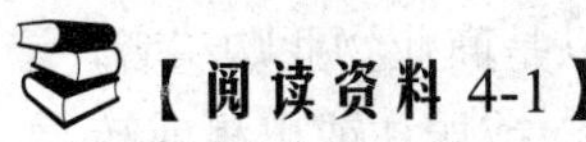

【阅读资料 4-1】

房价和地价究竟谁推高了谁

近年来，由于房价上涨过快，舆论导向以及公众的口诛笔伐使房地产开发商背负着“暴利”的妖魔化形象。2009 年“两会”期间，全国工商联向大会提交了一份题为《我国房价

何以居高不下》[1]的提案，直指地价高是造成房价高的主要原因，由此在全国范围内引起了“房价和地价究竟谁推高了谁”的大讨论，“地价房价比”的问题也首次引起业内外的普遍关注。北京师范大学房地产研究中心主任董藩教授认为，在房价和地价的关系中，是房价决定地价，而不是地价推高房价。当房价很高的时候，开发商容易赚到钱，它就会生产更多的房子，就要去买原材料，土地就是原材料，开发商就去参与土地拍卖，于是土地需求就上升，地价也就随之上升，不存在反过来的情况。因为企业定价的时候虽然也会考虑成本，但更多的时候考虑的是市场供求状况。当市场不好的时候，即使亏本也要卖，需求没了，那就必须降价卖。对房子的需求是一种商品需求，而对土地的需求是引致需求，即因为对房子有需求才导致了对土地等生产资料的需求。地价对房价只有间接影响，因为土地价格高，很多人就买不起，就影响房子的数量，企业的供应量也就少了，然后房价就卖得更高。因此，是房价决定地价，地价的上涨会影响供应量，最终影响房价。

针对上述影响，房地产开发商在寻找和选择供应者时，应特别注意以下几点。

（1）土地是最重要的资源。房子毕竟是盖在土地上的，没有适宜的土地资源作为保障，再好的方案也无法落实。因此，开发商应保持一定的土地储备量，不能等到想吃饭时再找米下锅，那就为时已晚。不过，土地储备量应控制在国家法律规定的范围之内。实践中，有些开发商购买土地后，因不具备开发条件，闲置不开发，最终受到来自政府部门的处罚。

（2）应充分考虑供应者的资信状况。由于房地产开发项目体量大、开发周期长，所需材料和设备的种类繁多，因此应尽量选择那些交货及时、价格合理、信用良好的供应者并尽可能与主要供应者建立长期、稳定的合作关系，以保证开发建设所需资源的稳定性和质量的一致性。

（3）采取多渠道采购策略。在我国房地产市场还不十分规范的情况下，如果房地产开发商过分依赖一家或少数几家供应者，则受到供应变化的影响和打击的可能性会增大。为了在市场中始终处于主动地位，减少供应者的影响和制约，房地产开发商必须尽可能多地联系供应者，可采用招标方式采购材料，尽量避免过于依赖一家或少数几家供应者。

（三）房地产开发商的顾客

房地产开发商的顾客是房地产产品或服务的消费者或购买者，是开发商市场营销最为重要的微观环境因素。这是因为得到顾客意味着企业市场的获得，而失去顾客则意味着企业市场的丧失，因此顾客的得与失直接决定了企业营销活动的成败。这样，分析与掌握顾客的行为及其变化趋势便成为营销部门极其重要的一项工作。

开发商所开发的产品既可以是商品住宅（或者叫作商品房），也可以是商业物业（或者叫作商业地产），因而开发商的顾客可以是商品住宅购买者，也可以是商业物业购买者，这取决于开发商所开发产品的类型。商品住宅购买者购买商品住宅后，或居住或出租或转卖，最终用途主要还是居住；而商业物业购买者购买商业地产后，主要是用来出租或经营，最终目的是从事经营活动。开发商从事商业物业的开发经营活动，除了要懂得一般房地产开

---

① 全国工商联．我国房价何以居高不下——房地产开发的总费用支出一半流向政府[EB/OL]．（2009-03-09）[2022-01-13]. http://news.focus.cn/bj/2009-03-09/634489.html.

发经营的理论外，更要熟悉商业经营活动，熟谙商业物业价值运动规律。因此，开发商运作商业物业要比运作商品住宅复杂得多。目前，商业地产开发商普遍感到对商业经营知识知之甚少，而商业经营者对房地产开发经营也不熟悉，这也就造成许多商业物业被开发出来即被闲置。

鉴于商业物业经营的复杂性和本书篇幅的限制，除非特别说明，本书所讨论的房地产市场营销问题基本上限于商品住宅的市场营销范围内，顾客也基本上是指商品住宅的购买者。较之一般商品，价格昂贵的商品住宅使得购买者的购买决策模式和购买决策过程变得异常复杂、漫长，我们将在第五章中专门就房地产购买者的购买行为进行分析、讨论。

（四）房地产市场营销中介

房地产市场营销中介是指在将房地产产品和服务从房地产开发商流转给目标购买者的过程中提供各种服务的企业组织，它是房地产间接分销渠道的重要一环。随着社会现代化程度的不断提高，开发商必将越来越多地依赖于营销中介提供的服务，营销中介也将发挥越来越重要的作用。按照服务职能的不同，可将房地产市场营销中介划分为房地产中间商和房地产营销服务机构两大类。

房地产中间商的有关内容可参阅第十二章第二节。房地产营销服务机构在有的文献中也被称为辅助中间商，它们不直接经营房地产产品，但对房地产产品的营销起促进和服务作用。房地产价格评估事务所、广告代理公司、策划公司、市场营销研究机构、律师事务所等，均属这类机构。现代社会中，开发商的市场营销活动同样离不开这类机构的服务与支持。

（五）房地产开发商的竞争者

当一个房地产开发商选定一个目标市场并为之服务时，它也同时置身于某种竞争之中，不可避免地要遭遇来自竞争对手的挑战。所谓“知彼知己，百战不殆”，开发商要想有效地为目标市场服务，必须研究竞争对手并据此制定出有效的对策，以求在激烈的市场竞争中占据有利地位。为此，需要随时收集竞争者的有关资料，密切注意他们的发展动向，尽量搞清楚这些竞争者可能开拓哪些新市场、开发哪些新产品。这种分析的目的是帮助企业抢先一步，争取时间优势，力争在竞争中取得主动地位。

在进行分析时，特别需要注意的是潜在竞争者的出现。对于一个房地产开发商来说，识别市场上已经存在的竞争者是一件比较容易做到的事，因为他们的信息多、市场行为易于察觉。但识别一个潜在竞争者就不那么容易了，因为他们的信息较少，有些甚至不是本行业的企业，这类企业来自各行各业，它们完全有可能转化为现实的竞争者，成为本企业强大的竞争对手，尤其是在目前房地产市场还不太规范的情况下，潜在竞争者出现的可能性会更大。

（六）房地产开发商的公众

所谓房地产开发商的公众，是指对房地产开发商实现其经营目标有实际或潜在影响力的群体。从这个概念来判断，我们前面提到的五类微观环境因素都应该算作房地产开发商的公众。可见，无论是从外延还是从内涵来看，房地产开发商的公众都是非常广泛的概念。研究表明，良好的企业公众形象可以在一定程度上激起正向的消费响应，从而提升企业价值；相反，不良的企业公众形象甚至可以给企业带来毁灭性打击。对开发商来说，除了要处理好与前述五类房地产开发商公众的关系外，还要特别关注如下几类公众。

1. 金融类公众

资金是房地产开发的血液，房地产开发商融资能力的强弱对其生存与发展影响巨大。目前，国内开发商的资金来源有自有资金投入、金融机构贷款、发放债券、发行股票、联营、引进投资等，而金融机构贷款是其资金的主要来源。由于房地产业资金流动性较差，造成了银行资金“短存长贷”的矛盾，也就使得银行的经营风险日益凸显。在这种情况下，开发商若拥有良好的市场形象和商业信誉，必可使金融类公众对它的经营能力和偿债能力感到满意，充满信心。这样，就为顺利开展融资活动奠定了良好的基础。

2. 新闻媒体类公众

报纸、杂志、广播、电视、互联网等具有广泛影响力的大众新闻媒体，由于信息传递迅速、影响力大、可信度相对较高，因而被西方国家称为除立法、司法和行政之外的“第四权利”。目前在我国，新闻媒体的这种力量也正在形成。对房地产开发商来说，新闻媒体对其业绩的正面报道能提高企业的知名度、美誉度，树立起良好的企业形象，扩大产品的销售；相反，新闻媒体对其经营管理中任何问题的曝光都会使企业信誉度降低、形象受损，最终对产品的销售产生不利影响。因此，房地产开发商在努力做好生产经营活动的同时，一定要与新闻媒体保持良好的沟通与合作关系，促使其多做正面宣传，减少负面报道。

3. 政府及垄断机构类公众

这类公众主要包括与房地产行业有关的各级政府部门（如国土、房管、规划、工商、税务、质监、绿化、环保、公安、消防等）以及水电供应等垄断行业。它们不仅可能因为庞大的集团购买力而成为开发商的重要客户，而且作为整个社会的管理者，它们又是政策、法律、规范等的制定者，能促进或限制企业的经营与发展。正因如此，房地产开发商在制定营销策略以及营销计划时，必须密切关注和认真研究政府政策、法律、规范的发展变化，在遵纪守法的前提下，加强与政府及垄断机构的沟通与联系，争取它们的协助与支持。

4. 社会团体类公众

消费者保护组织、环境保护组织、行业协会等其他社会团体组织可能会对开发商的某些经营行为提出异议，企业应及时对此给予解释与解决，以赢得这些团体的好感与理解。同时，要与这些团体保持良好的关系，从而化解矛盾、寻求支持，这对提高企业美誉度、树立良好的企业形象很有帮助。

5. 地方公众

这类公众是指开发商所在地或开发楼盘所在社区的公众，如当地的居委会、街道办事处、学校、医院、邻里单位和居民等。开发商的开发经营活动会对所在地或社区的公众利益造成不同程度的影响，如施工扰民、采光遮挡等问题。如果处理不好这些问题，会给企业的经营活动带来消极影响。为了避免因这些问题产生的消极影响，企业可派专人协调和处理与当地公众的关系，取得他们的理解、支持与好感，尽可能避免与当地公众发生冲突。

6. 内部公众

内部公众是指企业内部人员，包括从企业高层到一线岗位的所有员工。对于内部公众，企业应当采取各种激励措施，既包括物质奖励，又包括精神激励，使其保持心情舒畅，这样他们才会努力工作、服务周到，使客户满意，企业的良好形象才有真正的内涵。

7. 其他公众

其他公众是指除上述六类公众之外的公众。虽然这类公众通常不能有组织地对企业采取行动，也可能与企业经营活动无关，但他们对企业的态度可能强烈地影响着购买者对企业及其产品的看法，影响着购买者的购买行为。因此，这类公众也是房地产开发商所不能忽视的。

第三节　房地产市场营销宏观环境分析

上一节我们讨论的所有房地产市场营销微观环境因素都处于一个更大的宏观环境中，也就是房地产市场营销宏观环境，它不单纯由自然环境、人口环境、技术环境、经济环境、政治法律环境及社会文化环境等因素构成，还要考虑诸如疫情等特殊事件。这些因素之间相互影响、相互制约，而且总是通过微观环境因素间接地对房地产开发商的市场营销活动产生影响并为其发展创造某种机会或带来某种威胁。

一、自然环境

房地产产品的地域固定性使得自然环境的优劣有时会对开发商的市场营销活动起到决定性影响，这种影响或意味着机会，或意味着威胁。目前，开发商所面临的自然环境的发展趋势表现为如下几个方面。

（一）土地资源日趋紧张

对开发商来说，土地是最重要的自然资源且属于不可再生资源。一方面，我国拥有约 960 万平方千米的陆地面积，看似很大，但适合人类居住的土地只占 20%，而这 20%当中，还有 60%是用于房地产开发之外的用途的。例如，18 亿亩[①]耕地红线是不能突破的，因其涉及粮食安全问题，况且我国自古就有“家中有粮，心中不慌”的说法。另一方面，自住房制度改革以来，由于居民可支配收入的快速增加、城市化进程的不断加快、流动人口的不断增加、城市家庭的分化以及生活方式的变化等，我国房地产业开始了快速发展的进程，使得原本就不充裕的土地资源变得空前紧张。

① 1 亩≈666.67 m^2。

（二）环境破坏日益严重

世界工业化和城市化在创造了丰富的物质财富、满足了人们日益增长的物质需求的同时，也对环境造成了严重的破坏。大量的工业废水、废气、废渣以及生活垃圾等污染物污染了土地和河流，使得生活环境越来越恶劣；而乱砍滥伐导致水土流失严重，使得土地荒漠化加速。破坏环境的不良后果已经影响到人们的身体健康和自然界的生态平衡，肆虐的暴雨、暴雪、干旱、龙卷风在全球各地时有发生，自然界发出的种种警告已为人们敲响了警钟。保护环境、善待自然，成为越来越多人的共识，我国传统哲学中“天人合一”的观念也越来越多地体现在如今的房地产产品中。

（三）政府对环境保护的干预力度日渐加强

面对因破坏自然环境而产生的威胁，各国政府基于社会整体利益和长远利益考虑，均加强了对自然环境保护的干预力度并制定了一系列相关法律、法规来规范企业和个人的行为。为响应联合国环境与发展大会通过的《21 世纪议程》，我国政府于 1994 年 3 月 25 日经国务院讨论通过了《中国 21 世纪议程》，旨在保证经济高速增长的前提下，实现经济、科技、社会、人口、资源、环境的协调发展。2009 年 12 月，令世人瞩目的世界气候大会在丹麦首都哥本哈根召开，这次大会被认为是人类有效应对气候变化的最后一次良机。会上，我国政府庄严承诺，到2020年，单位国内生产总值二氧化碳排放量比2005年下降40%～45%。事实证明，诸多减碳举措取得了明显效果。到 2020 年年底，我国单位 GDP 二氧化碳排放量较 2005 年降低约 48.4%，超额完成向国际社会承诺的下降 40%～45%的目标，全国重点城市 PM2.5 平均浓度较 2013 年下降超过 40%。作为国内终端能源消耗大户的房地产建筑业，走低碳发展之路已刻不容缓。万科等一批有远见的房地产开发商已经行动起来，在低碳、节能、绿色、环境等方面取得了很多经验和成就。

二、人口环境

人口特别是城市人口是任何房地产市场营销活动所必须考虑的因素，因为任何需求归根结底都是人的需求，任何市场都是由具有购买欲望和购买能力的人构成的，房地产市场自然也不例外。与房地产市场营销活动有关的人口环境因素，主要包括城市人口的规模、增长、构成和家庭结构等。

（一）城市人口规模与增长

城市人口规模即城市人口总量，是指生活在一个城市中的实际人口数量，而房屋是供人们居住、工作、学习、娱乐的场所。如此，一个城市的人口规模越大，对各类房地产产品，如住宅、商业用房、工业用房等的需求量越大。因此，城市的人口总量是影响房地产需求的一个基本因素，是房地产开发商应该掌握的基本数据之一。

相对于城市人口规模而言，城市人口增长对房地产市场的影响更为深远。城市人口增长是指一定时期内由出生、死亡和迁入、迁出等因素的消长导致城市人口数量增加或减少的变动现象，包括自然增长和机械增长。自然增长反映了城市人口因出生和死亡因素的消长，机械增长反映了城市人口因迁入和迁出等社会因素引起的增减变化。城市人口增长，对各类房地产产品的需求必然增加。尤其是机械增长，它对当下房地产市场的影响程度更深一些，这在经济发达地区，尤其是大中城市中表现得尤为突出。

（二）城市人口构成

人口构成是指按人口的自然、社会、经济等特征划分后的各组成部分所占的比重。常见的人口构成分为三大类，即人口自然构成、人口地域构成和人口社会构成。其中，人口自然构成主要是指人口的年龄构成和性别构成；人口地域构成反映了人口的空间分布；人口社会构成主要包括人口的阶级构成、民族构成、宗教构成、职业构成、部门构成、文化教育构成等。[①]

人口构成的状况不同，对房地产产品的需求也不相同。房地产开发商应根据所在城市的人口构成特征，采用相应的营销策略。人口构成实际上是通过影响购买者的购买行为，进而对房地产开发商的市场营销活动产生影响的。关于这方面内容，我们将在第五章中进行详细分析。

（三）家庭结构

住宅的消费基本上是以家庭为单位进行的，家庭数量以及家庭平均人口的多少（家庭规模）都会引起市场需求及购买习惯的变化。因此，研究住宅市场的需求状况，也必然要研究家庭结构的状况及其变化趋势。

一个地区在总人口不变的情况下，每个家庭的平均人口数量越多，即家庭规模越大，家庭的数量就越少，对住宅单位的需求量也就越少；相反，每个家庭的平均人口数越少，即家庭规模越小，家庭数量就越多，对住宅单位的需求量也就越多。近年来，我国家庭结构的一个显著变化趋势是家庭规模小型化、家庭数量增多。之所以如此，是因为传统的几代人同处一室的大家庭逐渐解体，子女结婚后一般都脱离老人，独立居住；独生子女政策使得三口之家非常普遍；离婚率逐年上升，单亲家庭正在增加等，所有这些因素造就了今天我国家庭小型化的趋势。家庭结构的这种变化在使住宅总需求量增加的同时，也对户型、面积、结构、装修、价格等提出了新的要求。房地产开发商应关注这一变化，及时向市场提供适销对路的产品。

三、技术环境

科学技术是第一生产力，是企业和社会发展最重要的动因。如今，各行各业的发展都深深地打上了科技创新的烙印，房地产业也不例外。层出不穷的新技术、新工艺、新材料被广泛应用于房地产产品的开发，绿色、智能等概念已不仅仅停留在概念阶段，而是实实在在地走进了人们的生活，改变了人们的居住理念，实质性地影响着人们的购买行为，更对房地产开发商的市场营销活动产生了深刻影响。

一系列科技的进步在极大地促进房地产业全面发展、提升开发商竞争力的同时，也使得房地产产品的市场生命周期缩短，企业之间的竞争更加激烈。为此，企业要想生存和发

---

① 有关概念解释来源于国家统计局网站。

展下去，必须跟上科技进步的步伐，不断开发新产品，及时淘汰老产品。而作为企业参与社会的“纽带”的市场营销部门，更要密切关注科技发展的新方向和新动态，随时掌握科技进步给企业带来的影响，以便协助企业高层及时采取相应对策。

四、经济环境

经济环境包含的内容相当广泛，其中与房地产市场营销关系最为密切的是社会购买力。一般来说，社会购买力越强，房地产市场的规模越大。社会购买力是一系列经济因素的综合函数，这些经济因素包括经济发展水平、居民收入水平、物价水平的变动，以及政府调控房地产市场的货币政策和财政政策等。

（一）经济发展水平

经济发展水平一般用GDP来衡量，它反映了一个国家整体经济的规模和状况。近年来，我国GDP增长率一直保持较高水平，统计局数据显示，我国2014年全年GDP增速为7.4%，这是自1990年以来的最低增速；受疫情影响，2020年全年国内生产总值为1 015 986亿元，比2019年增长2.3%。分季度看，一季度同比下降6.8%，二季度同比增长3.2%，三季度同比增长4.9%，四季度同比增长6.5%。根据对《中国统计年鉴》相关数据的分析，可以得出，经济的快速发展一方面带来了房地产投资的增加，提高了房地产的供给水平；另一方面也带来了人们收入的增加，这不仅使得人们对未来的收入预期良好，更为重要的是增强了现时的社会购买力，从而创造出良好的房地产市场营销环境。

（二）居民收入水平

居民收入水平直接决定居民的社会购买力。在其他因素不变的条件下，居民收入水平高，则购买力强，反之则弱。因此，居民收入水平对房地产市场营销活动产生实质性影响。开发商不仅要研究所在城市的居民收入状况，还要根据城市区位特征以及产品特征研究其他城市的居民收入特征。例如，北京的房价为何居高不下？北京的高端房地产产品为何这样多？北京作为国际大都市，它的房地产产品所面向的对象是全国乃至全球的用户，这也就决定了仅从普通北京市民角度来观察、评价北京房价的“高”与“低”是有失偏颇的。

另外，居民消费支出结构的变化也会影响房地产开发商的市场营销活动。通常，居民的消费支出包括衣、食、住、行、医疗保健、文教娱乐等方面，各种消费支出在居民收入中所占的比重构成消费支出结构。其中，居民的消费中用于食品方面的支出与家庭总支出的比率被称为恩格尔系数，该系数被联合国粮食及农业组织用来评价一个国家的居民生活富裕程度。1978—2020年我国城镇居民家庭的恩格尔系数变化情况如表4-1所示。

表4-1　1978—2020年我国城镇居民家庭的恩格尔系数变化情况[①]

年份	1978	1980	1985	1991	1992	1993	1994	1995	1996	1997
系数（%）	57.5	56.9	53.3	53.8	53.0	50.3	50.0	50.0	48.8	46.6

① 表中数据来自国家统计局网站。

续表

年份	1998	1999	2000	2001	2002	2003	2004	2005	2006	2007
系数（%）	44.7	42.1	39.4	38.2	37.7	37.1	37.7	36.7	35.8	36.2
年份	2008	2009	2010	2011	2012	2013	2014	2015	2016	2017
系数（%）	37.9	36.5	35.7	36.3	36.2	35.0	34.2	29.7	29.3	28.6
年份	2018	2019	2020							
系数（%）	27.7	27.6	29.2							

表 4-1 表明，随着我国经济的快速发展，居民生活水平在不断提高，人们的消费结构也随之发生变化。在满足了吃、穿、用等基本生活需求后，人们必然将其剩余收入投入包括住房在内的高档商品消费。但是，也有很多专家学者认为，用恩格尔系数评价我国居民生活水平存在一定的局限性，应根据各地区的实际情况，在充分考虑不同地区居民在消费习惯、城市化程度、市场经济发育程度、物价水平、食品加工、饮食习惯等方面的差异对居民消费结构影响的基础上，构建出能反映当地居民生活水平高低的评价指标。在这方面，北京、上海、西安等地已做了有益的探索。①

（三）物价水平的变动

物价水平的变动对房地产市场营销活动的影响主要是通过影响房地产价格而发生的。房地产价格也是物价的一种，但两者的特性不同。

反映一般物价变动，即物价水平变动的主要指标为居民消费价格指数（consumer price index，CPI）和生产资料价格指数（producer price index，PPI）。目前，在我国的经济统计中，房地产价格变动并没有纳入 CPI 或 PPI，而是被列入固定资产投资，所以 CPI 或 PPI 的变动并不反映房地产价格的变动，只是间接影响。

从国内外统计资料来看，房地产具有保值和增值功能，其价格上涨率要高于一般物价水平的上涨率，宏观经济学将一般物价水平的持续上涨称为通货膨胀。因此，当人们产生通货膨胀预期时，通常会选择投资房地产。2009 年以来，宽松的货币政策在有效地刺激了我国经济的同时，也使得人们的通货膨胀预期不断加强，加之实体经济的恢复要慢于房地产市场，不少投资者认为房地产投资的回报率要远远高于实体经济。②这样，大量资金流入最具保值、增值潜力的高档住宅市场，高档项目的价格水涨船高，同时加强了购房者预期，也拉高了周边普通住宅的价格。这种状况对房地产开发商来说，既意味着巨大的市场商机，又潜藏着一定的风险。

与通货膨胀不同的是，通货紧缩会使一般物价水平持续下跌。物价水平的持续下跌必然使人们对经济产生悲观情绪，持币观望，消费和投资进一步萎缩，这将加速经济的衰退，而房地产市场将首先受到冲击。

① 杨天华. 论恩格尔系数的失灵与修正——以内蒙古数据为例[J]. 南京航空航天大学学报（社会科学版），2009，11（3）：33-38；贾小爱，李云发. 用好有缺陷的恩格尔系数[J]. 湖北经济学院学报（人文社会科学版），2009，6（11）：44-45；李梦. 用恩格尔系数评价我国居民生活水平的局限性[J]. 黑河学刊，2009（2）：25-57.

② 中国人偏爱买房胜过租房，这其中的原因除了“买房置地”的固有理念、“安家生根”的社会传统外，最主要的原因还在于自 1998 年以来，房价不断上涨的经验使得人们形成了一种上涨预期，涨价甚至已经成为资产所有人的共识。

另外，不论一般物价水平是否变动，其中某些物价变动都可能会引起房地产价格的变动。例如，建筑材料、建筑设备、建筑工人等构成房地产的投入要素的价格上涨将增加房地产开发建设成本，可能会推动房地产价格上涨，进而不可避免地影响房地产开发商的市场营销活动。

（四）货币政策

货币政策是指中央银行通过控制货币供应量来调节利率，进而影响投资和整体经济，以达到一定经济目标的经济政策，一般可分为扩张性货币政策和紧缩性货币政策。扩张性货币政策是通过增加货币供给来带动总需求的增长，当货币供给增加时，利息率会降低，取得信贷更为容易，因此经济萧条时多采用扩张性货币政策；而紧缩性货币政策是通过削减货币供给的增长来降低总需求水平，此时取得信贷较为困难，利率也随之提高，因此通货膨胀严重时多采用紧缩性货币政策。

货币政策通过以下两种途径影响房地产开发商的供给或房地产购买者的需求，进而影响房地产市场营销活动。①

1. 信贷途径

房地产业发展对金融的依赖程度极高，房地产投资、开发和购买都需要充足的资金支持。对房地产开发商来说，其资金来源主要包括银行贷款、利用外资、自筹资金和购房者的购房款；而购房者的购房款主要包括自筹资金、商业银行的按揭贷款或公积金贷款等。无论是开发商还是购房者，其资金（最终均转化为房地产开发资金）中的绝大部分均来自银行②，我国房地产市场已成为名副其实的“银行主导型”市场，银行货币供应量的增减对开发商的供给行为和购房者的购买行为产生深刻影响。

中央银行通过运用再贴现利率政策、公开市场业务和变动法定存款准备金率等货币政策工具来改变货币供应量，从而改变商业银行的准备金和存款，进而影响其贷款供给能力。商业银行贷款能力的变化影响开发商和购房者获取贷款的可能性，最终增加或减少房地产的供给和需求。如果央行采取扩张性货币政策，各商业银行的放款能力提高，开发商和购房者较易获得贷款，就必然扩大房地产的供给和需求，房地产市场营销活动也较易展开；反之，如果央行采取紧缩性货币政策，各商业银行的放款能力降低，开发商和购房者较难获得贷款，就会减少房地产的供给和需求，增加房地产市场营销活动的难度。

2. 利率途径

鉴于房地产开发商和购房者的大部分资金来自银行贷款，利率又是使用资金的成本，那么银行利率的变动就必然增加或减少资金使用者的成本，也就有可能影响到房地产供给或需求的增减。

如果央行采取扩张性货币政策，那么在货币供应量增加的同时，利率降低。对开发商而言，利率的降低将减少它的银行贷款的利息，降低它的财务成本，这会促使它增加贷款

---

① 范长江．浅谈货币政策对房地产问题的作用[J]．中国房地产金融，2009（1）：34-37；高波，王先柱．中国房地产市场货币政策传导机制的有效性分析：2000—2007[J]．财贸经济，2009（3）：129-136．

② 《2004中国房地产金融报告》指出，自1997年以来，房地产开发资金中来自银行的资金占比一直为50%～60%。

额度，最终使房地产供给增加；对购房者来说，当利率降低时，购房者的还贷额度将减少，购房成本降低，这样一部分潜在购房者就会进入房地产市场，房地产需求随之增加。总体来说，利率降低将有助于房地产营销活动的开展。

如果央行采取紧缩性货币政策，那么在货币供应量减少的同时，利率提高。这样，无论对开发商还是对购房者来说，均意味着使用资金的成本要提高，因而可能会减少房地产的供给或需求，使得房地产市场营销活动的难度加大。

（五）财政政策

财政政策一方面指政府的财政收入政策，另一方面指政府的财政支出政策。政府通过改变财政收支，实现特定的经济目标。

税收是政府财政收入的主要来源，中央政府通过调整税种和税率来调节社会总供给和总需求。除此之外，各种行政事业性收费也是政府财政收入的重要来源。目前，我国房地产领域涉及的税费种类十分复杂，其中与房地产开发商有关的税费主要有十一种：营业税、城建税、教育费附加、土地增值税、房产税、土地使用税、印花税、企业所得税、耕地占用税、个人所得税以及契税。房地产税费征收的复杂性不仅加大了房地产开发商的成本，也成为房价居高不下的一个重要原因。2009 年“两会”期间，全国工商联的发言稿指出，近年来，政府在房地产项目上征收的税费偏高且呈增加趋势。以北京为例，开发企业在房地产开发过程中需要与二十多个政府部门打交道，需要交纳的费用达二十多种；广州的开发企业在开发过程中需要与三十多个政府部门打交道，交纳三十多种收费。据统计，除土地成本支出外，2009 年，我国房地产企业税收占总成本的 26.06%，占总支出的 19.06%，占总销售收入的 14.21%。其中，开发环节税收占总支出的 2.00%，销售环节税收占总支出的 17.06%。在全部税收中，营业税和地方附加税所占比例最高，占到了全部税收的 48.84%。①

政府的财政支出由政府投资、政府消费和转移支付三部分构成，它们对房地产市场营销产生的影响表现在政府直接投资房地产所形成的非市场性供给（主要是经济适用房、廉租房、公共租赁住房等）、对中低收入家庭的住房补贴（属于转移支付）。无论是非市场性供给还是住房补贴，其目的是解决中低收入家庭的住房问题，是政府住房保障体系的一部分。非市场性供给在数量有限的情况下，不会对开发商正常的市场营销活动产生冲击，而住房补贴实际上提高了中低收入家庭从市场上承租商品住宅的能力，应当对房地产市场营销活动产生有利影响。

五、政治法律环境

在房地产市场营销的各种宏观环境因素中，政治法律环境是一个极其重要的组成部分。它不仅影响房地产开发商正在开展的市场营销活动，而且会对未来的市场营销活动产生不可估量的影响。从全球范围来看，房地产市场营销的政治法律环境包括政治局势、社会制

---

① 全国工商联．我国房价何以居高不下——房地产开发的总费用支出一半流向政府[EB/OL].（2009-03-09）[2022-01-13]. http://news.focus.cn/bj/2009-03-09/634489.html.

度、宏观调控政策、法律和法规等；从我国国内来看，对房地产市场营销活动产生最主要、最直接影响的就是宏观调控政策和房地产法律、法规。

（一）房地产市场宏观调控政策

房地产市场宏观调控政策除了前文提到的财政政策和货币政策外，还包括土地政策和住房政策。

土地政策是关于土地所有、土地使用等方面的政策和制度规定，是政府为了实现土地管理任务和土地利用目标而规定的用以调整土地关系的一系列规范和准则。科学、合理的土地制度和土地政策可以提高土地所有者、使用者和投资者的积极性，充分发挥土地的效用，形成合理的地价、地租，进而对房地产市场营销活动产生正面的导向作用；反之，不合理的土地制度和土地政策会使地价、地租大起大落，不利于土地的有效利用，对房地产市场营销活动的正常开展形成负面干扰。

住房政策是政府部门为了解决住房问题、实现既定的住宅发展目标而制定的有关住房方面的方针、政策、措施。与其他宏观调控政策一样，科学、合理的住房政策有利于形成健康、良好的市场运行环境，自然会对房地产市场营销活动产生正面影响；反之，不合理的住房制度不仅会造成市场资源的浪费，同时也会给行业的健康发展带来隐患。

（二）房地产法律、法规

市场经济是法制经济。目前，我国的房地产法制建设取得了显著成绩，已经建立起较为完善的法律、法规体系，为房地产市场营销活动的正常进行提供了重要保障。同时，购买者的法律意识、维权意识不断增强，这就要求房地产开发商在进行市场营销活动时，必须知法、懂法、守法并认真把握相关法律、法规给营销带来的制约和机会。表 4-2 列举了部分现行房地产开发经营法律、规定和条例（地方性法规略去）。

表 4-2　部分现行房地产开发经营法律、法规

类　别	房地产开发经营相关法律、规定和条例
基本法	《中华人民共和国民法典》
	《中华人民共和国城市房地产管理法》
	《中华人民共和国土地管理法》
	《中华人民共和国城乡规划法》
	《中华人民共和国建筑法》
房地产开发用地法律、法规	《中华人民共和国城镇国有土地使用权出让和转让暂行条例》
	《招标拍卖挂牌出让国有土地使用权规定》
	《建设项目用地预审管理办法》
	《中华人民共和国土地管理法实施条例》
	《协议出让国有土地使用权规定》
房地产开发法律、法规	《城市房地产开发经营管理条例》
	《房地产开发企业资质管理规定》

续表

类 别	房地产开发经营相关法律、规定和条例
房地产交易法律、法规	《商品房销售管理办法》
	《城市房地产转让管理规定》
	《商品房屋租赁管理办法》
物业管理法律、法规	《物业管理条例》
	《城市新建住宅小区管理办法》

六、社会文化环境

如今，在房地产开发商之间的竞争中，地段、资金、信息技术、新型建材和规模经济性等方面的优势都不再是突出的优势，而产品价格、环境、销售渠道等操作层面上的竞争优势，由于企业间的相互模仿和借鉴，也越来越不明显。但是，开发商一旦能成功地赋予楼盘独特的文化内涵，则该项目将具有长期的、不可替代的竞争优势。

房地产文化内涵不单单包括建筑本身的外观形象和建筑风格，如北京的四合院布局，上海的海派风格，安徽的徽派建筑，广东的岭南风情，青岛的晴天碧海、红瓦白墙等富于地域特色的建筑文化；还包括社区空间的人居生活、社会交往等活动中所蕴含的文化品位、生活方式等人居文化[①]。房地产文化贯穿房地产开发经营的全过程，影响项目定位的科学性和准确性并对楼盘的市场销售具有直接推动力，可为未来优秀社区文化的形成和建设奠定良好的基础。

总体上看，文化环境对房地产市场营销活动的影响不像其他环境因素那样容易理解，但它实实在在存在着。这种影响更多时候是通过影响目标购买者的购买行为而发生的，我们将在第五章中做详细分析。

七、特殊事件

近年来，一些特殊事件频繁出现在我们的生活中，极大地影响了人们的购买行为。例如，2020 年以来，突如其来的新型冠状病毒肺炎（简称新冠肺炎）疫情在横扫全球的同时，对各行各业均产生了极大的影响，甚至改变了人们的日常生活、投资活动。

新冠肺炎疫情对房地产市场造成明显冲击。来自国家统计局专业人士的分析表明[②]，一、二、三线城市新建商品住宅销售价格环比持平或涨幅回落，二手住宅销售价格涨跌互现。2020 年 2 月，四个一线城市新建商品住宅销售价格环比持平，1 月为上涨 0.4%。其中，北京上涨 0.1%，上海和深圳持平，广州下降 0.1%。二手住宅销售价格环比上涨 0.2%，涨幅比 1 月回落 0.3 个百分点。其中，北京和广州分别下降 0.2%和 0.1%，上海和深圳分别上涨 0.2%和 0.5%。31 个二线城市新建商品住宅销售价格环比微涨 0.1%，涨幅比 1 月回落 0.1 个百分点，武汉、石家庄和太原等 12 个城市受疫情影响无成交，价格视为没有变动（环比指数为 100，下同）。二手住宅销售价格环比持平，与 1 月相同，武汉、石家庄和呼和浩特

① 参看第五章的阅读资料 5-1。

② 国家统计局 http://www.stats.gov.cn/tjsj/sjjd/202003/t20200316_1732216.html.

等12个城市无成交。35个三线城市新建商品住宅销售价格环比微涨0.1%，涨幅比1月回落0.3个百分点，扬州、蚌埠和平顶山等7个城市无成交。二手住宅销售价格环比由1月上涨0.2%转为下降0.1%，包头、锦州和扬州等12个城市无成交。

同时，一、二、三线城市新建商品住宅和二手住宅销售价格同比涨幅稳中趋落。2020年2月，一线城市新建商品住宅销售价格同比上涨3.5%，涨幅比1月回落0.3个百分点；二手住宅销售价格同比上涨2.2%，涨幅与1月相同。二线城市新建商品住宅和二手住宅销售价格同比分别上涨6.2%和3.0%，涨幅比1月分别回落0.7和0.4个百分点，均连续10个月回落。三线城市新建商品住宅和二手住宅销售价格同比分别上涨5.9%和3.3%，涨幅比1月分别回落0.5和0.4个百分点，均连续11个月相同或回落。

各大房企也纷纷转变经营策略，加快数字化转型，网上VR看房、网上选房、网络购房等一系列创新营销模式不断涌现，开创了房地产市场营销的新领域和新方式。

【阅读资料4-2】

后疫情时代房地产市场的变化①

受新冠肺炎疫情影响，各地的房地产市场都出现一些波动。整个房地产市场在疫情后，可能有以下几个方面的变化。

第一，从过去的集中调控、行政手段调控转向分散调控、经济手段调控。国家有关部门陆续出台了许多政策，包括土地的供给和管理等，可以看出省一级和地级市的权力越来越大，包括基本农田要转为建设用地的，原来5亩地以上要经过国务院审批，现在基本下放到省里。在信贷的调控上，对于首套房、二套房的信贷比、按揭比、信贷利率，原先为了保持房地产市场的平稳，都要各大银行和地方政府协商。

另一个较好的现象是房地产市场从过去的单一价格调控转向多元调控。过去因为单一价格调控，上海、杭州等房子较紧俏的地方出现了新建房比二手房价格便宜、高档房跟大众房价格相等现象，这些都不利于房地产市场的消费升级和消费多元化。

第二，从单一渠道住房供给转向多渠道、多途径的住房供给。因为疫情后消费者对住房的需求会分化，在这种情况下，应该以多品种来满足多样化需求。三十多年前的住房模式是单一化的，政府造房子后分配，房改后转向以房地产开发为主，从政府供房到房地产开发，住房的品种就变成两种，一种是政府建的，另一种是房地产开发企业建的。

这两端应该存在着多种模式、多种主体，如欧洲大量的住房是由合作社、协会来供给，即集体模式供地，这种供地供房的模式是处于政府与市场主体的供地模式之间的多品种、多类型的供地模式。从欧洲的经验来看，用这种模式解决中低收入阶层的住房问题非常有效。例如，深圳某个单位招收了一批北京来的大学毕业生，这批大学毕业生收入比较好，但是在深圳没房子。深圳现有的商品房价格高到他们工作几十年也买不起，怎么办？假设深圳采取合作住房模式，政府点状供地，每一块土地可能盖几十套或几百套房子。将一个

① 仇保兴．后疫情时代房地产市场的变化[J]．城乡建设，2020（14）：18-19．

单位的学生组织成一个住房合作社，推选一个人当住房合作社社长。当地优惠政策趋向于这个住房合作社，这批学生进行资金筹集，资金多的可以买下未来造的房子，资金少的可以租用房子。再用银行贷款，向政府购买一块点状的土地，委托房地产公司进行设计、建造、分配，这块地上的房子成为住房合作社产权的房子。如果说，这批学生的工作要从深圳调到上海，那他们就把房子退回合作社，合作社再招收新的员工。

一般，这种模式的房租比市场价格要低一半左右，因为房价是成本价。这种模式对于北京、深圳、上海等房价高企的一线城市来说，可以解决中低收入阶层的住房问题，如房子造好之后如何分配、房子离工作单位的远近问题等。

第三，住房建造模式从以毛坯房为主转向以精装修、绿色、健康住宅为主。目前，毛坯房的实际占比比较大，看上去好像价格比较便宜，但在房价基础上，尤其是在一、二线城市，毛坯房与非毛坯房的价格实际相差不多，对节能减排的影响却非常大。毛坯房到手后重新装修的比统一进行精装修的实际能耗多 50%以上，而且住房的一些性能、结构都改变了，这种改变会对房子的寿命，特别是节能减排的特性带来影响。

所以，目前许多地方出台了政策，绿色建筑占比要达到 70%以上，高星级至少达到 50%以上，有的城市还提出百分百实行绿色建筑。例如，北京市刚刚出台的政策中，二星级住宅补贴 50 元/m^2，三星级补贴 80 元/m^2。各地都出台这些鼓励节能减排的住宅政策，对整个房地产行业的健康发展、降低温室气体的排放、使下一代能够有更好的家园等有极大的好处。

更重要的是，后疫情时代，人们对住房的健康、舒适程度更加关注了，所以对于健康住宅，目前已有国家标准和相关评价体系。例如，在空气质量方面，新风系统能不能对病毒进行过滤、能不能在玄关处对一定浓度的臭氧进行消毒等，这些都是健康住宅倡导者最关心的问题。

在健康住宅的基础上还有健康小区，这方面衡量的标准是建筑间的通风问题、入口和紧急通道的问题、绿化面积等，更加高级的需求就是立体的园林建筑。

第四，从单一的居住功能出发转变为注重小区的配套及生活的便利。国务院最近决定要实行旧城改造、老旧小区改造。今年已过去了半年，接下来还要完成 700 万户的老旧小区改造。2000 年以前盖的房子，配套功能较差，偌大的小区里没有便利店、小超市，更没有托幼所、社区医疗所等。特别是多层建筑，由于当时国家标准并不鼓励装电梯，7 层以下的房子都没有电梯。但是老龄化时代到了，必须重新装电梯。

此外，20 年以前，汽车在我国并不普及，但现在汽车拥有率已达到 30%，这时候小区要改造成为适应汽车时代的小区，一户起码有一个停车位。这样的老旧小区改造就是以人民为中心的二次城市建设，是让那批生活配套性比较差的小区一步到位。通过国家财政补贴、地方的财政支持，再加上老百姓自主及许多企业单位的介入，对小区进行系统的设计和一次到位的改造。例如，电梯可以采取租赁办法解决，停车问题可以通过建造立体停车库或者地下停车库等解决。这个改造过程还需要住户的参与，自己的家园自己出主意进行建设。

所以，老旧小区改造会刺激潜在消费且不影响当地房地产市场供给，供给端、消费端在数量上没有变化，有利于稳定房地产市场；而且老旧小区改造能够提升房屋质量，房屋价格也会有所提升。

第五，住房制度从过去的城乡分割转向城乡融合模式。城市里的房子盖在国有土地上，一般房子有70年的产权，商用房有40年的产权，但农村是在集体土地上盖的房子。这两种土地制度决定了城、乡的住房体系是分割的，给一些村民进城带来了困难。现在中央提倡城乡融合，这个融合不是两种土地制度的融合，而是把住房从土地上进行剥离，通过多种模式、多种渠道进行城乡之间的融合。

例如，浙江、安徽、江苏已逐步推行这样一种模式：许多村里人都离开了乡村住进城里后，房地产公司收购其原有的空置农居。这类收购不是一次性买断，而是采取租用的模式，年租金根据住房质量，从500元至2000元不等，20年的租用期。房地产公司将这些破旧的甚至已经倒塌的房子重新修理成有农家风格和当地风格的四合院后自行把握用途。

这种模式有几种好处：首先，这些破旧、空置的房子被利用起来，大力推行的新农村建设的资金问题得以解决；其次，村民破旧的房子有人帮助维修，如果是20年产权，那20年以后，村民可以得到一个比较像样的房子，而且在此期间，有人维修、保养房子且村民每年可以获得几千元的租金；最后，20年以后，村民如果想继续出租，租金可以大大提高，这样每年都会有一笔固定的现金收入。

因此，城乡住房的链条可以打通，城乡的房地产市场从分割走向融合的渠道呈多样化，这需要总结地方经验，不断尝试探索。

第六，个别地方二手房火热。我认为，现在二手房市场交易火爆是因为疫情使大家深切地感受到，每一户至少应该有一套房，多代合住的模式是不恰当的。老年人跟子女生活在一起，最好有一碗汤的距离。这样对二手房的需求会进一步提高，目前市场已经表现出这一点。另外，根据中国人民银行最近的调查，城市包括集镇，民众住房拥有率已经达到96%，户均住房资产达到319万元，这些指标在国际上都处在前列，而且拥有两套房的城市住户也超过了40%，这些指标说明我国房地产市场投机性和投资性的比重相当高，城市里很多千万富翁的资产大多在房产里。现在疫情又告诉大家，距离产生安全。这个时候会出现个别地方二手房火热的现象或者使房地产市场出现一定程度的复苏，但是这种现象并不具有长远存在的趋势。

从长远趋势来看，农民进城数量在不断减少，许多三线城市的人口在减少，所以中央提出了收缩型城市。住房人均拥有量已经达到10%，现在缺房子的地方是那些人口不断增加的都市圈里的核心城市以及一、二线城市，所以从空间上来说，目前的分配是不均衡的。

另外，在房子的种类上，人们的需求是有差异的。随着财富的增加，人们对住房的要求越来越高，如阳台的面积要大，能够提供的服务功能要多。同时，住房不是一个单一的产品，还包括环境、周边配套、小区管理等。例如，是否能够在疫情期间提供一个安全的环境？特别是对老年人而言，是否能生活在一个距离医院比较近的地方？

第七，居家养老模式兴起。此次疫情引发了人们的深刻反思，集中养老这种模式出现了被颠覆的风险，特别是在欧洲国家，三分之一甚至二分之一因疫情死亡的人来自这种集中的养老院，而居家养老使这种风险大大地降低。因此，疫情后，居家养老的模式会重新兴起，而且不仅是在我国，还包括全球的其他地方，这就对社区如何提供老年护理服务提出了新要求。这些都会给房地产市场带来一些变化，影响着人们买什么样的房子、在什么地方买。

总体上，我国的房地产市场随着从中央调控变成地方调控，从集中调控变成分散调控，从行政手段调控为主变成经济手段调控为主，整个房地产市场的平稳发展是可以期待的。

第四节　房地产市场营销环境的 SWOT 分析法

房地产市场营销环境因素可以划分为宏观环境因素和微观环境因素，也可以划分为企业内部因素和企业外部因素。本节我们就从后者对房地产市场营销环境进行分析，分析方法采用业界广泛使用的 SWOT 分析法。

一、SWOT 分析法的含义

SWOT 分析法又称 SWOT 战略分析法，最早由美国旧金山大学维里克（H. Weihrich）教授于 20 世纪 80 年代提出，主要用于企业的战略管理，目前已逐渐被许多企业应用到企业管理、人力资源管理、产品研发等各个方面。

所谓 SWOT 分析法，是一种通过综合分析和系统评价企业内部环境（内部条件）和外部环境的各种影响因素，从而选择最佳经营战略的方法。这里，S 指企业内部环境的优势（strengths），W 指企业内部环境的劣势（weaknesses），O 指企业外部环境的机会（opportunities），T 指企业外部环境的威胁（threats）。

企业内部环境的优势和劣势分析是基于企业自身的实力及与竞争对手的比较而言的，也称为竞争优势和竞争劣势。优势是一个企业超越其竞争对手的能力或企业所特有的能提高企业竞争力的方面，而劣势是指企业缺少或做得不好的方面或会使企业处于劣势的条件。优势和劣势一般反映在企业的资金、技术设备、员工素质、产品、市场、管理技术等方面上。

企业外部环境的机会是指外部环境中出现的对企业未来发展有利的因素，如宽松的政策环境、健全的法律和法规、经济形势的好转、居民收入的提高以及独特的自然和人文环境的出现；而外部环境的威胁是指外部环境中出现了对企业发展不利的因素，如不利的政府政策、法律和法规的不完善、经济形势的衰退、居民收入的下降、新竞争者的加入、购买者需求的变化、不利的自然和人文环境的出现等。

二、SWOT 分析的步骤

通过 SWOT 分析，可以清楚地勾画出企业本身所具有的优势、劣势，所面临的机会、威胁，为将企业的内部资源与外部环境有机地结合起来奠定基础。这种分析对于制定企业未来的发展战略具有至关重要的意义。SWOT 分析的步骤如下。

（一）界定分析对象

当然，SWOT 分析的对象就是构成企业内部环境和外部环境的因素。不过，进行不同层次和不同项目的 SWOT 分析时，应做到具体问题具体分析。不同开发项目所应考虑的企业内、外环境因素是不同的，而单独对一个房地产项目进行决策与企业总体战略决策所应考虑的企业内、外环境因素更是存在巨大的差异。就某一个房地产项目来说，如果项目地块位置已经固定，那么在进行环境分析时，除了客观分析企业本身所具有的优势和劣势外，关注的重点还应该落在项目地块特点上，尤其应深入挖掘项目所在地段的自然景观、历史文脉，以赋予项目深层次的文化底蕴，形成项目特色，充分显示出项目良好的内、外部环境。

（二）构造 SWOT 分析矩阵，进行 SWOT 分析

列出反映优势、劣势、机会、威胁的各项因素并按各影响因素的重要程度依次排列，构成 SWOT 矩阵，如表 4-3 所示。

表 4-3　SWOT 分析矩阵

企业外部机会与威胁	企业内部优势与劣势	
	优势（S） 1. 2. ……	劣势（W） 1. 2. ……
机会（O） 1. 2. ……	SO 战略 依靠内部优势 利用外部机会	WO 战略 利用外部机会 克服内部劣势
威胁（T） 1. 2. ……	ST 战略 利用内部优势 回避外部威胁	WT 战略 减少内部劣势 回避外部威胁

经过 SWOT 分析后，企业有四种战略可供选择，即 SO 战略、ST 战略、WO 战略、WT 战略。SO 战略是依靠内部优势、利用外部机会的战略，属于发展型战略，当企业外部面临重要机会且内部具有强大优势时，可考虑采用此战略；ST 战略是利用内部优势、回避外部威胁的战略，属于多元化经营的发展型战略，当企业内部优势明显而外部存在威胁时，可考虑采用此战略；WO 战略是利用外部机会、克服内部劣势的战略，属于先稳定后发展的扭转型战略，当企业外部有机会而内部状况不佳时，可考虑采用此战略；WT 战略是减少内部劣势、回避外部威胁的战略，是一种以退为进的战略，属于防御型战略，当企业外部面临威胁而内部状况不佳时，可考虑采用此战略。

（三）进行 SWOT 评价，选择发展战略

在上述四种发展战略中，企业要选择出适合企业未来发展的战略，以指导企业的实践

活动。为此，首先需要对表 4-3 中的各项因素进行评价。

就企业内部的优势和劣势来说，其判断标准有两个：一是单项优势和劣势，如某房地产开发商的资金实力雄厚而目前的市场占有率低，则它在资金上有优势，在市场方面处于劣势；二是综合优势和劣势，进行 SWOT 分析时，不仅要着眼于单项优势和劣势的评价，更为重要的是要分析企业的综合优势或劣势。具体评价时，可对表 4-3 中反映优势和劣势的因素进行打分（可采用五分制）并根据它们的重要程度赋予一定的权重（权重之和为 1），然后根据所有内部因素的加权值之和来综合判断企业在总体上是处于优势还是劣势，对企业外部环境的机会和威胁的评价分析也是如此。最后，根据所有外部因素的加权值之和来综合判断企业在总体上是机会大还是威胁大。评价过程见下文“三、SWOT 分析法应用举例”。

可将评价结果标注在图 4-2 所示的 SWOT 分析图上，企业就可以据此做出战略选择。

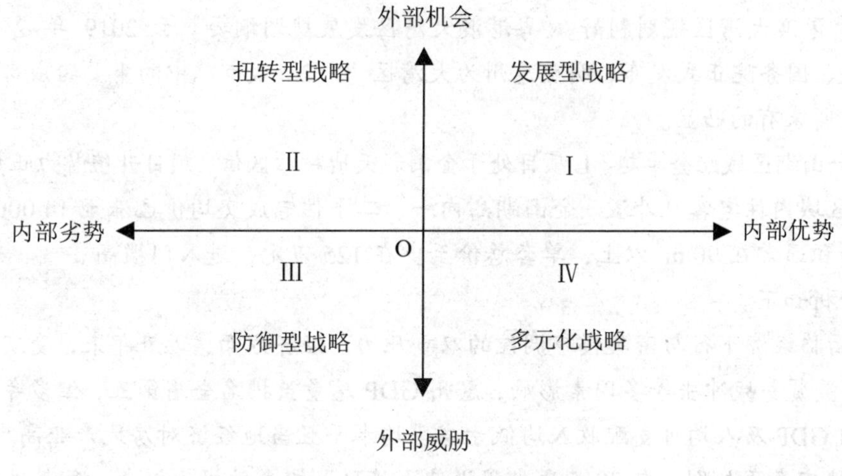

图 4-2　SWOT 分析图示例

三、SWOT 分析法应用举例

阅读案例 4-1 说明了如何综合运用 SWOT 分析法，可帮助读者真正掌握这种方法。

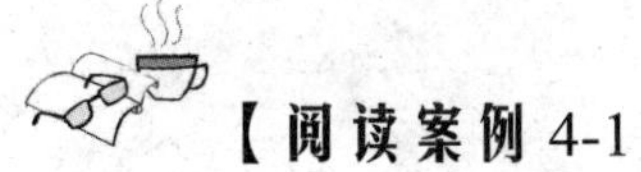

【阅读案例 4-1】

AY 地产集团 L 项目 SWOT 矩阵分析

L 项目由 AY 地产集团深圳公司开发，是惠城区近五年来规模较大且营销较为成功的纯商业地产项目之一，亦是金山湖湖心岛上首个商业综合体项目。

优势分析如下。

（1）地段与外部配套卓越。L 项目位于粤港澳大湾区惠州金山湖岛上，是十分稀缺的金山湖岛内物业。

（2）项目本体优势明显。L项目是近三年来惠城区规模最大的纯商业地产项目，无论是平层公寓、Loft还是餐饮商铺，户型均新颖、实用。

（3）开发企业实力强。AY集团为香港联交所上市房企，有着良好的企业形象与优质信用评级，有利于增强客户的投资信心。

劣势分析如下。

（1）商业地产限制多。L项目属于纯商业地产项目，全为公寓、Loft、商铺而无任何住宅产品进行搭售，产品类型单一，风险高。

（2）缺乏自有配套与服务。对比主力竞品项目，L项目虽外部配套丰富，但拥有220 000m^{2}规模却无泳池、泛会所等内部配套设施，更无托管、返租等增值服务，不利于项目抬高溢价及进行客户心理营销。

机会分析如下。

（1）粤港澳大湾区规划利好。《粤港澳大湾区发展规划纲要》于2019年2月18日由中共中央、国务院正式发布，明确惠州为大湾区“9+2”城市群中的重要组成部分，城市价值得到前所未有的凸显。

（2）金山湖区域配套卓越。L项目处于金山新天地核心区位，项目升值潜力正加速兑现。

（3）区域内住宅客户外溢。金山湖岛内一、二手住宅成交均价已涨至14 000元/m^{2}以上，住宅面积通常在90 m^{2}以上，单套总价至少在125万元，进入门槛高。

威胁分析如下。

（1）面临经济下行与密集楼市调控的双重压力。经济方面，近五年来，受实体经济下行压力、中美贸易战冲击等多因素影响，惠州GDP总量虽排名全省第五，但多年来其经济增速、人均GDP及人均可支配收入均低于省平均水平且当地经济对房地产业高度依赖。

（2）楼市竞争加剧。自2015年“粤港澳大湾区”概念被提出以来，每年进入惠州的全国百强房企成几何级增长，而惠州约4000亿的年度GDP和约480万的常住人口根本不足以消化规模如此宏大的商品房，惠州楼市竞争加剧。

（3）房地产投资者观望情绪浓厚。近年来，国内外经济环境更加复杂多变，国民收入增长缓慢，物价却不断上涨，人们的消费与投资行为都变得更加谨慎。

根据以上信息，L项目SWOT分析矩阵如表4-4所示。

表4-4 SWOT分析矩阵

	项目优势与劣势	
	优势（S）	劣势（W）
项目机会与威胁	（1）项目位于金山湖湖心岛上； （2）项目规模大，户型有特色； （3）面积小，性价比高，门槛低； （4）上市品牌房企，一级物业； （5）成本控制好，营销团队强	（1）商业地产性质，局限多； （2）项目内部配套不足； （3）无托管、返租等增值服务

续表

机会（O）	SO 战略	WO 战略
（1）“粤港澳大湾区”规划； （2）金山湖顶级市政配套； （3）金山湖住宅面积大且价格高，部分客户或外溢至区域内小面积商业地产	最大限度地利用金山湖区位、户型及性价比等优势，抓住大湾区规划与金山湖顶级配套利好，争取更多想以更低门槛投资金山湖房产的客户，实现快速销售	结合细分市场进行针对性市场操作，主打大湾区与金山湖配套等外部利好，规避内部配套与增值服务不足，争取更多客户
威胁（T）	**ST 战略**	**WT 战略**
（1）整体经济下行压力大； （2）“房住不炒”密集调控； （3）惠州 GDP 与人口不足； （4）惠州楼市供过于求，商业地产销售严重依赖外部渠道； （5）消费者观望情绪浓厚	以中介渠道、线上宣传、线下活动等多种营销手段不断输出项目地段、产品优势，对客户进行洗脑；降低整体经济、楼市调控政策、惠州人口不足、供大于求等外部环境对项目销售的威胁	产品性质与内部配套已无法改变，在外部威胁因素众多前提下，需严密监控竞争对手动向，必要时通过价格战、渠道战、返租或托管等方式抢占市场，确保生存

分析结果如下。

通过深入分析发现，就外部而言，L 项目面临着整体经济下行、楼市被严厉调控、惠州 GDP 及人口不足、商品房供过于求、商业地产客源被渠道严重“绑架”、客户观望情绪浓厚等诸多威胁；而机会主要来自“粤港澳大湾区”与金山湖规划利好。就内部而言，项目具有地段佳、规模大、产品新颖、投资门槛低、品牌好等优势；具有商业地产局限多、内部配套不足、增值服务欠缺等明显劣势。经过 SWOT 分析，L 项目在开发过程中面临着 SO、WO、ST、WT 四种战略选择。L 项目最终选择了 SO 战略，即最大限度地利用“粤港澳大湾区”与金山湖利好规划，凭借项目自身的地段、规模、产品及性价比等优势，抓住更多想以低门槛投资金山房产的客户，实现快速销售。

本章小结

营销环境对房地产开发商的生存和发展具有重要意义，制约着开发商的经营决策。首先，本章阐述了房地产市场营销环境的含义及特点；其次，本章将房地产市场营销环境分为宏观环境和微观环境并对它们各自的构成因素做了详细的分析和说明；最后，运用 SWOT 分析方法对房地产市场营销环境进行了剖析并举例说明。本章中所给出的阅读资料和案例尽量做到新颖、贴切，趣味性和可读性兼备，有助于读者对相关理论的深入理解和掌握。

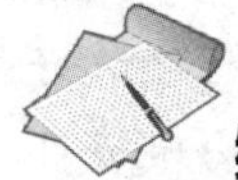

综合练习

一、基本概念

房地产市场营销环境；房地产市场营销微观环境；房地产市场营销宏观环境；房地产营销中介；公众；SWOT 分析法。

二、思考题

1. 为什么本章将房地产开发商自身列为企业的微观环境？
2. 房地产开发商的竞争者有几种类型？开发商如何识别竞争者？
3. 货币政策和财政政策如何影响开发商的市场营销活动？
4. 政府的房地产宏观调控政策如何影响开发商的市场营销活动？
5. 简述SWOT分析的步骤。

三、案例分析

请仔细阅读下面的案例，分析环球影城为什么会选择落户北京；环球影城落户北京后对北京的房地产市场以及经济会产生什么影响。

环球影城开启"北京时间"[①]

在上海迪士尼乐园刚刚结束五周年庆典之际，坐落于北京通州区的北京环球度假区开启了轰轰烈烈的试运营并于2021年9月20日正式开园。

作为与上海迪士尼乐园遥相呼应的国际主题公园，北京环球度假区被赋予了太多的意义，在中共中央、国务院2017年9月批复的《北京城市总体规划（2016—2035年）》中，明确北京城市副中心文化旅游区"以北京环球主题公园及度假区为主，重点发展文化创意、旅游服务、会展等产业"并提出加强文化建设要发挥"北京环球主题公园及度假区等文化功能区的示范引领作用"。那么，重任在肩的北京环球影城能否实现预期规划，引领首都文旅产业新潮流？

1. 未开先火

作为我国第一座、亚洲第三座、全球第五座环球影城主题公园，北京环球度假区是目前全球占地范围最大的环球主题园区。它包含北京环球影城主题公园、两家度假酒店、北京环球城市大道。其中，北京环球影城主题公园有七大主题景区、24种不同的演出和娱乐场所、37个集成设施、80家餐饮门店。七大主题景区是以各大电影IP来打造的包括哈利·波特、功夫熊猫、变形金刚、侏罗纪世界等项目。

它的出现弥补了北京作为世界一线城市的一个缺憾：长期以来没有顶级主题公园。从立项到开业，北京环球度假区足足等了20年。"这20年对我们来说历尽艰辛。"北京首都旅游集团有限责任公司副总经理、北京首寰文化旅游投资有限公司总经理于学忠在接受媒体采访时感慨。

早在2001年年初，北京市政府即与美国环球集团就建设环球影城项目展开磋商，但由于国家宏观调控政策，项目审批进程暂缓。2009年，在选址、动迁、土地等方面已经做好准备时，项目在上报中再次被叫停。2014年，国家发展改革委终于批复北京环球影城项目申请报告，项目进入深化研究、设计和施工阶段。2016年7月，北京环球度假区的中国投资方首寰投资以底价87亿元拿下了通州文化旅游区内一宗地块，用于北京环球旅游度假区

---

① 资料来源：引自新华社编文《环球影城开启"北京时间"》。

的建设，建设用地面积约 207 万平方米，规划建筑面积约 164 万平方米。

2. 经济效益

主题公园之所以在各地广受欢迎，除了源于它能给游客带来娱乐体验，还源于它能给当地经济带来发展契机。

以上海迪士尼乐园为例，中国旅游研究院的数据显示，从 2016 年 6 月至 2019 年 6 月，上海迪士尼乐园固定资产投资对上海全市 GDP 年均拉动 0.13%，乐园消费对上海全市 GDP 年均拉动 0.21%。游玩迪士尼的游客在上海的逗留时间以 2～3 天为主，人均花费集中在 1000～2000 元。2016 年上海迪士尼开业后，上海星级酒店入住率连续 6 个季度保持 70% 以上。

北京环球度假区会带来怎样的收益？首都旅游集团董事长表示，预计北京环球度假区开园后每年将接待 1000 万～1200 万人次。中信建投也给出了很高的预测数据：北京环球影城客单价将超过 1500 元，成熟后每年的营收大概在 250 亿～300 亿元。

近期的中秋假期数据也佐证了北京环球影城的经济辐射作用。去哪儿平台数据显示，截至 2020 年 9 月 8 日，中秋假期 4 天北京环球影城周边酒店预订入住间夜量较 2019 年中秋期间上涨超过 15 倍；国庆期间，周边酒店预订量和酒店价格增幅也较为明显。

除了直接的经济带动，通州区还计划引入 10 家跨国公司以及 100 家独角兽企业、文创上市企业和 1000 家文化内容和技术团队，将文化和科技融合，带动周边消费。

3. 一剂“强心针”

除了经济效应，北京环球度假区对北京的意义远不止于此，一定程度上，它缓解了北京作为世界一线城市的“尴尬”，也为北京文旅产业转型做了示范。

有人说，环球影城是在给北京补短板。长期以来，北京文旅业发展一直面临转型难题。作为首都，虽然北京拥有丰富的历史文化遗产，但单一的观光产品一直制约北京文旅业的进一步发展。提到北京，外国游客记住的多是故宫、天坛、颐和园、八达岭、十三陵“老五件”。

“‘老五件’是世界水平的景点，但它们毕竟只是观光产品，从北京旅游业发展来说，如果只有观光产品就太单一了，这也就制约了北京旅游业的进一步发展。”北京市旅游局原副局长温子吉这样描述世纪之初的北京旅游业现状。

原北京市旅游局经过充分调研，决定开发新的旅游产品，发展会展旅游和娱乐旅游。北京环球度假区的落地则是对娱乐旅游决策的有力实践。

2020 年以来，在疫情影响下，国内外文旅业重创连连。数据显示，2020 年我国国内旅游收入约 2.23 万亿元，比 2019 年减少 3.50 万亿元，2021 年上半年国内旅游收入约 1.63 万亿元，仅仅恢复到 2019 年同期的 58.6%。北京环球影城的开业无疑给处于困境中的我国文旅产业注入一剂“强心针”。

推荐阅读资料

1．中国指数研究院．2015年中国房地产政策盘点[R/OL]．（2015-12-31）[2016-01-05]．https://fdc.fang.com/report/9893.html.

2．孟娟．AY地产集团L项目营销策略研究[D]．广州：华南理工大学，2020．

网上资源

1．百度文库：http://wenku.baidu.com/.

2．新浪地产网个人后台：http://dichan.sina.com.cn/help/down.htm/.

3．读秀学术搜索：http://edu.duxiu.com/.

4．新华网：http://www.xinhuanet.com/.

5．知乎：https://www.zhihu.com/.

第五章　房地产购买行为分析

学习目标

- 房地产市场需求的概念及特点；
- 房地产购买者的行为模式；
- 房地产购买行为的四个主要影响因素——心理因素、个人因素、社会因素和文化因素；
- 房地产购买行为的“5W1H”以及购买决策过程。

导言

如今，在房地产市场上，虽然铺天盖地的广告、楼书、宣传材料制作得越来越精美，时髦的概念炒作也层出不穷，但房地产开发商们发现，自己煞费苦心甚至花巨资制作出来的广告已难以打动购买者的心，时髦的概念炒作也非灵丹妙药。面对越来越理性的购买者，开发商只有潜心研究购买者的需求及购买行为并据此制定出营销战略和策略，才能在激烈的市场竞争中站稳脚跟、求得发展。

第一节　房地产购买行为模式

购买者之所以购买房地产产品，是为了满足自身的某种需求。所以，要对购买者购买房地产的行为做出分析，首要的问题是要搞清楚购买者的需求。本节首先阐明房地产市场需求的概念及特点并在此基础上论述购买者的购买行为模式。

一、房地产市场需求的概念及特点

在房地产市场上，人们常常会提及现实需求和潜在需求这两个概念。在一定的条件下，这两类需求可以相互转化，即潜在需求可以转化为现实需求，现实需求也可能转化为潜在需求。

房地产现实需求也称为房地产有效需求，是指一定的外界条件①下，购买者愿意并且能够购买的房地产产品数量。现实需求具有两个特征：一是购买者具有购买欲望；二是购买者具有支付能力。两个特征缺一不可，否则就不能称为现实需求。房地产潜在需求是指在一定的外界条件下，具有购买欲望但尚不具备完全支付能力的购买者愿意购买的房地产产

① 这里所说的外界条件包含影响购买者购买力的多方面条件，如房地产的价格、购买者自身的收入、亲戚朋友的帮助、开发商的付款方式、货币政策的变化等，而不仅仅指房地产的价格和购买者自身的收入。

品数量。潜在需求也具有两个特征：一是购买者具有购买欲望；二是购买者不具有完全支付能力。两个特征同样缺一不可，否则就不能称为潜在需求。

当外界条件发生改变时，现实需求和潜在需求可以相互转化。例如，当商品房价格过高，或者货币政策发生变化（例如，首付比例或贷款利率提高），或者得不到亲戚朋友的帮助，那么一部分现实需求就要转化为潜在需求，表现为有效需求不足。一个很明显的例子就是为了抑制过快上涨的房价，2010 年 4 月 17 日，国务院出台的房地产宏观调控政策[①]，实行严格的差别化住房信贷政策，规定对购买首套自住房且套型建筑面积在 90 m^2 以上的家庭（包括借款人、配偶及未成年子女），贷款首付款比例不得低于 30%；对贷款购买第二套住房的家庭，贷款首付款比例不得低于 50%，贷款利率不得低于基准利率的 1.1 倍；对贷款购买第三套及以上住房的，贷款首付款比例和贷款利率应大幅度提高。此政策一出，使购房者的购房门槛大为提高，立刻使很多本来想贷款买房的购房者退出了房地产市场。

同样，当外界条件发生变化时，潜在需求也可以转化为有效需求。例如，当购买者的收入提高，或者货币政策发生变化（利率或首付降低），或者开发商的付款条件变得优惠，就可能使本来不具备购房能力的购买者拥有了支付能力，这部分购买者的潜在需求就转化为现实需求。2014 年 9 月 30 日，央行、银监会联合发文《中国人民银行中国银行业监督管理委员会关于进一步做好住房金融服务工作的通知》（简称“9・30”新政），“对于贷款购买首套普通自住房的家庭，贷款最低首付款比例为 30%，贷款利率下限为贷款基准利率的 0.7 倍；对拥有一套住房并已结清相应购房贷款的家庭，再购买第二套房执行首套房贷款政策”。“9・30”新政的实施大大降低了改善型购房者的购房门槛，是限贷政策的一次重要松绑，短期内刺激成交量回升，促进了楼市回暖。2016 年 12 月 16 日闭幕的中央经济工作会议提出坚持“房子是用来住的、不是用来炒的”的定位，在引导个人住房贷款合理增长的同时，支持合理自住购房，严格限制信贷流向投资投机性购房；2019 年 8 月 25 日，中国人民银行发布“16 号”公告，为坚决贯彻落实“房子是用来住的、不是用来炒的”定位和房地产市场长效管理机制，自 2019 年 10 月 8 日起，新发放商业性个人住房贷款利率以最近一个月相应期限的贷款市场报价利率（loan prime rate，LPR）为定价基准加点形成。其中，首套商业性个人住房贷款利率不得低于相应期限 LPR，二套商业性个人住房贷款利率不得低于相应期限 LPR 加 60 个基点。

金融市场政策的变化对购房者的购房需求带来一定的冲击。另外，现实中还存在这样的购买者，目前虽然他具备了购房能力，但由于某种原因而暂时没有购买欲望，但是当市场条件发生变化时，就可能激起他强烈的购买欲望，我们将这部分需求也视为潜在需求。例如，当人们的通货膨胀预期日渐增强时，购买房地产就成为保值、增值的一种选择，此时人们就会选择投资房地产，这样，潜在需求也就转化成现实需求。

房地产市场需求具有以下特点。

---

① 国务院办公厅．国务院关于坚决遏制部分城市房价过快上涨的通知[EB/OL]．(2010-04-17) [2010-07-22]．http://www.gov.cn/zwgk/2010-04/17/content_1584927.htm.

（一）房地产市场需求的多样性与层次性

由于不同购买者的收入水平、文化程度、职业、年龄和生活习惯等不同，自然会对房地产产品形成各式各样的需求，而房地产区位、档次、房型、功能等也会存在一定的差异，这样，当需求的多样性和房地产产品本身的差异性相对应时，需求的这种多样性也就导致了它的层次性。例如，高档别墅、高档公寓可能属于较高层次的需求，普通商品住宅属于中等层次的需求，经济适用房可能属于较低层次的需求。一个居住困难且收入不高的购买者不会奢望购买高档住宅，只会考虑普通商品房或经济适用房。然而随着外界条件的不断变化，人们对房地产的需求会得到不断发展，这也正是“住宅过滤模型”所研究的主要内容。

（二）房地产市场需求的双重性与综合性

房地产的保值、增值特性使得房地产产品除了是一种生活消费品之外，还具有了投资功能，因而房地产需求具有消费需求和投资需求的双重功能。同时，人们在购买房地产时，需要考虑多方面的需求，如居住区位是否合适、环境是否优美、交通是否方便、治安是否良好等，这使得房地产需求呈现出一种综合性的需求状态。

（三）房地产市场需求的可替代性与关联性

与一般商品的市场需求具有可替代性一样，房地产市场需求同样具有可替代性，但是房地产的异质性使其可替代性极为有限，一般认为，只有处于同一供需圈内的房地产是可以相互替代的。租房和买房之间也是可以相互替代的，当房价过高，人们会选择租房，房租因此提高；而当房租过高，人们会转而买房，房价也会随之上升。同时，房地产市场需求又具有很强的关联性，因为房地产业是一种关联性极强的产业，它的需求变化会直接影响到其他许多行业需求的变化，从而使房地产成为非常敏感而又备受国人关注的产业。

二、房地产购买者的行为模式

心理学认为，人的行为是受人的思想、情绪、感情、能力和行为动机等心理活动支配的，房地产购买者的购买行为也是如此。那么，心理活动是如何对人的行为起作用的呢？心理学家们有各种不同的观点。按照“刺激-反应”学派的观点，人们的心理活动过程类似“黑箱”，是看不见、摸不着的。外界的刺激经过这一“黑箱”时，会产生一系列心理活动，进而引起某种行为，如图 5-1 所示。

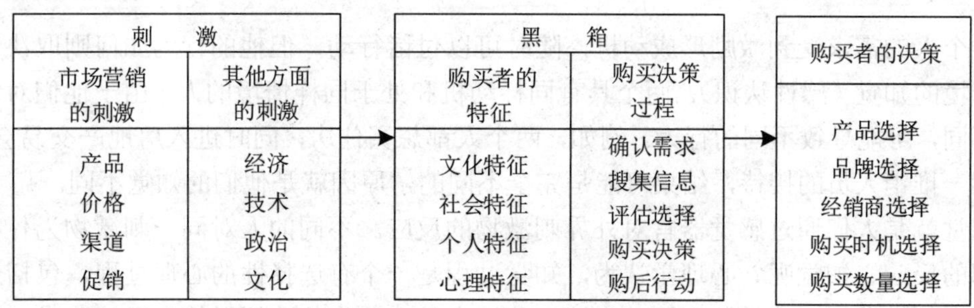

图 5-1　购买者的行为模式

从图5-1可知，购买者的行为模式由三部分组成：第一部分为“刺激”，包括市场营销的刺激和其他方面的刺激；第二部分为“黑箱”，包括购买者的特征和购买决策过程；第三部分为“反应”，指购买者的决策，包括产品选择、品牌选择、购买时机选择、购买数量选择等。本章着重阐述第二部分。

第二节　房地产购买行为的主要影响因素

房地产购买者的特征受到许多因素的影响，进而影响到购买者的购买行为。也就是说，这些因素通过影响房地产购买者的特征而间接影响到他们的购买行为。具体来说，影响房地产购买行为的主要因素除了第四章讲过的宏观、微观因素外，还包括心理因素、个人因素、社会因素和文化因素等。

一、心理因素

心理因素包括动机、知觉、学习和态度四个方面。某个购买者若在心理因素方面与别人不同，那么他的购买行为也会随之发生变化。

（一）动机

心理学认为，人的行为是受动机支配的，而动机是由需求引起的。当人的某种需求未得到满足或受到某种外界事物的刺激时，就会产生某种紧张状态（生理的或心理的），引起某种动机，由动机导致行为。所以，动机就是达到一定强度的需求或受到刺激的需求，它可以使人采取满足需求的行为。需求的强度不够时，不会形成动机。需求得到基本满足时，紧张状态消除，人的状态恢复平衡。

购买者的动机可支配购买行为，但一种购买行为可能受许多动机支配。买一套住房，可能有许多动机，如拥有自己的房屋、增加居住面积、改善居住环境、显示富贵、满足虚荣心、进行投资等。这就要求房地产营销人员必须熟悉购买者购买房地产的各种动机，深入了解在引发购买行为的众多动机中，究竟哪一个是最重要的、起决定性作用的；在什么时候、什么情况下，哪种动机占支配地位。只有这样，才能有针对性地开展市场营销活动。

（二）知觉

一个人的需求受到激励形成动机，随时可以付诸行动，但他的行为如何则取决于他对客观情境的知觉（感性认识）。两个具有同样动机和处于同样情境的人，由于他们对情境的知觉不同，可能导致不同的行为。例如，两个人都想买住房，同时进入房地产交易会现场，受到同一推销人员的接待，结果可能是完全不同的，原因就是他们的知觉不同。

知觉就是人们通过感觉器官对外界刺激物的反应。不同的人对同一刺激物为什么会产生不同的反应、知觉呢？心理学认为，知觉过程是一个有选择性的心理过程，包括选择性注意、选择性曲解和选择性记忆。房地产营销人员必须唤起购买者的选择性注意，避免购买者的选择性曲解，巩固购买者的选择性记忆，使购买者对本企业的产品产生深刻的印象。

（三）学习

人们的行为除了很少一部分是与生俱来的以外，大多数行为（包括购买行为）都是通过后天学习、实践得来的。购买者的学习是购买者在购买和使用商品活动中不断获得知识、经验和技能，不断完善其购买行为的过程。

房地产营销人员应认识到“学习”在购买者购买决策中的作用，利用各种传播媒介来加强购买者对本公司产品的印象，从而诱导他们做出购买本公司房地产产品的决定。

（四）态度

态度即人对某一事物的好恶，这是对态度比较通俗的解释。应当说，购买者的态度与其行为是一致的，只有当人们喜欢某种商品时，才有可能购买这种商品。例如，人们愿意相信万科是一家声誉非常好的房地产大企业，认为它所开发的房子质量优良，因而喜欢购买它的房子。

人的态度是学来的，某人一旦形成某种态度之后，他很难察觉这种态度的来源或形成的原因。开发商在开发活动中，应设法了解购买者对其产品和服务的态度，设法使其楼盘配合购买者的态度，让购买者喜欢。

二、个人因素

尽管房地产购买者的购买行为普遍受到上述心理因素的影响，但是在具体的购买过程中，还要受到来自购买者个人因素的影响，其中最具影响力的个人因素为年龄、家庭生命周期、职业、经济状况、生活方式和个性特征。

（一）年龄

不同年龄阶段的购买者在购房上具有不同的特征和价值取向。一般来说，年轻人重视的往往是建筑面积和室内设计，而中老年人则倾向于交通、生活方便。针对购买房地产产品的特殊性，目前人们对年龄阶段的划分标准并不一致，表 5-1 给出了一种购买者年龄阶段的划分方法及各阶段的购房特征，以供参考。

表 5-1　购买者年龄阶段划分及购房特征

年 龄 阶 段	购 房 特 征
25 岁以下	这一年龄阶段的购买者属未成年人或刚成年或刚走上社会不久，可以说几乎没有住宅购买力，父母必须对他们的教育、监护、安全等问题负责，因此，他们对其父母的购买决策有很大影响
25～35 岁	这一年龄阶段的购买者在经济能力上处于初步发展地位，但由于婚姻、生育等问题，家庭独立性强，购买的欲望也特别强。但由于经济收入的限制，在没有外来资助的情况下，对住房的房型、地段又没有较大的选择余地，倾向于购买小户型的住房
36～60 岁	这一年龄阶段的购买者往往事业有成，最具备经济实力，是具有最大购买力的阶层，他们在整个住房市场上所占的比重也最大，往往选择购买舒适、宽敞的住房
60 岁以上	这一年龄阶段的购买者多半已拥有住房，而且由于子女逐渐成年、独立谋生，原有的房子可能反而逐渐空下来，对房屋的购买意愿大为降低。若要购房，则会考虑购买交通便捷、生活方便、环境安静、能就近使用医疗配套设施的住房

（二）家庭生命周期

人们将一个家庭从建立到不断发展过程中所经历的不同阶段称为家庭生命周期，处于不同家庭生命周期的购买者的购房特征差别较大。现在比较认可的家庭生命周期划分方法是西方学者提出来的，分为七个阶段，每阶段的购买特征如表5-2所示。

表5-2 家庭生命周期及购房特征

家庭生命周期阶段	阶段特征	购房特征
单身阶段	年轻，单身	独立意识强烈，是房屋租赁市场的主力军。随着个人收入的提高与稳定，会倾向于以供楼的形式置业。物业类型以公寓、小面积的二房一厅为主，在选择物业时，容易受工作地点的影响
新婚阶段	年轻夫妻，无子女	受组建家庭、责任心强的驱动，置业欲望强，以精致的二房一厅为主。在选择时易受楼盘广告的影响，比较关注小区未来的发展及环境，购买力有一部分来源于父母的资助
满巢阶段（一）	年轻夫妻，子女不到6岁	随着家庭其他开支的增大，储蓄意识不断增强，在置业时比较保守、谨慎。特别关注小区现有的配套，尤其是幼儿园，对房屋售价敏感度极强，以实用为置业首选
满巢阶段（二）	年轻夫妻，子女6岁以上	家庭经济状况有所好转并趋向稳定。“量入为出”是这一阶段的置业准则。选择物业时特别注重小区周边的教育配套。购买行为趋于理性与成熟
满巢阶段（三）	年纪较大的夫妇，有尚未独立的孩子	家庭经济状况随子女进入社会工作而变得总体收入预期变大，住房储蓄购买力不断上升。在选择物业时，以改善生活环境为首要考虑条件，关注小区的规模、档次及商业配套，追求一种舒适、和谐的居住环境
空巢阶段	老年夫妻，子女已独立	在置业时，比较倾向于选择一些居住环境不太嘈杂、安全，有比较多绿化空间的住宅小区，特别关注医院等配套设施。购买力有一部分来自子女，户型面积要求无须太大并偏向于低层
鳏寡阶段	年老，单身	基本无购房需求或倾向于去养老机构生活

（三）职业

职业不同的人，消费观、消费行为也会有所差别。例如，白领阶层更注重产品品牌，而蓝领阶层更注重产品的使用价值；教师比任何职业的人都想拥有一间书房，而普通职员在这方面的需求就不是那么强烈。房地产营销人员平时就应注意收集、研究不同职业人群的消费特点，以便为他们提供适销对路的产品。

（四）经济状况

经济状况对于购买行为的影响更为直接。经济状况取决于购买者的可支配收入（高低水平、稳定性、收入时间等）、储蓄与资产（多寡、流动性如何等）、负债（多寡、期限、付款条件等）等因素。经济状况制约着购买者的购买能力，而购买者的购买能力在很大程度上制约着个人的购买行为，收入较低的购买者往往比收入较高的购买者更为关心价格的高低。购买者对消费与储蓄的态度不仅受收入水平和消费习惯的制约，而且受利率高低、物价稳定程度和商品供求状况等因素的影响。房地产开发商应密切注意个人收入、存款和利率等因素的变动，以便及时调整营销战略，保持本企业产品对目标购买者的吸引力。

（五）生活方式

生活方式就是人们根据个人的价值观念来支配时间、财富以及精力的特定习惯和倾向性方式，是影响购买者购买行为的一个重要因素。有些人虽然出身于同一社会阶层，来自于同一文化领域，但由于他们的生活方式不同，其活动、兴趣和见解就不同。例如，购买住房时，有的人追求物超所值，有的人追求时尚、潮流，有的人追求实用美观，有的人为了显示地位与成功，有的人则留恋传统文化、追求怀旧氛围，等等。这样，了解购买者的不同生活方式，对房地产市场营销就具有了重要意义。营销人员可以从购买者个人所参与的活动、所保持的兴趣以及对各种事物的意见等角度加以分析、衡量。

（六）个性特征

个性是指一个人身上经常且稳定表现出来的心理特点的总和。每个购买者的个性表现出不同的个性特征，不同程度地影响着他的购买行为。在房地产购买行为的研究中，有人将购买者的个性特征分为十二类，如表 5-3 所示。房地产营销人员应善于发现不同购买者的个性特征并充分利用这些特征促成交易。

表 5-3　购买者的个性特征类型及营销人员的对策

个性特征类型	特 征 表 现	销售人员的对策
从容不迫型	此类购房者严肃冷静、遇事沉着，他们不会轻易做出购买决定；对于第一印象恶劣的销售人员，绝不会给予第二次见面的机会，而且总是与之保持距离	必须使购房者全面了解利益所在，以期获得对方的理性支持。反之，拿不出有力的事实依据，不能耐心地说服、讲解，销售是不会成功的
优柔寡断型	此类购房者对是否购买某一楼盘犹豫不决，即使决定购买，也往往会反复比较、难以取舍。他们外表温和，内心却总是瞻前顾后、举棋不定	切忌急于成交，要设法消除他的犹豫心理。等到对方确认自己产生购买欲望后，再采取直接行动，促使对方做出决定
自我吹嘘型	此类购房者喜欢自我夸大，虚荣心很强，总在别人面前炫耀自己见多识广，高谈阔论，不肯接受他人的劝告	最好是当一个“忠实的听众”且表现出一种羡慕、敬佩的神情，彻底满足对方的虚荣心，如此，对方则较难拒绝销售人员的建议
豪爽干脆型	此类购房者多半乐观开朗，办事干脆豪放，但往往缺乏耐心，容易感情用事，有时会轻率马虎	必须使对方懂得攀亲交友胜于买卖，而介绍时简明扼要，对方基于其性格和所处场合，肯定会快速给予回复
喋喋不休型	此类购房者一旦开口便滔滔不绝，但常常离题万里，销售人员如不能加以控制，就会使双方的洽谈成为闲聊家常	要有足够的耐心和控场能力，切不可在购房者谈兴高涨时贸然制止，应不失时机地将对方引入销售协商正题
沉默寡言型	此类购房者比较理智，对销售人员的宣传、劝说之词虽然认真倾听，但反应冷淡，不轻易说出自己的想法，外人难以揣测其内心感受	应尽量使对方有讲话的机会和体验的时间。详细说明楼盘的价值所在并提供详细的资料供对方分析、思考，以增强购房者的购买信心，但应避免讲得太多

续表

个性特征类型	特征表现	销售人员的对策
吹毛求疵型	此类购房者怀疑心重，喜欢鸡蛋里面挑骨头，不信任销售人员，喜欢当面与销售人员辩论一番	一定要注意满足对方争强好胜的习惯，请他充分发表自己的意见和看法，让其吹毛求疵的心态发泄之后，再转入销售的论题
虚情假意型	此类购房者在表面上十分和蔼友善，但唯独对购房缺乏诚意。如果销售人员明确提出购买事宜，对方或顾左右而言他，或者装聋作哑，不做具体表示	首先要有足够的耐心与之周旋，但也不能轻易答应对方的过分要求。不要轻易放弃说服工作，只要有1%的成功希望，就要投入100%的努力
冷淡傲慢型	此类购房者多数高傲自大，不善与他人交往，比较顽固，不易接受别人的建议，不过一旦建立起业务关系，则可能持续较长时间	在用尽各种宣传技巧，所得到的依然是一副冷淡傲慢的态度甚至是刻薄的拒绝时，可以采取激将法，刺激对方的购买兴趣和欲望，有时反而更容易达成销售交易
情感冲动型	此类购房者对自己的原有主张和承诺都可能因一时冲动而推翻，从而给销售制造难题	面对此类购房者，应当采取果断措施，切勿碍于情面，必要时提供有力的说服证据，强调给对方带来的利益与方便
心怀怨恨型	此类购房者对销售活动怀有不满和敌意，对销售人员的宣传介绍会无理攻击，甚至会造成难堪的局面	与这类购房者打交道时，销售人员应先查明购房者产生抱怨和牢骚的缘由并给予同情与宽慰
圆滑难缠型	此类购房者好强且顽固，倘若销售人员经验不足，便容易中圈套，因担心失去主顾而主动降低售价或提出更优惠的成交条件	要预先洞察他的真实意图和购买动机，在面谈时造成一种紧张气氛，如表达现房不多、已有人订购等，使对方认为只有当机立断做出决定才是明智的举动

三、社会因素

处于一定社会环境中的人，购买行为必定要受到一定社会因素的影响。对房地产购买行为产生影响的社会因素包括相关群体、角色和地位、社会阶层等。

（一）相关群体

所谓相关群体，是指对购买者的行为和态度产生影响的群体。这类相关群体又可以划分为两类：一类是成员群体，即个人具有成员资格并受到其直接影响的成员群体，如家人、朋友、亲戚、同事等；另一类是非成员群体，即并不具有成员资格，但愿意归属并间接接受其影响的理想群体，如偶像、知名人士等。购买者往往与相关群体具有某些相似的态度和购买行为，这是因为购买者相信在群体影响下做出购买决策可以减少失误或希望通过与群体交往来提高自我形象。销售人员想利用相关群体来影响购买者的购买行为，使其做出有利于本企业的决策，最普遍的方法就是通过影响意见领导者来影响其他购买者，名人效应就是最典型的例子。

（二）角色和地位

每个人在不同的场合扮演不同的角色，每一个角色都将在某种程度上影响其购买行为；每一个角色都伴随着一种地位，这种地位反映了社会对他或她的评价以及社会影响。商界精英、成功人士、政府官员、普通公务员、工薪阶层等在社会上所属的角色和所处的地位不同，购房需求当然是不一样的。分析购房者的社会地位和社会影响有利于营销目标的选择和实现。

（三）社会阶层

社会阶层是由具有相似的经济地位、利益、价值观和兴趣的人组成的群体或集团，是根据职业类型、收入来源、财产数量、教育程度、居住区域、住房类型等因素对人们在一定社会经济结构中的地位进行划分，具有相对同质性和持久性的特点。人处在一定的社会中，常常自觉或不自觉地被划分到某一个社会阶层中，每一阶层的成员都具有类似的价值观、兴趣、爱好和行为方式，而不同社会阶层成员的价值观、兴趣、爱好和行为方式可能存在巨大差异。在房地产消费方面，各社会阶层显示出明显不同的偏好与需求。开发商应将自己的产品定位清楚，明确究竟是为哪个阶层开发的产品，否则开发出的产品会因不能适销对路而陷入销售困境。例如，在一个普通住宅小区配备五星级酒店显然非常不合适，而在浦东星河湾配备一个五星级标准的酒店就会起到锦上添花的作用。

四、文化因素

如今，文化因素在购买者购房决策中越来越受到重视。现代人买房，不仅仅追求居住物质环境，更追求居住文化氛围，追求生活的品位和内涵，是购买一种生活方式和人居文化。

（一）文化的含义

对于什么是文化，人们各有各的理解。从广义角度来理解，文化是人们的“活法”，代表了一种生活方式，只要有人群的地方就有文化存在。文化是一个群体共同的思维方式、行为规范和创造物品的总和，因而内容非常广泛。具体来说，文化主要是指那些在一定物质文明的基础上，在一个社会、一个群体的不同成员中一再重复的情感模式、思维模式和行为模式，包括人们的价值观念、信仰和态度、道德规范和民风习俗等。

从这个角度来理解，一个不识字的农民也是“文化人”，因为他遵循着某种生活方式，有自己看问题的角度和处理问题的习惯。所以说，文化并不都那么高深，它应该是社会的、大众的。人是文化之根，文化决定了人的行事方式、思维习惯。

（二）置业文化和亚文化

文化反映在房地产购买行为上，就形成了一种置业文化。不同的置业文化会产生不同的消费心理，形成不同的生活方式、对产品的不同态度和购买习惯，因此会产生不同的购房行为。例如，中国人素来喜欢置业，有所谓的“有恒产者有恒心”之说，许多年轻人也坦然向父母伸手要钱买房；而德国或美国的年轻人则认为租房实惠，既方便又省钱，许多人在 40 岁以后才真正置业。

每一种文化又可以分为不同的亚文化，如按民族、宗教或地理区域等标准可划分为民族亚文化、宗教亚文化或地理区域亚文化等若干亚文化群。各亚文化群在语言文字、价值取向、生活习俗、艺术及审美观念等方面存在很大的差异。相对于文化，亚文化对人们的购买行为起着更大的作用。例如，在我国，南方人比北方人讲究风水，尤其是在广东、福建、海南等地，我国香港、新加坡、马来西亚的企业甚至依靠风水先生测算办公地点，以求财运。再如，对于不同年龄层次的购买者而言，老年人思想较保守，接受新文化的速度慢，购房时倾向于尊重传统习惯，有时为了随俗宁可压抑个人的部分爱好和需要；而年轻人思维活跃，接受新文化、新事物快且富于想象力和好奇心，购房时易受时代潮流影响，追求美观、新颖、别致的住房。对于这些不同的文化和亚文化群，房地产营销人员应该进行全面的调查、分析，研究他们的消费心理、购买行为，尽量使所提供的产品符合他们的需求、习惯。

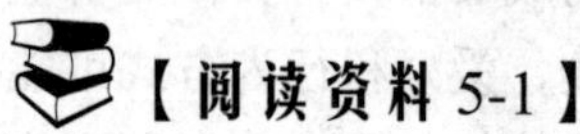【阅读资料 5-1】

重视亚文化在房地产销售中的作用①

据一家国际广告公司的调查显示，大多数在城市传统生活区居住的市民在考虑购买新房时会选择他们所熟悉的地域内的楼盘。那些在新区名声显赫的楼盘对他们的吸引力极为有限，当然有些参观过的人可能会觉得新区楼盘的素质比较好，但是仍不会将其作为购买居住的备选楼盘。这一点在广州市新城区或周边地区的楼盘销售中同样表现得非常明显。

当你置身于浓浓的岭南饮食、生活、文化的传统之中时，你不能不感叹，其实亚文化才是真正决定社会行为准则、道德规范的标尺。老城区居民不能想象离开了陪伴他们一代代人的凉茶铺、布拉肠粉、生滚粥和牛杂汤等的生活该如何打发。这也说明文化是人类欲望与行为最基本的决定因素。对购买者而言，文化特别是亚文化的影响力是广泛和深刻的。如果你深入到老城区的市民中，就会感到他们尊重自己的亚文化，认同亚文化包含的价值观和生活态度，也遵循他们的文化道德和风俗习惯。而这些受文化影响的行为规范、道德规范、社会习俗都实实在在地影响着购买者的购买行为。因此，对文化不了解或与文化背道而驰，将意味着整个营销活动的失败。这也说明了为什么老城区的楼房购买者更看重小区配套和周边环境。

尤其需要指出的是，在广州市几百万居民中，外地人或所谓新“客家”人所占的比例是很小的，如果要扩大房地产市场规模和容量，就必须重视广州市本地人，特别是传统市区内居民的消费力。与其他居民相比，这批购买者的经济实力更加雄厚，家庭意识、社区意识更强，更有利于社区文化的建设和管理，但这也给开发商提出了一个问题，即如何营造适合这批购买者需求的生活氛围和社区环境。在这个问题上，开发商不应忽视的就是对传统城区中的岭南生活方式的尊重和引入。为什么我们只能开些外地的饮食店而不能引进富有传统岭南风味的饮食业？为何不能营造出岭南饮食文化氛围、岭南社区文化氛围、岭南生活习俗文化氛围的社区文化呢？传统并不意味着落后，而对于传统文化的深加工会提炼出意想不到的精品。这并不妨碍对新技术的应用和对新生活方式的选择，相反，重视对社会亚文化现象的开发、利用可以更大地扩展产品市场的竞争力。一个洋溢着浓浓岭南文

---

① 薛虎．重视亚文化在房地产销售中的作用[EB/OL]．（2002-01-16）[2022-01-13]．https://www.zhulong.com/zt_jl_3002298/detail19018969．

化、西关风情的社区，对老广州人及其下一代人的亲和力是不可想象的。曾经有一个从西关搬到天河居住的女孩抵抗不住西关美食的诱惑，奔波两个小时只是为了吃上一碗热热的生滚粥和一碟香嫩的布拉肠粉。可叹的是，目前大多数人还只把目光放在利用新技术创造卖点上，而忽视了对社会亚文化的引入、开发。殊不知，房屋作为个人隐私的最后一道屏障，新技术所带来的便利只能满足人们的生理需求，引入营造的亚文化环境才能真正满足其心理需求。在社会物质生活高度进步、房地产产品同质化严重的今天，只有那些满足购买者的差异化心理需求的产品才能在竞争中取胜。因此，在房地产开发经营中重视社会亚文化的影响并加以利用是扩大产品需求的有效途径，这才能改变不少老城区购买者所感叹的“新城区新盘好，但不是为我们开发的”这一情形。

第三节 房地产购买决策过程

房地产购买者在各种主客观因素的影响下形成购房动机，进而产生购房行为，这样就形成了一个从动机到行为的购房决策过程。在这个过程中，每个购买者均需要决定是否购买、买什么样的、买多大的、到哪里购买等问题。这些问题的解决都需要经过购买者的慎重考虑、权衡，才能最终做出决定。因此，房地产购买决策过程是购买者解决问题的过程，也就是购买者将购买动机转化为具体的购买行为的过程，是购买行为的前提，而购买行为则是购买决策过程的终点。

一、房地产购买者购买行为的描述

房地产购买者的购买行为可以简单地用“5W1H”勾勒出来，即谁来购买房地产（who）、为什么要购买房地产（why）、在哪里购买房地产（where）、在何时购买房地产（when）、购买什么样的房地产（what）、如何购买房地产（how）。

（一）谁来购买房地产

这里主要需要确定谁是主要的房地产购买者。从房地产产品的角度出发，开发商首先要解决的一个问题就是将自己的产品卖给谁，这往往需要解决一个购买者层次定位的问题。另外，前文提到，购买者在购房过程中还会受到相关群体的影响，购房者并不一定是决策者。因此，在这里，营销人员研究的重点应该是购买的决策者或购买决策的主要影响者，尤其要关注他们的购房偏好、习惯等。

（二）为什么要购买房地产

购买者为什么购买房地产？为什么要购买某一区位、某一类型的房地产？影响购买者购买房地产的因素又有哪些？这些问题实际上是本章第二节的内容，这里不再赘述。

（三）在哪里购买房地产

什么地点、什么样的场所和气氛更有利于引导购买者做出购买决定，对这些问题的分析和研究可以为营销人员制定渠道策略和促销策略提供依据。

（四）在何时购买房地产

研究购买者愿意在何时购买房地产，有助于营销人员选择合适的时机将楼盘推向市场。

（五）购买什么样的房地产

购买者想购买什么样的房地产，包括购买什么区位、什么房型、什么价格的房地产等，通过对购买者购买什么样的房地产的研究与分析，可以使开发商及时、正确地了解购买者的需求，以便推出合适的产品。

（六）如何购买房地产

这是指购买者准备采用什么样的方式购买房地产，包括一次性支付、分期付款和按揭贷款等方式。房地产营销人员应充分了解购买者对付款方式的意愿，以便于制定相应的促销策略。

二、房地产购买者形成购买决策的过程

房地产购买者形成购买决策要经过一定的过程，由一系列相关联的活动构成。分析这个过程，有助于房地产营销人员根据购买者购买决策过程所处的不同阶段，采取有效的营销策略。具体来说，房地产购买者的购买决策过程要经过以下五个阶段。

（一）确认需求

影响购买者购买行为的因素时刻都在产生作用。当影响到一定程度，使购买者感到现实情况与期望的目标之间有一定差距时，便产生了购买动机和需求。一旦购买者意识到这一点，他就会进入购买决策过程。确认需求是房地产购买者形成购买决策过程的起始阶段。

现代市场营销观念十分注重唤起和刺激购买者需求。房地产营销人员应不失时机地采取适当的措施，唤起和强化购买者的需求。

（二）收集信息

在大多数情况下，为了做出正确的购买决策，购买者必然要收集相关信息作为进行购买决策的依据。通常，购买者的信息来源主要有以下几个。

（1）个人来源，即从家庭成员、亲朋好友、邻居、同事及权威人士等得到的信息。通过个人人际关系收集来的信息影响力最大、最有说服力，也最具参考价值。

（2）经验来源。例如，某人曾经购买了某个开发商开发的楼盘，入住后感觉不错。当同一开发商开发新盘时，该购买者可能会再次选择购买其产品。

（3）公众来源，即从大众传播媒介，如电视、广播、报纸、杂志和购买者组织等得到的信息，此类信息往往具有导向作用。

（4）商业来源，即从广告、推销员、代理商、产品介绍、报道、样板房、透视图、鸟瞰图、展销会等途径得到的信息。此类信息最广泛，信息量也最大，一般仅起到扩大公众影响力的作用。

对房地产营销人员来说，这一环节的主要任务就是通过市场调研了解购买者所要求助的信息来源，以及这些信息来源对其形成购买决策的相对影响程度并依据调研结果拟定宣传计划，设法扩大对有利信息的传播，以便进一步引导购买者的购买行为。

（三）评估选择

购买者得到的各种信息可能是重复的，甚至是互相矛盾的，因此他们还要对这些信息进行分析、比较和评估，最后做出选择。购买者的分析、比较和评估实际上是各个开发商所开发的产品之间的直接较量。

对房地产营销人员来说，在这一阶段要针对购买者的心理，强调自己产品的特色，以获得购买者的青睐。

（四）购买决策

购买者对收集到的房地产信息进行比较和评估后，已形成购买意图。然而从形成购买意图到做出购买决策，还要受两个因素的影响。

一是相关群体的态度。例如，某人已准备购买某开发商的房屋，但他的家人或亲友持反对态度，这可能就会影响到他的购买意图，而且反对态度越强烈，或持反对态度者与购买者关系越密切，购房者修改购买意图的可能性就越大。

二是意外情况。如果发生了意外情况，如收入的意外支出、房产涨价或亲友带来该公司房屋令人失望的信息，则购房者很可能改变购买意图。

购买者修改、延迟或取消某个购买决定，往往是受已察觉的风险的影响。因此，营销人员应尽量设法消除风险对购买者购买决策的影响，促使购买者做出最后的购买决定并付诸行动。

（五）购后行动

购买者购买之后的行为主要表现为购后的满意程度和购后活动。

1. 购后的满意程度

购后的满意程度取决于购买者预期和实际情况的对比，即如果购买者购房后认为实际使用符合预期的效果，则感到满意；超过预期，则很满意；未能达到预期，则不满意或者很不满意。实际和预期的差距越大，满意或不满意的程度也就越大。

这就要求开发商的广告宣传必须实事求是，避免言过其实，以增强购买者购后的满意程度。有些高明的营销人员在宣传房屋的质量、性能时会故意留有余地，以增强购买者购后的满意感。

2. 购后活动

购房者购后的满意程度不仅影响到该购买者本身对所购产品的评价，还会影响到其他潜在购买者。所谓“最好的广告是满意的顾客”，对一个企业失望的顾客不但永远不会再购买这个企业的产品，而且会到处进行反面宣传，使原已准备购买该企业产品的人放弃购买。

为此，房地产营销人员应及时与购买者进行购后联系，采取一些必要的措施，促使购买者肯定其购买决策的正确性。开发商也可经常举办一些促销活动，增强与新、老购买者的沟通。

本章小结

房地产开发商开发的产品最终要卖给购买者，因此研究和掌握购买者需求的特点和购买行为，对于开发商的正确决策至关重要。本章首先阐述了房地产市场需求的概念及特点，给出了房地产购买行为的模式，较为详细地分析了房地产购买行为的四个主要影响因素，即心理因素、个人因素、社会因素以及文化因素并用“5W1H”对房地产购买行为的阶段内容做了描述，最后给出了房地产购买决策的过程。本章中多处以表格的形式表达问题，可使读者阅读时一目了然；同时，所给出的阅读资料以及综合练习中的案例也非常有助于读者对相关理论的深入理解和掌握。

综合练习

一、基本概念

房地产现实需求与潜在需求；动机、知觉与态度；生活方式；相关群体；社会阶层；文化与亚文化。

二、思考题

1. 试述房地产购买者的行为模式。
2. 举例说明相关群体是如何影响房地产购买者的购买行为的。
3. 举例说明购买者的个性特征是如何影响房地产购买者的购买行为的。
4. 请用“5W1H”描述一下房地产购买行为的阶段内容。
5. 简述房地产购买者的购买决策过程。

三、案例分析

1. 分析本章的阅读资料 5-1，说明文化在房地产市场营销中的重要作用。

2. 请仔细阅读下面的案例，分析说明该案例中购买者的购房动机是什么并根据这个案例谈谈人们购房时会受到哪些因素的影响。

买房故事

张姐最近在看房，为改善需求，想换个大房子。在别人看来，改善置业不着急，精挑细选就行，但是张姐说：“晚买一天房，我就觉得白活了一年。”

“油钱、饭钱、家里日常消费、小孩的奶粉钱、房贷，每样都是消费，人民币又贬值了，100 万缩水只剩 80 万……每一天，我的财富都在流失。海口房价从 8000 元/m^2 涨到了 1.7 万元/m^2，澄迈房价从 5000 元/m^2 涨到了 1.3 万元/m^2，之前万宁房价才 4000 元/m^2，现在也涨到了 1.5 万元/m^2，这么涨你能不慌吗？”

迟买一天，说不定一年就白干了。张姐认为，买房是最有安全感、最靠谱儿的投资，不但稳健，而且投资收益高，资金进出容易，房子的保值、增值能力是任何理财产品无法代替的。房子既是存钱罐，也是摇钱树。

为了买房，张姐通宵达旦地研究学区价值、区域发展，甚至打电话询问规划局未来板块的前景。

最终，张姐只用半个月就火速买了房。买房没过两天，她喜滋滋地说："现在那家楼盘要 8 成首付了。"

确实，如张姐所言，通货膨胀时代，人民币“躺”在银行就是负增长，真正赚钱的是利用债务撬动的资产！通货膨胀时代，擅负债者富，勤奋固然重要，但是在通货膨胀面前，你如果不懂得负债、不了解金融、不运用好自己的资金，那么你的勤奋非常廉价，所赚的收入就像热天的冰棍一样，会一点点“融化”。

很多人都会简单地把买房背上贷款跟生活品质降低画等号，以为买了房，背上了债务，生活就会变差。而实际的情况往往相反，过去几十年，过得好的人都是买了房的人，轻轻松松实现中产阶层的跃升。

当你买下房子的那一刻，你的月供压力几乎就是一个恒定值，而随着通货膨胀，你的还贷压力是逐渐减轻直到忽略不计的，而你的房子不断地升值，最后也许会变成你最大的财富。

文章来源：搜狐网，https://www.sohu.com/a/319272718_100012562.

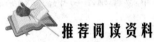

推荐阅读资料

周帆．房地产全程营销图表总汇[M]．北京：机械工业出版社，2007.

网上资源

1．百度文库：http://wenku.baidu.com/.

2．新浪地产网个人后台：http://my.dichan.com/.

3．读秀学术搜索：http://edu.duxiu.com/.

第六章　房地产市场发展与竞争战略

学习目标

- 房地产市场发展战略与竞争战略的内涵；
- 各类型市场发展战略；
- 房地产市场基本竞争战略；
- 不同类型房地产开发商的市场竞争战略。

导言

“战略”一词原本是军事术语，意指将军指挥军队的艺术，是对战争全局的谋划和方略。20 世纪 60 年代，“战略”被引入企业，出现了企业战略。菲利普·科特勒对出现在企业中的“战略”做了非常清楚的描述：“当一个组织搞清楚其目的和目标时，它就知道今后要往何处去。问题是如何通过最好的路线到达那里。公司需要一个到达其目标的全盘的、总的计划，这就叫战略。”可见，企业战略可以理解为实现目标的途径，是指为了实现一定的目标，企业所制定的长期性、全局性行动纲领和方案。在房地产市场营销活动中，“战略”问题首先体现在房地产开发商的市场发展与竞争中。

第一节　房地产市场发展战略

房地产市场发展战略，即房地产开发商为了在房地产市场上谋求长远发展而制定的长期性、全局性行动纲领和方案，包括密集型发展战略、一体化发展战略和多样化发展战略三种基本类型，每一种战略类型又有各自的细分战略，如表 6-1 所示。

表 6-1　市场发展战略类型

战略方法	战略类型		
	密集型发展战略	一体化发展战略	多样化发展战略
1	市场渗透	后向一体化	同心多样化
2	市场开发	前向一体化	水平多样化
3	产品开发	水平一体化	集团多样化

通常，房地产开发商选择市场发展战略的思路是：首先，选择密集型发展战略，在现有业务范围内寻找进一步发展的机会；其次，选择一体化发展战略，增加某些与现有业务

相关的新业务；最后，选择多样化发展战略，考虑开发与现有业务无关但有较强吸引力的业务。

一、密集型发展战略

所谓密集型发展战略，是指房地产开发商在现有业务领域进行深层次开发，以推动企业发展的战略。它适用于现有产品或现有市场尚存在营销机会的情况，即当企业准备发展壮大时，应该首先考虑企业的现有产品是否有改进的可能或者是否存在尚未发掘的市场机会，从而以现有产品和市场为基础，从中挖掘更大的市场潜力。密集型发展战略又包括三种类型的细分战略，如表 6-2 所示。

表 6-2　密集型发展战略矩阵

市　场	产　品	
	现有产品	新产品
现有市场	市场渗透战略	产品开发战略
新市场	市场开发战略	多样化发展战略

（一）市场渗透战略

市场渗透战略就是房地产开发商借助在市场上已经形成的优势，积极扩大现有产品在现有市场上的销售额，提高其市场占有率。其主要可通过降低产品价格、拓宽销售渠道、增加广告宣传等途径争取顾客。

通过市场渗透战略有可能争取到以下三种顾客。

（1）原有顾客。促使原有顾客再次购买本企业的产品。

（2）竞争对手的顾客。将竞争对手的顾客吸引过来，转而购买本企业的产品。

（3）潜在顾客。尝试说服那些目前尚未购买房地产产品但很可能会购买的人购买本企业的产品。

（二）市场开发战略

市场开发战略就是以现有产品去开拓新市场，即为现有产品寻找一些新的、有可能进入但还未进入的市场。每类房地产产品都有吸引新的消费者的潜能，这些消费者可能因为不了解该类产品的功能或者价格不当等原因而拒绝购买该类产品。此时，开发商可以根据不同情况采取相应措施，解决潜在购买问题，最终将其转化为新的实际购买者。例如，前几年，跃层式住宅对广大城市居民来说还只是一个新事物，购买者寥寥无几，因为消费者对其功能、质量、定价等方面知之甚少或持有疑问。开发商通过样品展示、广告宣传等促销措施并在房价上给予一定的优惠，使广大消费者逐渐对跃层式住宅有了全面的认识，购买者日益增多，扩大了市场需求量，也开辟了一个新的广阔的房地产市场。

市场开发战略有以下主要途径。

（1）在当前销售区域中寻找尚未购买本企业产品的潜在消费者，他们或是由于支付能力的限制，或是由于产品设计与其需求不相符，故而还没有使用该种产品，但是这类顾客具有购买意愿。

（2）增加销售渠道，如原先采用代理商销售模式，现在可增加网上销售模式。

（3）在区外设立新的分销网点，尤其是目标客户群不仅仅限于本地时，此种途径被开发商广泛采用。

（三）产品开发战略

产品开发战略就是房地产开发商通过挖掘现有产品的新用途或开发新产品来扩大本企业产品在现有市场上的销售额。拿“烂尾楼”来说，它就像繁华都市里的一道伤疤，影响了城市的整体规划布局，还占用了大量的资金，浪费了大量的土地，但许多“烂尾楼”开发得较早，特别是一些烂尾商业地产项目，基本位于市中心繁华地段，交通便捷、商业氛围浓厚，有些甚至成了黄金地段，如今在这些地段上想找到一块闲置土地已非易事。开发商若能成功收购这类“烂尾楼”并加以改良或者重新赋予它新的用途，不仅能规避拍地、设计、筹款等方面的麻烦，还可以加快企业进入此类市场的进程。对于烂尾商业项目的盘活，需要“纠正一个误区，做好五件事”。纠正一个误区就是要纠正“捡了便宜货”的误区，理性评估接下来整个项目的投入产出效益；做好五件事包括重做商业定位、改善项目运行配套条件、为聚客主力店与次主力店落户创造最好的运行条件、坚决改造去除原设计对商业运行造成致命伤的“缺陷”以及在大型商业项目烂尾楼改造设计中需要加入现代化管理条件等。如果不就上述“误区”与“五件事”做出努力，就“复活”大型商业烂尾项目，也仅仅是在绩效低下、半死不活的已开业购物中心之中又增加了一个成员而已。①

产品开发战略主要有如下两种实现途径。

（1）利用现有技术增加新产品。

（2）在现有产品的基础上增加更多的品种或更多的规格。

从一定意义上来讲，新产品开发是房地产开发商发展战略的核心，因为对企业来说，市场瞬息万变，属于企业不可控因素，而产品创新却是企业可以把控的和企业成长的动力。

二、一体化发展战略

一体化发展战略是指房地产开发商将其基本业务范围向“业务链”上供和（或）销领域扩展。开发商实施一体化发展战略可以使企业对“业务链”上供、产、销进行自我独立控制，借此可建立起较为稳定的营销环境。但企业实施一体化战略后，为了达到同样的经营业务收入量，需要占用更多的资金和精力。因此，该战略往往是在开发商财力较为富裕时或者“业务链”上供（或销）对本企业营销有较大影响的情况下才考虑采用。

根据在“业务链”上延伸方向的不同，可将一体化战略分为后向一体化、水平一体化和前向一体化三种类型，如图6-1所示。

① 范宜昌．怎样盘活烂尾商业项目[J]．中国房地产，2018（6）：36-40．

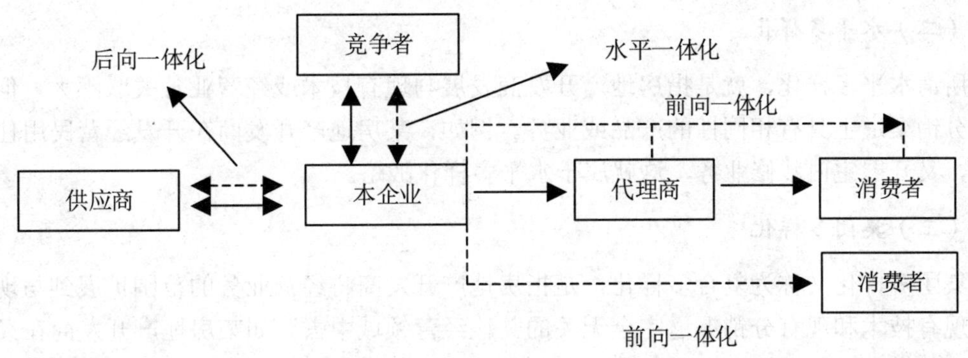

图 6-1　一体化发展战略

（一）后向一体化

房地产开发商实施后向一体化战略，就是通过收购或兼并建筑材料供应商，形成可靠的建筑材料供应系统，实现供、产一体化。该战略的实施可使房地产开发商对生产过程所需建筑材料的成本、质量和供应情况等进行有效控制，从而保证生产活动能正常、稳定地进行。

（二）前向一体化

房地产开发商实施前向一体化战略，就是通过收购或兼并代理商，或自设营销机构，达到拥有或控制分销系统，实现产、销一体化的目的。该战略的实施使房地产开发商能够控制分销系统，有利于更好地掌握市场信息和市场发展趋势，及时改进产品，使其更加符合目标消费者的需求。

（三）水平一体化

房地产开发商实施水平一体化战略，就是通过收购或兼并同类型竞争对手，或者与同类型企业合资经营等方式，以获得更大的发展空间。该战略的实施可以使房地产开发商迅速扩大经营规模，增加产品品种和产品销售额，减少竞争对手，提高市场占有率。

三、多样化发展战略

多样化发展战略，就是房地产开发商涉足目前所未涉足的经营领域和其他业务范围，即企业采取跨行业的多种经营。当企业的财力富裕，在目前的业务领域却又没有更多或更好的发展机会或者在目前的业务领域里继续经营，风险就会过于集中，那么企业可考虑采取多样化发展战略。多样化发展战略也分为三种类型，具体如下。

（一）同心多样化

所谓同心多样化，是指房地产开发商基于现有的技术、特长和经验，不断向外拓展业务范围。例如，某房地产开发商原来专营民用住宅，现在参与工业用房和商业用房的开发经营，此即同心多样化战略。

（二）水平多样化

所谓水平多样化，就是指房地产开发商发展与现有技术或经营业务关联不大，但在市场和分销渠道上具有相同性的产品或业务。例如，某房地产开发商在开发经营民用住宅的同时，又开展室内装修业务，这就属于水平多样化战略。

（三）集团多样化

集团多样化又称为复合多样化，是指房地产开发商将经营业务的范围扩展到与现有市场、现有技术和现有分销渠道完全无关的其他经营领域中去。如某房地产开发商在经营房地产业务的同时，又经营家用电器、家具或从事其他商贸活动等。

无论是同心多样化，还是水平多样化，其业务领域多多少少都会与原有业务相关联，而集团多样化则是企业进入完全陌生的经营领域，这是目前国际上几乎所有的大型公司都采取的发展战略。实施集团多样化战略正如“不把鸡蛋放进同一个篮子里”，扩大了企业经营领域的同时，也在某种程度上分散了企业的经营风险。但集团多样化是一把典型的“双刃剑”，在分散原有风险的同时，另一种风险却产生了：企业要触及过去从未接触过的领域，一切要重新开始，“隔行如隔山”，实施起来的难度显然要远远大于前两种多样化战略。

第二节　房地产市场基本竞争战略

房地产开发商在进行市场营销活动时，不可避免地要遇到竞争对手。为了能在竞争中获得主动权，开发商不仅要识别谁是本企业主要的竞争对手，更要了解它们的竞争战略并据此采取针对性对策。

1980 年，“竞争战略之父”迈克尔·波特在《竞争战略》一书中是这样描述竞争战略的：“竞争战略是企业采取进攻或防御性活动，在行业内建立起进退有据的地位，从而为公司赢得超常的投资收益。”他将竞争战略划分为三种基本类型，即总成本领先战略、差异化战略和专一化战略，如表 6-3 所示。企业要想获得持续竞争优势，获得成功，必须在这三种竞争战略中做出选择，房地产开发商当然也不能例外。

表 6-3　基本竞争战略[①]

项　目	被顾客察觉的独特性	低成本地位
全产业范围	差异化战略	总成本领先战略
特定细分市场	专一化战略	

一、总成本领先战略

所谓总成本领先战略，也称低成本战略，是指企业通过内部加强成本控制，实现在研究、开发、生产、销售和服务等领域最大限度地降低成本的目的，从而取得行业中的领先

① 波特．竞争战略[M]．乔晓东，王西青，唐燕农，等，译．北京：中国财政经济出版社，1989：38-44．

地位。该战略的核心是企业通过降低产品成本而使其低于行业内竞争对手的成本，从而获得成本上的优势。这样，尽管存在着激烈竞争，但处在低成本情况下的企业仍然可以获得行业内平均水平以上的利润。

究其本质，总成本领先战略应该是一种价格竞争战略。在当前市场条件下，房地产开发商之间的竞争日趋激烈，价格竞争不可避免。因此，开发商要想在竞争中立于不败之地，必须加强产品的成本控制，努力使自身的成本低于竞争对手的成本，从而达到获取竞争优势的目的。目前，总成本领先战略仍然是开发商重要的竞争战略。

实践过程中，房地产开发全过程的每个环节均可作为实施低成本战略的切入点，如可通过扩大开发规模降低成本，还可通过降低设计成本、工艺成本、采购成本、资金运用成本、销售成本等使产品成本降低。

总成本领先战略的实施虽然可使房地产开发商通过低成本获得一定的价格竞争优势，但削减成本的办法有以下局限性。

（1）成本不能无限度地降低，否则会引发严重的质量问题。

（2）科学技术的进步、消费观念的改变促使各个房地产开发商不断创新，新产品不断涌现，倘若企业无视这种变化，只是一味地将注意力集中在降低成本上，那么有可能使开发出的产品因不能满足市场需求而滞销。

（3）建筑材料、人工费等成本的上涨会使成本优势不复存在。

（4）房地产产品是极易被模仿的产品，本企业的低成本技术很容易被其他企业学习和掌握。

由此看来，房地产开发商在短期内采取低成本战略尚可获得一定的竞争优势，但在长期内若仅仅依靠这种战略是不足以取胜的。长期内，企业必须时刻关注市场的变化，在充分发挥低成本优势的同时，还必须善于运用其他竞争战略。

二、差异化战略

差异化战略又称别具一格战略，是指企业设法使自己的产品或服务有别于其他企业，在全行业中建立起别具一格的特色，从而在竞争中获取有利地位。对房地产开发商来说，这种别具一格的经营特色可以通过开发出与众不同的产品来实现，即在开发区位、产品性能、设计、质量及服务、良好的品牌形象等内在因素方面与竞争对手形成差异或者通过充分利用定价、销售渠道、促销手段等外在因素方面的不同与竞争对手形成差异。

与总成本领先战略所不同的是，差异化战略是非价格竞争的一种主要形式，也是房地产开发商保持长期竞争优势的主要竞争战略之一。

同样，实施差异化战略也需要承担以下风险。

（1）差异化可能不被消费者认可，尤其当消费者需要的是标准化产品时，低成本领先战略极易击败差异化战略。

（2）差异化有可能导致市场占有率的丧失。该战略的实施可能使产品的成本加大，这样一来，就要失去部分对价格敏感的消费者，所以，推行这一战略有时会与争取更大的市场占有率相矛盾。

（3）差异化有可能被竞争对手迅速模仿。如果是这样，那么首先实施差异化战略的企业就不可避免地要遭受损失。迅速地模仿意味着企业无法实现差异化，前期的付出将付诸东流。因此，房地产开发商只有在竞争者难以迅速或廉价模仿的独特性上实施差异化，采取这种竞争战略方能取得成功。

三、专一化战略

专一化战略又称聚焦战略或集中战略，是指企业将经营范围集中于某个特殊的消费群体、某个细分市场或某个地区市场，即集中所有资源为某一特殊的市场提供服务。其结果是通过满足特殊市场的需求实现差异化或者在服务过程中实现了低成本，甚至两者兼得。所以，专一化战略往往是总成本领先战略与差异化战略在某特殊市场内的体现。

在房地产市场上，专一化战略可体现在产品专一化和区域专一化两个方面。在产品专一化方面，万科最为成功地实施了该战略。经过十余年调整，万科成为一家专做房地产的企业并被誉为“中国房地产的领跑者”。鉴于我国的房地产市场规模巨大，预计未来将出现越来越多的专注于特定区域、特定行业（卫生保健、医院、零售）、特定产品（综合开发物业、大众市场项目、区域改造）或特定服务（商场管理、物业管理）的房地产企业，这一趋势可能会日益显著。

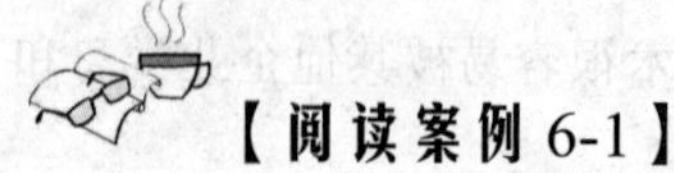

【阅读案例6-1】

两种战略　两种命运①

多年前，万科和金田两家公司的股票几乎同时在深圳交易所上市，股票代码分别是0002和0003。当时，这两家深圳公司同样是主营房地产，同样走的是贸易商社多元化战略，同样在上市前两年取得飞速发展，以至于许多人把它们比作兄弟企业。

然而，到了21世纪，万科已经发展成为我国房地产业的一面旗帜，而金田继1998年、1999年两年亏损之后，2000年继续亏损，亏损额达60 527万元。两家企业呈现出极大的反差，这与它们实施不同的经营战略有直接的关系。下面我们从企业成长角度对万科与金田的战略历程进行比较、分析。

1. 相似的基础——综合商贸多元化企业

上市的前两年，万科和金田都取得了飞速的发展。万科1993年实现营业收入10.84亿元，税后利润1.53亿元，同比分别增长64%和129%；金田也相差无几，1993年实现主营业务收入10.54亿元，税后利润1.37亿元，同比分别增长33.8%和122.8%。当时，全国不少行业都处于卖方市场的情况，大量的企业都走多元化发展的道路。万科和金田也不例外，也是什么赚钱就做什么，同样属于以房地产为主的综合商贸多元化企业。截至1994年年底，万科拥有的子公司有24家，具体包括房地产开发、物业管理、商业贸易、咨询服务、影视

① 朱华，窦坤芳. 市场营销案例精选精析[M]. 3版. 北京：中国社会科学出版社，2006：100-103.

文化、饮料及食品生产、广告经营、印刷品设计、电分制版等若干行业；金田更是在1993年28个子公司的基础上增加到1994年的33个子公司，横跨房地产、纺织、磁盘生产、零售、外贸、汽车出租、印刷和酒店等行业。

1994年，两家企业的战略思想已经出现分化的迹象。由于1993年年底国家开始进行宏观调控，实行紧缩银根、控制信贷规模等抑制经济过热的政策，原来能轻易取得高额利润的房地产业受到了剧烈的冲击。为了应对这种情况，金田和万科采取了不同的发展战略：金田提出"继续朝着多元化、集团化、现代化的跨国公司目标迈进"，希望利用多元化分散经营风险；万科却以"集团以房地产为核心业务，重点发展城市居民住宅……对发展潜力较小的工业项目将重组或转让，以集中资源"的专业化经营战略。结果，1994年万科和金田都保持了利润的一定增长，但万科的房地产业务收入占总收入的56.92%，而金田的房地产收入只占总收入的31.92%，比纺织和商贸的比例还小。

2. 万科专营与金田多营的两种结果

遵循不同的发展战略，1994年后，金田和万科走上了两条截然不同的道路。在"坚持规模经营，多元化发展，跨地区扩张，专业化协调的经营方针"的指导下，金田不断地拉长战线，追加在房地产主业以外的各项投资，在纺织、磁盘生产、零售业、能源和运输业等多条战线上疲于奔命。其年报中公布的子公司数量由1993年的28家、1994年的33家一直增长到1995年的40家、1996年的47家，每年以20%以上的速度递增，然而子公司的营业收入和利润却以更大的比率下降并于1996年出现亏损。到了1997年，金田又进入新的行业，收购了林洲火电厂和青海水泥厂，以求扭亏为盈，与此相对应的是，金田的主业更进一步萎缩。虽然1997年有少量盈利，但1998—1999年产生巨额亏损，2000年继续亏损，亏损额达到60 527万元，房地产业务几乎停滞，其他业务如纺织、巴士运输和超市等也都风光不再。同时，金田官司缠身，诉讼案达数十起，涉及金额上亿元。成为ST[①]股后，2001年戴上了PT[②]的大帽子。

与金田相反的是，万科按照专业化的发展战略对非核心业务进行了调整，开创了万科著名的"减法理论"，也就是对非核心企业关、停、并、转。转就是卖，盘活存量。例如，万科1996年转让深圳怡宝食品饮料有限公司、北京比特实业股份有限公司及汕头宏业股份有限公司等的股权，1997年转让了深圳万科工业扬声器制造厂及深圳万科供电公司的股权。

事实上，万科的战略性调整包括三个方面：一是从多元化经营向专营房地产集中；二是从多品种经营向住宅集中；三是投放的资源由12个城市向北京、深圳、上海和天津集中。也就是说，万科走的不仅是经营领域专业化之路，还是地域专业化战略之路。结果，万科的业绩和主营房地产业务不断发展，到2000年，万科实现净利润30 123万元，同比增长31.46%。

2014年6月25日，万科完成B股转H股，在香港联交所挂牌上市。2015年11月13日，万科事业合伙人机制因企业制度创新，获深圳市"金鹏改革创新奖"。2016年7月20日，《财富》"世界500强"企业排行榜出炉，万科凭借2015年度1843.18亿元（293.29亿

① ST全称为special treatment，即特殊处理，指该上市公司出现财务问题或其他状况，存在退市风险。

② PT全称为particular transfer，即特殊转让，指停止任何交易，价格清零，等待退市的股票。

美元）的营收首次跻身该排行榜，位列榜单第356位。2019年4月4日，万科首次在香港完成H股发行，迈出历史第一步，公司全年纳税总额首超1000亿元，业务发展迈上新台阶。到2020年，万科集团年度累计销售签约金额首次站上7000亿新台阶。

万科和金田的例子告诉我们，企业走多样化道路不一定能成功，有时走专业化道路的胜算可能会更大一些。上海城开（集团）有限公司原总经理倪建达认为，多元化和专业化是我国企业不断探索的命题，专业化成功案例有很多，多元化成功案例也有不少。李嘉诚先生就是做多元化的且非常成功；专业化也有做得好的，如华为就做通信设备。每个企业的文化、“基因”不同，决定了企业该做多元化还是做专业化。他认为，只要有这方面的人才和资源支撑就可以做多元化，没有这方面的支撑就不能做。企业是不断追求利润最大化的经济怪物，这个怪物是贪得无厌的，每个企业都会选择自己合适的或者觉得有前途的行业进入。①

事实上，无论开发商实施专业化发展战略还是多样化发展战略，均有一定的风险。若开发商实施专业化发展战略，它面临的主要风险来自现有行业市场或技术的变化；若实施多样化发展战略，的确可以降低现有行业市场或技术变化的风险，却要面对进入新行业（这本身就是风险）以及新行业中市场和技术变化的“双重”风险。因此，开发商在发展战略的选择上不应盲目跟风、随意决定，而应在充分估计风险、综合评价的基础上选择专业化或者多样化，同时应加强不同风险的防范，这直接决定着企业的发展前途、未来前景，与企业的命运息息相关。

第三节　不同类型房地产开发商的市场竞争战略

在某类房地产市场上，各个房地产开发商的角色是不同的，这就要求它们首先对自己在市场中所扮演的角色进行定位，然后综合运用上述市场发展战略和基本竞争战略，形成独特的市场竞争战略。一般来说，开发商的市场角色不外乎四种类型，即市场领先者、市场挑战者、市场跟随者和市场补缺者。角色不同，其市场竞争战略也存在较大差别。

一、房地产市场领先者市场竞争战略的选择

房地产市场领先者是指在相关产品的市场上，市场占有率最高的房地产开发商，它经常在价格变动、新产品引入、营销覆盖率及促销密集度上领先于其他开发商。对于大多数地区的房地产市场来说，都有一家房地产开发商被认为是市场领先者，它们是房地产市场的风向标，同时也是其他竞争者挑战、模仿或回避的对象。由于房地产市场领先者的地位是在竞争中形成的，这种地位并不是一成不变的，随时有被其他竞争者取代的危险，因此市场领先者为了维护自己的优势，保住自己的领先地位，通常必须采取一些恰当的竞争战略。

① 莫天全，黄瑜．中国房地产行业百强成功案例[M]．北京：经济管理出版社，2006．

（一）扩大市场规模战略

当某类房地产产品的市场需求总量扩大时，受益最大的是处于该类产品领先者地位的开发商。道理显而易见，因为领先者的市场占有率最高，所以新增市场需求中有相当大的部分属于该类企业。通常，开发商可以通过实施密集型发展战略来达到这一目的。

（二）保护现有市场占有率战略

领先者在努力扩大市场需求总量的同时，还必须时刻保护好现有业务，防范竞争对手对自己的挑战、攻击和对本企业市场的侵蚀。保护现有市场最根本的办法还在于企业要不断创新，不断提高产品质量、开发新产品、降低产品成本、开辟新的销售渠道、树立良好的品牌形象，从而使自己真正处于领先者地位。同时，要抓住其他竞争者的弱点主动出击，所谓“进攻”是最好的“防御”。市场领导者即使不发动进攻，至少也应保护其所有战线，不能有任何疏漏，军事上的防御战略也可运用到这里。领先者常采用以下六种防御策略。

1. 阵地防御

这是一种最基本的防御战略，即企业在现有市场范围内，利用企业现有实力，构筑起一个牢固的防御工事，防止竞争者入侵。这种战略被认为是一种消极、被动的防御战略，在短期内和特定市场范围内是有效的。例如，当竞争对手纷纷以不同方式调整价格时，处于领先者地位的企业可以凭借品牌、信誉、服务、质量等方面的强大优势，仍以不变的价格固守市场。在价格战中，即使是在特定的市场中，领先者的这种固守阵地的做法也不可能长期有效，除非它的产品具有某些竞争对手无法模仿的优势，而在房地产产品中，这种优势少之又少。所以，如果房地产开发商单纯采用这一战略，将企业所有的资源和精力都投入“防御工事”，那是相当危险的，最后很可能会毁于其中。开发商更重要的任务是不断创新、主动出击，而不是坐以待毙。

2. 侧翼防御

侧翼可理解为企业的薄弱环节或次要业务。侧翼防御就是企业通过治理薄弱环节来预防竞争对手乘虚而入或者建立一些次要业务作为防御的前沿阵地。进攻者在发动进攻时，往往是以被攻击者的薄弱环节作为突破点。每个企业的市场营销活动中都可能存在这样或那样的薄弱环节：营销策划方案存在缺陷、产品存在质量缺陷、销售力量不足、价格过高过低、宣传不到位，等等。这些薄弱环节往往决定了营销的成败，加强对薄弱环节的防御，将有效地保护原有市场，这也正是“木桶原理”所揭示的道理。

3. 以攻为守

这是一种“先发制人”的防御战略，即在竞争对手来攻击之前，就利用对方的弱点主动出击。以攻为守的战略思想非常明确：进攻是最好的防御，先下手为强。例如，当竞争对手的市场占有率达到一定水平，危及本企业的领先地位时，本企业对它发动的进攻。有时，以攻为守是用心理博弈术阻止竞争者的进入，而实际上并不真正发动攻击。例如，某大型房地产公司是某地区高档写字楼的领先者，当获悉竞争企业有意进军本细分市场时，它通过广告、公共事件等方式宣传：公司未来五年的战略重点依然是高档写字楼市场，并且已在考虑降低产品的价格。希望借此消息在心理上威吓竞争企业，使其不敢贸然进入这个产品领域。不过，这种“虚张声势”的做法犹如“狼来了”，只能偶尔为之。

4. 反击式防御

反击式防御是指当竞争对手无视领先者的地位而对其发动进攻时，领先者采取的反击措施。例如，当竞争对手降价促销或者进入领先者的销售领域时，若领先者不采取措施进行反击，它的市场份额可能很快失去或者虽然暂时丢失得不多，但将来反攻会很难，因此现在必须进行反击。反击的方式可以是正面回击①，也可以是侧翼反击②，还可以是钳形反击。这里，举一个钳形反击的例子。这个例子说的是霍尔布莱因公司（简称霍公司）对付沃尔夫施密特公司（简称沃公司）进攻所进行的防御。20 世纪 60 年代，沃公司对霍公司的斯米罗夫伏特加酒展开进攻，宣布它的伏特加酒与斯米罗夫伏特加酒质量相同而每瓶定价少 1 美元。霍公司的反应是将斯米罗夫伏特加酒的价格提高 1 美元并增加了两个其他品牌，其中一个品牌以同样价格与沃公司相对抗，另一个则以较低的价格做侧翼进攻，从而有效地保卫了斯米罗夫伏特加酒的市场地位。

5. 运动防御

运动防御是指领先者在积极防守现有市场的同时，将经营范围扩展到新的领域中去。这样做实际上是未雨绸缪，可以使企业在战略上有较多的回旋余地，同时也为今后的竞争做好前期的铺垫。运动防御可通过市场扩大化和经营多元化两种方式来实现。

6. 收缩防御

与运动防御的方向相反，收缩防御是指放弃某些本企业实力较弱或与本企业发展目标不一致的市场，将资源集中于实力较强的市场阵地上。收缩防御不是单纯地放弃，而是力量的重新合理分配。万科从多元化转为专业化即是成功地运用了收缩战略。

需要注意的是，即使是领先者，其各种资源也是有限的，因此它就很可能没有足够的力量保持住市场上所有的阵地，而必须善于把握好哪些市场是值得坚守的、哪些市场是必须放弃的，这样才可有效地进行防御。

（三）提高市场占有率战略

研究表明，在单位产品价格和经营成本不变的情况下，企业的市场占有率越高，它的投资收益率越大，因此，许多企业都热衷于提高本企业产品的市场占有率。2014 年，青岛市商品房销售实际销售额为 9700 多万元，因此某开发商的市场占有率若提高 0.1 个百分点就意味着增加数亿元的收益。但是市场占有率的提高并不意味着企业利润自动增加。有时，企业一味追求市场占有率的提高反而会得不偿失，造成利润率下降。例如，大规模广告促销需要额外支出，减价促销牺牲了短期利润却不一定换来客户对本品牌的忠诚，从专门经营利润率高的高档产品扩展到低档产品市场也可能降低总利润率，等等。因此，企业在提高市场占有率时应考虑以下三个因素。

---

① 对方降价，你的降价幅度更大。

② 抓住对方的弱点进行攻击。

（1）引起反垄断诉讼的可能性。许多国家为维护市场竞争制定了反垄断法，当企业的市场占有率超过一定限度时，就有可能受到反垄断诉讼和制裁。领先者本来就是同类产品市场上占有率最高的企业，在它进一步提高市场占有率时，可能被指控为垄断，由此所遭受到的损失可能会超出市场占有率增加所带来的盈利。不过，整体上看，目前我国房地产行业集中度不高，各地区房地产领先者企业所占份额还处在一个较低的水平，因此市场占有率进一步提高的空间还是很大的。

（2）经济成本。当市场占有率已达到一定水平时，再提高一步的边际成本非常大，甚至得不偿失。

（3）企业在争夺市场占有率时所采用的营销组合策略。有些营销手段对提高市场占有率很有效，但未必能提高利润。

既然市场占有率如此重要，那么如何提高市场占有率呢？一般来说，市场领导者可以采用增加新产品、提高产品质量、增加开拓市场费用等战略措施来扩大市场占有率。

二、房地产市场挑战者市场竞争战略的选择

房地产市场挑战者是指在房地产行业中位列第二、第三或名次稍低，有能力对领先者和其他竞争者采取攻击行为的房地产开发商。它们的规模和实力比较大，是领先者不容忽视的竞争对手。在复杂多变的市场环境中，作为领先者的开发商受到竞争对手的挑战是很正常的事。虽然市场挑战者可以随时向领先者或其他竞争者发起进攻，但要想使自己的挑战获得成功，首先必须明确挑战的目标和对象，然后选择合适的进攻策略。

（一）明确挑战对象和目标

明确所要挑战的对象和所要达到的目标是房地产市场挑战者挑战成功的关键。大多数挑战者的目标是提高自己的市场占有率和利润，与所要挑战的对象直接相关。挑战对象基本上有以下三类。

1. 房地产市场领先者

挑战市场领先者旨在夺取市场，提高占有率。挑战者对领先者发出挑战，风险大，而一旦成功，获益也大。当领先者在其目标市场的服务效果差、引起顾客不满或者对较大的细分市场未能给予足够关注时，挑战者的挑战效果更好。

2. 实力相当者

这是指与本企业规模相当，但经营不佳或者资金不足的开发商。挑战者攻击这类开发商实际上是乘人之危，旨在提高自身市场占有率，以改变市场地位。

3. 地方性、小的房地产开发商

这类开发商规模较小、经营不善、资金缺乏。挑战者的目的是对这些小的开发商进行蚕食、吞并，将它们赶出市场。

（二）选择进攻战略

房地产挑战者选择进攻战略时，总的原则是集中优势力量，选择恰当的时机、项目发动有效进攻。可选择的进攻战略有如下几个。

1. 正面进攻

正面进攻是挑战者集中力量直接攻击竞争对手的长处（而不是短处）、产品和市场，为此需要有充足的人力、物力和财力等资源做保障，实施条件是挑战者的实力、持久力要强于竞争对手。

低价销售是一种传统的正面进攻战略。如果能让消费者相信本开发商提供的产品在价值上与其他竞争者，尤其是与领先者的产品相当，但价格要比它们的低，那么这种战略就非常有效。但是要想以低价获得持久竞争优势且不伤自身的元气，就必须大幅度降低成本。挑战者除了可采用低价销售这种正面进攻战略外，还可在法律许可的范围内，与竞争者的产品进行对比或者采取攻击性广告，借此来达到正面进攻的目的。由于房地产产品价值高、位置固定，而绝大多数购房者并非购房专家，如果能将自己的产品与竞争对手的产品进行比对，突出自身的优势并让消费者真真切切地感受到这种优势，就会达到攻击对手的目的。

值得注意的是，挑战者的正面进攻面临着巨大的风险，首先是来自领先者的报复，被挑战的小开发商也可能会拼死一搏。挑战者在实力还不是很强大时贸然挑战会使自己陷入被动的境地。其次，价格战有可能使整个行业蒙受巨大的损失。所以，挑战者若采用正面进攻战略，必须具有足够的资源，拥有价格、成本、品牌等方面的优势，否则后果不堪设想。

2. 侧翼进攻

与正面进攻相反，侧翼进攻是指挑战者以自己的相对优势去攻击竞争对手的薄弱环节，以己之长，攻人之短。侧翼进攻的关键是找到竞争对手实力薄弱、绩效不佳或尚未覆盖而又有潜力的产品或市场，将其作为攻击点和突破口。具体来说，侧翼进攻分为地理市场侧攻和细分市场侧攻。

（1）地理市场侧攻。这是指通过分析区域市场，选择被竞争对手忽略或竞争对手绩效较差的区域加以攻击。对跨地区作战的房地产开发商来说，地理区域的选择尤为重要。在我国的房地产市场中，北京、上海、广州、深圳这四个一线城市有钱人多、购买力强，但进入门槛极高，竞争也最为激烈，一般的房地产开发商力不从心；而一些二、三线城市，如南京、杭州、西安、济南、青岛等，虽然经济总量比一线城市略逊一筹，但也具有明显的经济实力，人们的购买力相对较高，进入门槛相对一线城市要低，市场空白点较多。例如，青岛虽然属于东部沿海开放城市，房地产市场相对发达，但当地开发商的经营理念与一线城市相比仍有较大差距，这从它们的售楼处设计和售楼人员的服务理念就可以感受到，这就为外地开发商进入青岛市场提供了机会。

（2）细分市场侧攻。细分市场侧攻是选择竞争对手尚未满足消费者需求的细分市场作为进攻的目标，这实际上是通过占据某些市场空白点取胜。例如，某市有一个项目叫“空间”，单套面积不大，但价格很贵，配套服务有酒吧、洗浴中心等各种娱乐场所，主要以一些有钱的“逍遥派”人士为目标客户群体。虽然项目定位很大胆，但此项目抢占了市场的一个空白点，对销售起到了很大的推动作用。因此，项目一经面市，就因鲜明的定位被抢购一空。

侧翼进攻使得各个开发商的业务更加完整地覆盖了房地产市场，也使得挑战者的挑战较易获得成功，并且避免了竞争双方为争夺同一市场而造成两败俱伤的局面。

3. 包围进攻

包围进攻是挑战者从多条战线同时向竞争对手发动进攻，以夺取竞争对手的市场。例如，在不同的区位推出在产品种类、面积、户型、景观、服务等方面与竞争对手不同的新产品，致使竞争对手陷入重重包围，此即产品包围。

挑战者除了采用产品包围方式外，还可采用市场包围方式，即在与竞争对手所处市场毗邻的市场上设置销售网点，扩大销售，迫使竞争对手沦为被动防守者。

挑战者只有树立起长期作战的营销理念并长期投入，才能使包围进攻产生效果，才有可能取得最后的成功。这显然需要挑战者有充足的实力，既包括物质上的支持，又包括人力、技术以及管理等方面的长久支持。

4. 迂回进攻

迂回进攻是指挑战者避开竞争对手的现有业务领域和现有市场，转而进攻对手尚未涉足的业务领域和市场，借此壮大自己的实力，所以也被称为绕道战略。该战略的主要意图是避免在某阶段与竞争对手直接发生冲突，绕过过分拥挤的现有竞争市场，重新寻找可开拓发展的新天地。这种战略有以下三种方法。

（1）产品迂回。用新产品打开新市场，而不必在现有产品上进行竞争。

（2）市场迂回。实行多元化经营，从单一行业转向多个新领域。

（3）地域迂回。向新的地区扩张。

因上述几种进攻战略各有特点和适用条件，所以对某一个特定的挑战者来说，这些战略不可能同时采用，只能根据自身的发展目标及状况加以选择。

三、房地产市场跟随者市场竞争战略的选择

房地产市场跟随者既不像领先者那样有着最高的市场占有率，又不像挑战者那样具有进攻性。在市场竞争战略上，它们的目标不是击败或威胁领先者，而是依附于领先者，通过模仿领先者的市场营销组合等因素来获得稳定的市场份额。在市场竞争中，位居第二的房地产开发商也不是非要充当市场挑战者，当没有充分的把握战胜领先者时，当好市场跟随者也是不错的选择。

（一）紧密跟随

紧密跟随是指在各个房地产细分市场上和营销组合方面，跟随者尽可能地模仿领先者。从表面上看，这种跟随者如同挑战者，但只要它们不采取攻击性手段刺激领先者，两者就

不会发生直接冲突。房地产项目的区位性较强，跟随者可紧跟领先者，在领先者已经形成人气的区域进行房地产项目的开发，这样既可节省一些广告宣传费用，也可享受一些市政配套的优惠政策。

（二）有距离跟随

有距离跟随是指跟随者在房地产市场营销的主要方面，如目标市场、产品创新、价格水平、分销渠道、促销方式等跟随着领先者，但仍保持若干差异。在同质性产品行业，有距离跟随得到广泛应用。房地产行业属于产品极易同质化的行业，处于同一地段的房地产产品不易实施差异化战略，价格几乎是吸引消费者购买的唯一手段。倘若爆发价格战，首先遭受重创的不是领先者，而是其跟随者。所以，一般情况下，多数跟随者愿意效仿领先者的战略，与其采用较为一致的产品、价格、渠道和促销方式，但在细微处有些差异，这样可使市场份额保持着高度的相对稳定性。

（三）有选择跟随

有选择跟随是指跟随者在某些方面紧跟领先者，而在另一些方面则有自己的创新。也就是说，不盲目跟随，而是择优跟随，在跟随的同时要发挥独创性，但不进行直接竞争。这类竞争者在其实力壮大后有可能成为挑战者。

跟随战略所具有的“后发优势”为跟随者低成本进入市场、低价格销售创造了条件，为跟随者后来居上创造了可能，这是跟随战略受开发商青睐的根本原因所在。但是，任何一种战略选择都有其内在风险，开发商实施跟随战略也是有风险的。可以说，跟随战略固有的风险不比创新战略小。例如，创新者运作成熟，跟随者空间变小；产品生命周期变短，跟随者难以分羹；专利保护力度加大，跟随成本上升等。因此，如果跟随者一味地跟随、单纯地模仿领先者，免不了被淘汰出局。战略性跟随只能作为阶段性选择，长期来看，还应考虑其他战略。

四、房地产市场补缺者市场竞争战略的选择

房地产市场补缺者是指规模小、实力弱、市场占有率小的中小型房地产开发商。在我国的房地产市场上，这类开发商的数量占到90%以上。大型开发商的市场占有率总和也不过20%，而另外约80%的市场份额由中小型开发商所占有，所以中小型开发商占有相当大的市场空间。不过，中小型开发商由于受规模、资金和技术力量等方面的限制，如果同行业内的大型开发商直接竞争，难免会处于劣势。因此，作为市场补缺者的中小型开发商在选择市场竞争战略时，应尽量避开行业内大型开发商所关注的热点项目，选择那些被它们忽略或不屑一顾而又有一定市场潜力的细分市场（也有人称其为“缝隙”市场），充分发挥自身灵活性和适应性强的优势，拾遗补阙，在填补市场空白的同时，实现经营目标。

实际上，这样的“缝隙”市场是很多的。中小型开发商应随时注意和寻找值得进入的“缝隙”市场，再结合自身的优势和特点适时进入。这种值得进入的“缝隙”市场有以下评价标准。

（1）具有一定的市场容量和购买力。

（2）具有发展潜力。

（3）实力较强的竞争者对该市场不感兴趣或放弃对其的经营。

（4）自身具备有效为这一市场服务所必需的技术、资源和能力。

（5）已在顾客中建立起良好的信誉，能抵御竞争者的进攻，保护自己的竞争地位。

房地产市场补缺者市场竞争战略的中心为：在寻找到具有开发价值的“缝隙”市场的条件下，实施专业化经营，提供特殊产品和专门服务，以此获得较高的附加利润。通过差异化进而实现专业化应该是一个不错的选择。具体包括产品差异化和区域差异化。[①]

（一）产品差异化——精品战略之路

我国的房地产市场在政策调控下，房地产开发的各项成本，尤其是土地成本飙升。纯粹的地产开发已经在政府和市场的双重博弈下变得利润微薄了，收益的大头儿只能从房产市场中挖掘。因此，中小型房地产开发商要通过走精品战略之路，提高自身的竞争力，产品的美誉度、知名度和附加值。

（二）区域差异化——定位上以进入二、三、四线中小城市及发达地区小城镇为主

现阶段，我国经济最为发达的珠三角、长三角及环渤海湾三大区域云集了许多大型房地产开发商且市场竞争相当激烈。随着实力的不断增强，这些大型开发商以及具有一定实力的外资企业已经携资向我国内陆中部及西部省会一级城市挺进。中小型开发商可以选择转战周边的二、三、四线中小城市以及发达地区的小城镇。这样做可以避免与大型开发商同城竞争，通过空间的转换取得竞争优势。二、三、四线中小城市以及发达地区的小城镇为中小型开发商提供了广阔的发展空间。《2010 年政府工作报告》强调壮大县域经济，大力加强县城和中心镇基础设施和环境建设，引导非农产业和农村人口有序向小城镇集聚，这也从政策层面上为广大中小型开发商进入这些地区发展提供了良机。市场缝隙领域的竞争实际上就是中小型开发商之间的平等竞争，谁能抢先进入，谁就占有优势，否则就要坐失良机。

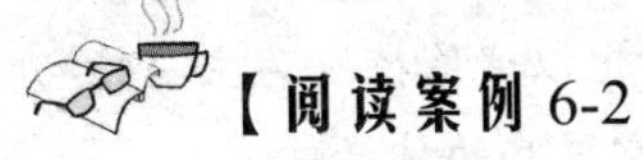

【阅读案例 6-2】

重庆 JB 实业开发有限公司的市场竞争战略[②]

重庆 JB 实业开发有限公司成立于 1997 年 1 月，属私营有限责任公司，注册资金为 1016.8 万元。该公司以前是以汽修、餐饮、娱乐业为主的私营企业，2000 年拿到了现在的“紫荆花园”地块，由于其当时没有开发资质，所以才与重庆洪燕物业发展有限公司进行联合开发，此后，JB 公司开始进入房地产行业。

① 刘卫卫．宏观调控背景下中小型房地产企业发展之路[J]．上海房地，2008（11）：55-57．

② 陈丽华．我国三级房地产开发私营企业住宅市场竞争战略研究——以 JB 公司为例[D]．重庆：重庆大学，2008．

在 2001 年 8 月被批准从事房地产开发（开发资质为三级）后，JB 公司奉行“团结务实、与时俱进”的企业理念，先后修建了合川区南津街“联谊大楼”、合川垫片厂住宅楼、南屏路住宅楼、南屏汽修厂厂房等工程；在 2002—2005 年，又开发了合川世纪大道商业步行街、重庆沙坪坝区劳动路宏浩 C 区、四川省遂宁市大英县蓬莱综合市场、双凤镇农贸市场改造等工程；2005—2007 年与其他两家开发公司合作开发了 12 万平方米的商品房华彩俊豪；2008 年正在开发建设 9 万平方米的经济适用房 JB · 荔枝园，累计总建筑面积约为 40 万平方米（不含联合开发项目），完成投资额达 3.9 亿元（不含联合开发项目）。

属于中小型房地产开发商的 JB 公司将自身定位为市场补缺者，将产品市场定位于中低端商品房、经济适用房和廉租住房三大类。对 JB 公司来说，这三类产品市场符合值得进入的“缝隙”市场的评价标准。

重庆危旧房改造、小城镇的蓬勃发展、家庭结构的多元化、经济适用住房和廉租住房建设的大规模展开，为广大房地产开发商创造了进入市场的机会。只是经营这些项目的利润通常不高，使许多热衷于追求高利润和“为富人造房子”的大开发商敬而远之，这为 JB 公司留下了一定的市场机会。

在重庆房地产市场上，三级房地产开发商有 955 家之多，其中私营企业就达 377 家，还未包括暂定私营企业 333 家，这 333 家企业中也有部分会定为三级房地产开发私营企业，这些企业都是 JB 公司强劲的竞争对手。但是 JB 公司是土生土长的重庆房地产开发商，对重庆消费者的生活习惯、消费习惯、收入水平、家庭结构，以及地域发展趋势相对比较了解，因此对产品的定位、价格制定都比较熟悉。而且该公司经过十几年的发展，积累了较为丰富的经验，在顾客中建立起了良好的信誉，可有效地阻挡竞争者的进攻，保护自身的市场地位。

基于以上分析，JB 公司通过产品差异化和区域差异化赢得了顾客的信赖。在产品差异化方面，虽说 JB 公司走的是中低档路线，但它还是要走精品战略之路。由于 JB 公司的产品市场定位于中低档商品房、经济适用房和廉租房三大产品，规划设计以实用为主，房屋内部结构尽量减少无用空间，建筑外观尽量采取色彩取胜，节能设施根据重庆市的气温冬极冷（无暖气）和夏极热的特点，以房屋保暖为主，降低使用空调电能的消耗。同时，JB 公司在产品文化方面以清新为主，居住文化以方便为主，企业文化以诚恳待人为主。精巧的设计、诚恳的服务使 JB 公司在市场竞争白热化阶段实现了零空置房的神话。

在区域差异化方面，JB 公司在区域定位上以重庆市合川区和沙坪坝区为主。重庆市合川区是 JB 公司的诞生地，而沙坪坝区是 JB 公司的重点发展区域。这种区域定位使 JB 公司避免了与一、二级开发商同城竞争的局面，取得了一定的竞争优势。

JB 公司在住宅市场上扬长避短，恰当地应用了差异化战略，赢得了不少顾客，甚至赢得了房地产行业少见的回头客。目前，该公司已经迁入重庆市沙坪坝区，实现了公司进军重庆的战略目标，下一步是要走得更远，那就是面向全国。JB 公司在“巨头”般的一、二级房地产开发商和“地头蛇”般的四级开发企业的夹缝中找到了自身的生存空间！

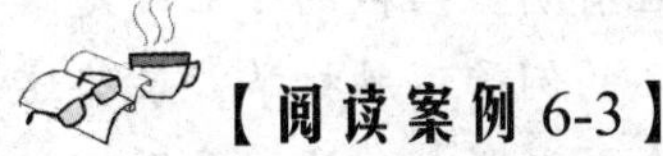

【阅读案例 6-3】

郁亮：地产游戏规则改变，万科从强调“财务纪律”到强调“财经纪律”[①]

2020 年 9 月 25 日，万科南方区域媒体交流会在云南昆明抚仙湖畔举行。会议现场，与万科董事局主席郁亮一同压轴的是万科与新裤子乐队合作的《就是不妥协斯基》的 MV，郁亮把这个 MV 解释为万科主动接近“95 后”的一个举动。而郁亮穿着的黑色 T 恤上印着“筋厂制造”字样，郁亮说：“这是万科的新厂牌。”和新裤子合作、发布“筋厂”新厂牌，这一系列动作透露了两个信号：一个有关万科的品牌，主动接近“95 后”群体；一个有关万科的新厂牌——“筋厂”，寓意“一根筋”认真做事的态度。

内外双循环也成为这次媒体交流会的关注点，这种经济新形势将对房地产行业产生怎样的影响？万科会做出怎样的战术层面的应对和调整？

万科对经济新趋势的反应最先体现在投资布局上，万科将西北五省独立成一个 BG（事业部），迅速成立西北 BG。这一投资布局的调整也正是基于中西部地区在国内国际双循环互相传递的局面形成过程中更具有发展前景和机遇。

万科的另一条策略集中在竞争层面上，具体来说分为以下三个关键点。

（1）数一数二，领先领跑。万科对规模的态度是必须留在第一军团，没有规模肯定不行。

（2）保持利润，这也是一家上市公司对股东的基本承诺。

（3）利润之上，保障权益，即从资本层面也要占优。

郁亮并不认为一家企业能同时占有以上这三点。因此在未来，并不能用某个单一指标来衡量一家企业的经营质量。在郁亮看来，行业走到今天，再也难以找到某个指标或某几个指标来设定一家房企要实现的目标。从这个角度来看，地产行业有必要建立新的基准。

对于万科自身来说，有四个战略基准点不能丢失。

首先，战略上不能犯错，要做正确的事情。哪些是“正确的事”？郁亮专门提及了长租公寓的业务，虽然眼下该业务盈利微薄，但长租公寓毫无疑问是具有发展前景的，如果当下不做，会陷入战略上的被动。等到市场成熟、税费条件落实、政策落地再去做，显然来不及。万科认定了“正确的事”，就会在不断参与的过程中寻找机会，做好充分的准备。郁亮提到，在万科“城乡建设与生活服务商”的概念里，大体布局基本完成，万科已在每条赛道上完成落子。

其次，守住“好产品好服务”这一核心。郁亮认为，有好产品、好服务才有未来，市场和社会对于有增值价值服务的公司素来有很高的评价。万科聚焦在好产品、好服务，就能有所收获。

再次，长期主义。郁亮表示，万科现在认准了这个理念。构成万科长期战略的不仅有“好产品、好服务”的理念，也有指导投资的布局策略，以及竞争战略的思考。这些都是万科接下来要长期坚持的事，会一以贯之地把该干的事情做下去。

---

① 资料来源：新浪财经发布的文章《郁亮：地产游戏规则改变，万科从强调“财务纪律”到强调“财经纪律”》。

最后，均好无短板。郁亮提到，当下，只认可某一个方面且有明显短板的企业一定做不长。有好产品但处理不好现金流、融资能力很强却做不好产品的例子不胜枚举，最终这些企业都失去了行业机遇。因此，要达到均好无短板，讲究多个军种联合作战、多个部门协同，万科内部戏称之为“打群架”。

对于万科，郁亮同样给了一个“农民”的定位，每天把地种好，而不要去问收获多少，相信只要耕耘得好，收成一定不会差。

结语

正如万科和新裤子合作的主题曲，背后有不少有趣的故事。据品牌调查发现，25 岁以下的“95 后”，比上个 25 年的当下消费主力群体减少了 1.39 个亿，换句话说，“95 后”作为未来的消费主力群体，是种稀缺资源。

这是万科面对市场群体的基本判断，争取未来的稀缺人群，从当下就建立品牌好感度，否则未来这个群体没有理由选择你的产品、接受你的服务。这首歌正是万科为“95 后”准备的，要正式面对“95 后”，主动接近这个消费群体，去培养一种感情上的联系，这是万科的主要目的。

本章小结

发展和竞争是企业经营中永恒的主题。企业只有不断发展，才能适应不断变化的市场需求；只有善于竞争，才能在市场中获得一席之地。为了长远发展，企业更应该制定有效的市场发展战略和竞争战略。在房地产市场上，开发商同样面临着市场发展战略和竞争战略的选择问题。本章首先剖析了三种类型的房地产市场发展战略（密集型发展战略、一体化发展战略和多样化发展战略）以及三种类型的房地产市场基本竞争战略（总成本领先战略、差异化战略和专一化战略）的内涵，然后针对开发商在房地产市场上所处角色地位的不同，较为详尽地分析了领先者、挑战者、追随者以及补缺者各自的市场竞争战略。本章的内容对于开发商的战略选择具有一定的指导意义，同时所给出的阅读案例紧扣理论，兼具可读性，有助于读者对相关理论的深入理解和掌握。

综合练习

一、基本概念

房地产市场发展战略；密集型发展战略；一体化发展战略；多样化发展战略；竞争战略；总成本领先战略；差异化战略；专一化战略。

二、思考题

1. 简述房地产市场发展战略的三种细分战略。
2. 简述房地产市场的三种基本竞争战略。
3. 货币政策和财政政策如何影响开发商的市场营销活动？

4．对多样化战略和专业化战略进行比较分析。

5．对总成本领先战略和差异化战略进行比较分析。

三、案例分析

1．仔细阅读阅读案例 6-1，分析房地产开发商的多样化战略与专业化战略。

2．仔细阅读阅读案例 6-2，分析房地产开发商如何进行市场竞争战略的选择。

推荐阅读资料

1．波特．竞争战略[M]．乔晓东，王西青，唐燕农，译．北京：中国财政经济出版社，1989：38-44．

2．陈丽华．我国三级房地产开发私营企业住宅市场竞争战略研究——以 JB 公司为例[D]．重庆：重庆大学，2008．

网上资源

1．百度文库：http://wenku.baidu.com/．

2．新浪地产网个人后台：http://my.dichan.com/．

3．读秀学术搜索：http://edu.duxiu.com/．

4．知乎：https://www.zhihu.com/．

第七章　房地产市场调查

学习目标

- 房地产市场调查的含义、原则、类型及内容；
- 房地产市场调查的程序；
- 房地产市场调查的方法；
- 房地产市场调查问卷的设计方法及应注意的问题；
- 房地产市场调查资料的整理与分析的手段和方法；
- 房地产市场调查报告的写作要求和内容结构。

导言

第四章中我们曾经谈到，房地产开发商的市场营销活动必然要受制于一定的内部环境和外部环境。因此，它在开展某项营销活动之前，必然要对其内部环境进行分析研究，以明确自身的优势和劣势；同时，要对其外部环境进行调查研究，以了解所面临的机会和威胁。唯有如此，方能做到知彼知己。而要做到这一点，则必须开展市场调查，同时进行必要的市场预测。实践证明，在竞争越来越激烈的房地产市场上，只有进行认真、细致、有效的市场调查，才能获得准确的市场信息，同时，准确的市场预测能使开发商把握发展的方向，据此做出的市场营销决策才更加可靠。本章学习房地产市场调查的内容，房地产市场预测的内容将在第八章展开叙述。

第一节　房地产市场调查的基本认识

市场调查主要是对企业环境因素的调查，是企业认识市场现状、历史和未来的重要工具和手段。房地产开发商只有通过市场调查，才能了解市场的发展状况和其他同行的经营状况，进而才能进行有效的决策。

一、房地产市场调查的含义

所谓房地产市场调查，是房地产开发商①为了实现特定的经营目标，运用科学的方法和手段，通过一定的途径，系统地收集、整理和分析房地产市场的有关信息，从而为开发商

---

① 虽然目前绝大多数房地产开发商的市场调查活动委托代理公司等中介机构完成，但为了说明问题，方便起见，这里我们仍按房地产开发商身份进行调查。

正确判断和把握房地产市场现状、发展趋势直至做出科学的决策提供可靠依据的一种社会活动。由于土地和房屋位置的固定性，房地产市场调查也有很强的地域特征。人们对房地产市场的认识也习惯依据地域形态，由单个楼盘到区域市场，再由区域市场到宏观环境，然后从宏观环境回到单个楼盘、区域市场。只有不断地循环往复、融会贯通，才可真正把握市场的脉搏。

正确理解房地产市场调查这一概念的内涵，应注意以下几点。

（1）房地产市场调查是房地产开发商的一种有目的的活动。它是为了实现某种特定的经营目标而存在的，或是解决企业当前所迫切需要解决的营销问题，或是给企业做出重大经营决策提供依据。目的不同，所要求收集资料的内容和范围也应有所不同。

（2）房地产市场调查必须采用科学的方法和手段，以达到准确、及时获取市场信息的目的。

（3）房地产市场调查是一个系统的过程。只有全面、系统地收集、整理和分析有关房地产市场方面的信息资料，才有可能正确认识市场的本质，把握市场的规律性。

（4）从本质上讲，房地产市场调查是一项获取市场信息的工作。通过房地产市场调查，客观地获取市场信息，避免了主观片面性，最终为开发商进行正确的决策提供可靠基础。

二、房地产市场调查的原则

房地产市场调查是一项复杂而细致的工作，涉及众多的市场信息。为了准确、及时而又全面地获取房地产市场信息，进行房地产市场调查时，必须遵循以下原则。

（一）准确性原则

准确性原则是房地产市场调查最基本的原则，它要求房地产市场调查所获取的资料是准确、可靠的，否则据此做出的决策和判断就可能是错误的。这就要求从事房地产市场调查的有关人员在工作中必须坚持科学的态度、求实的精神，客观地反映事实，切忌主观臆断，同时还要对所收集信息的真实性和可信度进行认真鉴别，力求信息准确、可靠。

（二）及时性原则

及时性原则要求房地产市场调查活动要随时掌握市场变化情况，及时收集、整理和分析有关信息并及时传递给有关部门和人员使用。任何市场信息都具有一定的时间规定性，过时信息不仅效用要降低，甚至会令决策者的决策失误，因此，市场调研必须遵循及时性原则，要适时提出、迅速实施、按时完成，及时利用所获信息情报。

（三）针对性原则

针对性原则要求房地产市场调查必须首先设定一个目标，然后根据目标的要求开展调查活动。在市场信息多如牛毛的今天，进行房地产市场调查时不能处处张网、面面俱到，否则可能会陷入大海捞针的境地。只能围绕某个目标收集信息，以达到事半功倍的效果。

（四）系统性原则

系统性原则要求房地产市场调查活动要全面、系统地收集、整理、分析有关调查资料，但要避免“大杂烩”，这是由房地产市场营销环境的关联性所决定的。因此，在进行房地产市场调查时，既要全面了解影响房地产市场的各种宏观环境因素，又要了解当地房地产市场发展现状，同时还要对调查获得的信息资料进行认真整理、分析，做到系统化、经常化、条理化。

（五）经济性原则

经济性原则指花费最少的费用取得最佳的经济效果。决策的准确程度往往与调查所获市场信息的多寡成正相关，但是当信息量达到一定的程度时，为了获得更多的市场信息，需要增加巨额的投入或耗费大量的时间，甚至丧失市场良机。因此，市场调查者应把握好调查的限度，综合评价收益和成本，避免走入“市场调查百分之百准确”的误区，确保调查工作的经济合理性。

三、房地产市场调查的类型

对于如何划分市场调查的类型，文献中的说法各不相同，这主要取决于划分的依据。例如，按照调查范围来划分，可将房地产市场调查划分为专题性市场调查和综合性市场调查；按照调查目的来划分，又可将房地产市场调查划分为探测性调查、描述性调查和因果性调查等。绝大多数文献采用了第二种划分方法，在这里，我们也倾向于第二种方法。因为进行房地产市场调查首先应明确调查目的，倘若目的不明确，调查结果极有可能南辕北辙。

（一）探测性调查

当房地产市场情况非常复杂，所要调查的实质性问题又难以确认或者开发商内部提出某些新的设想或构思而又不了解是否可行时，可首先采用探测性调查方法查明实质性问题所在或者帮助开发商确认其设想或构思是否可行。例如，某开发商所开发的商品房自开盘以来销量一直不理想，造成这种情况的原因可能是定位不恰当、广告宣传不到位、竞争对手采取了新的营销策略或者受国家宏观调控政策的影响等。对于上述原因，该房地产开发商一时难以分辨，此时可采用探测性调查方法确定引起销量不理想的根本原因是什么。至于问题如何解决，则有赖于下一步的调查研究。

探测性调查一般采用简便易行的调查方法，如第二手资料的收集、小规模的试点调查、专家或相关人员的意见集合或参照以往发生的类似实例来进行等。

（二）描述性调查

描述性调查是在明确所需调查的问题之后，找出与该问题相关的各种外部因素并通过收集、整理和分析相关资料，如实反映问题与外部相关因素的客观关系，但并不回答两者之间的因果关系。问卷调查多属于这种调查方式。

描述性调查的结果尽管不能对“为什么”做出回答，但可为解决问题提供重要的依据。假设确定了导致商品房销量不理想的原因是产品定位不当，那么接下来可进一步对这一问题进行描述性调查，如对楼盘所在区位、楼盘设计、目标购房者的支付能力、偏好情况、价格承受能力等进行描述性调查。这种描述性调查为开发商重新进行产品定位提供了重要的决策信息。

（三）因果性调查

因果性调查是在描述性调查的基础上，为了了解房地产市场上出现的某些现象之间的因果关系或测试假设因果关系的正确性而进行的调查。描述性调查反映的是问题中各因素的关联现象，因果性调查则要找出产生这种现象的原因，找出诸因素之间的因果关系，并对这些因素之间的主从关系、自变量与因变量的关系进行定量研究和定性分析，以便对"因"加以控制，获得好的"果"。例如，房地产企业的产品价格下降10%能否使其市场销售额上升 10%、通过控制广告费用在不同媒体的支出观察不同媒体上的广告对房地产销售量的影响等。

显而易见，以上三种调查类型之间存在一定的关联性。当调查人员还不能肯定问题的性质时，适合进行探索性调查；当调查人员意识到了问题，但对有关情形缺乏完整的知识时，通常进行描述性调查；当调查人员需要对问题严格定义时，适合进行因果性调查。采用何种调查类型，通常是由调查目的所决定的。一项调查可能有几种目的，但总有某种调查类型比其他调查类型更适合该目的。

四、房地产市场调查的基本内容

房地产市场调查是房地产开发商进行营销决策的基础，而开发商的营销活动不能离开环境因素而孤立存在，因而房地产市场调查的主要内容也应该是对诸多环境因素的调查。总的来说，房地产市场调查的基本内容包括如下几个方面。

（一）宏观环境调查

此类调查主要包括自然环境、经济环境、人口环境、技术环境、社会文化环境、政治法律环境等的调查，可参见第四章第三节房地产市场营销宏观环境分析的有关内容。

（二）城市房地产市场需求状况调查

此类调查的主要调查内容包括某类房地产产品的市场需求容量及其饱和点、当地居民的消费趋势和消费结构状况、政府政策的变化对市场需求的影响等。

（三）购房者购买行为调查

此类调查的主要调查内容包括购房者的构成、分布及消费需求的层次状况，购房者的现实需求和潜在需求状况，购房者的收入、购买能力及投资类型，购房者的购房意向、动机类型，影响购房者购买行为的社会和心理因素，等等。详细内容可参见第五章房地产购买行为分析的有关内容。

（四）城市房地产供应状况调查

此类调查的主要调查内容包括楼盘分布状况、城市各板块现状及趋势、板块间竞争现状及竞争趋势、重点楼盘状况、城市住宅产品特征、城市住宅产品发展趋势、城市未来楼盘供应预测等。

（五）项目中长期主要竞争者调查

此类调查的主要调查内容包括主要竞争者的数量与规模，可能的潜在竞争者，竞争者市场发展战略和竞争战略，竞争者房地产产品的开发数量及类别、设计、服务优缺点、成本、价格、利润水平、营销渠道选择、广告策略及效果等。

五、竞争楼盘的调研内容

具体到某一项目，竞争楼盘的调研显得更加重要。通过对竞争楼盘展开详尽调研，能分析它们的优点，寻找它们的弱点，从而使本楼盘的开发处于更加有利的地位。

（一）哪些是开发商需要的竞争楼盘

判断哪些楼盘是开发商所真正需要的竞争楼盘是至关重要的一步。通常，开发商首先要对区域市场的整体楼盘状况有所了解，包括有些什么样的楼盘、位置分布情况、产品状况以及价格情况等。接下来，开发商就应该对重点、可比楼盘进行分析。重点楼盘是指在区域房地产市场中具有较大影响力的某个或某些楼盘，如卖得相当好的楼盘；可比楼盘是指与本楼盘具有可比性的楼盘。重点楼盘和可比楼盘就是开发商需要的竞争楼盘，需要着重分析。

（二）调研内容

通常，在对重点楼盘和可比楼盘进行调研时，应重点关注如下几方面内容。

1. 楼盘的地理位置

楼盘的地理位置具体包括楼盘所处区域的历史沿革、区域特性（商业中心、工业中心或文化教育中心等）、区域交通状况（公交、地铁、轻轨、高架、各级公路等）、公共配套设施（水、电、煤等市政配套，公园、学校、医院、超市、宾馆、图书馆、体育场馆、集贸市场等生活配套）以及人文环境；楼盘地块的大小形状、所处位置、周围邻居、进出道路、是否临街等。与其他商品明显不同的是，楼盘的地理位置是与楼盘不可分割的关键因素，其优劣与否影响了楼盘的大部分价值。

2. 楼盘的产品设计

这是楼盘调研的主体部分，重点需要了解楼盘的占地面积、总建筑面积、建筑容积率、绿化率、产品类别及规划、建筑设计与外观、建筑套数与房型、格局配比、建筑用材、公共设施和施工进度等；同时还需要了解楼盘开发公司的组成，包含投资、设计、建设、监理和物业管理等主要事项的承担公司是谁，资质如何，等等。分析产品是开发商理解楼盘的基础，由此可把握相应楼盘的特色、变化。

3. 楼盘的价格组合

楼盘的价格组合即楼盘产品的单价、总价和付款方式的组合。在房地产市场营销活动中，开发商往往会推出许多价格方面的促销活动，但万变不离其宗，最终归结于价格组合包含的三个方面。因此，剖析竞争楼盘的价格组合并了解其对应的策略成为市场调研最吸引人的地方。

4. 楼盘的营业推广

开发商需要了解竞争楼盘采用了哪些营业推广方式。例如，竞争楼盘的广告策略，包括广告的诉求点、媒体选择、广告密度和实施效果等；销售执行情况，包括销售地点的选择及人员的配置，什么房型最好卖，什么样的总价最为市场所接受，吸引客户最主要的地方是什么，购房客户群有什么样的特征，等等。

第二节　房地产市场调查的程序

一次完整的房地产市场调查活动要经过调查准备、正式调查和分析总结三个阶段，而每个阶段又由多项工作组合而成，现分述如下。

一、调查准备阶段

对于房地产市场调查来说，准备阶段是整个调查工作的起始阶段，对后续工作起着导向性作用，也决定了后续工作的繁简、难易，因此该阶段是房地产市场调查中非常关键的一个阶段。工作重点包括提出问题、明确目标，初步分析、开展非正式调查，制订调查计划等。

（一）提出问题，明确目标

市场调查人员必须牢记调查是为营销服务的，目的是解决营销中存在的问题。尽管营销中存在的问题很多，但营销的某个阶段总有需要重点解决的问题，例如，“×××市场怎么样”“规划什么样的产品才能符合当地市场的需求”“如何划分分期开发的规模”“怎么才能降低市场风险”等关键性问题是开发商最为关注的问题，也是市场调查需要重点解决的问题。

只有明确地提出问题之后，调查目标才能够清楚明白地被界定出来，市场调查工作才能顺利开展。

（二）进行初步情况分析，必要时进行非正式调查

目标确定以后，调查人员首先要摸清本企业的内部经营状况，如对企业的各种记录、年度报表等进行分析；同时，也要初步了解外部市场状况，如国家、地方政府近期出台的各种政策法规、城市规划要求、已有的反映近期房地产市场情况的分析报告等。初步分析是为了进一步了解企业内外状况，考察目标的可行性和明确问题症结所在。

经过初步分析，如果认定调查目标明确可行、调研问题清楚，那么就不需要再进行非正式调查；反之，最好有一个非正式调查阶段，进一步明确问题所在。非正式调查可采用探测性调查方式进行。

（三）确定需要收集的资料信息，选定资料收集方法

在市场信息浩如烟海的今天，开发商进行市场调查时必须根据已确定的目标和范围收集与之密切相关的资料，而没有必要面面俱到。所需收集的资料基本上分为两大类，即第一手资料和第二手资料。第一手资料也称初级资料或原始资料，是需要通过实地调查才能获取的资料；第二手资料也称次级资料，是经过整理后可供他人利用的资料。调查中，开发商应尽量利用第二手资料，以节省人力、物力，但在一般情况下，开发商不能从第二手资料中获得所需要收集的全部资料信息，因此还必须通过第一手资料来获取有关信息。

在房地产市场调查中，开发商普遍采用抽样调查等方法来获取市场资料。这是一种从被调查总体中抽取部分具有代表性的样本进行调查并从样本特性推断总体特性的方法。本章第三节将专门就房地产市场调查方法展开讨论。

（四）调查问卷设计

在收集第一手资料时，一般需要被调查者填写各种调查问卷，因此在调查准备阶段，开发商就应将各种调查问卷准备好。调查问卷内容的设计应基于市场调查所要解决的问题和目标并以有利于市场调查工作的条理化、规范化为目的。调查问卷内容、原则和方法等方面的设计内容详见本章第四节。

（五）拟订调查计划书

计划是市场调查执行者对自身工作的安排，主要内容包括调查目标、调查方法、调查内容、调查范围、调查时间安排、人员安排、调查经费预算等项目。本节后所附的“阅读案例 7-1”某商业楼项目的市场调研方案具有一定的参考价值，但该调研方案仍有不完善的地方，读者可自行将其完善。

（六）建立调查组织

实际展开调查工作之前，还应当根据调查任务和调查规模的大小配备好调查人员，建立房地产市场调查组织。组织中除了应配备精明强干的专业人员外，还可能需要临时吸收一部分调查人员并对他们进行短期培训。学习和培训的内容主要包括明确房地产市场调查计划；掌握房地产市场调查技术；了解与房地产有关的方针、政策、法令；学习必要的经济知识和业务技术知识等。

二、正式调查阶段

经过充分的准备之后，房地产市场调查工作就可以进入正式调查阶段了。正式调查阶段的主要工作内容就是按照调查计划的安排，通过各种方式到调查现场获取第一手资料，到相关部门和机构收集第二手资料。现场调查工作的质量直接影响调查结果的正确性和准确度，这既取决于参与调查的工作人员是否认真负责，也取决于被调查者是否合作、是否如实填写问卷。

三、分析总结阶段

分析总结是整个调查过程的最后一个环节，首先要对前期调查收集到的资料进行整理、统计和分析，以得出一些必要结论；同时撰写并提交一份调查报告，供决策者决策参考之用，因此提交的报告必须详尽、清晰且属实。这方面的详细内容请参见本章第五节、第六节的内容。

事实上，调查报告的重要性是不言而喻的，它集中反映了前期的调查工作成果。纵使调查工作做得再精细、再高明，如果提供的调查报告一塌糊涂，也可能会使调查工作功亏一篑。

值得注意的是，上面给出的房地产市场调查程序只是就一般意义而言的。在实际工作中，可视实际情况灵活安排。例如，在制定某项研究方案时，研究人员也许会发现要研究的问题并没有被很好地界定，这样，研究人员就需要重新回到第一步，对需要研究的问题再做仔细的界定；再如，进入收集资料阶段时，可能会发现原计划的方法成本太高，这时为了保持预算平衡，可能需要对原来的研究设计进行改变，减少资料规模或以其他资料来代替（如依靠第二手资料）。但当资料已经收集得差不多时，研究人员要再对研究方案做改动的话，所付出的代价会非常大，这将影响研究的进行。正因如此，在进行资料收集之前，就应对研究设计进行十分认真的考虑，以免造成不必要的损失。

【阅读案例 7-1】

××公司××商业城项目市场调研方案①

一、调研目的

（1）降低项目开发成本，提高项目开发投资回报率。

（2）确定适应市场需求的商业街业态组合。

（3）积累项目推广经验与信心。

（4）分析目标买家（包括投资者和自用经营者）的消费心理及承受能力。

（5）分析目前与商业城定位相符的经营者投资商业城的意向及其强烈程度。

二、商业城项目简介

（一）商业城具体位置（略）

（二）商业城规模（略）

（三）商业城周边交通情况

（1）商业城周边共有×条公交路线，主要路线方向为×××、×××和×××。

（2）未来×年内，将建成距商业城×公里的轨道交通。

---

① 本案例来源：百度文库《房地产项目市场调研方案》。https://wenku.baidu.com/view/4d8d81cb974bcf84b9d528ea81c758f5f71f29c2.htm/2021-10-19.

（四）商业城周边消费需求情况

（1）在商业城项目周边目前居住居民约×万人，未来×年内预计还有×万人入住。

（2）在商业城项目周边地区方圆×公里内，共有写字楼×座，约有×人办公。

三、调研报告内容规划

（1）商业城所在××市商业物业宏观环境研究。

（2）商业城所在××市社会宏观环境研究，包括政策环境、法律环境等。

（3）商业城入住业态的定位和规划研究。

（4）商业城营销媒介研究。

四、调研方法

（一）定性与定量相结合

本次调研活动采用定性调研方法和定量调研方法相结合的调研模式，调研具体包括以下内容。

（1）举办调研座谈会，开展定性调研。

（2）实行问卷调查，通过统计分析，进行定量调研。

（3）实行入户访问调研，搜集、分析数据。

（4）实施文献搜集，获取基础信息和资料。

（二）具体研究内容所使用的调研方法

（1）商业城所在××市商业物业宏观环境研究。通过查阅统计机关资料、收集报纸和专业期刊资料、召开座谈会等方法获取信息。

（2）商业城所在××市社会宏观环境研究，包括政策环境、法律环境等。通过查阅权威行政机关网站，如国家部委网站、全国人大网站了解最新政策和相关法律、法规。

（3）商业城入住业态的定位和规划研究。通过定量问卷调查和入户调查进行分析。

（4）商业城营销媒介研究。通过市图书馆、主要媒介座谈访问等方式收集营销媒介信息。

五、调研的具体安排

（一）座谈会

（1）第1场共邀请×人，主要对象包括相关行业私企业主、个体工商业户及其他代表。

（2）第2场共邀请×人，主要对象包括本市主要媒体机构人员。

（二）问卷调查

（1）问卷调查采用随机问卷发放形式，预计发放调查问卷共300份，采取街头发放和入户调查相结合的方式。

（2）采用SPSS软件对问卷进行统计分析。

六、调研所使用的分析方法

（1）聚类分析。

（2）因子分析。

（3）联合分析。

（4）回归分析。

七、项目研究人员

（一）人员分类

（1）项目经理（包括姓名、人物简介）。

（2）专家组成（包括姓名、人物简介）。

（3）执行人员（包括姓名、人物简介）。

（二）工作任务

调研工作任务分配的具体内容如表 7-1 所示。

表 7-1 调研工作任务表

调研人员类别	主 要 工 作
地产研究专家	负责市场宏观环境包括政治、法律、经济等方面的信息搜集和筛选工作
问卷调查人员	实施街头随机调查和入户调查工作
会谈组织人员	负责选择参与会谈的人员、组织座谈会、分析座谈结果
文献资料搜集人员	负责通过报纸、期刊、网络、图书馆等搜集调研所需各类文献材料

八、调研日程安排

调研日程的具体安排如表 7-2 所示。

表 7-2 调研活动日程表

工 作 进 度	工 作 天 数	备 注
调研准备	3	
设计、测试、评估调研内容	3	
座谈会样本选择和预约	2	
座谈会召开	1	
培训问卷调研人员	1	
实施问卷调研	2	
数据录入和分析	2	
数据统计	1	
撰写调研报告	3	

本次调研的时间约为 18 天，最多不超过 20 天。

第三节 房地产市场调查的方法

房地产市场调查的方法有很多，调查人员可以根据具体情况选择不同的方法。习惯上，人们按照不同的分类标准将其分为两大类：一类是按调查范围划分，分为普遍调查和抽样调查；另一类是按调查方法划分，分为访问法、观察法和实验法。目前，现场踩盘也成为很多开发商、代理公司常用的房地产市场调查方法。

一、按调查范围划分

房地产市场调查按调查范围可划分为普遍调查和抽样调查两大类调查方法，这两类方法各自具有不同的特点，分别被用于不同的调查活动中。

（一）普遍调查

普遍调查也称普查或全面调查，是指对调查对象总体中所包含的全部个体进行调查。若能对市场进行全面普查，可能获得非常全面的数据，能正确反映客观实际，效果明显。例如，对一个城市的人口、年龄、家庭结构、职业、收入分布、住房等情况进行普遍调查对房地产开发将是十分有利的。然而，由于普查是调查全部对象，资金和人员投入很大，而且调查时间较长，非一般企业所能负担的，所以普查一般只在较小范围内采用，主要在政府组织进行的调查活动中使用，商业性调查活动中很少使用。

（二）抽样调查

抽样调查是按照随机原则或非随机原则，从全体调查对象中抽取一部分有代表性的个体（即样本）进行调查研究，然后由样本所得结果推断总体情况。抽样调查所需的调查人员较少，可以对他们进行专门的训练，从而提高调查结果的准确性，而且省钱、省时、省力；调查资料可以用数理统计方法进行分析，最终得到与普查甚为相近的结果。对于企业来说，必须在某一段时间内尽快做出市场决策，必须以最少的时间、最少的费用获得较为准确的市场调查资料，供企业经营决策使用，因此大多数企业进行市场调查都采取抽样调查方法。

根据调查总体中每个个体被抽取的机会是否相等，又可以将抽样调查分为随机抽样调查和非随机抽样调查两类。

1. 随机抽样调查

随机抽样调查是从调查对象总体中随机地抽取一定数量的样本进行调查研究，然后由样本所得结果去推断总体情况。这种抽样方法最主要的特征是总体中每一个个体都有被抽取作为样本的机会，这样就排除了人为因素对样本抽取的影响，随机抽样也因此得到广泛的应用。在房地产市场调查中，经常用到如下三种随机抽样方法。

（1）简单随机抽样。特点是调查总体中所有个体都有相等的机会被抽作样本，各个样本完全独立，彼此之间无一定的关联性。

（2）分层随机抽样。首先将调查总体按某种特征（如年龄、性别、职业等）进行分组（分层），然后从各组（各层）中随机抽取一定数量的个体作为调查的样本。

（3）分群随机抽样。首先将调查总体按某种特征（如区域、民族等）分成若干群体，然后从各群体中随机抽取一定数量的个体作为调查的样本。

分群随机抽样和分层随机抽样不同，分群随机抽样的各群体间的特征基本相同，而群体内差别可能较大；而分层随机抽样各层间有较大差别，但层内差别较小。

2. 非随机抽样调查

非随机抽样调查是指抽样时不是遵循随机原则，而是按照研究人员的主观经验或其他条件来抽取样本的一种抽样方法。在非随机抽样中，每个个体被抽取到的机会不是均等的。房地产市场调查中常用的非随机抽样调查法有以下几种。

（1）偶遇抽样，又称方便抽样或便利抽样，就是调查人员根据自己的方便程度抽取样本的方法，如在街头随意找一些行人询问其对某产品的看法或印象。

（2）判断抽样，又称立意抽样，就是调查者根据自己的主观判断来抽选样本。印象判断抽样就是纯粹凭调查人员的主观印象抽取样本。

（3）配额抽样，又称定额抽样，就是先根据总体中各个组成部分所包含的抽样单位的比例分配样本数额，然后由调查人员在各个组成部分内，根据配额的多少采用偶遇抽样或判断抽样方法抽取样本。

（4）滚雪球抽样。这是一种形象的比喻，它是指由于对调查总体情况不甚了解，根本无法采用上述各种抽样方法抽取样本，因而只能先找少量的甚至个别的调查对象进行访问，然后再通过他们去寻找新的调查对象，就像滚雪球一样寻找越来越多的调查对象，直至达到目的为止。

非随机抽样抽选样本的质量主要取决于调查人员的主观状况和各种偶然因素，因而其代表性、客观性较差，样本调查资料不能从数量上推断总体。但是，它简便、易行，可以获得对调查对象的大致了解。

二、按具体调查方法划分

按实际调查过程中采用的具体调查方法的不同，可将市场调查方法划分为访问法、观察法和实验法。其中，每一种方法又有多种不同的形式可供选择。

（一）访问法

访问法是最常用的市场调查方法，它是通过直接询问被调查者的方式来了解市场状况和客户需求的一种方法。采用访问法进行调查时，通常是将需要了解的信息做成问卷的形式，请被调查者填写或按问卷的顺序询问被调查者。按照调查人员与被调查人员接触方式的不同，可将访问法划分为以下几种方式。

1. 入户访问法

它是由调查人员直接到被调查者家中进行调查的一种方式。如要了解某区域居民的购房意向，确定潜在市场的大小时，可以采用这种方法。不过，在人们的安全意识日益增强的今天，入户访问往往不易得到被调查者的配合。

2. 路上拦截法

它是在某些公共场所、道路上拦截购房者进行询问的一种调查方式。这种方法成本较低廉，询问的成功率较高。不过，路上拦截法的拒绝率相当高，会造成抽样误差，使所询问对象不能代表整个群体的特征。

3. 邮寄访问法

它是指通过向选定的调查对象寄送问卷的方式，获得收件人对有关问题看法的信息。目前，由于电话、电子邮件和传真等的广泛使用，邮寄访问法的使用频率逐渐下降，并且由于回答率不易控制，在其他手段可行时，不宜选用此方法。

4. 经理访问法

它主要用于对重大客户、公司型或机构型客户的调查，如房地产开发商如果开发办公楼，在确定市场需求时就要求助于这种类型的调研。

5. 电话访问法

通过电话访问的调查方法有许多其他访问法不可比拟的优点，如实施的费用较低，可以大大节约调查人员的交通费用和时间；可以进行大样本的调查，如果顺利的话，可获得丰富的调查信息，但这种方法也存在拒听率高的缺陷。

6. 网上调查法

随着网络的逐渐普及，借助网络进行市场调查的企业越来越多，即通过计算机网络进行一些基本资料收集，了解楼盘的概况。另外，网上调查也面临着无法控制被调查者的问题，随意填写的可能性很大，这使得网上调查的效果大打折扣，获得的数据也极有可能存在偏差，并且只反映了经常上网的人群的需求。

（二）观察法

观察法是指调查人员不与被调查人员直接接触，而是在旁边观察。这样，被调查者无压力，表现自然，不受人为因素干扰，因而调查效果较为理想。这种调查法也有三种形式，即直接观察法、实际测量法和行为记录法。

1. 直接观察法

派人到现场对被调查者进行观察。例如，派人到房地产交易场所观察购房者选购房产的行为和要求，以获得购房者喜欢什么样的产品等市场信息。

2. 实际测量法

调查人员不是亲自到现场观察购房者的行为，而是观察行为发生后的痕迹。例如，要比较在不同报刊上刊登广告的效果，可在广告下面附一个条子，请客户剪下来回寄。根据这些回条，便可以知道在哪一家报刊上刊登广告的效果较好。

3. 行为记录法

在取得被调查者同意之后，用一定装置记录调查对象的某一行为。例如，在某些家庭电视机里装上一个监听器，可以记录电视机什么时候开、什么时候关、收看哪一个节目、收看了多长时间等。这样可以帮助营销管理人员了解在哪一家电视台、在什么时间播广告效果最好。

调查人员采用观察法主要是为了获得那些被观察者不愿或不能提供的信息。对于有些购买者不愿透露的自己在某些方面的行为，通过观察法可以较容易地了解到。但观察法只能观察事物的表面现象，不能得到另外一些信息，如人们的感情、态度、行为动机等，因此调查人员通常将观察法与其他方法组合起来使用。

（三）实验法

实验法是指将调查范围缩小，进行实验后取得一定结果，根据该结果推断出总体可能的结果。例如，调查广告效果时，可选定某些购房者作为调查对象，对他们进行广告宣传，然后根据接受的效果来改进广告词语、声像等。

实验法是研究因果关系的一种重要方法。例如，研究广告对销售的影响，在其他因素不变的情况下，销售量增加就可以看成完全是广告影响造成的。当然，市场情况受多种因素的影响，在市场实验期间，购房者的偏好、竞争者的策略都可能有所改变，从而影响实验的结果。尽管如此，实验法在研究因果关系方面能提供访问法、观察法所不能提供的材料，所以这种调查的运用范围较为广泛。

三、现场踩盘

房地产市场营销中，经常需要调查人员就竞争对手的某个楼盘展开调查，这称为楼盘个案调查，俗称踩盘。通过踩盘，调查人员可以了解到竞争对手楼盘的体量、价格、规划、设计、销售、客户、装修、绿化等情况，从而为本企业营销活动提供参考意见。

（一）踩盘时的身份问题

踩盘时，调查人员可以以两种身份出现在售楼现场。一是假扮客户。大多数踩盘者都有过假扮客户的经历，只要不表现出专业水准，装出一副一无所知的样子，一般能将楼盘的基本信息了解清楚。二是直接表明同行身份。就一个城市而言，房地产人的圈子就那么大，今天你到我这里来踩盘，明天说不定我需要到你那里去踩盘，免不了“撞车”，所以踩盘时直接表明同行身份也许是一种明智的选择。能告诉客户的就能告诉竞争对手，没有必要遮遮掩掩。虽说如此，但碰到竞争对手踩盘时，在沟通过程中必须保守一些商业秘密，如楼盘的最终成交价、最大折扣幅度、销控计划、客户构成、将要实施的促销活动等。

（二）去售楼部应避开的时间段

到售楼处有几个时间段需要避开：一是上午 9 点以前不要去，因为此时大多数售楼员要打扫卫生和召开每天的清晨例会；二是中午午休和就餐的时间不要去，在这个时间段，售楼员最疲惫，状态较差；三是下午 5 点 30 分以后不要去，在这个时间段，销售人员要么在填写当天的各种分析报表，要么开始培训或者召开每天的情况分析例会。只要避开上述三个时间段，不和售楼员接待客户的主要时间冲突，就可较为容易地了解更多情况。

（三）踩盘时应有必要的装备

如果你假扮客户去踩盘，那么为了获得足够多的信息，需要进行全方位的“武装”：配备微型录音笔记录你与售楼人员的谈话信息；配备带有大容量摄像功能的手机，存储有价值的图片资料和不能笔录的资料；携带微型数码相机，记录楼盘的工地现场状况和楼盘实景；带上手提袋或夹包，将收集来的资料全部放进去，不要拿着很多楼书四处走；如果要调研高档楼盘则尽量不要坐公交车去，公司最好派专职司机送调查人员去踩盘。总之，既然要假扮，那就要尽量使自己和所扮客户的身份特征、消费习惯、言谈举止相吻合。

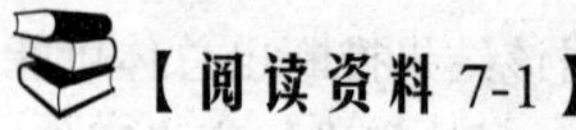

【阅读资料 7-1】

“踩盘”的经典模版[①]

“踩盘”没有一个固定模式，因为人和楼盘各有差异。这里，我们介绍一种较为经典的踩盘模式供大家参考。

1. 对调研对象的初步了解

首先，你需要明确所要调查的区域（如高端区域、中端区域或低端区域等）和所要调查的对象（如住宅物业、商业物业、厂房物业等），对该对象项目相关的资料（网络信息、已有资料、知情人士提供信息等）做初步的了解。在此基础上，拟定在踩盘过程中应该注意哪些问题，向售楼人员提出什么问题和可能遇到的一些常见问题的应对办法。做好这些准备就可以出发了。

2. 进入售楼部之前的观察

在进入售楼处前，你要先注意观察周边环境。这可以让你了解该项目的周边情况，如地段、交通、自然景观、人文环境、生活配套等，从中挖掘出该项目存在的优势、劣势、威胁。有时候，你还会发现一些之前不知道或无法从售楼处了解到的信息，这些信息通常是项目存在的威胁或不足之处（如离项目几百米的地方有一个化工厂，可能会对该地区的环境造成一定的影响，像这种情况，售楼人员一般是不会主动告诉你的）。

3. 进入售楼部之后的观察

之后，你就要准备进入售楼处了。先停下来，调整一下心态，然后装作一个有意向购房的客户，慢慢走入售楼处，径直向楼盘模型走过去，不要理会销售人员，待其主动向你靠近，这样你就可以占据主动权，降低发问和获得答复的难度。接着，售楼人员一般会利用模型为你介绍一下项目的整体情况，你先认真听，偶尔随便附和几句就可以了，因为接下来他就要开始和你洽谈了。

4. 与售楼人员等相关人员攀谈

售楼人员在介绍完小区情况之后会邀请你入座洽谈，他们会先递给你一些关于楼盘的楼书、海报等资料，然后开始询问你的情况。在和售楼人员的交谈中，应尽量显示你对房地产一无所知，问一些很基本的问题，如这里的房子怎么卖？有没有××平方米的？有没有二房、三房单元？有没有特惠？入住之前要交一些什么费用？提出此类购房人士必问的

① 陈春洁，陈慧频．房地产销售代表速成精品手册[M]．北京：中华工商联合出版社，2013：65-66.

问题会让售楼人员觉得你的确是一个购房者。在售楼人员确信你是一个购房者之后，就可以问一些比较敏感的问题，如这里的房子卖得好吗？卖了多少户了？主要是什么人来买房子？什么时候交楼？发问的时候要注意旁敲侧击，从多方面多角度去了解情况。这里所说的旁敲侧击，不只是从各方面对一个人发问，更是要多找一些人来了解情况。如在走访某个楼盘时，你可以先与那些正在看房的真客户交谈，向他们询问一些情况或与他们探讨一些问题。他们会把你当成同一战线的伙伴并告诉你他们所了解到的一切信息和看法。

在问完一轮后，就可以要求售楼人员带你去看样板房，通常售楼人员为了能促成交易都会满足你的要求。售楼人员首先会带你去你最初想要的楼房。在看完一轮以后，你就要提出一些觉得该套房子不合适的理由，要求他带你去看其他面积相当或更大的楼房，这样你就可以一次看到几套不同的楼房，多了解一下各种户型间隔的不同之处，采用的不同建筑结构。在看房子的过程中，要有间断地去发问，以维持你作为有意向购房客户的形象。

看完样板房之后，你还可以要求售楼人员帮你计算某个户型的房价（例如，一次性付款是多少？做按揭的话，每个月要付多少？），以确定该楼盘的真实单价是多少，有没有折扣、优惠活动。

离开售楼处前，千万不要忘记索取楼书、户型图等资料，以便全面掌握该楼盘的情况，因为这些资料里通常会有一些关于开发商、策划公司、建筑设计公司、项目卖点、建设理念、用地面积、容积率、总户数等的比较重要的数据资料。

在做完市调工作后，你要及时把所获得的信息记录下来，整理并填写“竞争楼盘调查表”，其样式如表 7-3 所示。

表 7-3　竞争楼盘调查表

项 目 名 称		项 目 地 址	
市场类别	□别墅　□高层　□小高层　□多层　□写字楼　□其他说明		
项目档次	□高档（豪宅）　□中档　□低档		
投资商		发展商	
企划单位		代理公司	
设计单位		承建单位	
园林设计单位		物管公司	
占地面积		总建筑面积	
容积率		绿化率	
楼间距		层高	
公摊		物业管理费	

制表人：　　　　　　　　　　　　制表日期：

第四节　房地产市场调查问卷的设计

房地产市场调查问卷又称房地产市场调查表，是调查者根据一定的调查目的和要求，按照一定的理论假设设计出来的，由一系列问题、调查项目、备选答案及说明所组成的、向被调查者收集市场信息的一种工具。调查问卷以各种问题的形式对所要调查研究的主题加以细化，使调查过程标准化。每一个调查人员都按照相同的方式和顺序向被调查者提问，这在很大程度上避免了调查的随意性，同时也大大降低了后期进行资料统计整理和分析的难度。

一、调查问卷的设计原则

尽管进行房地产市场调查的目的不同，调查问卷的内容各有偏重，但各种情况的房地产市场调查问卷的设计也有相通之处，这主要体现在问卷的设计原则中。

（一）目的性原则

一份市场调查问卷是由各种问题构成的，因此所有问题必须与调查研究的主题密切相关，这样才能达到调查的目的，这就要求要在进行问卷设计时围绕调查主题提出各种可供被访问者回答的问题。同时，应突出重点，避免列入可有可无的问题。

（二）可接受性原则

调查问卷所包含的内容不能引起被调查者的反感。对于被调查者来说，填写调查问卷其实是一种负担，而他们对于是否填写或如何填写有着绝对的自由，因此可接受性就成为调查问卷设计中首先需要考虑的问题。在设计中若能换位思考，将自己当成被调查者，这个问题就迎刃而解了。

（三）简明性原则

调查问卷内容简单明了也是问卷设计中应遵循的一个重要原则，即尽量以最少的项目（问卷题目）、最简洁的语言来反映调查的主题、内涵，达到最少占用被调查者时间的目的。倘若项目过多、内容过于复杂，就会因占用被调查者过多的时间而引起他们的反感，导致他们或敷衍了事，或拒绝填写。

（四）逻辑性原则

调查问卷的问题与问题之间应紧密相关，先后次序应具有一定的逻辑性，从而使所有问题构成一个相对完整的系统。若问题杂乱无章，想起什么问什么，就会让人觉得问卷随意性强而严谨性不足。目前，在一些房地产市场调查问卷设计中，调查者将差异较大的问题“分块”设置，这样就保证了每个“分块”中的问题是密切相关的。

（五）便于整理、分析的原则

这实际上是调查问卷设计的一个根本性原则。进行问卷调查的目的就是要获得一些调查资料并且通过对资料的整理、统计和分析，最终得出一系列结论。因此，在设计问卷时就应该考虑到这一点，以方便调查后的资料整理、分析为出发点来设计有关问题。

二、调查问卷的设计

调查问卷的设计核心是如何围绕主题提出一系列相应的问题，问题即问卷的内容，是问卷的核心。在进行问卷设计时，应仔细考虑问题的种类、形式、用词、次序等，否则将影响整个问卷的调查结果。

（一）问卷问题的类型

可以从不同的角度将问卷中的问题划分为不同类别。

1. 从问题的作用来划分

如果从问题在问卷中所起的作用来划分，可以将其分为过滤性问题、背景性问题、实质性问题等类型。

（1）过滤性问题。这类问题用于甄别被调查者。适合回答这类问题的被调查者将继续回答，不适合回答这类问题的被调查者将跳过这些问题，转而回答其他问题或者结束调查。例如，某房地产开发商想在第五大道开发一个节能型住宅小区，希望通过调查了解购房者在购买这类住宅时所考虑的因素。在设计调查问卷时，可以列入下面的问题。

请问您在购买住宅时，是否会考虑房屋的节能性？

A．是　　　　B．否

若被调查者选择 A，则继续回答其他问题；若被调查者选择 B，则结束调查转而寻找其他被调查者。

（2）背景性问题。这类问题常用于询问被调查者个人的基本情况，如性别、年龄、住址、职业、文化水平、收入等。一般情况下，不便直接询问对方的年龄、收入、职位等问题，需要变换一种方式。例如，询问被调查者年龄时，可以以下面的方式询问。

您的年龄是：

A．25 岁以下　　　　B．25～35 岁　　　　C．36～40 岁

D．41～50 岁　　　　E．50 岁以上

（3）实质性问题。这类问题是整个调查问卷的核心问题，反映了调查的全部事实或信息。例如，地段、产品、配套等方面的问题即构成住宅市场调查问卷的核心问题。

2. 从问题间的联系来划分

如果根据问题间是否存在一定的联系来划分，可分为系列性问题和非系列性问题。

（1）系列性问题。系列性问题即围绕同一个调查项目逐步深入展开的一组问题。下面列举的三个问题即属于系列性问题。

①您是否购买了第五大道项目中的住宅？（如果回答“是”，则继续回答下列问题，否则停止调查）

A．是　　　　B．否

②您是通过什么渠道知道“第五大道”的？（最多可选 3 项）

A．通过朋友介绍　　　　B．通过报纸、杂志上刊登的广告

C．通过网上查找的　　　　D．路过售楼处时偶然知道的

E．通过户外广告　　　　F．其他方式

③您购买第五大道的住宅是出于什么原因？（最多可选 3 项）

A．价格便宜　　　　B．地理位置好　　　　C．交通便利　　　　D．环境优美

E．质量好　　F．学区好　　G．其他

（2）非系列性问题。非系列性问题指问卷中无递进关系，而是一种平行关系的问题，如下面一组问题。

①您计划购买的房型是哪种？（单选）

A．平层　　B．错层　　C．复式　　D．其他

②请问您在购买住宅时，是否会考虑房屋的节能性？

A．是　　B．否

3．从提出问题的方式来划分

如果以问卷提出问题的基本方式来划分，可以将问题划分为封闭式问题和开放式问题两类。

（1）封闭式问题。封闭式问题即预先给定答案，请被调查者在给定的备选答案中选择符合自己情况的答案。封闭式问题的提问可选用如下几种方法。

1）二项选择法：提出一个问题，仅有两个答案可供选择。例如：

请问您是否打算在近3年内买房？

A．是　　B．否

2）多项选择法：提出一个问题，给出两个以上的答案，被调查对象可以从中任选一项或几项作为回答。例如：

①请问您打算购买的住宅类型是哪种？（单选）

A．低密别墅　　B．多层住宅（6层以下）

C．小高层住宅（7～10层）　　D．高层住宅（10层以上）

②购买住宅时，您看重哪些因素？（最多选3项）

A．位置　　B．交通　　C．环境　　D．户型

E．价格　　F．物业管理

3）程度评定法：对提出的问题给出程度不同的答案，被调查对象可从中选择一个作为答案。例如：

在购买商品房时，您认为品牌的重要性如何？

A．很重要　　B．较为重要　　C．一般

D．不太重要　　E．很不重要

4）语义差别法：列出语义相反的两个词，让被调查对象做出选择。例如：

请问您对××楼盘的看法如何？（每对只选一个）

A．建筑风格新颖（　）　　建筑风格陈旧（　）

B．品位高（　）　　品位低（　）

C．户型设计合理（　）　　户型设计不合理（　）

D．价格合理（　）　　价格不合理（　）

（2）开放式问题。开放式问题不预先给定备选答案，只给出问题，被调查者可以就该问题自由作答，问题之下留出足够的回答空间。开放式问题的提问可选用如下几种方法。

1）自由式：被调查对象可以不受任何限制地回答问题。例如：

您认为我们开发的这个楼盘最吸引您的是什么？

____

____

2）语句完成式：写出一个不完整的句子，由被调查对象补充完整。例如：

如果您想购房，购房的理由是______________________________。

3）词语联想式：调查问卷中给出一些词汇，由被调查对象写出他所联想到的一个词。例如：

当您看到以下词语时，首先会想到什么？请将想到的词语填在对应的括号中。

A．丽江花园（　　　）　B．祈福新村（　　　）　C．碧桂园（　　　）

4）顺问式：请被调查对象根据自己的态度来评定问题的顺序。例如：

购房时您所看重的因素依次为（请根据您认为的重要程度分别标上序号）。

地段（　　）　设计（　　）

价格（　　）　服务（　　）

配套（　　）　品牌（　　）

环境（　　）　其他：________

从上述几个例子可以看出，在封闭式问题中，标准化答案易于被调查者回答，更主要的是便于后期资料的整理、统计和分析；不足之处在于标准化答案限制了被调查者的思维，尤其是当设计的答案不完备时，极有可能屏蔽重要信息。而开放式问题刚好相反，它的突出优点是不具有限制性，被调查者可以自由回答，调查人员也可以据此获得丰富的信息，弥补了封闭式问题的不足；但是开放式问题的缺点也是比较明显的，它可能因为受制于被调查者的个性特征、理解能力、文化水平的影响，不能得到预期的效果，而且会给后期资料的整理、统计和分析带来一定的困难。

（二）调查问卷的基本结构

一份理想的调查问卷，在结构上应包括卷首语、正文和结束语三部分内容。

1. 卷首语

卷首语位于问卷的开头，通常包括问候语、填表说明和问卷编号。

在问候语中，要说明调查的目的和意义，以引起被调查者的重视，激发他们的参与热情；要承诺对调查结果保密，以消除他们的疑虑，请他们放心填写。为此，问候语的语气要诚恳、亲切、礼貌，文字要简洁、准确。

填表说明用于指导被调查者正确填写问卷。这部分内容可以集中在卷首语中统一说明，也可以分散到各问题前面。填表说明要详细清楚，避免因误解题意而引起回答错误或偏差。

问卷编号主要用于识别问卷，以便于后期对资料的整理、统计和分析处理。

2. 正文

正文是问卷的主体，由问题和备选答案组成。这部分内容在设计问卷时应仔细推敲，根据不同的调查目的，决定哪些内容应当列入、哪些内容应当去掉。整个问卷的内容往往不能一次就定下，需要问卷设计人员及市场调查人员反复磋商、修改后才能确定。

3. 结束语

结束语放在问卷的最后。一方面，向被调查者的协助表示诚挚的感谢；另一方面，还可以就问卷的有关内容征询被调查者的建议和看法，以利于以后改进。

（三）调查问卷设计中应注意的问题

在问卷设计中，应尽量避免下面几类问题。

（1）笼统抽象的问题。笼统抽象的问题往往使被调查者难以回答或者因理解上的偏差，很难达到预期效果。例如，下面这个开放式问题就过于笼统，使被调查者难以回答。

您对××楼盘的物业管理印象如何？

可改成更为具体的问法：

您认为××楼盘的物业管理收费是否合理？服务项目齐全吗？您满意他们的服务态度吗？

像这样具体的问题直接凸显主题，更方便被调查者回答。

（2）不确切的词语。人们对“普通”“经常”“美丽”“著名”等不确切的词语往往会有不同的理解，因此在问卷设计中应尽量避免使用。例如，面对下面这个开放式问题，被调查者不知这里的“经常”是指多长时间。

如果您打算买房，会经常去售楼部吗？

可以改为如下封闭式问题：

如果您打算购房，您去售楼部的时间间隔是______。

A. 一周一次　　B. 两周一次　　C. 一月一次　　D. 其他

（3）诱导性问题。如果问卷中的问题带有倾向性，旨在引导被调查者跟着这种倾向回答，那么这种问题就具有“诱导性”。例如：

人们普遍认为，广告投入量越大，说明房地产开发商越有实力。您的看法如何？

这种诱导性问题容易使被调查者产生从众心理或者引起其反感——既然大家都是这种看法，你还做什么调查？因此，诱导性问题是调查中的大忌，常常会因此得出与事实相反的结论。

（4）敏感性问题。这类问题是被调查者不愿意让别人知道答案的问题，常常涉及个人隐私、禁忌。尽管在问卷说明中，调查者已经承诺会保守秘密，但对于这类问题，被调查者可能会拒绝回答或者即使回答也是胡乱填写、敷衍了事。因此，问卷中应尽量避免提出一些敏感性问题。但像年龄、收入、住房情况等敏感性问题是房地产市场调查所无法回避的，在设计问卷时，应尽量考虑被调查者的心理承受能力，以比较委婉的方式提出，位置处于问卷的中间或靠后部分。

在问卷设计中，还应注意如下几个方面的问题。

（1）问题的排列顺序。在问卷的设计中，安排好问题的顺序是非常重要的。同样的问题，顺序不同，效果就不同。一般来说，前面几个问题要简单有趣，以引起被调查者的兴趣；容易回答的问题排在前面，慢慢引入比较难回答的问题；开放式问题通常放在最后。另外，问题的排列还应具有逻辑性。把同一性质和同类别的问题排列在一起，同时，问题间的衔接要合理而自然，避免因主题的改变而造成被调查者的困惑。

（2）问题的答案要穷尽。答案要穷尽是指将问题的所有可能答案都列出来，不要有遗漏，以供被调查者选择。事实上，许多问题都难以做到这一点。为此，设计问卷时，最常采用的办法是将主要答案列出来，最后以“其他”来表示没有涉及或没有想到的答案，但“其他”不能过于宽泛，否则问题将失去存在的意义。

（3）问题的答案要互斥。答案要互斥是指同一个问题的各个备选答案之间应相互排斥，不能有交叉、重叠或包含的情况。例如：

您所从事的职业是________。

A．商业人员　　B．售货员　　C．教师

D．医生　　E．其他

在这个例子中，“商业人员”和“售货员”就可能存在交叉的情况。再如：

您的个人月收入是________。

A．1000 元以下　　B．1000～2000 元

C．2000～3000 元　　D．3000 元以上

答案之间重叠是这个例子的问题所在，当被调查者的个人月收入是 2000 元时，就不知该选哪一个答案，这也是调查问卷中常犯的错误。

第五节　房地产市场调查资料的整理与分析

对于经过实地调查所获得的大量的一手和二手资料，市场研究人员必须用科学的方法加以整理和分析，使其变成有意义的资料并为撰写市场调研报告做准备，也为进一步的决策分析提供依据。

一、房地产市场调查资料的编辑

编辑的目的在于发现调查资料中漏填、错填的部分并对这部分问题资料进行适当处理。这类问题资料可能源自调查人员的失误，也可能源自被调查者的问题资料。

（一）源自调查人员的失误

市场调查人员的常见失误表现为问答失误、记录失误或假访问等。

问答失误是调查人员在询问被调查者的过程中产生的失误。例如，入户调查过程中，在需要更多的信息时，调查人员却没有进一步询问被调查者，事后根据自己的主观判断将答案填上；在调查过程中，调查人员没有完全按照问卷中的问题来提问，以至于漏掉某些问题。

记录失误是调查人员在听、理解或记录的过程中的失误。例如，被调查者给出的答案是“还未决定”，但是调查人员错误地记录成“已决定”。

假访问是个别调查人员不认真负责而作假。例如，电话调查的资料具有非同寻常的一

致性或不一致性。

（二）源自被调查者的问题资料

这类问题资料主要源自被调查者不能正确回答误差和不愿正确回答误差。

不能正确回答误差是由被调查者不能提供准确的答案造成的。被调查者提供不准确答案的原因可能有不熟悉、劳累、厌烦、想不起来、问题的格式不好、问题的内容不清楚以及其他一些因素。

不愿正确回答误差是由被调查者不愿意提供准确的信息造成的。被调查者有意错答的原因可能有：想给出一个容易被社会接受的答案、避免出麻烦、隐瞒收入或取悦调查员。例如，为了给调查员一个深刻的印象，某被调查者故意说自己想购买该楼盘的房子。

对上述问题资料应进行适当处理，通常采取重新调查、按缺失值处理或者将问卷作废等处理方法。不过应慎重作废问卷，不完整的问卷中有时仍然有不少有用的信息，而不回答的人在某种程度上属于同一类，需要进一步研究。

二、房地产市场调查资料的编码

编码是给每个问题的各个备选答案配上数字或符号，为资料的后续处理和利用做准备。可以是事先编码，即在设计问卷时就进行编码；也可以是事后编码，这类编码常见于开放式问题中，只能根据被调查者的回答情况进行分类编码。

有了编码之后，在对调查资料进行分析之前，最好编制编码表格，以防漏掉某些统计项。

三、房地产市场调查资料的图表分析

资料经过编辑和编码之后，可借助图表对其进行统计汇总，同时对相应统计结果进行分析，供决策参考使用。统计汇总时，常采用的统计表格有单项频数分布表、交叉分组频数分布表，常采用的统计图有柱形图、折线图、饼图等。

（一）常用统计表

单项频数分布表、交叉分组频数分布表作为两种常用的统计分析表，在房地产市场调查的数据分析中被广泛采用。

1. 单项频数分布表

它是指将一个变量的调查数据按某种标准划分为几个互不重叠的类别，然后将每一类数据的频数汇总起来的一种表格，可以用相对频数和百分频数表示。公式为

$$相对频数=\frac{每一类的频数}{总频数} \tag{7.1}$$

$$百分频数=相对频数\times 100\% \tag{7.2}$$

单项频数分布表的应用举例如表 7-4 所示。

表 7-4　某市被调查者家庭结构情况的单项频数分布[1]

不同需求群体	频　数	百分比（%）	购房主要目的	频　数	百分比（%）
居住需要群体	251	47.3	我们住得太拥挤，希望宽敞一些	111	20.9
			我是为孩子买房子，为他们结婚创造条件	48	9.0
			我现在租房子住，特别需要一个稳定的住所	40	7.5
			我买房子只是暂时改善我不稳定的居住条件	27	5.1
			买房子是为了结婚	25	4.7
舒适需要群体	192	36.2	买房子是为了更好地享受生活	70	13.2
			尽管我现在住得还可以，但我希望拥有一个更大的房子	52	9.8
			是为了孩子能有一个好的学习环境	45	8.5
			想与家人住在一起，需要买一个大一点的房子	25	4.7
投资需要群体	52	9.8	现在买房是一种划算的投资，将来可以增加自己的收入	34	6.4
			由于有存量政策，现在买房更划算	18	3.4
非常需要群体	36	6.8	我特别希望有一个独立的空间，因而我想买房	24	4.5
			现在大了、工作了，最好与父母分开住	9	1.7
			周围的朋友都买新房子了，因而我也要买	3	0.6
总计	531	100		531	100

下面对表 7-4 进行简单分析：研究人员首先根据购房者不同的购房目的，将受访者划分为居住需要群体、舒适需要群体、投资需要群体和非常需要群体四类。其中，居住需要群体是指购买商品房是以满足居住为第一需要的群体；舒适需要群体是指购买商品房是以享受生活、改善居住条件为第一需要的群体；投资需要群体是指购买商品房是以投资保值为第一需要的群体；非常需要群体是指购买商品房是以实现个性化及其他特殊需要为第一需要的群体。

从调查结果看，某市绝大多数受访者属于居住需要群体及舒适需要群体，分别约占总体的 47.3%和 36.2%。其中，约 20.9%的居住需要群体以增大住宅面积为主要的购房目的，而约 13.2%的舒适需要群体则表示“买房子是为了更好地享受生活”。该市购房者投资保值的动机相对比较薄弱，这一群体仅占总体的 9.8%，以满足个性化及特殊需要为购房目的的非常需要群体最少，仅占 6.8%。可见，解决住宅及改善住宅条件是目前该市购房者购房的主要目的。

2. *交叉分组频数分布表*

它是指将两个或两个以上变量的调查数据按不同的标准划分为互不重叠的类别，然后将每一类数据的频数汇总在同一个表格中，由此来显示变量之间的关系。单项频数分布表描述的是一个变量的统计数据情况，在实践中有着非常广泛的应用范围，但它对分析两个

① 余源鹏. 房地产市场调研与优秀案例[M]. 北京：中国建筑工业出版社，2006：233-234.

或两个以上变量之间的相关情况就无能为力了，此时就需要用到交叉分组频数分布表，应用举例如表 7-5 所示。

表 7-5 某市不同类别住宅需求群体与受访者年龄的交叉分组频数分布[①]

年龄（岁）	投资需要群体		居住需要群体		舒适需要群体		非常需要群体	
	频数	百分比（%）	频数	百分比（%）	频数	百分比（%）	频数	百分比（%）
22～30	14	26.9	88	35.1	56	29.2	29	80.6
31～40	15	28.8	74	29.5	69	35.9	2	5.6
41～50	18	34.6	44	17.5	41	21.4	4	11.1
51～60	5	9.6	33	13.1	23	12	1	2.8
61～65	0	0	12	4.8	3	1.6	0	0
总计	52	100	251	100	192	100	36	100

下面对表 7-5 进行简单分析：某市不同类别住宅需求群体的年龄差异十分显著。居住需要群体以 22～30 岁这个年龄段的人群为主，处于这一年龄段的人，未婚、刚完婚以及独立工作的较多，因此寻觅一个属于自己的空间、一个稳定的居住场所成为他们的第一住宅需求；舒适需要群体中，以 31～40 岁的受访者居多，这一年龄段的群体大多已具有了一定的经济基础并已结婚生子，因而创建一个更为舒适、更为理想的家居环境理所当然地成为他们的第一住宅需求；而投资保值成为 41～50 岁受访者的主要购房目的，他们属于事业及家庭都相对较为成熟的群体；在非常需要群体中，年轻化趋势十分明显，29 位受访者的年龄均为 22～30 岁（约占 80.6%），这一年龄段的消费群体的个性化要求较为强烈。

（二）常用统计图

在对调查资料的统计分析中，除了常用到单项频数分布表、交叉分组频数分布表等统计分析表之外，还可用柱形图、折线图、饼图等统计分析图。与统计表相比，统计图更加直观、简洁，因而深受市场研究人员的青睐。

柱形图是用柱的长短来比较每个项目数量大小的图形；折线图是用于表现现象随时间连续变化的图形；饼图则是用圆饼代表全数，将其内部切成扇形，用于表示全部和部分、部分和部分的比例关系。各种类型的统计分析图又由不同子图组成。例如，在 Excel 表中，柱形图可分为簇状柱形图、堆积柱形图、三维簇状柱形图、三维堆积柱形图、三维柱形图等；折线图分为一般折线图、堆积折线图、数据点折线图等；饼图则分为一般饼图、三维饼图、分离型饼图、分离型三维饼图等。在实际应用中，研究人员可根据偏好或习惯选用不同的统计图。下面的几个例子说明了统计分析图在房地产市场研究中的应用。

1. 柱形图

图 7-1 为某年 7 月某市某住宅项目的来访客户年龄层次分布柱形图。图中显示，来访客户年龄层次主要集中在 25～55 岁，占到了总数的 91%。其中，25～35 岁占到 46%，36～55 岁占到 45%，而 25 岁以下和 55 岁以上的客户群分别只占到 6%和 3%。上述数据证明了市场上对本项目有效需求的客户年龄层次为 25～55 岁。

① 余源鹏．房地产市场调研与优秀案例[M]．北京：中国建筑工业出版社，2006：235.

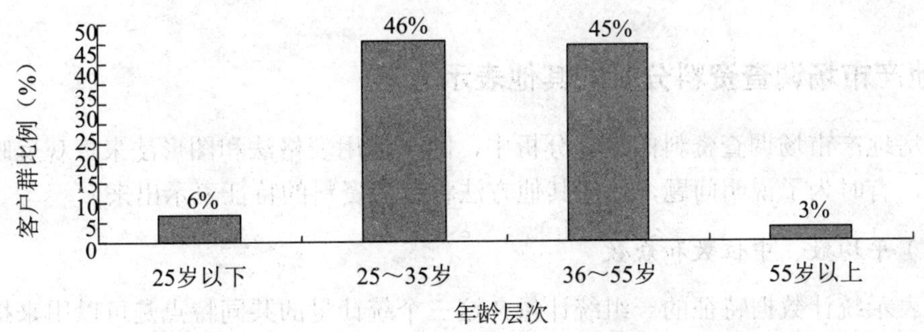

图 7-1　来访客户年龄层次分布

2. 饼图

图 7-1 中来访客户的年龄层次分布也可用饼图来表示，如图 7-2 所示。不过，饼图只适用于单个变量的统计，像四个城市的住房价格环比变化情况就无法用一张饼图来表示，而必须用四张饼图表示。

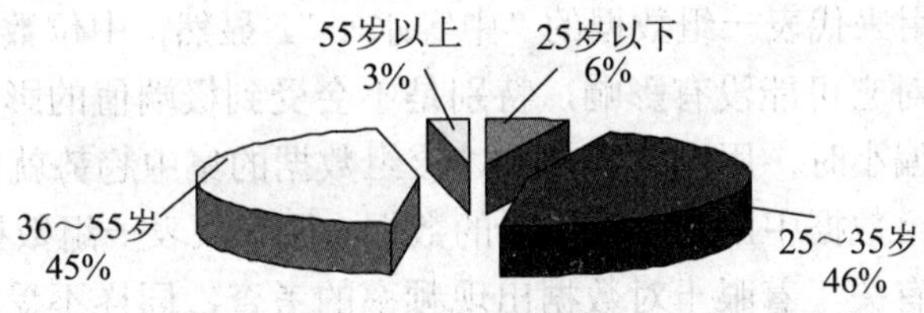

图 7-2　来访客户年龄层次分布

3. 折线图

根据安居客提供的数据来看，2020 年 1—7 月北京市中央别墅区成交均价在 57 000 元/m^{2}以上，如图 7-3 所示。

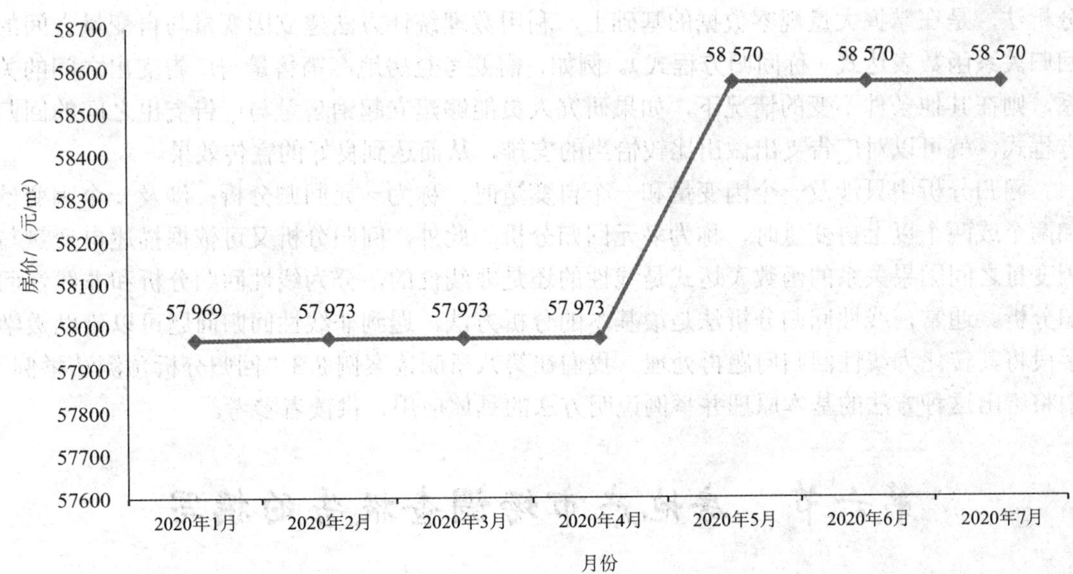

图 7-3　2020 年 1—7 月北京中央别墅区房价

四、房地产市场调查资料分析的其他表示方法

在对房地产市场调查资料的统计分析中，除了运用表格法和图形法来直观反映资料分布情况外，有时为了说明问题，还用其他方法将这些资料的特征表示出来。

（一）平均数、中位数和众数

这是表示统计数据特征的一组统计量。这三个统计量的共同特点是可以用来描述数据的集中趋势，可以用来反映数据的一般水平和作为一组数据的代表。

它们的显著区别是平均数反映了一组数据的平均大小，常用来代表一组数据的总体“平均水平”。由于与每一个数据有关，因而组内任何数据的变动都会引起平均数的改变。特别是当这组数据中存在极端值时，用平均数来反映这组数据的平均水平就会出现偏差。当极端值偏大时，平均数将会被抬高；当极端值偏小时，平均数会降低。

中位数作为一组数据中间位置上的代表值，就像一条分界线，将数据分成前半部分和后半部分，因此它可用来代表一组数据的“中等水平”。显然，中位数与数据的排列位置有关，某些数据的变动对它可能没有影响，特别是不会受到极端值的影响。这样，当一组数据的个别数据偏大或偏小时，用中位数来描述该组数据的集中趋势就比较合适。

众数反映的是一组数据中出现次数最多的数据，用来代表一组数据的“多数水平”。它只与数据出现的次数有关，着眼于对数据出现频率的考查，同样不受极端值的影响。因而当一组数据中有个别数据变动很大，但某个数据（非变动较大数据）出现次数较多时，用“众数”表示该组数据的集中趋势就比较合适。

（二）回归分析

在房地产市场调查资料的分析中，还常常用到回归分析这种统计分析方法。所谓回归分析法，是在掌握大量观察数据的基础上，利用数理统计方法建立因变量与自变量之间的回归关系函数表达式（称回归方程式）。例如，需要考查房地产销售量与广告支出之间的关系，则在其他条件不变的情况下，如果研究人员能够建立起销售量与广告支出之间的回归方程式，就可以对广告支出做出比较恰当的安排，从而达到良好的宣传效果。

回归分析中只涉及一个因变量和一个自变量时，称为一元回归分析；涉及一个因变量和两个或两个以上自变量时，称为多元回归分析。此外，回归分析又可依据描述自变量与因变量之间因果关系的函数表达式是线性的还是非线性的，分为线性回归分析和非线性回归分析。通常，线性回归分析法是最基本的分析方法，遇到非线性回归问题可以借助数学手段将其转化为线性回归问题再处理。我们在第八章阅读案例8-3“回归分析预测法举例”中将给出这种方法的基本原理并举例说明方法的具体应用，供读者参考。

第六节　房地产市场调查报告的撰写

房地产市场调查报告是房地产市场调查人员以书面形式向报告使用者提供的调查结论

和建议，集中反映了市场调查工作的最终成果。作为最后阶段的总结性工作，调查报告的撰写在整个房地产市场调查活动中起着非常关键的作用，可将杂乱无章的调查结果以一种有逻辑顺序的形式表现出来，从而为使用者提供决策的数据支持和理论依据。

一、房地产市场调查报告的写作要求

房地产市场调查报告是一种陈述性和说明性相结合的文体，在语言运用、文章结构等方面有独特的写作要求。

（一）实事求是

调查报告作为调查成果的最终表现形式，最基本的要求就是要实事求是，否则报告就失去了存在的意义。为此，在撰写报告之前，要反复研究有关的调查资料，尽可能明确事实真相，剔除虚假调查资料，最终做到实事求是地反映调查成果。

（二）针对性强

针对性强要求在撰写调查报告时目的明确、目标性强、把握重点，紧紧围绕主题展开论述，这也充分体现了房地产市场调查的针对性原则。

（三）保持中立

保持中立要求调查报告中尽量避免带有调查者的主观情绪，只是将事实客观、完整地呈现出来。为此，调查报告的表达形式应以“说明”为主。在报告中，不论是陈述情况、介绍背景，还是总结经验、罗列问题、分析原因等，都要加以说明，即使提出建议和措施，也要进行说明。通过说明，将问题阐述清楚，令阅读报告的人信服。

（四）简明扼要

一般情况下，阅读报告的人往往不愿意花费大量的时间或者没有大量时间去仔细研读那种长篇大论的报告。这就要求在撰写报告时，尽量用简洁的语言、清晰的思路、较短的篇幅将报告内容表达清楚并将报告要点以摘要的形式放在前面，以利于阅读者自行决定要阅读的内容。

（五）语言严谨

语言严谨要求报告中的选词造句精确、分寸感强，尽量少用形容词，最好用数字来说明问题；同时还要区分相近、易于混淆的概念，如“发展速度”和“增长速度”、“效率”和“效益”、“截至”和“截止”、“启用”和“起用”等。若要使用表示强度的形容词或副词，要把握词语的程度差异，如“显著变化”和“很大变化”、“较大反响”和“强烈反响”之间的差异。同时，不能使用类似“可能”“大概”“也许”等含糊不清的词语。

（六）文字朴实

调查报告不同于文学作品，它强调的是应用性，因此调查报告的语言应力求朴实易懂，切忌使用不当的华丽词语、借用专业术语来显示学问。事实上，并非所有的决策者都了解相关专业知识，华丽或专业的词语会造成其在阅读和理解上的障碍，朴实易懂才能发挥调查报告应有的作用。但朴实易懂并非平淡无味，撰写者要加强各方面的修养和语言文字表达的训练，提高驾驭语言文字的能力，这样才能写出语言生动活泼、朴实易懂的调查报告。

二、房地产市场调查报告的内容和结构

每次房地产市场调查的重点都有所不同。例如，可以对某区域房地产市场展开调查，也可以对竞争楼盘展开调查，还可以对市场需求状况展开调查等，因而最终形成的调查报告内容的侧重点也有所不同。相比于竞争楼盘和市场需求的调查报告，区域性房地产市场调查报告的内容更加丰富一些，除了应涵盖竞争楼盘和市场需求状况的内容外，一般还应在报告正文的最前面对被调查区域的历史发展、人文环境、生活环境和市政交通等各方面的基本情况，以及该区域区别于其他区域的显著特点进行概括性表述。

就结构而言，一份完整的房地产市场调查报告应由呈送函件、封面、目录、索引、摘要、正文和附录文件等部分构成。

（一）呈送函件

呈送函件应指出报告的直接呈交方、在何种情况或何种授权下进行该项调查，格式如下。

致：××房地产开发公司总经理××先生

事项：关于××市小高层居民住宅需求的调查报告

××总经理：

兹呈上我们关于××市小高层居民住宅需求的调查报告，这份调查报告是于××××年××月经您授权进行的。

……

××房地产调研机构

××××年××月××日

（二）封面

封面一般只有一页，包括以下几方面内容。

（1）调查报告的标题。标题应概括出调查内容的重点，一般只有一句话，有时也可加上一个副标题。

（2）调查机构的名称。

（3）调查项目负责人的姓名。

（4）调查报告完成的日期。

（三）目录

目录是关于报告中内容的完整一览表。与书的目录一样，一般只列出一级标题和二级标题的名称和页码，也可根据实际情况列上或省去其他细目，篇幅以一页为宜。

（四）索引

有时，报告中引用的图、表较多，为了方便阅读者阅读，可以在目录后列出图、表索引。与目录一样，图、表索引应包括序号、名称、所在页码。

（五）摘要

摘要是对调查成果及结论的概括，旨在为阅读者提供方便。当阅读者对调查过程的复杂细节没有兴趣而只想知道主要结果和结论以及如何根据调查结果行事时，摘要就显得异常重要。因而，摘要应简明扼要地说明调查研究成果，详细的论证过程可在正文中加以阐述。

（六）正文

调查报告的正文应对研究的全部事实加以详细阐述，目的是让阅读报告的人了解所得调查结果是否客观、科学、准确可信。其主要内容包括调查背景、调查目的、调查方法、调查资料的分析过程、结论和建议、局限性和应用注意事项，等等。

调查背景、调查目的、调查方法、调查资料的分析过程可参见本章前几节的相关内容；结论是全文主要观点的总结；建议是在结论基础上提出的，如产品设计应是怎样的，广告的诉求点、主题应是什么，应采取何种价格策略、促销手段，等等。

同时，报告中还应提及本调查报告的局限性和应用注意事项。因为任何市场调查都是在一定的时间、预算、资料可得性、样本限制、被访者配合度等多种限制条件下进行的，这就导致最终提交的调查报告必然存在一定的局限性。因此，研究者在报告中就要将这些局限性交代清楚，明确研究是在何种限制条件下进行的，结论和建议在何种假设前提下才能成立。在局限性和应用注意事项的写作中，一方面，要保持一种客观理性的态度，提出应用时的中肯意见；另一方面，要防止过于保守、谨小慎微，片面地将局限性夸大。

（七）附录文件

调查报告的附录文件是指调查报告正文包含不了或没有提及但与正文有关的材料，是对正文的补充说明。例如，调查问卷、细节资料及来源、统计技术资料以及其他相关资料等。

本章小结

房地产市场调查是房地产开发商获取准确的市场信息，进而进行市场营销决策的前提。本章在前几章学习的基础上，首先阐述了房地产市场调查的内涵、原则、内容和程序，将房地产市场调查分为探测性调查、描述性调查和因果性调查三种类型并在此基础上，较为详尽地阐述了房地产市场调查的基本方法——按调查范围划分，分为普遍调查和抽样调查；按调查方法划分，分为访问法、观察法和实验法，它们各自又包含不同的方法。目前，现场踩盘也成为很多开发商、代理公司常用的房地产市场调查方法。鉴于在房地产市场调查中，调查问卷的设计是关键，所以本章中对问卷设计原则、问卷类型、结构、设计中应注意的问题等内容也一并做了比较全面的分析、说明；同时对调查资料的整理方法、图表分析方法用实例加以说明，便于读者理解；本章的最后简要介绍了撰写房地产报告的写作要求和结构安排。

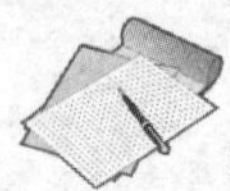

综合练习

一、基本概念

房地产市场调查；探测性调查；描述性调查；抽样调查；踩盘；房地产调查问卷。

二、思考题

1．房地产市场调查应遵循的基本原则有哪些？
2．房地产市场调查需要调查哪些内容？
3．简述房地产市场调查的程序。
4．房地产市场调查的方法有哪些？
5．房地产市场调查的问卷设计的问题有哪些？应该注意什么问题？

三、案例分析

认真阅读本章内容，总结如下问题：房地产市场调查问卷应该如何设计？调研完成之后，如何对调研资料进行统计分析？一份优秀的调研报告又是如何写成的？

推荐阅读资料

1．余源鹏．房地产市场调研与优秀案例[M]．北京：中国建筑工业出版社，2006．

2．陈春洁，陈慧频．房地产销售代表速成精品手册[M]．北京：中华工商联合出版社，2013．

3．张永岳．房地产市场调研基础教程[M]．北京：学林出版社，2006．

4．夏先玉，陈雨，袁笑一．房地产市场调研与实务[M]．北京：北京理工大学出版社，2013．

网上资源

1．百度文库：http://wenku.baidu.com/．
2．新浪地产网个人后台：http://my.dichan.com/．
3．读秀学术搜索：http://edu.duxiu.com/．
4．国家统计局网站：http://data.stats.gov.cn/．
5．知乎：https://www.zhihu.com/．
6．中国知网：https://www.cnki.net/．

第八章　房地产市场预测

学习目标

- 房地产市场预测的含义、作用、类型和内容；
- 房地产市场预测的程序；
- 房地产定性预测的方法；
- 房地产定量预测的方法。

导言

凡事预则立，不预则废。对于房地产开发商的市场营销活动来说，预测同样是不可或缺的组成部分。开发商不仅要通过调查了解市场的现状，还要通过预测了解市场未来的发展趋势。准确的预测可以最大限度地减少未来发展的不确定性，使企业始终处于主动地位。

第一节　房地产市场预测的基本认识

房地产市场预测是市场预测的一个分支，而市场预测又是预测的一个分支，因此，要了解房地产市场预测，首先必须了解预测的含义。简单地说，预测就是根据过去和现在的资料，通过定性或定量分析，找出事物发展的内在规律，预见或推断其未来的发展趋势。房地产市场预测也是如此。

一、房地产市场预测的含义

房地产市场预测是在市场调查的基础上，运用科学的方法和手段，对房地产市场供求变化及发展趋势做出预计、测算和判断。即在掌握大量市场信息的基础上，运用逻辑推理的方法或者统计方法，对房地产市场未来发展趋势所做的定性描述或定量推断。

准确性是房地产市场预测质量的一个判定标准，而能否做到准确预测，主要取决于如下两个方面。一是房地产市场发展趋势的显露程度或被偶然因素干扰的程度。显然，房地产市场发展趋势越明朗，受偶然因素干扰的程度越低，预测就越准确。二是人们对房地产市场的本质特征、发展变化规律的认识和把握程度。人们的认识越深刻，把握越精准，对未来供求变化和发展趋势做出的预计和判断越准确。

二、房地产市场预测的作用

我们可以从宏观和微观两个层面来看房地产市场预测的重要作用。从宏观层面上看，准确的房地产市场预测有利于国家和政府掌握房地产市场的发展动态和变化趋势，提升宏观决策的科学性、及时性和准确性。从微观层面，即从开发商的角度来看，房地产市场预测的作用表现在如下几个方面。

（一）准确的市场预测是房地产开发商进行营销决策的前提

房地产开发商只有通过准确的市场预测，才能够把握市场的总体发展态势和各种环境因素的变化趋势，这是开发商进行营销决策的必要前提。离开以市场预测为基础的营销决策，是靠经验做决策，拍脑袋定项目，结果很容易南辕北辙，现实中这样的企业有很多。听到一个“好点子”，头脑一热，就把千百万资金投入自己根本不清楚或知之甚少的项目的例子比比皆是。

（二）准确的市场预测是房地产开发商制定营销策略的依据

房地产开发商的市场营销活动要想取得成功，要决定未来应向市场提供什么样的产品，以什么样的价格面市，选择什么样的分销渠道，进行一些什么样的促销活动等，就要有一个正确的营销策略，这种策略只有建立在市场预测的基础上，才能变为现实。

（三）准确的市场预测是房地产开发商提高经济效益的重要基础

房地产开发商通过准确的市场预测，可比较清楚地把握市场的发展动态，就更容易做出准确的判断和估计，从而也就避免了经营活动的盲目性。同时，做好市场预测可使开发商先于竞争对手掌握市场先机，若能再进行一系列正确决策，必然会增强企业在市场竞争中的主动性，也可为获得好的经济效益奠定基础。

可以说，市场预测在房地产开发商的经营决策中占有举足轻重的地位，从某种意义上讲，市场预测的精准与否不仅关系到开发商的经营成果，甚至关系到它的兴衰存亡。

三、房地产市场预测的类型

与房地产市场有关的预测涉及方方面面，可以按不同的标准将其划分成不同的类型。

（一）房地产宏观市场预测和房地产微观市场预测

这是按照预测的范围划分的类型。房地产宏观市场预测是对整个国家、地区、城市的房地产市场发展趋势的预测；房地产微观市场预测是从企业、项目的角度对某类房地产市场的发展变化情况所进行的预测。

（二）短期预测、中期预测和长期预测

这是按照预测的时间长短划分的类型。短期预测是房地产开发商的年度预测；中期预测是预测期为 2～5 年的预测；长期预测是预测期为 5 年以上的预测。

（三）定性预测和定量预测

这是按照预测的方法划分的类型。定性预测也称为经验判断法，就是依靠人的知识、经验和判断能力，对房地产市场未来发展趋势做出性质和程度上的判断；定量预测是利用已经掌握的比较完备的历史统计数据，凭借一定的数理统计方法建立起适合的数学模型，对房地产市场未来发展趋势进行量的预测。

四、房地产市场预测的内容

这里，我们只从房地产开发商的角度来阐述这个问题。当然，预测作为企业的一种市场行为，可以涵盖多个方面，但对房地产开发商来说，对以下几个方面的预测是必需的。

（一）房地产市场需求预测

这是最基本也是最重要的预测内容，包括现实市场需求预测和潜在市场需求预测两个方面。无论是现实需求，还是潜在需求，都要受到经济状况的影响，通常在经济繁荣时期的市场需求量比经济萧条时期要大得多。

（二）房地产市场供给预测

市场供给预测包括全行业供给能力预测和本企业发展能力预测。全行业供给能力预测既包括在一定条件下全行业所能提供给市场的某类房地产产品最高数量的预测，也包括对开发同类房地产产品的竞争对手及其数量、规模、成本、管理水平、技术状况等的预测；本企业发展能力预测是指对本企业的供给能力、土地储备、生产规模、技术条件、融资能力、服务能力等方面的发展趋势所进行的预测。

（三）房地产市场价格预测

以上所谈的房地产市场需求预测和供给预测着眼于量的角度。实际上，市场供求双方更为关注的是价格问题，因而价格预测构成房地产市场预测的重要内容，其范围也相当广泛。例如，未来一定时期内，某类房地产产品的价格走势是怎样的？哪些是影响房地产市场价格的主要因素？当这些因素发生变化时，房地产价格如何变化？变化的幅度有多大？当房地产价格发生变化时，对供需双方又会产生什么样的影响？对诸如此类问题的深入研究，将对房地产开发商的定价策略产生深刻影响。

（四）房地产市场销售前景预测

这是对在今后一段时间内本企业最可能实现的房地产销售水平的预测，它包括对销售量、品种、规格、区域、价格等情况的预测。由于宏观环境因素和微观环境因素的变动会直接或间接地影响到房地产市场销售前景，对此，预测时应做好充分的估计。

五、房地产市场预测的程序

与市场调查的目的一样，房地产开发商进行市场预测同样是为了减少营销决策中的盲目性，而市场预测是市场调查的延伸，其本身又是一个较为复杂的过程。因此，要使预测结果准确可靠，就必须按照科学的预测程序进行预测。

（一）明确预测目标

预测目标是指特定的预测对象，如某类商品住宅长期、中期、短期的供求趋势，价格的变化趋势，销售前景等。预测目标关系到收集什么资料、如何收集资料、采用何种预测方法等一系列问题。因此，预测开始时即确定一个明确的预测目标是非常重要的。

（二）拟订预测计划

预测目标明确后，就要据此拟订预测的工作计划，包括预测机构的组建、人员的培训、各阶段工作的安排以及经费的预算等。此外，还应包括资料收集方法的确定、预测方法的选择以及对预测的精度要求等。

（三）收集、整理资料

资料是通过市场调查获取的。预测中所需的资料包括与预测对象有关的历史、现时和未来的各种房地产市场发展状况资料。其中，历史资料展现了房地产市场过去的发展轨迹，现时资料反映了当今房地产市场的发展状况，未来资料是指相关政府部门、行业协会及房地产同行的发展规划和预测资料等。

（四）选定预测方法，建立预测模型

预测建立在一定的预测模型的基础之上，而预测模型的建立需要借助一定的预测方法。预测方法有很多种，各种预测方法均有其适用的对象和条件，如果选择不当，将很难做出准确的预测。通常，预测方法是根据预测目标及掌握的资料情况确定的，包括定性预测和定量预测。预测实践中往往将两种预测方法结合起来使用，以便于相互验证和综合处理预测结果，提高预测的可信度。

（五）分析、评价预测结果

根据所建立的预测模型，输入有关的数据和资料，就可得到初步的预测结果。因为预测模型，尤其是定量预测模型是建立在一定的假设基础之上的，是对客观事实的近似反映，因此必须对预测结果的可靠性加以验证。若初步预测结果与实际结果之间的差异在允许的范围内，则可适当修正初步预测值，得到最终的预测结果；否则初步预测结果就被认为没有达到规定的要求，应查找原因或重新选择预测方法再次预测，直到获得满意的结果为止。

（六）写出预测报告

预测报告反映了市场预测的最终成果，一般有两种：一种是一般性预测报告，这种报告往往只提供预测结果和对市场营销活动的建议，它的主要用途是供决策者参考；另一种是专门性报告，这种报告较为详细地呈现了预测的整个过程，包括获取和处理资料的方法、预测方法和预测模型、预测结果以及检验过程等。

无论多么准确的预测，如果不能得到实际应用，那么它也就失去了存在的意义，因此

市场预测的价值最终体现在它的应用上。鉴于此，为了能真正实现预测的价值，要求市场预测报告，尤其是一般性预测报告使用通俗易懂的语言加以描述，便于使用者阅读和理解。

第二节　房地产市场预测的方法及应用

房地产市场预测的方法可以分为两大类：一类是定性预测法；另一类是定量预测法。两类方法各有不同的特点、用途、适用范围和具体方法。

一、定性预测法

定性预测法也称经验预测法，是根据已经掌握的历史资料或直观资料，依靠熟悉业务，具有知识、丰富经验和综合分析能力的专家，对房地产市场未来发展趋势做出性质和程度的判断并在这些判断的基础上得出一定的预测结论。可见，这种预测方法主要是依靠人的思考、推理、判断和综合分析能力，偏重对事物发展性质的分析预测，因而尤其适用于历史资料欠缺、影响因素复杂、难以进行定量分析的情况。常用的定性预测法有经理评判意见法、销售人员估计法和专家预测法等。

（一）经理评判意见法

经理评判意见法是由最高决策层将市场研究、产品开发、营销、财务等与经营有关的各职能部门负责人和业务骨干召集起来，就市场发展趋势或某一重大市场问题进行交流探讨。大家从各自的专业角度充分发表意见，最后由总经理对这些意见做出判断，对市场前景做出预测。

（二）销售人员估计法

销售人员估计法就是把企业的销售人员召集起来（有时也邀请销售代表参加），请他们根据自身对市场的了解情况，对自己所负责销售地区的市场或产品的未来发展趋势进行判断，然后把每个销售人员的判断汇总起来，经过综合分析，对市场或产品前景做出预测。

（三）专家预测法

专家预测法是指依靠专家的知识和经验进行预测的方法。这种方法在预测实践中得到了广泛应用，具体又包括专家会议法和德尔菲法等方法。

专家会议法是以会议的形式将相关领域专家聚到一起，请他们对有关问题做出分析和预测，最后通过归纳和总结专家们的意见而得出预测结果。

德尔菲法是在专家会议法的基础上发展起来的一种预测方法，预测过程如图 8-1 所示。它由美国兰德公司于 20 世纪 40 年代末首创，如今已得到广泛应用。德尔菲法所具有的两个显著特点弥补了专家会议法的缺陷。一是匿名性。在调查过程中，专家们互不见面，消除了专家会议法中的相互影响，是来自权威的压力。二是反馈性。将每次匿名调查结果进行汇总整理后再反馈给专家，经过不断修改、补充，使专家的意见趋于集中，最后得到一套完整的预测方案。

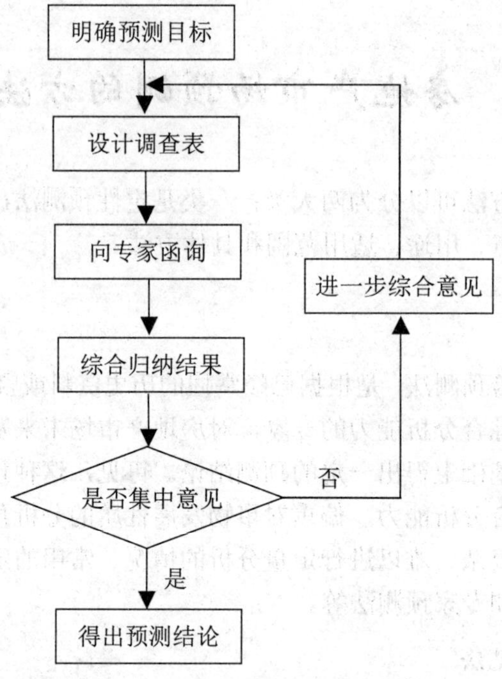

图 8-1 德尔菲法流程

二、定量预测法

定量预测法是利用已经掌握的比较完备的历史统计数据，分析市场的发展规律或因果关系，进而建立起某种数学模型，以此预计和推测市场未来发展变化趋势的一种预测方法。常用的定量预测法包括时间序列预测法和回归分析预测法。

（一）时间序列预测法

时间序列预测法是将预测目标的历史数据资料按时间的先后顺序排列成时间序列后，分析该序列的变化趋势并假定这种趋势将延伸至未来，由此得到预测目标在未来某时期的预测值。移动平均法和指数平滑法是两种主要的时间序列预测法。

1. *移动平均法*

移动平均法的基本思想是：时间序列的数值由于受周期变动和随机波动的影响，不易显示出发展趋势，而使用移动平均可以消除这些因素的影响，进而显示出时间序列的发展趋势，依此趋势可做出相应的预测。移动平均法有简单移动平均法、趋势移动平均法和加权移动平均法等。

(1)简单移动平均法。简单移动平均法也称一次移动平均法。设时间序列为 $y_1, y_2, \cdots, y_t$，则简单移动平均法的计算公式为

$$M_t^{(1)} = \frac{y_t + y_{t-1} + \cdots + y_{t-N+1}}{N}, t \geqslant N \tag{8.1}$$

式中，$M_t^{(1)}$为第 t 期的一次移动平均值；N 为移动平均的项数。

由式 8.1 可知，当 t 向前移动一个时期，就增加一个新数据，舍掉一个最老的数据，得到一个新的平均数，最终将得到一个新的平均数序列。由于新序列是不断向前移动而得到的，所以被称为移动平均法。

一般情况下，如果一时间序列没有明显的周期变化和趋势变化，就可用第 t 期的一次移动平均值作为第 t+1 期的预测值 $\hat{y}_{t+1}$，即

$$\hat{y}_{t+1} = M_t^{(1)} \tag{8.2}$$

（2）趋势移动平均法。简单移动平均法只适合做近期预测，而且要求时间序列没有明显变动的情况。当时间序列具有线性增加或减少趋势时，用一次移动平均法进行预测就会出现滞后偏差①。此时需要进行修正，修正的方法是在一次移动平均的基础上再做一次移动平均并利用滞后偏差的规律来建立线性趋势模型进行预测，这就是趋势移动平均法，也称为二次移动平均法。

设一次移动平均值为$M_t^{(1)}$，则二次移动平均值$M_t^{(2)}$为

$$M_t^{(2)} = \frac{M_t^{(1)} + M_{t-1}^{(1)} + \cdots + M_{t-N+1}^{(1)}}{N}, t \geqslant N \tag{8.3}$$

再设时间序列 $y_1, y_2, \cdots, y_t$ 从某时期开始具有线性趋势并且假定未来仍按此趋势变化，则线性趋势预测模型为

$$\begin{gathered}\hat{y}_{t+T} = a_t + b_t T \\ a_t = 2M_t^{(1)} - M_t^{(2)}, b_t = \frac{2}{N-1}(M_t^{(1)} - M_t^{(2)})\end{gathered} \tag{8.4}$$

式中，t 为当前时期；T 为由当前时期 t 到预测期的时期数，T=1,2,⋯；$\hat{y}_{t+T}$ 为第 $t+T$ 期的预测值；a_t，b_t 为平滑系数。

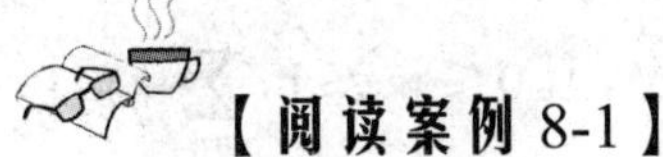

【阅读案例 8-1】

移动平均预测法举例

某企业 1—11 月的销售收入时间序列如表 8-1 所示。试用简单移动平均法预测 12 月的销售收入。

表 8-1　企业销售收入

月份 t	1	2	3	4	5	6
销售收入 y_t（万元）	533.8	574.6	606.9	649.8	705.1	772.0
月份 t	7	8	9	10	11	
销售收入 y_t（万元）	816.4	892.7	963.9	1015.1	1102.7	

① 对于线性递增的时间序列，预测值将偏低；而对于线性递减的时间序列，预测值则偏高。这种偏低、偏高的误差就称为滞后偏差。

解：分别取 N=4，N=5 的预测公式为

$$\hat{y}_{t+1}^{(1)}=\frac{y_t+y_{t-1}+y_{t-2}+y_{t-3}}{4},t=4,5,\cdots,11$$

$$\hat{y}_{t+1}^{(2)}=\frac{y_t+y_{t-1}+y_{t-2}+y_{t-3}+y_{t-4}}{5},t=5,6,\cdots,11$$

当 N=4 时，预测值 $\hat{y}_{12}^{(1)}=993.6$，预测的标准误差为

$$S_1=\sqrt{\frac{\sum_{t=5}^{11}(\hat{y}_t^{(1)}-y_t)^2}{11-2}}=150.5$$

当 N=5 时，预测值 $\hat{y}_{12}^{(2)}=182.4$，预测的标准误差为

$$S_2=\sqrt{\frac{\sum_{t=6}^{11}(\hat{y}_t^{(2)}-y_t)^2}{11-5}}=958.2$$

计算结果表明，N=4 时，预测的标准误差较小，所以选取 N=4。预测 12 月的销售收入为 993.6 万元。

在实际应用中，移动平均项数 N 的选择十分关键。一个有效的方法是取几个 N 值进行试算，比较它们的预测误差，从中选择误差最小的。

（3）加权移动平均法。在简单移动平均法和趋势移动平均法中，均将同一时间序列中每期数据的重要性视为等同。实际上，各期数据对预测值的影响程度是不一样的，越靠近预测期的数据，对预测值的影响程度越大。因此，遵循简单移动平均法和趋势移动平均法的基本原理，同时对各期的数据赋予不同的权值，越是靠近预测期的数据，其权值越大。这就是加权移动平均法的基本思想。

设时间序列为 $y_1,y_2,\cdots,y_t$，则加权移动平均法的计算公式为

$$M_{tw}^{(1)}=\frac{w_t y_t+w_{t-1}y_{t-1}+\cdots+w_{t-N+1}y_{t-N+1}}{N},\quad t\geqslant N \tag{8.5}$$

式中，$M_{tw}^{(1)}$ 为加权移动平均值；w_t 为各期的权数，$t=1,2,\cdots,N$，且 $0\leqslant w_t\leqslant 1$，$\sum_{t=1}^{N}w_t=1$。

可以将第 t 期的加权移动平均值作为第 t+1 期的预测值 $\hat{y}_{t+1}$，即

$$\hat{y}_{t+1}=M_{tw}^{(1)} \tag{8.6}$$

2. 指数平滑法

上面介绍的移动平均法最大的不足就是对前 $t-N$ 期的数据完全不考虑，这往往并不符合实际情况。指数平滑法对此做了改进，它的基本思想为：预测值是前期数据的加权平均和，越是近期的数据，其权数越大；越是远期的数据，其权数越小。根据平滑次数的不同，指数平滑法又分为一次指数平滑法、二次指数平滑法和三次指数平滑法等。

（1）一次指数平滑法。

设时间序列为 $y_1,y_2,\cdots,y_t$，则一次指数平滑公式为

$$S_t^{(1)}=\alpha y_t+(1-\alpha)S_{t-1}^{(1)} \tag{8.7}$$

进一步推导得

$$S_t^{(1)} = \alpha \sum_{j=0}^{\infty} (1-\alpha)^j y_{t-j} \tag{8.8}$$

以上两式中，$S_t^{(1)}$ 为一次指数平滑值；α 为平滑系数。

式 8.8 表明，$S_t^{(1)}$ 实际上是 $y_1, y_2, \cdots, y_{t-j}$ 的加权平均，加权系数分别为 $\alpha, \alpha(1-\alpha), \alpha(1-\alpha)^2, \cdots$ 由于加权系数符合指数规律，又具有平滑数据的功能，所以称为指数平滑。由此可以得到预测模型为

$$\begin{aligned} \hat{y}_t &= y_t \quad t=1 \\ \hat{y}_{t+1} &= S_t^{(1)} = \alpha y_t + (1-\alpha)\hat{y}_t \quad t \neq 1 \end{aligned} \tag{8.9}$$

即以第 t 期的一次指数平滑值作为第 $t+1$ 期的预测值。

（2）二次指数平滑法。与二次移动平均法的原理相同，当时间序列的变动出现明显的线性变动趋势时，若用一次指数平滑法进行预测，同样会出现滞后偏差的问题，这时也需要进行二次指数平滑加以修正，同时需要建立线性趋势预测模型进行预测。二次指数平滑公式为

$$\begin{aligned} S_0^{(2)} &= S_0^{(1)} = y_1 \quad t=0 \\ S_t^{(2)} &= \alpha S_t^{(1)} + (1-\alpha) S_{t-1}^{(2)} \end{aligned} \tag{8.10}$$

式中，$S_t^{(1)}$ 为一次指数平滑值；$S_t^{(2)}$ 为二次指数平滑值。

类似二次移动平均法，线性趋势预测模型为

$$\begin{aligned} \hat{y}_{t+T} &= a_t + b_t T \\ a_t = 2S_t^{(1)} - S_t^{(2)}，\ b_t &= \frac{\alpha}{1-\alpha}(S_t^{(1)} - S_t^{(2)}) \end{aligned} \tag{8.11}$$

（3）三次指数平滑法。当时间序列的变动表现为二次曲线趋势时，则需要用三次指数平滑法，它是在二次指数平滑的基础上再进行一次平滑。公式为

$$S_t^{(3)} = \alpha S_t^{(2)} + (1-\alpha) S_{t-1}^{(3)} \tag{8.12}$$

三次指数平滑的预测模型为

$$\hat{y}_{t+T} = a_t + b_t T + c_t T^2 \tag{8.13}$$

式中，a_t、b_t、c_t 为平滑系数，计算公式为

$$a_t = 3S_t^{(1)} - 3S_t^{(2)} + S_t^{(3)}$$

$$b_t = \frac{\alpha}{2(1-\alpha)^2}[(6-5\alpha)S_t^{(1)} - 2(5-4\alpha)S_t^{(2)} + (4-3\alpha)S_t^{(3)}]$$

$$c_t = \frac{\alpha^2}{2(1-\alpha)^2}[S_t^{(1)} - 2S_t^{(2)} + S_t^{(3)}]$$

由式 8.9 可得

$$\hat{y}_{t+1} = \hat{y}_t + \alpha(y_t - \hat{y}_t) \tag{8.14}$$

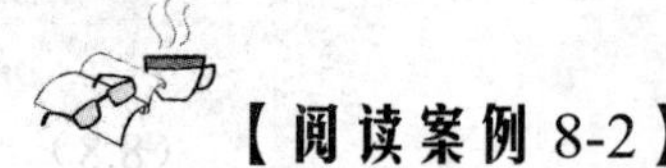

【阅读案例 8-2】

指数平滑预测法举例一

某城市 2009 年 7—12 月的住宅平均销售价格统计如表 8-2 所示，请用指数平滑法预测 2010 年 1 月该市的住宅均价。

表 8-2 某城市 2009 年 7—12 月的住宅平均销售价格

单位：元/m²

月　　份	住 宅 均 价	月　　份	住 宅 均 价
7	5000	10	6000
8	5300	11	6300
9	5500	12	6600

这里仍采用 Excel 表“工具”菜单中的“数据分析”命令（工具→数据分析→指数平滑）进行分析，$\alpha=0.6$。Excel 中称$1-\alpha$为阻尼系数，本例中阻尼系数为 0.4，分析结果如图 8-2 所示。

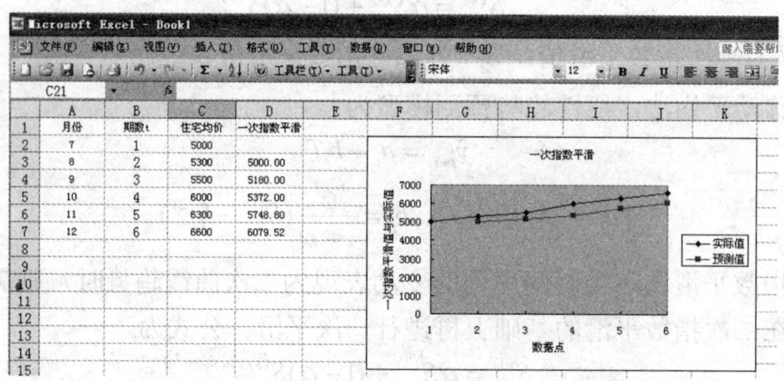

图 8-2 某城市住宅价格一次指数移动平滑预测曲线

图 8-2 给出了一次指数移动平滑的计算结果及实际值与一次指数移动平滑值的曲线。从图中可以看出，该市 2009 年 7—12 月的住宅均价具有明显的线性增长趋势，因此要完成本次预测，还必须做二次指数平滑，结果如图 8-3 所示并建立线性趋势的预测模型进行预测。

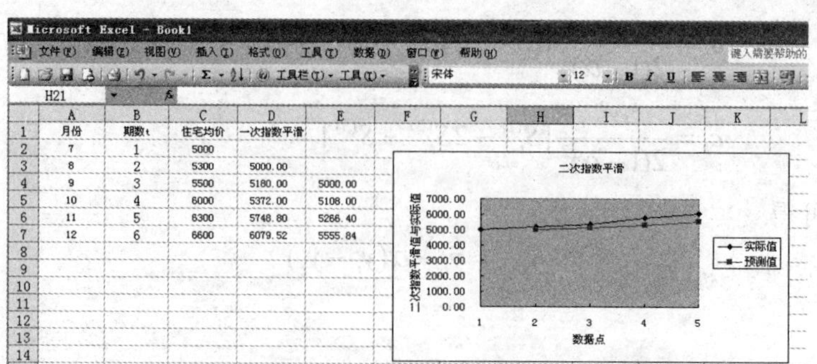

图 8-3 某城市住宅价格二次指数移动平滑预测曲线

由式 8.11 得到 $t=6$ 时的平滑系数为

$$a_6=2S_6^{(1)}-S_6^{(2)}=2\times 6079.52-5555.84=6603.2$$

$$b_6=\frac{\alpha}{1-\alpha}(S_6^{(1)}-S_6^{(2)})=\frac{0.6}{1-0.6}(6079.52-5555.84)=785.52$$

$t=6$ 时，商品房销售额的线性预测模型为

$$\hat{y}_{6+T}=a_6+b_6T=6603.2+785.52T$$

2010 年 1 月，该市住宅价格预测值为

$$\hat{y}_{2010.1}=\hat{y}_{6+1}=6603.2+785.52\times 1=7388.72\text{（元/m}^2\text{）}$$

由式 8.14 可知，新的预测值是根据预测误差对原预测值进行修正得到的，α 值越大，修正幅度越大；α 值越小，修正幅度越小。可见，在指数平滑法中，平滑系数 α 的选择是一个非常关键的因素。实际应用中，α 值是根据时间序列的变化特性来选取的。若时间序列波动比较平稳，则 α 值应取得小一些，如 0.1～0.3；若时间序列具有迅速且明显的变动倾向，则 α 值应取得大一些，如 0.6～0.8，从而使预测模型变得灵敏一些。实际上，α 值又是一个经验数据，可多取几个 α 值进行试算，哪个预测误差最小就采用哪个。

指数平滑预测法举例二①

已知某种产品最近 15 个月的销售量如表 8-3 所示。

表 8-3　某种产品最近 15 个月的销售量

单位：万台

时间序号 t	1	2	3	4	5	6	7	8	9	10	11	12	13	14	15
销售量 y_t	10	15	8	20	10	16	18	20	22	24	20	26	27	29	29

请用一次指数平滑值预测下个月的销售量 y_{16}。

为了分析加权系数 α 的不同取值的特点，分别取 α=0.1,α=0.3,α=0.5 计算一次指数平滑值，并设初始值为最早的三个数据的平均值，以 α= 0.5 的一次指数平滑值计算为例，计算如下。

$$S_0^{(1)}=\frac{y_1+y_2+y_3}{3}=11.0$$

$$S_1^{(1)}=ay_1+(1-\alpha)S_0^{(1)}=0.5\times 10+0.5\times 11.0=10.5$$

$$S_2^{(1)}=ay_2+(1-\alpha)S_1^{(1)}=0.5\times 15+0.5\times 10.5=12.8$$

计算得表 8-4。

表 8-4　一次指数平滑值计算表

单位：万台

时间序号 t	1	2	3	4	5	6	7	8	9	10	11	12	13	14	15
销售量 y_t	10	15	8	20	10	16	18	20	22	24	20	26	27	29	29
$S_t^{(1)}(\alpha=0.1)$	10.9	11.3	11.0	11.9	11.7	12.1	12.7	13.4	14.3	15.3	15.8	16.8	18.8	18.9	19.9
$S_t^{(1)}(\alpha=0.3)$	10.7	12.0	10.8	13.6	12.5	13.6	14.3	16.0	17.8	19.7	19.8	21.7	23.3	25.0	26.2
$S_t^{(1)}(\alpha=0.5)$	10.5	12.8	10.4	15.2	12.6	14.3	16.2	18.1	20.1	22.0	21.0	23.5	25.3	27.2	28.1

① 例题摘自：https://blog.csdn.net/NIeson2012/article/details/51980943.

按表 8-4 可得，t=15 时对应的一次指数平滑值为 19.9、26.2、28.1，可以分别根据预测公式来预测第 16 个月的销售量。

当 α= 0.5 时，该产品第 16 个月的销售量为

$$y_{16} = 0.5\times 29 + (1-0.5)\times 28.1 = 28.55 \text{（万台）}$$

由上述例题可得结论如下。

（1）指数平滑法对实际序列具有平滑作用，权系数（平滑系数）α 越小，平滑作用越强，但对实际数据的变动反应较迟缓。

（2）在实际序列的线性变动部分，指数平滑值序列出现一定的滞后偏差的程度随着权系数（平滑系数）α 的增大而减少，但当时间序列的变动出现直线趋势时，用一次指数平滑法来进行预测仍将存在着明显的滞后偏差。因此，也需要进行修正。修正的方法也是在一次指数平滑的基础上再进行二次指数平滑，利用滞后偏差的规律找出曲线的发展方向和发展趋势，然后建立直线趋势预测模型，故称为二次指数平滑法。

（二）回归分析预测法

时间序列分析是由预测目标的历史数据来推测它的未来变化趋势，并不涉及其他影响因素。事实上，预测目标的未来变化趋势除了与自身的历史数据有关外，更多时候还受其他因素的影响。因此，若能在预测目标与其他影响因素之间建立起某种函数关系，由此进行的预测将会更加符合实际情况。回归分析预测就是这样一种方法，这里我们只讨论多元线性回归分析在房地产市场预测中的应用，其他类型的回归分析请参阅统计分析的有关书籍。

1. 多元线性回归方程

设预测目标变量 y 与影响因素 $x_1, x_2, \cdots, x_k$ 之间的关系是线性的，则可建立多元线性回归模型为

$$y = \beta_0 + \beta_1 x_1 + \beta_2 x_2 + \cdots + \beta_k x_k + \varepsilon \tag{8.15}$$

式中，y 为预测目标变量，又被称为因变量；$x_1, x_2, \cdots, x_k$ 为影响因素，又被称为自变量；$\beta_0, \beta_1, \beta_2, \cdots, \beta_k$ 为回归系数；ε 为随机误差，反映了除影响因素 $x_1, x_2, \cdots, x_k$ 之外的其他因素对 y 的影响，$\varepsilon \sim N(0, \delta^2)$。

分别对因变量和各个自变量进行了 n 次观测，根据观测数据和最小二乘法得到回归模型即式 8.15 的估计回归方程

$$\hat{y} = \hat{\beta}_0 + \hat{\beta}_1 x_1 + \hat{\beta}_2 x_2 + \cdots + \hat{\beta}_k x_k \tag{8.16}$$

式中，$\hat{y}$ 为因变量 y 的估计值；$\hat{\beta}_0, \hat{\beta}_1, \hat{\beta}_2, \cdots, \hat{\beta}_k$ 为 $\beta_0, \beta_1, \beta_2, \cdots, \beta_k$ 的估计值。

2. 估计的多元线性回归方程的检验

上面求得的多元线性回归方程式 8.16 是否合理，能否被用于实践，还需要经过一系列检验。首先需要检验方程是否符合经济意义，其次需要进行统计检验。统计检验是运用统计方法进行的，主要包括拟合优度检验（R^2 检验）、方程显著性检验（F 检验）和变量显著性检验（t 检验）等。最后，还应从经济意义的角度重新审视模型的可行性。

（1）R^2 检验。R^2 检验主要用于检验回归方程对所观测数据的拟合程度。判定系数 R^2 的计算公式为

$$R^2 = \frac{\text{SSR}}{\text{SST}} = 1 - \frac{\text{SSE}}{\text{SST}} \tag{8.17}$$

式中，$\text{SST} = \text{SSR} + \text{SSE}$。其中，$\text{SST} = \sum (y_i - \overline{y})^2$，为总平方和；$\text{SSR} = \sum (y_i - \hat{y}_i)^2$，为回归平方和；$\text{SSE} = \sum (\hat{y}_i - \overline{y})^2$，为参差平方和。

对一个回归方程来说，R^2 越接近 1，其拟合优度越高。

在多元回归分析中，常用修正的判定系数，其计算公式为

$$\overline{R}^2 = 1 - \frac{\text{SSE} / (n-k-1)}{\text{SSR} / (n-1)} \tag{8.18}$$

式中，$n-k-1$ 为参差平方和 SSE 的自由度；$n-1$ 为总平方和的自由度。

（2）F 检验。F 检验主要用于判断因变量 y 与自变量 $x_i (i=1,2,\cdots,k)$ 之间的线性关系是否显著。检验的具体步骤如下。

首先，提出假设。

H_0：$\beta_1 = \beta_2 = \cdots = \beta_k = 0$。

H_1：至少有一个 $\beta_i \neq 0, i = 1,2,\cdots,k$。

其次，构建统计量 F。

$$F = \frac{\text{SSR} / k}{\text{SSE} / (n-k-1)} \approx F(k, n-k-1)$$

在给定显著性水平 α 情况下，若 $F \geqslant F_\alpha(k, n-k-1)$，则拒绝 H_0，即判断线性回归方程的回归效果显著；若 $F < F_\alpha(k, n-k-1)$，则接受 H_0，即判断线性回归方程的回归效果不显著。

在 Excel 输出的方差分析表中（见阅读案例 8-3）还给出一个 F 检验的显著水平 Significance F，利用该值可以得出与 F 检验相同的结论。即当 Significance $F \leqslant \alpha$ 时，则拒绝 H_0；反之，Significance $F > \alpha$，则接受 H_0。

（3）t 检验。R^2 检验和 F 检验是将所有的自变量作为一个整体来检验它们与因变量的线性相关程度是否显著，但对于多元线性回归方程来说，方程的显著性并不一定意味着每个自变量对因变量的影响都是显著的。如果某个自变量的影响不显著，则应将其从方程中剔除，而后重新建立更为简单的方程。因此，需要对每个变量进行显著性检验，即要进行 t 检验。

首先，提出假设。对于任何回归系数 β_i，$i = 1,2,\cdots,k$，有 H_0：$\beta_i = 0$；H_1：$\beta_i \neq 0$。

其次，构建检验统计量 t。

$$t_i = \frac{\hat{\beta}_i}{s_{\beta_i}} \sim t(n-k-1)$$

在给定的显著性水平下，若 $|t_i| \geqslant t_{\frac{\alpha}{2}}(n-k-1)$，则拒绝 H_0，说明 x_i 对 y 有显著影响；若 $|t_i| < t_{\frac{\alpha}{2}}(n-k-1)$，则接受 H_0，说明 x_i 对 y 无显著影响，应剔除该因素。

在 Excel 输出的回归分析结果中（见阅读案例 8-3），还可用 P-value 进行检验，即当

P-value≤α时，则拒绝H_0；反之，P-value>α，则接受H_0。

不难理解，在一元回归分析中，F检验和t检验的作用是完全一致的，二者可只检验其一。

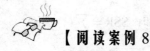

【阅读案例 8-3】

回归分析预测法举例

某房地产开发公司想对业务所在城市的住宅销售价格与土地价格、已售楼盘价格和使用面积之间建立一个回归分析模型，以便对住宅的未来销售价格做出合理预测。为此，该公司市场调研部的工作人员搜集了 20 栋住宅的相关数据，如表 8-5 所示。

表 8-5　20 栋住宅的相关数据

住 宅 编 号	销售价格 y（元/m^2）	土地价格 x_1（万元）	已售楼盘价格 x_2（万元）	使用面积 x_3（m^2）
1	6890	596	4497	18 730
2	4580	900	2780	9280
3	5550	950	3144	11 260
4	6200	1000	3959	12 650
5	11650	1800	7283	22 140
6	4500	850	2732	9120
7	3800	800	2986	8990
8	8300	2300	4775	18 030
9	5900	810	3912	12 040
10	4750	900	2935	17 250
11	4050	730	4012	10 800
12	4000	800	3168	15 290
13	9700	2000	5851	24 550
14	4550	800	2345	11 510
15	4090	800	2089	11 730
16	8000	1050	5625	19 600
17	5600	400	2086	13 440
18	3700	450	2261	9880
19	5000	340	3595	10 760
20	2240	150	578	9620

回归分析结果由 Excel 表输出（工具→数据分析→回归），如图 8-4 所示。

SUMMARY OUTPUT								
回归统计								
Multiple R	0.948559704							
R Square	0.899765513							
Adjusted R Square	0.880971546							
标准误差	784.9051431							
观测值	20							
方差分析								
	df	SS	MS	F	Significance F			
回归分析	3	88484357.66	29494785.89	47.87523274	3.24649E-08			
残差	16	9857217.337	616076.0836					
总计	19	98341575						
	Coefficients	标准误差	t Stat	P-value	Lower 95%	Upper 95%	下限 95.0%	上限 95.0%
Intercept	88.38289934	569.5039984	0.155192763	0.878610313	-1118.911645	1295.677444	-1118.91164	1295.677444
X Variable 1	0.784629435	0.507605636	1.545746105	0.141714305	-0.291446443	1.860705314	-0.29144644	1.860705314
X Variable 2	0.819249889	0.209368729	3.91295249	0.00123949	0.375408011	1.263091766	0.375408011	1.263091766
X Variable 3	0.140872041	0.065299491	2.157322211	0.046531321	0.002443305	0.279300777	0.002443305	0.279300777

图 8-4　Excel 表输出的回归分析结果

根据图 8-4 的分析结果，得到住宅销售价格（y）与土地价格（x_1）、已售楼盘价格（x_2）和使用面积（x_3）之间的一个线性回归方程，如下。

$$\hat{y}=88.3829+0.784\,63x_1+0.819\,25x_2+0.140\,87x_3$$

很显然，上面的回归方程初步符合经济意义。同时，进行 F 检验和 t 检验，显著性水平 $\alpha=0.05$，分析结果如下。

F 检验：可从 F 检验值和 Significance F 得到同样的结论。在显著性水平 $\alpha=0.05$ 下，查表得 $F_{0.05}(3,16)=3.24$，而从图 8-4 中得到 $F=47.875>F_{0.05}(3,16)=3.24$；Significance F=$3.246\,49\times10^{-8}<\alpha=0.05$。$F$ 检验值和 Significance F 均说明了住宅销售价格（y）与土地价格（x_1）、已售楼盘价格（x_2）和使用面积（x_3）之间的线性回归效果显著。

t 检验：在显著性水平 $\alpha=0.05$ 下，$t_{0.025}(16)=2.1199$，而在图 8-4 中，$t_0=0.1552$，$t_1=1.5457$，$t_2=3.913$，$t_3=2.1573$。由此可得，$\hat{\beta}_2$ 和 $\hat{\beta}_3$ 通过了 t 检验，而 $\hat{\beta}_0$ 和 $\hat{\beta}_1$ 没有通过 t 检验。直接用 P-value 可以得到同样的结果，读者可自行判断。这也说明了在选取的 3 个影响因素（自变量）中，已售楼盘价格和使用面积对住宅价格的影响是显著的，而土地价格的影响并不显著。由此得到的回归模型如下。

$$\hat{y}=0.819\,25x_2+0.140\,87x_3$$

当然，上面分析得到的结论并不能作为最终结果。因为某个影响因素没有通过检验，并不一定意味着它对因变量的影响就不显著，很可能是其他原因造成的，这在统计上称为多重共线性。例如，本例中土地价格这个影响因素没有通过检验，极有可能是由土地价格与已售楼盘价格和使用面积之间高度相关造成的。多重共线性会对 t 检验的解释带来困难，有关内容可参考回归分析方面的书籍。

综合分析，不难发现各种定性预测法有一个共同缺陷，即预测结果受预测者个人的主观影响较大，这样，当预测者的知识和经验水平相差较大时，将会影响预测结果的准确性。因此，在历史统计数据已经较完备、准确，市场发展变化的环境和条件比较稳定，产品处于生命周期的成长期或成熟期，预测对象与某些相关因素之间呈现比较明显的因果制约关系，或预测对象随时间推移呈现比较明显的趋势性变化等情况下，应用定量预测法是比较适宜的。从长远来看，随着房地产市场统计数据资料的不断完善，以定量预测法为主，辅以定性预测法，将成为房地产预测的主流趋势。

本章小结

进行房地产市场相关问题的预测，对于开发商的市场营销活动来说同样是不可或缺的组成部分。本章首先阐述了房地产市场预测的含义、类型、内容和程序，使读者对房地产市场预测形成一个基本认识。其次比较详尽地分析了定性预测法和定量预测法两大类基本的房地产市场预测方法，并以案例说明了各种方法的具体应用。案例的计算过程均采用Excel数据分析工具，这使得计算过程得以简化，计算结果准确可靠。最后对两类预测方法进行了对比分析，指出随着房地产市场统计数据资料的不断完善，以定量预测法为主，辅以定性预测法，将成为房地产市场预测的主流趋势。本章中所给出的案例尽量做到新颖、贴切，趣味性和可读性兼备，有助于读者对相关预测方法的深入理解和掌握。

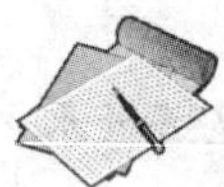

综合练习

一、基本概念

房地产市场预测；定性预测法；定量预测法；德尔菲法；时间序列预测法；回归分析预测法。

二、思考题

1. 房地产市场预测的作用、类型和内容是什么？
2. 简述房地产市场预测的程序。
3. 定性预测方法有哪几种？
4. 时间序列预测法有哪些具体方法？
5. 为什么要对得到的回归预测模型进行检验？

三、案例分析

1. 通过市场调查获取你所在城市的房价资料，请用时间序列预测法预测未来某个时间点的房价。

2. 通过市场调查获取你所在城市的房价资料和其他相关资料（如土地价格、已售楼盘价格、销量等），请用回归分析预测法预测未来某个时间点的房价。

推荐阅读资料

1. 王建红．房地产投资分析[M]．北京：电子工业出版社，2007．
2. 赵丹亚，邵丽．中文版 Excel 2000 应用案例[M]．北京：人民邮电出版社，2000．

3．徐小慧．房地产市场调查与预测[M]．北京：科学出版社，2009．

4．中国科学院预测科学研究中心．中国房地产市场回顾与展望[M]．北京：科学出版社，2011．

网上资源

1．百度文库：http://wenku.baidu.com/.

2．新浪地产网个人后台：http://my.dichan.com/.

3．读秀学术搜索：http://edu.duxiu.com/.

第九章　房地产市场细分、目标市场选择与市场定位

学习目标

- 房地产市场细分的含义、作用、标准、方法、原则和步骤；
- 房地产目标市场的含义及应具备的条件；
- 房地产目标市场选择的策略与程序；
- 房地产市场定位的概念、策略、分析方法和程序。

导言

房地产开发商通过开展市场调查和市场预测，不仅掌握了市场现状，而且对未来市场的发展趋势做出了一定的判断，这为更好地满足市场需求进而实现企业目标奠定了基础。然而，面对庞大而复杂的房地产市场，任何一家开发商（无论规模有多大、实力有多雄厚）都不可能满足整个市场对房地产产品的所有需求，而只能满足部分需求。因此，开发商必须在市场细分的基础上选择一个或几个目标市场，之后还应进行有效的定位。唯有如此，开发商才能有针对性地满足某一部分消费者的需求。这样，市场细分、目标市场选择和市场定位就成为任何房地产开发商有效进入某一市场所不可省略的阶段。

第一节　房地产市场细分

市场细分作为企业的一种市场营销理念，直接为企业选择目标市场服务，与“目标市场营销[①]”策略相呼应。此概念一经提出，企业即普遍认可并在市场营销活动中广泛应用，同时也成为房地产市场营销活动的基础。

一、房地产市场细分的含义

所谓房地产市场细分，是指房地产开发商在“目标市场营销”观念的指导下，依据一定的细分变量，将房地产市场总体细分为若干具有相似需求的房地产购买者群的过程，每一个“群”即一个房地产细分市场。

① 目标市场营销的基本思想：在市场细分的基础上，企业进一步针对各个不同细分市场的需求差异，选择一个或几个细分市场作为目标市场并采取相应的市场营销组合策略，以满足目标市场的需求，最终实现企业的经营目标。

可以看出，这里给出的房地产细分市场的概念包含三层意思。一是房地产市场细分与目标市场营销观念是一脉相承的。目标市场营销是市场细分的根本目的，而市场细分又是确定目标市场的基础和前提。二是房地产市场细分的依据是一定的细分变量，这些细分变量反映了房地产消费者的需求状况。三是房地产市场细分不同于一般的房地产市场分类。一般的房地产市场分类是从房地产实体角度来进行划分的，例如，按物品形式分，可将房地产市场分为房产市场和地产市场；按使用性质分，可将房地产市场分为住宅市场和非住宅市场（主要指生产经营用房）；按流通方式分，可将房地产市场分为买房市场和租赁市场等。而房地产市场细分是从购买者的角度出发，根据购买者的需求差异来进行划分的。

在理解房地产市场细分这个概念时，还应注意以下两点。

（1）房地产市场细分必须建立在房地产市场基本分类的基础上。市场细分一般是以某类商品市场作为对象进行细分的，只有这样，市场细分才有意义。例如，汽车市场、服装市场、冰箱市场等均是单一商品市场。然而，房地产市场并非单一市场，它包含了多种房地产产品类别。从房地产实体角度来划分，可将房地产市场划分为多个基本类型，这点我们在前文中也提到了。这样，整个房地产市场实际上是一个综合型市场。对这种市场进行细分时，必须先搞清楚房地产市场的基本分类，然后再对其中的某类市场按照一定的“细分变量”进行细分，否则细分是没有任何意义的。

（2）房地产购买者一般不是个人，而是家庭或单位。对于绝大多数普通商品，其购买者的基本单位是个人，而房地产购买者一般是个人的集合体——以家庭或企事业单位为基本购买者。因此，当我们以“细分变量”进行市场细分时，绝不能简单地以个人作为基本单位，而应以家庭或企事业为基本单位，否则，所做的细分市场同样是没有任何意义的。

二、房地产市场细分的作用

房地产市场细分为房地产开发商选择目标市场奠定基础，对房地产开发商的市场营销活动具有重要意义。

（一）有利于房地产开发商发现新的市场机会

通过房地产市场细分后，开发商可以对每一个细分市场上的购买潜力、满足程度、市场状况等进行分析、对比，从中发现未被满足或未被充分满足的需求，这类需求对开发商来说往往是极佳的机会。适时抓住一个新的机会，就意味着开拓了一个新的领域，既避开了激烈的市场竞争，又占据了更多的市场资源。现代社会中，拥有机会和资源的多与少，成为决定企业前途和命运的关键。

（二）有利于房地产开发商制定和调整营销策略

企业根据对细分市场的充分研究，进而选定可以进入的目标市场并针对目标市场上的特殊情况，制定出相应的市场营销组合策略，以满足目标市场消费者的需求。同时，在已有的目标市场上，一旦消费者的需求发生变化，企业也可以迅速捕捉到这一信息，并及时改变营销策略，以适应这种变化，这样就使得企业的应变能力和竞争能力得到充分提升。

（三）有利于开发商取得最佳经济效益

本章导言中曾经提到过，任何一家房地产开发商都不可能满足整个市场对房地产产品的所有需求，而只能满足部分需求。原因就在于，即使规模再大、实力再雄厚的房地产开发商，它所掌握的资源也总是有限的。通过市场细分寻找到目标市场之后，开发商就可以将有限的资源投入满足目标市场需求的业务中，提高自身的竞争力，取得最佳的经济效益。

三、房地产市场细分的标准

房地产市场细分是根据一定的细分变量来进行的，这些细分变量反映了房地产购买者的需求和欲望，构成了房地产市场细分的标准。由于房地产市场的基本分类是不同的，每一类市场上，购买者的购买目的和购买特点都存在显著差别，这必然导致每一类房地产市场具有显著不同的细分变量。

（一）住宅市场细分的标准

住宅市场细分变量主要分为四类，即地理变量、人口变量、心理变量和行为变量，各类变量又包含众多的子变量。住宅市场根据这些变量或子变量划分成不同的细分市场，如表9-1所示。

现在，住宅消费者追求的不仅仅是可以居住这样的单一功能，还要综合考虑其他因素才能做出购买决定，因此，进行住宅市场细分时需要考虑的变量很多。当然，实际操作中，房地产开发商并非要考虑表9-1中所有的细分变量，而是需要综合考虑本企业的实际情况和当下的市场状况，经过适当取舍后方能决定。

表9-1 住宅市场细分变量①

<table>
<tr><th>细分变量</th><th colspan="3">子　变　量</th><th colspan="2">细分市场类型</th></tr>
<tr><td rowspan="8">地理变量</td><td rowspan="5">地理位置</td><td colspan="2">本地购买者</td><td>如北京市</td><td>朝阳区、海淀区、亦庄开发区、东城区等</td></tr>
<tr><td rowspan="4">外来人口购买者</td><td>本省购买者</td><td>如山东省</td><td>济南、青岛、烟台、泰安等</td></tr>
<tr><td>外省（市）购买者</td><td colspan="2">北京、上海、广州、深圳、河北、吉林、辽宁等</td></tr>
<tr><td rowspan="2">境外购买者</td><td colspan="2">中国港澳台地区消费者市场</td></tr>
<tr><td colspan="2">其他国家（地区）消费者市场</td></tr>
<tr><td rowspan="3">区域环境</td><td>自然地理环境</td><td>自然资源、地形、地质、气候条件等</td><td colspan="2">优等市场、中等市场、差等市场</td></tr>
<tr><td>经济地理环境</td><td>基础设施、公共设施等</td><td colspan="2">优等市场、中等市场、差等市场</td></tr>
<tr><td>人文地理环境</td><td>文化氛围、居民素质、社会治安等</td><td colspan="2">优等市场、中等市场、差等市场</td></tr>
</table>

① 本表是在查阅相关资料的基础上形成的。实践中，各个房地产开发商面对不同的市场情况，可能会选取与本表不同的细分子变量。

续表

细分变量	子变量		细分市场类型
人口变量	性别	女性、男性	依据这些人口变量，可分别划分为不同的细分市场
	年龄	25 岁以下、25～35 岁、36～60 岁、60 岁以上	
	职业	职员、商人、教师、公务员、军人等	
	文化程度	小学、中学、大学、研究生等	
	家庭规模	单身、2 人、3 人、3 人以上	
	家庭收入	高收入、中收入、低收入	
	家庭生命周期	单身、新婚、满巢、空巢、鳏寡	
	家庭代际数	一代户、两代户、三代户、四代户及以上	
	民族	汉族、满族、回族等	
	宗教	佛教、基督教、伊斯兰教等	
	国籍	中国、美国、日本、俄罗斯等	
心理变量	生活方式	时尚潮流、朴素低调等	依据这些心理变量，可分别划分为不同的细分市场
	个性特点	内向与外向、低调与张扬、开放与保守等	
	价值观念	求实型、求新型、求美型、求廉型、求名型等	
	社会阶层	富豪阶层、富裕阶层、中产阶层、工薪阶层等	
行为变量	购买时间	淡季、旺季	依据这些行为变量，可分别划分为不同的细分市场
	购买动机	自住、投资、投机等	
	购买次数	首次置业、二次置业、多次置业等	
	对产品态度	狂热、喜欢、无所谓、不喜欢、敌视等	
	追求利益	追求方便、注重环境、关心物业管理、重视子女教育等	

（二）生产营业用房市场细分的标准

生产营业用房主要面向生产、经营等企业单位，常见的细分变量如表 9-2 所示。

表9-2 生产经营用房市场的细分变量[①]

<table>
<tr><th rowspan="2">细分变量</th><th colspan="4">用户细分</th></tr>
<tr><th>最终用户细分</th><th>产品用途细分</th><th>顾客规模细分</th><th>追求利益细分</th></tr>
<tr><td rowspan="20">细分市场</td><td rowspan="3">加工制造</td><td>工业大厦</td><td rowspan="20">大客户、中客户、小客户</td><td rowspan="20">价格、质量、建筑风格、地段、绿化、设计、物业管理</td></tr>
<tr><td>标准厂房</td></tr>
<tr><td>专用厂房</td></tr>
<tr><td rowspan="8">商业</td><td>百货大楼</td></tr>
<tr><td>购物中心</td></tr>
<tr><td>步行街</td></tr>
<tr><td>产权式酒店</td></tr>
<tr><td>批发市场</td></tr>
<tr><td>裙楼商业</td></tr>
<tr><td>社区商业</td></tr>
<tr><td>写字楼</td></tr>
<tr><td rowspan="3">金融业</td><td>银行大楼</td></tr>
<tr><td>证券大楼</td></tr>
<tr><td>普通储蓄所</td></tr>
<tr><td rowspan="3">宾馆业</td><td>普通宾馆</td></tr>
<tr><td>星级宾馆</td></tr>
<tr><td>别墅式宾馆</td></tr>
<tr><td rowspan="2">文化娱乐业</td><td>艺术展览馆</td></tr>
<tr><td>娱乐中心</td></tr>
</table>

四、房地产市场细分的方法

根据所采用的细分变量数量的多少，可将房地产市场细分的方法分为三种，即单变量细分市场法、双变量细分市场法和多变量细分市场法。

（一）单变量细分市场法

单变量细分市场法是根据一个细分变量的变化情况进行市场细分的方法。例如，按年龄将住宅市场划分为年轻人住宅市场（25岁以下）、青壮年住宅市场（25～35岁）、中老年（35岁以上）住宅市场。根据单变量进行市场细分，操作上简单易行，但由此划分出的细分市场可能过粗，不能满足市场的需求，所以一般情况下不采用单变量细分市场法，而采用以下两种方法。

（二）双变量细分市场法

双变量细分市场法是根据两个细分变量的变化情况进行市场细分的方法。具体做法：选取两个细分变量，先用单变量细分市场法分别划分各自的细分市场，然后将划分好的细分市场进行排列组合，得到若干个组合细分市场。通过对这些组合细分市场的研究，从中选取有

① 周帆．房地产全程营销图表[M]．北京：机械工业出版社，2007：225．

吸引力的市场。例如，以年龄和收入为细分变量将住宅市场细分为如表 9-3 所示的细分市场。

表 9-3　双变量细分市场法举例

收　入	年　龄		
	中老年（1）	青壮年（2）	青年（3）
超高收入（A）	A-1	A-2	A-3
高收入（B）	B-1	B-2	B-3
中等收入（C）	C-1	C-2	C-3
低收入（D）	D-1	D-2	D-3

表 9-3 中，A-1 表示的细分市场是超高收入阶层中老年住宅市场，表中的其他符号所代表的含义以此类推。房地产开发商通过对各个细分市场消费者需求特征的分析，选择自己感兴趣的市场作为进一步分析的对象或目标市场。

（三）多变量细分市场法

多变量细分市场法是根据多个细分变量的变化情况进行市场细分的方法。多变量细分市场法的具体方法很多，有时也很复杂，其中一种简单的方法就是路线寻找法，这种方法的步骤如下。

（1）列出主要细分变量。

（2）针对每个细分变量，分别划分出各自的细分市场（采用单变量细分市场法）。

（3）从第一个细分变量划分得到的众多细分市场中，选择一个最有吸引力的细分市场。

（4）从步骤（3）出发，继续进入由第二个细分变量得到的细分市场中，从中选择一个最有吸引力的细分市场。

（5）以此类推，进入由最后一个细分变量得到的细分市场中，从中选择一个最有吸引力的细分市场。

经过以上五步后，会得到一个由多个细分变量细分市场后形成的最具吸引力的组合细分市场。表 9-4 是一个多变量细分市场法的案例。根据具体项目和所处地区的特征，初步确定出组合市场细分的路线，如表中箭头所示，由此一个组合细分市场（家庭收入中等→中年→教师→国有→已婚→大学学历→固定人口→城北）就这样清晰地被界定出来。采用同样的方法，可以获得若干个这样的组合细分市场。然后，经过分析评估，可以选取一个或几个这样的组合细分市场作为目标市场。

表 9-4　多变量细分市场法举例

家庭收入	年龄	职业	单位性质	婚姻状况	教育程度	居住期	片区
超高	青年	公司职员	国有	待婚	小学	固定人口	城中
高	中年	医生	民营	已婚	中学	流动人口	城南
中	老年	律师	集体	离婚	大学		城北
低		记者	涉外		研究生		城东
		教师					城西
		公务员					

本章“综合练习”给出的案例“××城市广场住宅部分的 STP 分析”中，也提供了一种房地产市场细分方法，读者可进行对比学习。

五、房地产市场细分的原则

虽然进行房地产市场细分时，可参考的细分标准和可采用的细分方法很多，但并不是所有的细分都是有效的，诸如按性别将住宅市场细分为男性市场和女性市场的细分就没有什么意义。因此，要使市场细分有助于开发商的市场营销活动，除了掌握细分标准和方法之外，还必须遵循如下原则。

（一）差异性原则

房地产市场细分应该保证每个细分市场上的消费者需求具有明显的差异性，而且要使细分市场对企业营销组合策略中任何要素的变化都能做出迅速、灵敏的差异性反应。如果每个细分市场上的消费者需求不具有差异性，就没有市场细分的可能和必要；如果各个细分市场对企业营销策略组合中任何要素的变化都做出相同或相似的反应，这种市场细分就是失败的。

（二）可衡量性原则

细分市场必须是可以识别和衡量的，即要求细分变量是可以识别和衡量的。如细分市场中消费者的年龄、性别、文化水平、职业、收入水平等都是可以衡量的，由这些细分变量所细分出的市场不仅范围明确，也可大致判断其规模大小。但是，有些细分变量难以衡量，如以保值或炫耀经济实力为标准划分的细分市场究竟有多大，不易衡量，这种细分就没有多少实用价值。

（三）可进入性原则

通过市场细分而得到的某些细分市场，应该是企业市场营销活动能够到达的市场。对于这些细分市场，企业具有进入的资源条件和竞争实力，其产品信息能够通过一定的传播渠道传递给细分市场中的消费者，而且能在一定时期内将产品通过一定的分销渠道送达细分市场。否则，细分市场的价值就比较低。

（四）可营利性原则

进行市场细分时，企业必须考虑细分市场上消费者的数量和购买力，以及其中的某些细分市场规模和容量是否足以使企业实现盈利目标。如果经过市场细分后所得到的所有细分市场的规模过小或市场容量太小，在任何一个细分市场上，企业均无利可图或获利甚少，那么这种市场细分就没有多大意义，而应该将一些细分市场合并或者选用新的细分标准重新进行市场细分。

六、房地产市场细分的步骤

参照一般商品的细分程序，遵循房地产市场细分的原则，结合房地产市场的特殊性以及市场细分的方法，得到如下简洁实用的房地产市场细分步骤。

第一步，明确产品的市场范围。确定本企业致力于哪个城市、哪种房地产产品的开发经营，从事何种项目，即首先要有一个明确的市场范围，这需要依据自身的实力和市场的需求情况来确定，也是市场细分的前提。需要注意的是，市场范围的选择由市场需求而不是产品特性来决定。

第二步，确定市场细分变量，形成细分标准。根据消费者的特点，确定市场细分的标准，这是市场细分的依据。

第三步，对整体市场进行初步细分。可采用一定的细分方法，根据选定的细分标准将消费者初步分为若干“小群体”，并进一步分析每个“小群体”消费需求的具体内容和特征。

第四步，对划分的各个细分市场进行筛选。依据市场细分标准，在分析确定各细分市场特征的基础上，剔除企业无条件或没必要拓展的细分市场，筛选出最能发挥企业优势的细分市场。

第五步，初步为选中的细分市场定名。尽量突出各细分市场的特征，用形象、简明、易记的词汇定名。

第六步，检查分析所选的细分市场是否科学、合理。对照细分标准，进一步分析市场细分的科学性、合理性，在进一步完善市场细分过程的基础上，对各个细分市场进行合并或分解，以利于选择目标市场。

第七步，选定目标市场。对第六步中确定的细分市场进行状态评估，特别是在对其经济效益和发展前景做出进一步评价的基础上，确定目标市场。

通过以上学习，读者应该体会到，真正的市场细分绝不是为细分而细分，而应以发掘市场机会、增加企业利润为目的；市场细分必须适度，并不是分得越细越好，过分的市场细分会陡增房地产产品的规格和种类，使房地产开发成本和营销成本增加，从而使房地产产品的价格有可能超过消费者的承受能力，这样反而不利于市场营销活动的顺利展开。

第二节　房地产目标市场选择

房地产目标市场是房地产开发商决定进入的那部分房地产细分市场。它是开发商对某类房地产市场进行细分，并对各细分市场进行评估之后，选择进入的一个或几个细分市场。可以说，开发商的一切营销活动都是围绕目标市场来进行的。

一、选择房地产目标市场的策略

选择目标市场的策略是指开发商在可能进入的各类目标市场的组合中进行选择的策略。房地产开发商可以采用的选择目标市场的策略有五种，如表 9-5 所示。

表 9-5　选择房地产目标市场的策略类型

序号	策略类型		概念说明	优势	风险	适合企业	图示（P表示产品；M表示市场）
1	密集单一市场		在众多的细分市场中，只选择其中一个作为目标市场，即针对某一特定消费群体，只开发一种产品	可集中使用有限资源，充分发挥资源优势	存在较大的潜在风险。一旦目标市场情况变坏，企业就会陷入困境	小型房地产企业；初次进入新市场的其他企业	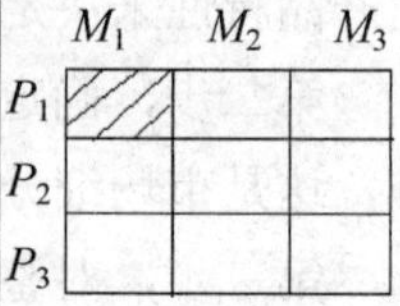 M_1 M_2 M_3；P_1 P_2 P_3
2	产品专业化		只开发一种类型的产品，满足各类消费群体的需求	可在某个产品方面树立起很高的威信	如果出现全新产品，就会发生“滑坡”危险	提供某种产品且有专门特长的企业	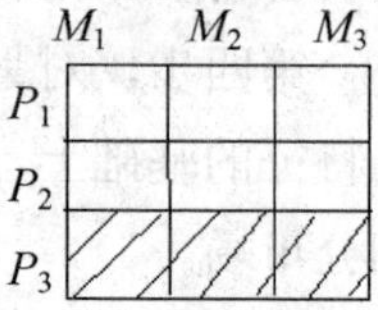 M_1 M_2 M_3；P_1 P_2 P_3
3	市场专业化		开发各种类型的产品，满足同一消费群体的需求	专门为某个消费群体提供专业服务，可获得良好声誉	如果消费群体不再需要这种服务，就会产生“滑坡”危险	具有较强的营销配套能力并对某类消费群的利益追求有透彻的了解的企业	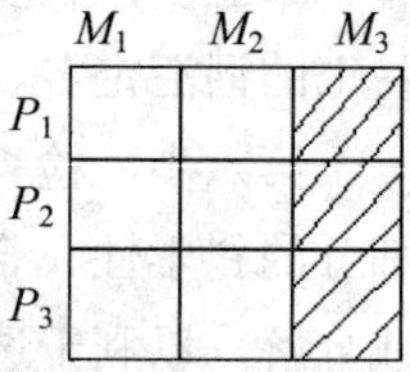 M_1 M_2 M_3；P_1 P_2 P_3
4	选择性专业化		进入互不关联的细分市场	可以分散风险，即使某个细分市场失去吸引力，企业仍可在其他细分市场获利	需要企业具有良好的沟通和协调能力，并有充足的资源作为保障	追求市场机会不断增长的企业	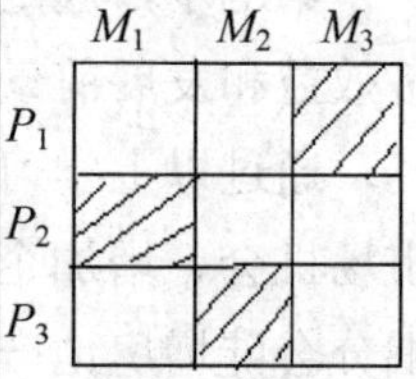 M_1 M_2 M_3；P_1 P_2 P_3
5	全市场覆盖	无差异性市场营销	开发一种产品，满足所有消费群体的需求	可取得规模优势，节省调研费用和促销费用	产品单一，难以满足消费者的多样化需求，应变能力差	谋求行业市场领先地位的集团公司	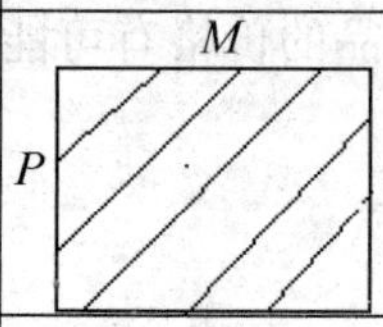 M；P
		差异性市场营销	开发各种类型的产品，满足所有不同消费群体的需求	可占领整个市场，充分享有市场机会	需要企业具有良好的沟通和协调能力，并有充足的资源作为保障	谋求行业市场领先地位的集团公司	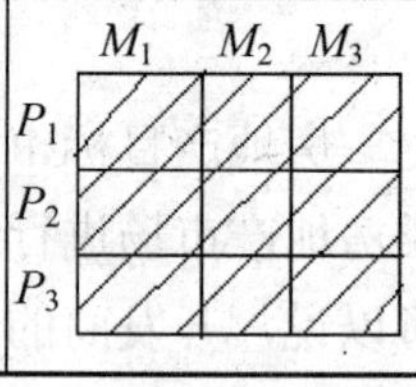 M_1 M_2 M_3；P_1 P_2 P_3

二、房地产目标市场应具备的条件

尽管房地产目标市场的选择范围很广，但某个或某几个细分市场要想成为企业的目标市场，还应满足如下条件。

（一）具有一定的规模和发展潜力

开发商进入某一市场是期望能够有利可图的，如果市场规模狭小或者趋于萎缩，开发商进入后则难以获得发展，所以面对此种细分市场应慎重考虑，不宜轻易进入。当然，开发商也不应该以市场吸引力作为唯一取舍标准，特别是应力求避免“多数谬误”，即与竞争对手遵循同一思维逻辑，将规模最大、吸引力最大的细分市场作为目标市场。大家共同争夺同一个顾客群体的结果是造成过度竞争和社会资源的无端浪费，同时会使消费者的一些本应得到满足的需求遭受冷落和忽视。

（二）未被竞争者完全控制

不言而喻，开发商应尽量选择那些竞争相对和缓、竞争对手比较弱的市场作为目标市场。如果竞争已经十分激烈，而且竞争对手势力强劲，那么后进入者付出的代价就会十分高昂。

（三）符合开发商的目标和能力

某些细分市场虽然具有较大的吸引力，但不利于开发商发展目标的实现，甚至可能分散其精力，对这样的市场，应考虑放弃。同时，开发商还应考虑自身的资源条件是否适合在某一细分市场展开经营。开发商只有选择那些有条件进入且能充分发挥自身资源优势的市场作为目标市场，才能立于不败之地。

三、房地产目标市场选择的程序

对某个房地产开发商来说，必须经过一定的程序才能确定所选择的目标市场。下面以一个具体的例子来说明房地产目标市场选择的程序。

（一）总体市场分析

假定某房地产开发公司对所处城市住宅市场现状进行详细调查后发现，住宅市场上的现有产品大致可分为花园住宅、高级公寓和普通住宅三类，顾客类别包括外商、归侨侨眷、个体户、高薪市民四类。在各类住宅市场上，该公司采用了顾客类别这个变量对其进行细分，结果如表 9-6 所示。

表 9-6 某房地产公司住宅销售情况

单位：亿元

产品类型	各类别顾客的销售额				
	外商销售额	归侨侨眷销售额	个体户销售额	高薪市民销售额	总销售额
花园住宅	20	4	—	—	24
高级公寓	15	40	20	10	85
普通住宅	—	24	18	10	52
小计	35	68	38	20	161

表 9-6 显示，按照上述住宅市场分类方法和细分标准，该市住宅市场共分为 12 个单元，

每个单元代表一个细分市场，表中的数字代表该公司当年在每个细分市场上的销售额。例如，在归侨侨眷高级公寓分市场上，公司当年销售额为40亿元，占该公司住宅市场总销售额的24.8%（40÷161）；而在外商普通住宅市场上，公司的销售额为0，这表示公司尚未进入这个市场或者市场上并不存在外商类顾客。

（二）细分市场分析

表9-6中的数字并不能说明各个细分市场今后的盈利潜力，因为表中的数字代表的是当年已经实现了的销售额。为此，该公司还必须在此基础上进一步分析、评价各个细分市场的需求趋势、竞争状况和公司的经营能力，从中选择有利的细分市场作为自己的目标市场。这里，以归侨侨眷高级公寓分市场为例进行分析，选择的分析、评价指标是年销售增长率、市场占有率以及它们的年增长幅度，结果如表9-7所示。

表9-7 归侨侨眷高级公寓分市场分析

项　　目	当年销售额/亿元	次年销售额预计/亿元	年增长率或增长幅度/%
本市同行业	200	210	5
本公司	40	45	12.5
市场占有率/%	20	21.4	1.4

表9-7中的分析数据显示，在归侨侨眷高级公寓分市场上，该公司当年实现的销售额为40亿元，占本市同行业在该分市场上销售总额的20%。预计下一年在这个分市场上，本市同行业的总销售额将达到210亿元，比上年增长5%；而本公司的销售额预计将达到45亿元，比上年增长12.5%，市场占有率也将从20%上升至21.4%，增长幅度为1.4%。由此可知，在归侨侨眷高级公寓分市场上，该公司具有良好的发展势头。

重复运用上述分析方法对其他细分市场进行分析，并对各细分市场的分析结果进行汇总比对，初步选择出对该公司更有利的细分市场作为目标市场。

（三）营销的收益成本分析

在初步选定目标市场后，还要进行目标市场的营销成本、收益分析，才能最终决定将哪些细分市场作为该公司下阶段的目标市场。因为企业要想在目标市场上实现战略目标，必须制定相应的营销组合策略，因此，对营销成本与收益的分析就成为选择目标市场的必经环节。通过对初步选定的目标市场的成本和预期收益进行比较，就能够清楚地了解企业在这些市场上的潜在盈利情况，也可据此最终决定目标市场。

依据以上程序分析和评价目标市场，不仅使企业能够较为系统地考察每一个细分市场，从中发掘市场机会，而且通过对各个分市场营销策略组合的分析，可以进一步帮助企业判断该市场机会是否值得去把握，也为企业从自身资源拥有情况出发，采取最能赚钱的市场营销组合策略奠定基础。

第三节　房地产市场定位

房地产开发商在确定了目标市场之后，要想达到预期的营销目标，还必须在目标市场上进行产品的市场定位。市场定位是房地产开发商制定营销组合策略的基础，定位恰当与否直接关系到开发商能否突出自身的特色，能否树立鲜明的形象，能否在竞争中获得一席之地，甚至关系到其能否发展壮大的问题。

一、房地产市场定位的概念

所谓房地产市场定位，就是房地产开发商根据目标市场上同类产品的竞争状况，针对目标消费者对产品某些特征或属性的重视程度，为本企业产品塑造强有力的、与众不同的鲜明个性，并将其有效地传递给目标消费者，以求得他们的认同。市场定位的实质是使本企业与其他企业严格区分开来，并使目标消费者认识到这种差别，从而在他们的心目中占据一个特殊的位置。

目标市场与市场定位这两个概念之间既存在密切联系，又有明显差别。首先，两者均是市场营销的基础和根本，目标市场是市场定位的前提，市场定位是为目标市场服务的，起点睛的作用，若没有一个准确而生动的市场定位，房地产市场营销就显得呆板、苍白、缺乏方向性，楼盘就缺乏活力和生机。其次，两者又有着明显的区别。目标市场是企业对市场进行细分后，确定自己的产品要进入的细分领域；而市场定位则是指企业在目标市场上的产品在顾客心目中的位置和印象。例如，同属广东的著名楼盘，碧桂园的目标市场是香港地区中下层居民和广州市的部分富裕家庭，它的市场定位是度假、休闲；丽江花园的目标市场是广州市的白领，它的市场定位是文化内涵丰富的和谐居家场所。

二、房地产市场定位的原则

就某一具体项目而言，进行市场定位的主要目的是在目标客户心目中确定一个不同于竞争对手的地位，因此，市场定位应坚持目标客户导向原则、差别化原则和个性化原则。

（一）目标客户导向原则

从根本上来说，定位是在人们的心智上下功夫。开发商对目标客户的心理把握得越准确，定位策略越有效。定位成功与否取决于两点：一是定位信息是否与目标客户的需求相吻合；二是如何将定位信息有效地传达给目标客户。也就是说，市场定位必须为目标客户接收信息的思维方式和心理需求所牵引，即必须遵循目标客户导向原则。例如，企业要推出一个完美的楼盘，那么向工薪阶层介绍时就不能只说它有多个高级豪华会所；向二次置业人士介绍时就不能只说它不带电梯、分摊面积少；向富豪介绍时就不能只说它附近有多条公交线通达市内各地。工薪家庭最关心的是管理费和分摊面积的多少；二次置业人士大多想改善居住环境，他们当然希望多点绿化面积并配有电梯；多数富豪不会关心是否有公交线路直达楼盘，甚至不想有公交车到达，他们只在乎环境是否优美、配套设施是否完备。开发商如果能掌握每个购房者的所思、所想、所需，做到投其所好，必得成功。只有让购房者觉得“这正是我所需要的，这正是为我专门设计的”，才能让他们产生亲切感、认同感、信任感，从而接受房地产产品，产生购买欲望。

可见，目标客户导向原则实际上就是突破传播障碍将定位信息传达给消费者的原则，也是不断提升消费者满意程度的原则。

（二）差别化原则

开发商如何才能把自己的楼盘信息传递给目标消费者，并使其留下深刻印象呢？唯有差别化，追求与众不同。市场定位就是通过各种媒体和渠道向目标市场传达楼盘的特定信息，使之与对手楼盘的不同之处凸现在消费者面前，从而引起消费者的注意。当目标定位所体现的差异性与消费者的需要相吻合时，开发商的楼盘和品牌就能留驻消费者心中。

定位的差别主要来自以下几个方面。

（1）楼宇质量：楼盘选择的用料（包括建筑用料和装饰材料）是否比别的楼盘更经久耐用，是否可以做出保证。

（2）建筑风格：楼盘是否符合购房者对住宅的时尚追求和特别的审美要求。现在市场上的楼盘风格大概有欧陆风格、地中海式风格、澳洲风格、中国古典园林风格等，每一种风格的定位对象都不同，关键是如何突出自己的特点。

（3）交通：楼盘出入的交通是否更为方便，如果定位于工薪阶层的普通住房，那么楼盘附近的公交线路就成为目标顾客的关注对象了。

（4）环境：小区的绿化环境怎么样。特别是对于二次置业者，他们期望能获得更好的居住环境。

（5）价格：价格是定位于高收入阶层还是低收入阶层，楼盘的价格是否同楼盘一样具有吸引力，这些都是定位的重点内容。

（6）物业管理：楼盘所提供的物业管理服务是否比对手楼盘所提供的更为优质和完善。

（7）升值潜力：购买楼盘究竟能给购买者带来多少潜在利益和好处。

当然，定位中的差别因素远远不只这些，它还包括很多有形和无形的因素。一个开发商的楼盘与对手楼盘的差别越大，它便能掌握越多的定位优势，楼盘形象也会越突出。

（三）个性化原则

市场定位还应遵循个性化原则，即赋予楼盘独有的个性，以迎合相应的顾客的个性。当一个楼盘表现的个性与顾客的自我价值观相吻合时，他们就会选择该楼盘，并用该楼盘体现自己的个性。例如，广州奥林匹克花园一改过去那种“完善的会所+创意的房型=优秀的小区”的千篇一律的模式，将“体育运动”概念导入该楼盘，赋予了该楼盘旺盛的生命力与鲜明的个性，大大提升了楼盘的品位，使该楼盘促销宣传的主题十分鲜明、突出，富有号召力，以体育明星、运动会等引导促销宣传也显得顺理成章。

三、房地产市场定位的内容[①]

对于某一房地产开发项目来说，市场定位主要包括总体定位、档次定位、客户群定位、主题定位、案名定位、形象定位、功能定位、业态定位、价格定位、产品定位和品牌定位等内容。

（一）总体定位

房地产项目的总体定位是在综合考虑市场状况、竞争项目状况、项目自身状况、开发商目标以及可利用资源等的基础上得出的。对于整个项目的定位来说，总体定位起着总指导思想的作用，决定着其他定位的定位思路。

例如，某项目的总体定位——滨江大型法式尊贵社区。

目的：充分利用江景资源；诉求产品的大规模、大手笔，同时通过赋予其他竞争项目所缺乏的“法式浪漫尊贵生活风情”，以增加产品的附加价值。

法式生活内涵：提到法国，人们往往会联想到时尚浪漫之都巴黎，联想到梦幻美丽的小镇普罗旺斯，联想到价格昂贵的波尔多酒，联想到充满艺术气质的建筑雕塑，联想到文艺复兴时期灿烂的文化底蕴，等等。总之，法式生活代表了一种成熟、精致、优美、浪漫。这正是本项目所要营造的生活方式和所要塑造的品牌特性。

（二）档次定位

房地产项目的档次定位要从项目可利用的资源出发，同时既要尽量避免竞争，又要有市场空间。在确定了房地产项目的档次定位后，应对该定位进行解释，说明为什么如此定位。

例如，某项目的档次定位——顶级豪宅。定位原因：本项目位于本市最繁华商住区的中心位置，正处××湖畔，占地面积仅 10 亩，规划面积为 8 亩。从环境资源来看，几大主体公园——××湖广场、××喷泉公园均近在咫尺；从生活氛围来看，政府机关、证券机构、商业银行、协和医院一应俱全，宾馆、休闲中心、茶楼酒肆周边林立；从区域来看，××地区是项目所在城市中为数不多的高档楼盘集中地，旺盛的人气、成熟的商业氛围、完备的文娱休闲设施更造就了该地区在本市的“地王”地位。这几个方面与豪宅都搭上了一点边，考虑到开发商的投资回报率，在项目体量有限的情况下，发展豪宅是具备一定优势的。

（三）客户群定位

房地产项目的客户群定位是建立在档次定位的基础之上的。档次不同，其所面对的客户群也不相同。目标客户定位主要说明我们的产品将会吸引什么人来购买。如有开发商按照以下几种分类进行客户定位。

1. 以购买户型划分

（1）购买二房者以经济情况较好的青年夫妇和“单身贵族”为主，年龄在 30 岁左右，

① 余源鹏. 三天造就金牌地产策划人：房地产项目全程营销策划实战 150 例[M]. 北京：中国经济出版社，2012：78-101.

具有稳定的收入，购买一般为自用。购房心理以环境偏好（大规模高尚社区，景观整体规划好）、地段较好（交通便利）为主。

（2）购买三房者以中年夫妇（子女已上学）和部分经济条件好的青年夫妻为主，年龄在 40 岁左右，收入较高，事业已有一定成就。以二次置业为主，购房心理多以地段偏好（交通便利）、环境偏好（大规模高尚社区，整体规划好）和休闲享受（各类休闲设施比较齐全）为主。

（3）四房及四房以上的房子，总价较高，客户来源较为复杂，范围也更为狭小，可能是中年夫妇，极少数是青年夫妇，甚至有可能是单身贵族，但都是经济实力雄厚，追求时尚和讲求尊贵、气派。以二次或多次置业、自用为主。购房心理以休闲享受和商品偏好为主。

2. 以区域和职业划分

（1）本市区成功人士和周边市、县事业有成者或私营企业主。

（2）外地投资的私营老板、外资企业高级管理人员。

（3）市区特殊行业的高收入人士，如律师，金融、保险以及高科技行业人士。

（4）本市区企事业单位中高层领导和主管。

（5）本市区政府部门公务员。

（四）主题定位

房地产项目的主题是项目开发的指导思想，是开发商赋予项目的“灵魂”，也是开发商所倡导的独特的开发理念、居住文化和生活方式，更是房地产项目的主要卖点和特殊优势，贯穿于房地产项目的规划设计、营销推广等环节。明确房地产项目的主题，有利于项目形成鲜明的形象，同时有利于项目的宣传推广。房地产项目主题定位通过项目的形象展现出来，常用广告语的形式表现出来。在创作了房地产项目的主题广告语后，应对该主题广告语进行说明。

例如，某项目的主题广告语：“凤”声水起林动，中式园林景观，向往一生的家园。

其中的“凤”“水”“林”辅以“声”“起”“动”，很形象也很富有动感地描绘出一派中式园林景观的气息，体现出生活环境的优越性，展现出该项目的一种新生活方式。

（五）案名定位

选择一个好的项目案名是项目成功营销的开始。案名应该简练易记，读起来朗朗上口，宜于传播。在确定了房地产项目的案名后，策划人员应对该案名进行解释。举例如下。

1. 项目案名

本项目的案名确定为“铭湖原墅”，英文名为“Original Villa”。“铭湖原墅”充分结合了项目的区位优势条件、项目的定位理念等特点且简单易懂、意义明确、优雅简洁，符合本项目典雅的英伦格调。

2. 案名释义

“铭”——意义深刻，隽永流长。

铭原指铸刻在器物上记述生平、事迹或警戒自己的文字，将美好的东西或是事迹传颂下去，让世人永生不忘。本项目的案名选用这个字表明了两方面的意图：一是以“铭”来砥砺自己，做区域内品质项目的标杆，提升项目的价值层次，使之成为可以被世人夸赞的好项目；二是借用“铭”一字隽永深刻的意思，传达出本项目经久不衰的理念，成为高端社区的范本。

本项目所在的团泊湖东区未来发展潜力大，借助于该区域良好的发展前景，加上项目自身的高端品质层次和良好的设计理念，必定会成为房地产项目的优秀案例范本并被大家铭记在心中。

“湖”——生态湖景，自然天成。

“湖”的意思简单易懂，直接凸显出本项目临湖而建的生态优势，成为吸引客户关注的一大亮点。本项目所在的团泊湖区，自然景观优美，生态资源丰富，是现代人寻找的理想的心灵居所。漫步于湖边，感受那一片壮阔湖区景观带来的安宁，真正回归自然纯净的生活。

“原”——生活本原，回归真我。

“原”的意思为本来的、最初的，有生活之本源的意思，可以进一步理解为原乡、原味，关联到纯正的英式古典风情，崇尚自由享受以及个人价值与个性的极大发挥。

“墅”——英伦别墅，典雅高端。

“墅”的字义简单明了，直接显示了本项目的物业类型，即高端的别墅住宅区，给客户直接鲜明的产品印象。

“原墅”一词可进一步理解为：“原”和“墅”都有非常浓郁的生活本源意味，两个字的结合立刻就能抓住人们的别墅情结。乍听给人以博雅怡悦之感，细想更有深意，能紧紧抓住消费者心理：越是自然的，越是不凡的、有价值的。可以深入传达那种胸怀天下、淡定从容的自豪感与优越感。此外，“原墅”给人以无穷意境，在别墅中寻求生活与生活的对话，悠然豁达的心境、尊贵气派的风范在不经意间尽情展现，是极致品质回归的深层次体现。

（六）形象定位

房地产项目的形象定位指项目本身在市场中的位置和在竞争楼盘中的位置，是项目主题的外部表现形式。简言之，就是想把项目做成什么样子。这里所指的形象，一方面是指建筑本身的样子，另一方面指的是整个项目在市场上的形象，即在客户心目中的形象。

（七）功能定位

传统上，对于住宅项目来说，其功能主要满足人们的居住需求；对于写字楼项目来说，其功能主要满足人们的办公需求；对于商场项目来说，其功能主要满足人们的购物需求。上述功能定位属于单一功能定位，满足人们的单一需求。随着人们生活水平的提高，项目功能尤其是商业项目的功能定位由单一趋于复合化。例如，商场除了满足人们的购物需求外，又引入餐饮、娱乐等其他项目来方便顾客，带旺商场，使得购物和娱乐相互促进，满足顾客多层次的需求。

（八）业态定位

项目业态定位主要是针对部分商业物业来说的，其主要目的是确定商业物业的经营范围，以保证项目主题定位和形象定位的落实，同时与项目的功能定位相统一。

2018年，融创先后两次收购万达文化旅游创意集团有限公司100%股权及其旗下13个万达文旅城项目的设计、建设和管理公司。13个万达文旅项目分别位处西双版纳、南昌、合肥、哈尔滨、无锡、青岛、广州、成都、重庆、桂林、济南、昆明、海口。西双版纳、海口、桂林项目已重新定位为融创旅游度假区，其余10个项目对外名号则调整为融创文化旅游城，形成融创文旅集团三大产品线[①]的两个核心部分。其中，广州融创文旅城位处花都区空港经济圈CBD中轴，是目前首座落子一线城市的融创文旅城，占地面积约160万平方米，总建筑面积约300万平方米，由八大主题业态组成，分别为：10.65万平方米商业中心广州融创茂、雪世界、水世界、体育世界、融创乐园、滨湖酒吧街、星级酒店群、融创广州大剧院，整体定位为全天候娱乐生活体验中心。

（九）价格定位

价格定位就是确定与项目的其他定位相匹配，能实现项目盈利目标，并有市场竞争力的价格。其方法和策略将在本书第十一章中详细介绍，在此不作赘述。

（十）产品定位

产品定位主要研究开发产品种类和目标客户对产品功能的需求，从而确定房地产项目产品外化的各种因素，重点分析产品构成的主要因素，如建筑风格、户型配比结构、配套设施等，从而形成市场差异化产品。产品定位的方法一般有以下几种。

（1）特征定位法。特征定位法即房地产开发企业将产品定位在某一特定属性、利益方面的创造者，如以“绿色、休闲、空间”为主题的生态型住宅小区。

（2）满足基本需求定位法。房地产开发企业把为目标市场提供性价比更高的物业服务作为自己项目的定位，以满足大部分客户的基本需求。

（3）高端客户需求定位法。房地产开发企业在进行产品定位时，根据所选定的目标市场的实际需求，开发建设出能满足目标客户个性化需求的产品，这类客户一般属于高端客户。

（4）比较定位法。房地产开发企业直接面对竞争对手，将自己的物业产品定位成在某方面比竞争对手更好一些。

（5）复合定位法。房地产开发企业对项目进行定位时，巧妙地将房地产领域的各种技术手段和房地产以外的其他手段（如体育、旅游度假等）相结合，通过复合地产开发创造并满足目标客户群的潜在需求。

（十一）品牌定位

在房地产开发项目的品牌定位中，开发企业有四种选择：一是产品延伸，即将现有品牌名延伸到现有的一个产品类别中的新样式、新规格和新风格的产品上，如万科原来自主

① 融创文旅集团三大产品线分别为融创文化旅游城、融创旅游度假区、融创文旅小镇。

创立了"四季花城"的品牌，后来又新增加了"城市花园"等品牌；二是品牌延伸，即把现有的品牌名延伸到新的产品类别，如河南郑州的正商地产开发的港湾系列项目（金色港湾、幸福港湾、蔚蓝港湾、东方港湾等）和钻系列项目（蓝钻、新蓝钻、明钻等）；三是多品牌，即在相同的产品类别中引入新品牌；四是纯粹的新品牌。

四、房地产市场定位的策略

定位是针对竞争的，因此，房地产开发商必须根据竞争态势进行市场定位，应根据自身的发展战略、资源状况、区域房地产市场竞争状况等选择下列不同的定位策略。

（一）避强定位

避强定位是避开强有力的竞争对手，不要"硬碰硬"，而是和平相处、共谋利益的市场定位策略。这种定位策略风险较小，成功率较高。例如，某市有一个项目叫"空间"，单套面积不大，但价格很贵，配套服务有酒吧、洗浴中心等，主要以一些有钱的"逍遥派"人物为目标客户群体，虽然项目定位很大胆，但此项目抢占了市场的一个空白点，对销售起到了很大的推动作用。此项目一经面市，就因鲜明的定位被抢购一空。

避强定位策略适合以下三种市场情况：第一种是竞争格局比较稳定，即产品比较成熟，技术更新不快，如鞋类或服装等商品市场；第二种是市场中强者实力强大、地位不可动摇；第三种是作为后来者或实力不够强的企业，没有能力向强者挑战。

避强定位具体有三种策略：第一种是维持现状，强化自己的产品在顾客心目中的现有地位；第二种是寻找尚未被占据并为顾客所重视的"市场空隙"，设法填补它；第三种是有意识地避免和对手正面竞争，即避免与强大对手进入相同的市场范围或处于周一市场层次，或树立与之类似的市场形象。

避强定位虽然风险较小，不易遭到竞争对手的攻击，但也意味着企业必须放弃某个最佳的市场位置，很可能使企业处于最差的市场位置。

（二）迎头定位

这是一种与市场上位居主导地位的竞争对手"对着干"的定位策略，即房地产开发商选择与竞争对手重合的市场位置，与其争夺同样的目标顾客。在这种情形下，开发商可通过产品、服务、人事和形象的差别化策略，取得独特的竞争优势。插入定位和取代定位是迎头定位的两种具体表现形式。

1. 插入定位

插入定位是开发商将自己的产品定位于竞争者市场产品的附近或者插入竞争者已占据的市场位置，与竞争者争夺同一目标市场。开发商实施插入定位必须满足以下三个前提条件。

（1）竞争者市场产品的附近或者竞争者已占据的市场位置仍有未被满足的需求。

（2）实施插入定位的开发商推出的产品应具有特色，否则难以被消费者接受。

（3）不存在法律上的侵权问题。

因为现有产品已经畅销于市场，后来者不必承担产品销售不畅的风险，因此采取这一策略，后来者无须开发新产品，仿制现有产品即可。

2. 取代定位

取代定位是将竞争对手赶出原来位置或者兼并竞争对手取而代之。开发商之所以采用这种定位策略，原因有两个：一是市场上已没有其他区域可供选择；二是后来者实力较为雄厚，有能力击败竞争对手，扩大自己的市场份额。

开发商实施这一定位策略应该具备以下条件。

（1）推出的房地产产品在质量、功能或者其他方面明显优于现有产品。

（2）能借助自身强有力的营销能力使目标市场认同这些优势。

显然，相对于避强定位，无论是插入定位还是取代定位，均是风险较大的市场定位策略。但也有不少的开发商认为，这种定位可以使自己在一开始就与强手站在同一高度上，更能激发自己奋发上进，一旦成功，就会获得巨大的市场优势。

（三）重新定位

重新定位就是对房地产产品进行二次定位，多数情况是对市场反应差的产品进行再定位，旨在摆脱困境，重新获得增长与活力。但重新定位也可作为一种战术策略，并不一定是因为企业陷入了困境，相反，可能是由发现新的产品市场范围引起的。无论何种理由，重新定位就是再一次重复定位的步骤，包括重新进行市场细分、重新选择目标市场、重新分析竞争对手、重新寻找自己的优势。但这一过程绝不是简单重复的上一次定位，而是在原有基础上的扬弃。在重新定位之后，所有的营销传播工具，包括广告、渠道公关等必须重新整合，以配合定位诉求的改变。重新定位一般发生在如下几种情形中。

（1）新产品在投放市场之初，原定位策略就是错误的，新产品在市场上反应冷淡，销售效果不能尽如人意，需要重新审视定位策略，进行产品再定位。

（2）产品原定位是正确的，但竞争者推出一个新品牌并把它定位于本企业产品的旁边，侵占了本企业产品的一部分市场，使本企业的市场占有率下降，这就要求本企业进行产品再定位。

（3）产品定位原本是正确的，但由于目标顾客的偏好发生了变化，他们原本喜欢本企业的产品，现在则喜欢其他企业的产品，因而市场上对本企业的产品需求减少，要求开发商进行产品的再定位。

（4）当开发商的营销目标发生了变化，或是需要扩大市场范围，或是需要调整目标市场时，定位策略就必须随着营销目标的变化而变化，进行重新定位。

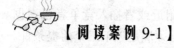

【阅读案例 9-1】

两个重新定位的例子

在房地产市场上，有的项目重新定位后获得巨大成功，有的则由于重新定位而使人莫衷一是。现各举一例。

重新定位成功的案例[①]

福州市某开发商于1994年在福州市市中心建造了两栋集商（商场）、住（住宅）、办（办公楼）于一体的高层期房，销售情况很不理想。于是，该开发商委托上海某房地产中介公司进行策划销售。该房地产中介公司经市场调研后惊奇地发现，当时福州市市中心的房产均是商、住、办结构，开发商个个期望将三种客源“一网打尽”。而事实恰好相反，买住宅的觉得楼内有企业办公，人员繁杂，不够安全；买办公室的又怕在电梯里遇见买菜的阿婆，影响企业形象，导致开发商所获甚微，市中心地段的现房销售率仅为30%就证明了这一点。为此，该中介公司将该高层定为纯住宅，并为此增设服务、康乐、生活配套设施。在广告方面，该中介公司打出了“福州市第一栋五星级纯住宅”的口号，结果，在这两栋高层奠基时，销售率已达70%，被称为“销售奇迹”。

重新定位失败的案例[②]

某城市一开发项目推出一年，尝试了多种定位策略，过程大致如下。

（1）推出之初，定位为“成功人士的心水华庭”。

（2）两个月后，定位为“孩子们成长的地方”，集中表现其配套齐全的特点。

（3）又过了两个月，宣传客户所购房产即将升值。

（4）后来，该楼盘重新定位为“智能豪宅”。

（5）年底时，眼看年关淡市已近，开发商心里着急，于是又降价促销。

从以上描述可以看出，该项目营销手法虽然在不断翻新花样，但效果总是不能尽如人意。它在营销手法上存在的明显缺点就是定位不明，角色变换太频繁。从“成功人士的心水华庭”“孩子们成长的地方”到说不出名堂的“智能豪宅”，使潜在客户莫衷一是。

五、房地产市场定位的分析方法和程序

在目标市场上总是存在市场空白和商机，这成为市场定位的基础和出发点。市场定位分析可以帮助房地产开发商在目标市场上找到市场的空白点和商机，并通过运作树立起鲜明的特色，最终在目标消费者心目中占据一个独特的位置。

（一）房地产市场定位的分析方法

房地产市场定位的分析方法有很多种，这里我们介绍市场定位技术方法中最常采用的二维定位分析法。顾名思义，用二维定位分析法进行市场定位时，首先要选择两个定位变量，然后为每个变量选择两种状态，并分析由两种状态而得到的四种不同结果，为科学定位提供依据。

如分析住宅市场时，选取“质量”和“价格”这两个定位变量，各自选择“高”和“低”两种状态，得到如图9-1所示的住宅市场产品定位图。

① 刘鹏忠，苏萱．房地产市场营销[M]．北京：人民交通出版社，2007：125．

② 刘秋雁．房地产开发与经营[M]．上海：上海财经大学出版社，2004：202-203．

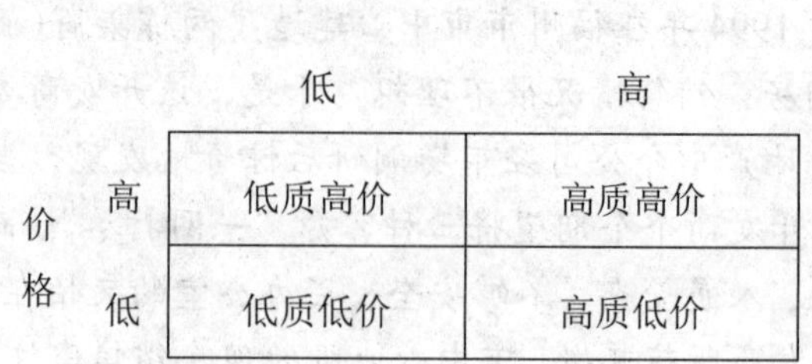

图 9-1 住宅市场的二维定位法

从图 9-1 中可以发现不同住宅产品的定位和特色，进而分析各种产品的竞争对手，为企业进行合理的市场定位提供科学依据。

从图 9-1 中还可以发现，二维定位分析图不仅直观、形象，一目了然，分析全面，不易漏掉可能出现的结果，而且只要稍微做些改进，就可以进行更加深入的分析。

如对图 9-1 进行扩展，将“质量”和“价格”这两个变量的两种状态“高”和“低”变为“高”“中”“低”三种状态，重新画出市场定位图，如图 9-2 所示。

价格 \ 质量	高	中	低
高	高质高价	中质高价	低质高价
中	高质中价	中质中价	低质中价
低	高质低价	中质低价	低质低价

图 9-2 住宅市场的二维定位法扩展

需要注意的是，当发现某种定位变量的选择不合适时，应重新选择。如上述住宅市场定位中，可以选择定位变量“价格”和“质量”，也可以选择“价格”和“收入”或选择“质量”和“环境”等，这需要经过详细分析、讨论后决定。

（二）房地产市场定位的程序

房地产市场定位的程序一般需要经过以下四步。

1. 选择市场变量和状态

由上面的分析可以看出，在市场定位分析中，定位变量和状态的选择非常关键。选择正确，就可以产生新的思路、对策；选择错误，就会导致定位出现偏差甚至导致营销组合决策失误。定位变量和状态的选择通常要经过如下分析之后才能确定。

（1）分析竞争对手的定位状况。要了解市场上竞争者的定位如何，他们要提供的产品或服务有什么特色，在目标消费者心目中的形象如何，从而对竞争者的竞争优势做出衡量。

（2）分析目标消费者对产品的评价标准。要了解目标消费者对所要购买房地产产品的愿望和偏好，以及他们的优劣评价标准。因为不同类型的房地产产品具有许多不同的特征或属性，如价格、质量、环境、区位等，对此，各类消费者的评价标准是不同的，所以开发商应努力搞清楚目标消费者最关心的问题是什么，并以此作为定位的依据，偏离消费者的愿望和偏好而进行的定位，不管看起来多么具有吸引力，也注定是要失败的。

（3）分析本企业在目标市场上的竞争优势。这与开发商自身的资源条件有关，有些产品特性虽然是消费者比较偏好的，但如果开发商力所不能及，这些特性也不能成为其进行市场定位的依据。

2. 画出目标市场结构图

开发商应在对定位变量和状态进行分析的基础上，画出目标市场结构图。例如，在某个住宅目标市场上，开发商以“质量”和“价格”为变量画出了目标市场结构图（见图 9-3）。

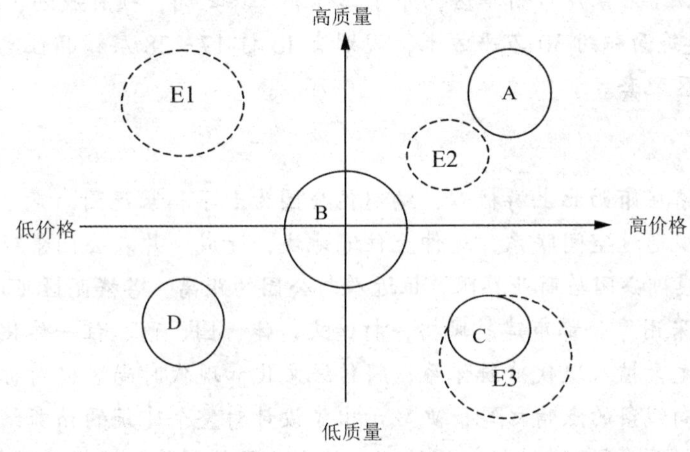

图 9-3　某住宅目标市场结构

在图 9-3 中，A、B、C、D 分别代表目标市场上竞争对手产品的实际区域。其中，A 对应着高质量高价格产品；B 对应着质量和价格均为中等的产品；C 对应着高价格低质量产品；D 对应着低质量低价格产品；圆圈的面积代表各自销售额的大小。

3. 初步定位

在图 9-3 所示的住宅目标市场上，E1、E2、E3 分别为后进入该目标市场的开发商的定位选择。显然，E1 采取的是避让定位策略，E2 采取的是插入定位策略，E3 采取的是取代定位策略。综合分析发现，在这个目标市场上，存在质量、价格双高和双低的楼盘，甚至存在低质高价的楼盘，却几乎没有高质低价的楼盘，这成为该目标市场上的一个空白点。从利润空间来看，如果后来者能将产品定位为这个空白点，比起其他两种定位策略，应该是一个上乘选择。

4. 正式定位

在初步定位后，开发商还应做进一步的调查和试销工作，找到偏差并立即纠正。这就要求开发商积极主动而又巧妙地与顾客沟通，引起顾客的注意与兴趣，与顾客达成共识。即使初步定位正确，也应视情况变化随时对产品定位进行修正或重新定位。有效的市场定位并不取决于开发商怎么想，而在于顾客怎么看。成功的市场定位最直接的体现就是顾客对开发商及其产品所持的态度和看法与开发商相一致。

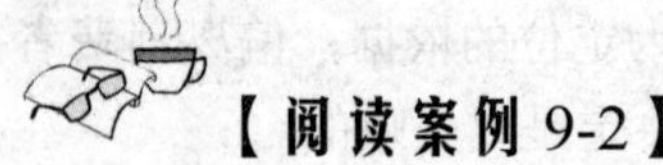

【阅读案例 9-2】

ZY 地产石家庄 DXHF 项目市场定位研究①

一、ZY 地产及 DXHF 项目简介

ZY 地产总部位于北京，为国务院国资委首批 16 家房地产央企之一，重点布局北京、天津、南京、杭州、广州、深圳、珠海等城市，同时兼顾石家庄、青岛、西安、烟台等重点城市。

DXHF 项目位于石家庄市新华区，介于二环和三环之间，项目规划占地 120.28 亩，容积率为 2.8，总建筑面积约 30 万平方米，规划有 15 栋 17～28 层精品住宅，同时规划有幼儿园、商服等社区配套。

二、总体定位

项目位居石家庄市西北上游核心，纳赵佗公园为专享私家花园，充分结合赵佗公园景观资源，公园景观通过空间联系，延伸至住宅地块，连成一片。公园景观通过景观轴线向商业地块渗透，模糊公园与商业界限，拉近人与公园的距离。塔楼高区可以纵观公园景观。

DXHF 项目采用摩登都市建筑风格，打造文、体、园、商、住一体化永续大社区。把庄重典雅的中国元素植入现代建筑体系，将传统文化和现代时尚风格对称运用，优美的明暗光影关系，横向线条的点睛之笔，更显示出了设计对整个建筑的精雕细琢，通过建筑体现出对文化的回归。本项目通过核心设计理念的全方位控制落位了用户思维下的大区设计，构建了一个内部空间开阔、层次丰富、轴线多进空间、形式完整的小区。项目设计人员不仅从审美的角度思考，更从住户的生活感受入手，通过对整个社区的全模推敲，控制了整体效果，用最强产品力，给用户带来最佳的居住体验。

三、产品定位

1. 建筑风格

该项目将建筑融入府院文化体系，从城市界面、建筑朝向、景观均好、空间通透四个层面思考规划布局，最终形成了高低错落、低密疏朗的规划格局，相对于周边地块，无论是高度还是空间密度，都充分考虑了城市的视觉空间感受。在楼栋空间排布上，北高南低，中间略低、两侧略高，俯瞰社区形似我国古代的太师椅，寓意着尊贵、吉祥、事事如意。

DXHF 项目示范区以“育龙之地”醇亲王府的礼序文化，以大三进规制、九大景观组团，一步步营造归家的仪式感和尊崇感，演绎当代大家的礼序风范。一进正院，开门见境府门打开，廊如洞天，以醇王府廊如亭为蓝本，秉承“天圆地方”精髓。门外十根简化方柱，擎天立地，护佑平安。府门厅内八棱海棠与五角枫比肩而立，富贵满堂。二进内院，从下沉步道起，经水院而过，精致的细节配合简洁的墙面，光影投射到蔚蓝的水波间，竹随风动两侧的涌泉。在中国文化中寓意风生水起，以景化情，寓意平步青云、壮丽诗篇。

① 陈贺．ZY 地产石家庄 DXHF 项目市场定位研究[D]．石家庄：河北经贸大学，2020．

三进大堂，风波已定。任凭墙外喧闹繁华，内心自由、宁静。身处自然之境，融入了安宁祥泰之意，与苍松相衬、相生，气象万千，豪雄壮阔。

2. 科技属性

DXHF项目采用楼宇可视对讲系统（智能家居主机）、智能照明控制系统、同层排水系统、直饮水系统、除霾新风换气机、雾森系统、防蚊系统等二十多项成熟技术来实现住户的现代科技智慧生活方式。

在实际施工中，外墙围护厚度约为260 mm，约为普通住宅（70～80 mm）的3倍；采用仅见于高端住宅建造的铝包木门窗、三玻两腔LOW-E玻璃等，不仅外观呈现出厚墙深院的府邸感，且冬暖夏凉、四季如春，建筑节能率约90%。从长远看，具有高寿命、低维护费用、低能耗支出的巨大优势。近年来，ZY地产践行绿色科技地产战略，与清华大学、中国建筑科学研究院等研究机构建立了深度合作关系。在“绿色”“健康”“智慧”三大维度上，致力于打造“绿色建筑、科技住宅、智能家居、智慧社区”。

3. 户型配比

原计划户型面积120 m^2起步，120～165 m^2为主力户型，占比92%，在目前的区域市场和豪宅市场中均为标杆。结合石家庄新华区市场分析和通盘考量，此项目树立品牌的同时，保障快速出货，实现资金回笼，建议在原来基础上增加185 m^2户型面积段，丰富可售面积段，充盈目标客户结构，填补市场空白。

四、价格定位

DXHF项目地块拿地成本均高于周边项目且ZY地产更加注重房屋质量和项目整体环境品质，建筑材料、装饰装修、合作单位等均采用一线品牌，导致整体开发成本较高，考虑到本项目为改善型需求配置，尽可能满足更高层次的居住需求，结合上文对周边竞争性楼盘售价和在售情况的分析，售价基本与周边开发项目持平或者略高，突出品质和地位，在市场可承受的价格基础上可适当提升售价。价格定位如下。住宅销售均价：2019年高层首次开盘18 000元/m^2起，以120～150 m^2户型入市，形成项目口碑效应，2020年集中去化150 m^2以上大户型，中央小高层楼王价格定位为21 000元/ m^2；底商销售均价：结合区域内同类型底商业态和新建小区规划沿街底商售价标准，暂定底商售价为30 000元/ m^2；地下车位和储藏间价格：根据实际情况可租可售，地下车位建议售价17万元/个，储藏间根据面积不同，售价10万～15万/个。

本章小结

房地产市场上的任何一家开发商都只能满足部分市场的需求，因此，对房地产市场进行市场细分、目标市场选择以及市场定位，就成为任何开发商在进入某一市场之前必须做的工作。本章首先阐述了房地产市场细分的含义、作用、原则，针对住宅市场和生产用房市场的不同特点给出了不同的市场细分标准，按照所采用细分变量数量的不同，分单变量、双变量和多变量介绍了房地产市场细分方法；在阐述房地产目标市场选择的过程中，着重说明了房地产目标市场的含义、选择目标市场的策略、目标市场应具备的条件以及目标市场选择的程序等内容；在阐述房地产市场定位时，着重说明了房地产市场定位的概念、定位策略、定位方法和程序等内容，并对目标市场和市场定位做了严格区分。

本章中，无论是市场细分、目标市场选择还是市场定位，所给出的方法均充分注重它们的可操作性，并辅以相应案例，便于读者深入理解。这样就避免了读者阅读之后只记得概念，面对具体项目不会操作的尴尬境地。

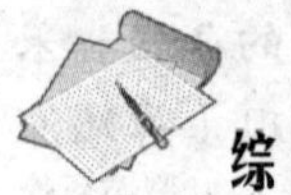

综合练习

一、基本概念

房地产市场细分；房地产目标市场；房地产市场定位；避强定位；迎头定位；插入定位。

二、思考题

1．简析房地产市场细分的三种方法。

2．某个细分市场成为房地产目标市场应具备的条件是什么？

3．选择房地产目标市场的策略有哪些？

4．简析房地产目标市场选择的程序。

5．简析房地产市场定位的方法和程序。

三、案例分析

请仔细阅读下面的案例，并结合本章的阅读案例9-1和阅读案例9-2，谈一谈你对房地产市场细分、目标市场选择、市场定位的认识。

××城市广场住宅部分的STP分析[①]

（一）项目小档案

本项目位于江北区五里店立交桥南侧。向东是规划中的江北城CBD，向南与渝中区仅一桥相隔，向西经建新东路可达观音桥，向北直通渝北区及江北机场。

本项目占地约72 000 m^2，可建设用地面积为55 102m^2，用地性质为综合性用地，容积率约为6.68。项目地块三面临路，紧邻五里店立交和黄花园大桥引道，交通方便。

本项目初步定位为三大功能，包括商业、办公、居住。在同一个小区里，它们之间的关系既对立又统一。对立是指商业、办公对居住环境造成局部的破坏或产生不协调的作用；统一是指商业、办公、居住都是与人的生活息息相关的，均可以用“生活”进行统一协调。三区所形成的整体形象就是五里店新都市综合体，在这里通过三者的互动，不断演绎着“一站式居家生活”。下面主要对住宅部分做出分析。

---

① 廖志宇．房地产定位案头手册[M]．北京：中国电力出版社，2008：175-191．

（二）市场细分（S）

1. 目标区域市场细分

区域市场细分见表 9-8。

表 9-8　区域市场细分

单位：%

居住区域或购房区域	项目周边地	江　北　区	渝　中　区	渝　北　区	南　岸　区
渝中区	1.8	0.9	45.1	4.2	2.0
江北区	80.9	84.4	29.5	43.1	4.1
南岸区	1.8	0.0	9.0	13.9	93.1
渝北区	10.0	11.0	9.0	37.5	0.0
九龙坡区	0.0	0.0	1.6	0.0	0.0
沙坪坝区	4.5	3.7	5.7	1.4	0.0
其他区域	0.9	0.0	0.0	0.0	0.0

从入户调查定量分析与业主座谈会定性分析的结果来看，本项目的目标区域市场应以江北区市场为主、渝北区和渝中区市场为辅，南岸区等其他区域可不做重点考虑。

（1）定量调查数据显示，该市居民在原住区域内购房趋势明显，南岸、江北两区居民的购买倾向尤为强烈。

（2）从座谈会所收集的业主观点分析，该市居民在购房时倾向于选择原居住区域，一方面是因为习惯于原区域的生活环境，另一方面是因为十分看重由家人、亲朋好友等构成的近亲缘居住格局，一般不会轻易到外区购房。

（3）根据项目组在该市的实地考察，该市的地理特征及在售楼盘的客户来源也显示出该市购房区域分割明显、“惯性”强的特征。

（4）渝北区和渝中区购房人群外流趋向明显且首选区域都为江北区，因此，渝北区和渝中区是除江北区之外的次级目标区域市场，而南岸区将对江北区项目形成竞争。

2. 目标人群细分

以潜在消费者定量调查数据为依据，对项目的目标人群进行初步细分及特征描述，思路如下。

第一，选取购买本项目住宅可能性大于 50%的人群作为准目标群。

第二，计算各细分人群占总样本的比例，记为比例 1。

第三，计算各细分人群占准目标群的比例，记为比例 2。

第四，综合考虑比例 1 和比例 2，确定目标人群的特征。

（1）按年龄细分时，具体见表9-9。

表9-9 年龄细分

序　号	年　龄/岁	比例1（%）	比例2（%）
1	25～30	27.7	25.5
2	31～35	15.4	18.2
3	36～40	17.5	15.1
4	41～45	8.0	8.2
5	46～50	16.0	18.2
6	51～55	7.4	8.8
7	56～60	3.9	2.2
8	60以上	4.1	3.8

目标人群选择1：以25～35岁者为主，占准目标群的43.7%。

目标人群选择2：以46～55岁者为辅，占准目标群的27.0%。

（2）按学历细分时，具体见表9-10。

表9-10 学历细分

序　号	学　历	比例1（%）	比例2（%）
1	初中及以下	24.7	28.9
2	高中/中专/技校	44.2	44.7
3	大专	22.1	18.2
4	本科	8.7	7.5
5	硕士及以上	0.3	0.7

目标人群选择1：高中/中专/技校学历者，占准目标群的44.7%。

目标人群选择2：初中及以下学历者，占准目标群的28.9%。

目标人群选择3：大专及以上学历者，占准目标群的26.4%。

（3）按行业细分[①]。

目标人群选择1：商业、服务业/零售业从业者，占准目标群的44.0%。

目标人群选择2：生产/制造业从业者，占准目标群的20.8%。

目标人群选择3：无职业者（退休/学生/家庭主妇），占准目标群的15.7%。

目标人群选择4：事业单位/国家机关工作人员，占准目标群的8.2%。

（4）按职业细分。

目标人群选择1：个体从业人员，占准目标群的25.2%。

目标人群选择2：无职业者（退休/学生/家庭主妇），占准目标群的15.7%。

目标人群选择3：企业/公司的普通职员，占准目标群的10.7%。

目标人群选择4：企业/公司的工人，占准目标群的8.8%。

目标人群选择5：商业/服务业的职工，占准目标群的8.8%。

① 限于篇幅限制，以下细分表格略去，统计方法同上。

（5）按家庭规模细分。

目标人群选择 1：3 口之家，占准目标群的 44.0%。

目标人群选择 2：4～5 口，占准目标群的 32.7%。

目标人群选择 3：两口之家，占准目标群的 17.6%。

（6）按家庭状况细分。

目标人群选择 1：已婚且有 6～18 岁小孩的家庭，占准目标群的 31.4%。

目标人群选择 2：已婚且与成年子女同住的家庭，占准目标群的 28.3%。

目标人群选择 3：已婚且有 6 岁以下小孩的家庭，占准目标群的 15.1%。

目标人群选择 4：未婚，占准目标群的 10.1%。

（7）按家庭年收入细分。

目标人群选择 1：家庭年收入在 4 万～5 万元者，占准目标群的 60.4%。

目标人群选择 2：家庭年收入在 4 万元以下者，占准目标群的 25.8%。

目标人群选择 3：家庭年收入在 5 万元以上者，占准目标群的 13.8%。

（8）按现居住宅来源细分。

目标人群选择 1：已有自购商品房者，占准目标群的 28.9%。

目标人群选择 2：租用、借用房居住者，占准目标群的 25.8%。

目标人群选择 3：已有自购非商品房（单位集资房等）者，占准目标群的 22.6%。

（9）按现居住宅房型细分。

目标人群选择 1：现居住宅为 2 房者，占准目标群的 64.8%。

目标人群选择 2：现居住宅为 1 房者，占准目标群的 23.9%。

（三）目标客户群选择（T）

1. 可供选择的方向

（1）年龄：25～35 岁；46～55 岁。

（2）学历：高中及以上；初中及以下。

（3）职业：个体从业者；企业/公司的普通职员和工人；商业/服务业的职工；事业单位/国家机关工作人员；初、中级专业技术人员（科/教/文/卫）。

（4）家庭结构：已婚且有未成年子女者；已婚且与成年子女同住者；已婚尚无子女者。

（5）家庭年收入：家庭年收入在 4 万～6 万元。

（6）现居住宅状况：自有商品房者；自有非商品房者；租借用房者。

（7）主要区域目标市场：江北区为一级目标市场；渝北区为二级目标市场；渝中区为三级目标市场。

2. 主要目标市场组合

在楼盘现实营销过程中，消费者的职业是最重要、最易辨别、最具代表性的特征，而受教育水平、职业技术水平和经济收入水平等皆可视为职业的伴随特征，因此，本项目的目标客户群以“职业”作为首要组合标准。

根据市场细分中确定的目标人群选择方向，结合尺度对该市潜在消费者的了解，确定的主要目标市场组合如表 9-11 所示。

表9-11　主要目标市场组合

目标客户群	群 体 组 成	群体基本特征
核心客户群A	个体经商者：包括从事商业、服务、零售等行业的个体工商户和私营业主	年龄在25～40岁；以中等学历为主；多为核心家庭或主干家庭，以3口或4口之家为主；家庭年收入在4万～5万元；现居住宅以租房居住（兼经营）为主，2房或1房居多
核心客户群B	公司职员（都市青年白领）：包括公司的普通职员及中层领导、商业/服务业的职工等	各年龄阶段均有分布，以25～35岁最多；以高中或大学学历为主；多为核心家庭，3口之家为主；家庭年收入在4万～5万元；现居住宅以自购商品房或租用房为主，2房或1房居多
扩展客户群A	公务员和事业单位工作人员，主要是科处级以下工作人员	年龄在25～45岁，以25～30岁最多；以高中或大学学历为主；多为核心家庭，3口之家为主；家庭年收入在4万～6万元；现居住宅以自购商品房或非商品房为主，2房居多
扩展客户群B	初、中级专业技术人员，包括教师、律师、医生等	年龄在25～55岁，以25～35岁最多；以高中或大学学历为主；多为核心家庭，3口之家为主；家庭年收入在4万～5万元；现居住宅以自购商品房、租用房和单位宿舍为主，2房或1房居多

3. 组合说明

这部分人群的收入来源稳定，收入水平中等或偏高，有一定的购买能力，也有较强烈的置业倾向，对目前的居住环境不满，对生活的便利性要求较高，本项目地块的地理位置、交通和环境优势对他们有较强的吸引力。

4. 其他目标客户群

根据业主座谈会及实地考察中搜集的观点，本项目的目标客户群还可能包括下列人士。

（1）财力充足的投资者，欲等待物业升值或将之出租给他人居住。

（2）想要代际分隔居住又想相隔近便于照应的主干家庭。

5. 目标客户群的产品需求特征及预期支付水平

目标客户群的产品需求特征及预期支付水平如表9-12所示。

表9-12　目标客户群的产品需求定量特征及预期支付水平

客户群	产品			预期支付水平	
	户 型	面 积	户内空间	预期单价	预期总价
核心客户群	A. 2房1厅1卫是首选重点户型 B. 3房2厅2卫是次选重点户型	A. 1房1厅面积在40～50 m² B. 2房1厅面积在70～80 m² C. 2房2厅面积在80～90 m² D. 3房面积在90～120 m²	A. 平层是首选空间形式，受选比例过半数 B. 错层是次选空间形式，受选者占1/4 C. 跃式排在第三位，受选者近两成	均值为3052元/m²	预算总价均值为22.7万元，以15.1万～20万元和20.1万～25万元所占比例最大，分别为28.9%和22.9%

续表

客户群	产　品			预期支付水平	
	户　型	面　积	户内空间	预期单价	预期总价
扩展客户群	A．3房2厅2卫是首选重点户型 B．2房1厅1卫是次选重点户型 C．2房2厅2卫是第三重点户型	A.2房1厅面积在70～80 m^2 B.2房2厅面积在80～100 m^2 C．3房面积在110～120 m^2	A．错层是首选空间形式，受选比例为四成多 B．平层是次选空间形式，受选者近四成 C．跃式排第三，受选者近两成	均值为3214元/m^2	预算总价均值为24.8万元，以20.1万～25万元和25.1万～30万元所占比例最大，分别为25%和22.2%

6．目标市场组合的定性描述

对目标市场组合进行定性描述（见表9-13）有助于感性、深入地理解目标客户群的产品消费观念及其精神内涵，对于项目的定位和营销推广具有特殊价值。

表9-13　目标市场的定性描述

目标客户群	基本特征	消费观念	生活态度	产品需求定性特征
个体/私营经商者	文化程度不高，年龄跨度大；主要从事服务业、零售业、商业等；处于事业的上升期，收入较高但波动较大，有较强的置业意愿，支付能力强	谨慎保守，决策理性，精打细算，购房时注重实用性和经济性；对生活质量的要求不太高，但重视交通便利性和生活配套的完善	经济上规划周密。十分关注家庭的财务状况；家庭责任感较强，重视父母赡养和子女教育，会考虑为父母预留生活空间	在事业到达一定阶段、资金积累充足时才考虑置业；要求实用率高、布局合理；在户型和面积选择上一般会量力而行，不求奢华
公司员工	主要从事第三产业，年纪较小，处于事业的起步或稳定发展阶段；中等收入水平且相对稳定；已有一定积蓄但数额不高，支付能力一般	消费观念时尚，倾向于选择知名度较高的产品，但经济实力有限，因此会兼顾经济性和新颖度；合理控制支出，有理财观念	善于理财，有强烈的储蓄和投资意识并付诸行动；注重生活的自由度和独立性，重视工作和生活的协调性	有较强的置业倾向，注重地段和交通便利性，对楼盘的档次和社区配套的要求不太高，但重视生活、消费的便利
公务员和事业单位工作人员，政府机关和企事业单位的低层干部	工作压力小，有较广泛的社会资源，经济独立，收入稳定但支付能力一般不高	消费观念传统，趋向于节俭、内敛，注重产品的内涵和品质；有较强的理财观念，强调储蓄稳定和收支平衡	经济上追求节俭、适度；家庭责任感较强，注重家庭生活，安心于悠闲、舒适的生活状态；重视下一代的教育	重视社区的教育资源、购物环境、社区规模与配套，关注产品细节。注重户型布局合理与辅助空间的功能完善

（四）项目总体定位（P）

根据对项目的SWOT分析结果以及目标市场的特点，项目品质总体定位“中档偏高的、开放的、缔造城市生活梦想的中型社区”。

在项目形象定位方面，需要做到如下方面。

（1）贯穿一个理念——彰显都市生活品质，整合城市生活要素。

（2）弘扬一种风格——精神上自主独立，功能上互动依存，享受多元化、多方位的生活方式。

（3）聚焦一个时代——面向城市新生代精英，立足社会中坚阶层。

（4）把握一个目标——一个融合建筑、时代、自然、人文、效益的立体生活空间。

（5）创造一个符号——新城市生活的典范，未来居住模式的领跑者。

（6）跨越两种生活——居住在此端，工作在彼端，从昂然搏击到恬然休憩，自在穿行、自由转换、自如回旋，一切尽在掌握中。

（7）成就三重价值——现代居住理念打造投资新宠；核心商务堡垒占据天时地利；前瞻功能形态推动片区经济。

推荐阅读资料

1．廖志宇．房地产定位案头手册[M]．北京：中国电力出版社，2008．

2．潘彤．房地产市场营销[M]．大连：大连理工大学出版社，2007．

3．张跃松．房地产开发与案例分析[M]．北京：清华大学出版社，2014．

4．陈贺．ZY地产石家庄DXHF项目市场定位研究[D]．石家庄：河北经贸大学，2020．

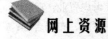

网上资源

1．百度文库：http://wenku.baidu.com/．

2．新浪地产网个人后台：http://my.dichan.com/．

3．读秀学术搜索：http://edu.duxiu.com/．

第十章　房地产产品策略

学习目标

- 房地产整体产品的内涵及其所包含的三个层次；
- 房地产产品规划理念；
- 房地产产品组合的含义、策略及优化；
- 房地产产品生命周期的含义、各阶段的特点和营销策略；
- 房地产产品生命周期的研判；
- 房地产新产品的类型、开发原则及创新策略。

导言

市场细分、目标市场选择和市场定位只是给房地产开发商选定了一定的经营方向和目标，但要真正实现这种定位，进而满足目标市场的需求，还必须制定相应的市场营销组合策略。假设某房地产开发商决定开发优质低价的楼盘，那么这样的定位就决定了开发的产品质量要高、价格定得要低，广告要突出产品优质低价的特点，要让消费者相信低价也能买到好产品，同时分销效率要高，以保证低价出售仍能获利。也就是说，市场定位决定了必须设计和发展与之相应的市场营销组合策略，即推出的产品、制定的价格、选用的分销渠道和采取的促销手段必须与一定的市场定位相适应，这就是通常所说的 4Ps 组合。唯有如此，企业的营销活动才能有条不紊地展开，经营目标才能最终得以实现。

从本章开始，我们将用四章的篇幅探讨房地产市场营销组合策略问题，本章首先探讨房地产产品策略。

第一节　房地产产品的内涵

房地产开发商的市场营销活动是基于满足消费者对房地产产品的需求而实现的，离开产品谈市场营销组合中的其他因素，如价格、促销、渠道，是没有任何意义的。因此，房地产产品成为房地产市场营销组合中最基础的要素，也最能体现开发商的核心竞争力。

一、房地产整体产品的内涵

要研究房地产产品策略，首先必须明确产品的内涵。现代市场营销理论认为，产品是能够提供给市场，用于满足人们某种欲望和需求的任何事物，包括有形商品和无形服务。

这里的“产品”概念实际上是一种“整体产品”的内涵，并不仅仅是指满足人们某种需要的有形物品，还包括无形的服务，进一步可分为核心产品、形式产品和延伸产品三个层次。

对于什么是房地产产品，我们沿用了现代市场营销理论中“整体产品”的含义，即房地产产品是一种满足人们的居住、生产、娱乐、工作、学习等多种需求的物质实体和相应服务的结合体，同样包含核心产品、形式产品和延伸产品三个层次，如图 10-1 所示。

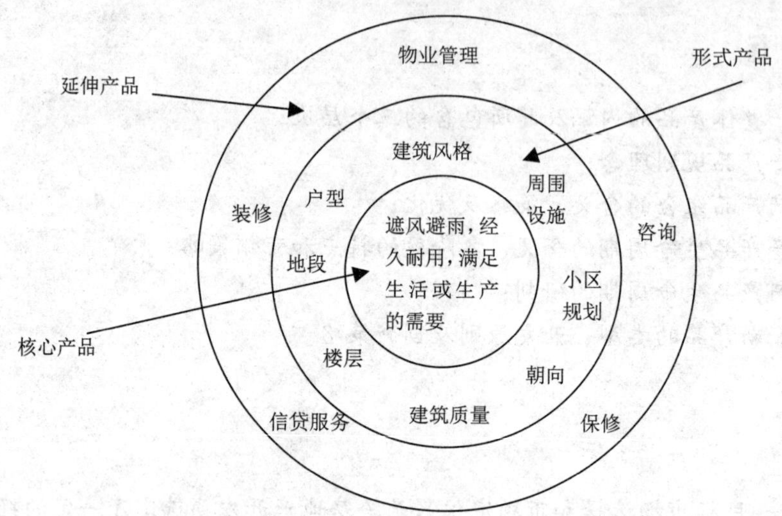

图 10-1 房地产产品的构成层次

（一）核心产品

房地产核心产品是房地产整体产品最基本的层次，是人们购买或租用房地产产品时所追求的基本利益和使用功能，是人们真正想要的东西。

一般来说，人们购买或租用某种产品并不是为了获得产品本身，而是为了满足某种特定的需求，购买或租用房地产产品也是如此。例如，人们购买或租用住宅想获得的最基本利益就是满足居住的需要，而购买或租用办公及生产用房是为了获得办公及生产的场所。除此之外，人们购买或租用房地产产品还可能是为了获取保值、增值收益，或者为了实现投资收益，或者为了满足某种炫耀心理等。

（二）形式产品

房地产形式产品是房地产整体产品的第二层次，是核心产品的基本载体和借以实现的形式，包括房地产的地段、建筑质量、户型、楼层、建筑风格、小区规划、朝向、周围设施等内容。

房地产形式产品是人们识别某种房地产产品的基本依据。也就是说，人们在购买或租用房地产产品时，除了要求该产品具备某些功能，能提供某种核心利益外，还要考虑它的形式产品。这就要求房地产开发商在向市场提供产品时，不仅应关注人们所追求的核心利益，更要重视如何以独特的形式将这种利益呈现给顾客并让顾客充分领略形式产品的独特魅力，从而产生购买的冲动。

（三）延伸产品

延伸产品也称附加产品，是房地产整体产品的第三层次，是人们通过房地产产品的购买和使用所获得的附加服务和附加利益的总和，即房地产产品所包含的所有附加服务和利益，主要表现为房地产产品销售过程中的信息咨询、房地产产品说明书、按揭保证、装修、代为租赁以及物业管理等。

核心产品、形式产品和延伸产品作为产品的三个层次，是不可分割并紧密相连的，它们构成了产品的整体概念。其中，核心产品是基础、本质；核心产品必须转变为形式产品才能得以销售；在提供产品的同时，还要提供广泛的服务和附加利益，这样就会形成延伸产品。由于购房者所需要的满足生活和生产所需要的产品是所有房地产开发商必须做到的，所以在核心产品上，各开发商都处于同一起跑线。真正能够吸引消费者，即房地产产品营销能够产生独特作用的关键在于有形产品和延伸产品，房地产产品营销真正倚重且有所突破的也是这两个方面。

二、房地产产品策略的内涵

房地产产品策略是房地产开发商为了实现其经营目标和营销目标，基于顾客需求在市场开发、建设房地产产品时所采取的所有对策和措施。理解产品策略的概念时，需要把握以下几点。

（1）房地产产品需求是制定房地产产品策略的依据。

（2）房地产产品是房地产产品策略的对象。

（3）制定房地产产品策略的主体是房地产企业。

（4）制定和实施房地产产品策略是为了实现企业的经营目标和营销目标。

产品策略是房地产市场营销组合策略的核心，也是价格策略、分销策略和促销策略的基础。相比于产品策略，价格策略、分销策略和促销策略更加灵活一些，可以随着销售进程的不断推进做出相应的调整，而产品策略则不然。产品策略一旦决定并实施，若想调整，是很困难的事情，不仅费时费力，而且可能涉及相关部门的审批问题且一般到了中后期是不可能做任何改变的。所以，产品的前期规划决策对整个营销活动的顺利展开相当关键，成功营销的第一步应从产品规划做起。

第二节　房地产产品规划理念

一项完整的房地产产品规划方案，除了应有一个好的规划理念外，还要有符合市场需求的住宅区规划和建筑设计方案。住宅区规划和建筑设计方案的内容繁杂，限于本书的篇幅，这里就不再介绍，读者可参阅有关书籍学习这方面的内容。本节只讨论房地产产品规划理念，包括产品规划的原则、构成和要点，旨在使读者对房地产产品规划形成较为全面的认识。

一、房地产产品规划的原则

房地产产品规划应遵循先总后分、先外后内、先弱后强、先实后虚、先分后合、先专后普等原则。

（一）先总后分原则

（1）先明确产品的市场总体形象（档次和主题），再进行细部的组合与配置，包括交通组织、环境规划、建筑布局、配套安排、建筑风格、户型设计等。

（2）先进行整体布局规划，再进行建筑单体安排。

（3）先进行建筑类型、建筑风格定位，再进行户型设计、外立面和天际线处理。

（4）先规划整体交通，明确人车交通组织，再考虑各楼和各单元空间的联系。

（5）先规划整体环境景观，包括景观主题与景观布局，再设计中心庭院、各组团景观和宅间景观。

（二）先外后内原则

（1）先决定空间用途，再考虑栋别或楼别配置。

（2）先确定整体容积率的分配，再考虑各楼层或各单元空间的联系方式。

（3）先整体规划出入动线，再考虑各楼层或各单元空间的联系方式。

（4）先做完整地块规划，再做畸零地块利用。

（三）先弱后强原则

（1）要创造获得边际利润的机会，也就是要先将主要的努力付诸最具边际利润的产品上，才能创造高纯度的附加价值。

（2）要具备整体价值的意识。在进行产品规划时，必须掌握个别空间的价值，以使产品整体的价值达到最大。

（3）要善用空间搭配组合的技巧，把边际价值发挥到极致。

（四）先实后虚原则

（1）明确目标客户，产品规划者首先必须找出谁将是目标购买者或使用者。

（2）要先考虑目标客户真实需要的房屋私有功能，再考虑公共设施及其功能。

（3）依据项目规模、产品类型、规划户数等条件，掌握能为市场接受又符合开发商投资报酬的公共设施比例范围，就目标客户对私有功能及公共功能的可能偏好做合理的规划。

（五）先分后合原则

（1）区别楼层市场的先分后合。先就整栋楼各楼层市场（如顶部市场、中间层市场、底商、地下室等），个别评估其供需状况及规划条件，再考虑楼层之间的关联性或合并的可能性。

（2）调整平面单元面积的先分后合。先确定最小可能销售单元的平面功能，再合并数个小单元成为较大面积的单元，以使消费者调整平面的弹性空间最大化。

（3）控制造价合理的先分后合。在保障建筑物结构安全的前提下，预先做好最小单元化（最多户数）的建筑规划及成本预算，再合并大面积规划。

（六）先专后普原则

（1）首先考虑专门化、特殊化产品，以创造产品的附加值和利润空间，除非市场机会有限或项目地块条件受限，才发展风险低的一般产品。

（2）产品专门化、特殊化的程度必须考虑项目所在地的市场特性、供需情况，以及各种目标客户群的相对规模和购买力。

（3）产品的专门化、特殊化必须把握重点，切忌盲目特殊。例如，产品因所具备的特色已经被市场评定为特殊产品，则无须画蛇添足，否则反而会损减产品的经济效益，干扰对重点特色的追求。

二、房地产产品规划的构成

房地产产品规划可以从产品的“基本功能”规划和产品的“配套设施”规划两方面来考虑。

（一）产品的“基本功能”规划

产品的“基本功能”规划是指单一空间的房型设计和室内的功能规划，以及由其延伸至整个大楼或小区的面积（格局）配比、外观造型、社区环境和总体功能规划等。它是产品最基本的要素，不但是客户在购房时最为关心、最先考虑的条件之一，更是开发商判断自身投资是否成功的最为关键的一环。

（二）产品的“配套设施”规划

产品的“配套设施”规划是指对整个大楼或小区中满足人们日常生活或工作需要的各项设施的全面配置。它包括水、电、煤气、通信、装潢、保安和保洁等各个方面的最基本的功能配置，是对“基本功能”的充实和完善。随着人们生活水平的不断提高和科学技术的迅猛发展，不但一些基本配置的标准在逐渐提高，而且有很多额外的娱乐休闲性质的公共配套设施也已经在不少住宅小区中出现，如社区俱乐部、网球场、游泳池等。

与产品的“基本功能”相比，虽然客户在购房时对“配套设施”要素的直观感受并不强烈，但它与客户入住后的日常生活密切相关，因此恰当的细节表现有时也会加深对客户的影响程度。对开发商来说，因为“配套设施”是产品策略方面种类最多、可塑性最强、最易于调整且在促销中最容易表现的因素，所以许多好的设想和大量资金的投入便会集中在这个方面，许多行销话题也由此而产生和发挥。

对于房地产产品的“基本功能”和“配套设施”，国家已颁布相关的设计标准和建设规定来加以约束，因此对于一些最基本的配置，房地产开发商都会尽力办到，这不但是楼盘建设的品质底线，而且是对消费者最基本利益的保证。但随着市场的竞争日趋激烈，简单的配置已不再具有吸引力，如今通过更符合时尚的房型设计、新型建材的运用和一些娱乐休闲设施配套的添加来提高产品的竞争力，吸引更多的客户，已渐渐成为开发商们的共识。

三、房地产产品规划中应把握的要点

好的产品规划并不仅仅意味着价格昂贵、功能提升，而是顺应市场需求的一种营销行为。因此，在房地产产品规划中应注意把握如下要点。

（一）产品规划应与市场定位相吻合

产品规划若不能与前期确定的市场定位相吻合，如动迁安置房配备了进口的名牌电梯；高单价大面积的户型格局，主人房不但不朝南且不够大，而且没有独立的卫生间和衣帽间；豪华的办公楼不配备一个气派的大堂和充足的停车位等，产品将难以获得目标市场的认可，滞销也就在所难免。

实际上，市场定位虽然涉及很多因素，但是起决定性作用的是目标消费者的支付能力，反映到产品上便是房屋总价的区别，即不同的产品规划对应着不同的房屋总价。倘若欲使开发出的产品更精美且功能更丰富，势必要追加投入，房屋的总价自然也会相应上升，因此，有时产品规划与房屋总价是相互矛盾的。不过，任何产品规划只要偏离它的市场定位都将是失败的，只有在顾及市场定位的前提下，尽量将产品规划做得尽善尽美，这样的产品规划才能算得上好的产品规划。

（二）产品规划应该顺应和引导消费时尚

要求产品规划与市场定位相吻合并不意味着一味地迁就目标消费者，而是应该善于挖掘和满足他们的潜在需求。同样，为了要使自己的产品脱颖而出，一些与众不同的规划配置是必不可少的。作为一种更为积极主动的企业行为，产品规划应建立在顺应和引导消费时尚的基础上。例如，住宅小区的纯水供给系统是为了满足客户对饮用水的更高要求而设置的；高过 30%的绿化率是现代人对居住环境的执着追求；人车分流、社区管线集中埋设、计算机网络化管理等更是楼盘细节规划争取市场优势的强有力的保证。

和其他营销组合一样，投入和产出的价值比也是产品策略的最后决策准则。但在这里必须特别强调的是，和其他营销组合不一样，产品策略在产品规划方面的投入，尤其是在产品“基本功能”方面的投入，往往是巨大且很难修正的，只有顺应市场需求的产品规划才能最终取得丰厚的回报。

第三节　房地产产品组合决策

房地产开发商的产品策略中若只包含单一产品，往往很难实现企业的最终目标，应根据市场状况和自身能力，确定经营哪些产品以及各种产品的数量和比例，也就是要对产品组合进行决策。

一、房地产产品组合的含义

房地产产品组合是一个房地产开发商所开发和经营的全部物业的结构或构成，也就是开发商所开发和经营的全部产品线和产品项目的组合方式，如图 10-2 所示。

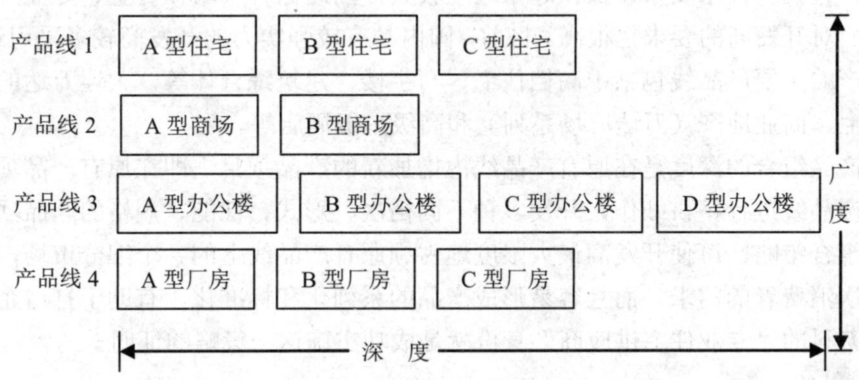

图 10-2　房地产产品组合示意

产品线是一组密切相关的产品项目，它们具有类似的功能，只是在规格、档次、设计、风格等方面有所不同；产品项目是同一个产品线中各种不同规格、档次、设计、风格的单个物业。例如，图 10-2 中的产品线 1 是住宅类产品，包括 A 型住宅（如别墅）、B 型住宅（如高档住宅）、C 型住宅（如中档住宅）三个产品项目；产品线 4 是厂房类产品，包括 A 型厂房（如工业大厦）、B 型厂房（如标准厂房）、C 型厂房（如专用厂房）三个产品项目。

产品组合一般从产品组合的广度、深度和关联度三个方面做出决定。

产品组合的广度是指开发商的产品组合中所拥有的产品线数目。拥有的产品线越多，产品组合的广度越大，反之则越小。

产品组合的深度是指开发商的每条产品线中所拥有的产品项目的平均数，计算公式为

$$产品组合深度=\frac{产品项目总数}{产品线总数}$$

产品组合的关联度是指开发商的所有产品线之间的关联程度。

图 10-2 所示的房地产产品组合示意图中，产品组合的广度为 4（4 条产品线），深度为 3（12/4=3），该企业产品组合的各条产品线之间的关联度较强。

二、房地产产品组合策略

所谓房地产产品组合策略，就是房地产开发商根据营销目标对产品组合的广度、深度和关联度等方面进行有机组合的决策，包括扩大产品组合策略和缩减产品组合策略。

（一）扩大产品组合策略

扩大产品组合策略即在原有产品组合的基础上，增加产品组合的广度或深度。

增加产品组合的广度是在原有产品组合中增加新的产品线，以扩大开发商的经营范围，

如从专注于住宅的开发经营扩展到商业物业、写字楼、酒店、工业厂房等多种产品线的开发经营。采用这种向市场提供专业化产品的组合策略，可使企业充分利用所拥有的资源，不仅可以扩大企业的经营规模，而且如果决策得当，还能有效地分散经营风险，提高企业的获利能力并使企业迅速做大。但由于住宅、商业物业、写字楼、酒店、工业厂房等具有不同的运作方式和技术要求，操作起来难度较大，因此这种策略在资金、专业人才、管理能力等方面对开发商的要求也很高。目前，国内具有较强实力的开发商较多采用这一策略，如中海地产的主要产品线包括中高档住宅、写字楼、建筑综合体等，大连万达的主要产品线包括住宅、商业地产（万达广场系列）和高级星级酒店等。

增加产品组合的深度是在原有产品线内增加新的产品项目，即在原有产品项目的基础上对原有产品线进行精耕细作，开发多种不同档次、形式、性能、规格的产品项目。采用这种产品组合策略，可使开发商最大限度地占领原有产品线上的各个细分市场，尽可能地满足各层次消费者的需求，而且容易形成产品的系列化和标准化，有助于打造企业的核心竞争力。万科的“专业住宅供应商”身份就是成功实施这一策略的证明。

（二）缩减产品组合策略

与扩大产品组合策略相反，缩减产品组合策略是从原有产品组合中剔除那些获利很小甚至不获利或者与企业长远发展战略相冲突的产品线或产品项目。

缩减产品组合可以使开发商集中优势资源、技术于少数产品，提高产品质量，降低消耗；减少资金占用，加速资金周转；退出部分效益不高的市场，使开发商的目标集中、效率提高。但是，这种决策会使开发商承担较大的决策风险。

三、房地产产品组合的优化

由于产品组合状况直接关系到房地产开发商的销售额和利润水平，而企业所面临的内外条件不断变化，由此带来销售额和利润水平的改变。因此，开发商必须经常就现行产品组合对未来销售额、利润水平的影响做出系统的分析和评价，在此基础上决定是否增加、加强或剔除某些产品线或产品项目，即进行产品组合的优化。

（一）房地产产品组合的评价指标

房地产开发商通常采用产品的销售增长率、市场占有率和利润率等指标来评价现有产品组合是否处于令企业满意的优化状态。

1. 产品的销售增长率

该指标反映了开发商的产品在市场上的发展前景。销售增长率高，说明该产品在市场上有良好的发展前景；反之，则说明该产品的市场前景不乐观。

2. 产品的市场占有率

该指标综合反映了开发商的产品在市场上具有的实力，表明了开发商在同行业中的竞争地位。市场占有率高，说明开发商在同行业的竞争能力强；反之，则说明该开发商在同行业的竞争能力弱。

3. 利润率

该指标综合反映了开发商投入与产出的关系，反映出它的经济效益状况。利润率高，说明开发商的经济效益好；反之，则说明开发商的经济效益差。

（二）优化房地产产品组合的程序

优化产品组合的过程就是分析、评价和调整现行产品组合的过程，包括如下两个关键步骤。

第一步，分析、评价现有产品线中各个产品项目所产生的销售额和利润额水平。

图 10-3 给出了企业的某一条产品线中五个产品项目的销售额和利润额水平。其中，第一个产品项目的销售额和利润额分别占整个产品线销售额和利润额的 50%和 30%，第二个产品项目的销售额和利润额均占整个产品线销售额和利润额的 30%。这两个产品项目虽然分别占了整个产品线销售额的 80%和利润额的 60%，但在同行中面临的竞争最为激烈，预测未来的销售额和利润额将呈下降趋势。如果这两个项目遇到激烈竞争，整条产品线的销售额和利润额将急剧下降。此时，若企业将精力高度集中于这两个产品项目上，那么该产品线往往具有较大的风险性。为此，企业必须制定对付同类竞争产品的有效对策，以巩固第一个、第二个产品项目的市场地位及获利水平，加强第三个、第四个产品项目的市场营销。第五个产品项目只占整个产品线 5%的销售额和利润额，如无发展前途，可以剔除。

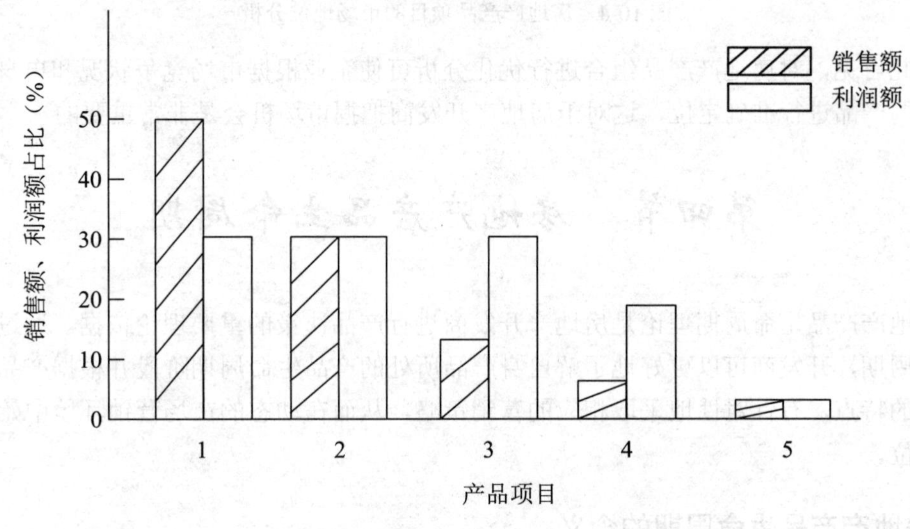

图 10-3　产品项目分析

第二步，将各产品线的产品项目与竞争者同类产品项目进行比较，全面衡量各产品项目与竞争者产品项目的市场地位。

例如，A 房地产开发公司的一条产品线是开发住宅产品，根据市场调查的结果，了解到户型和内部配套是消费者最为重视的两个属性。户型分为一室一厅、两室一厅、两室两厅、三室一厅、三室两厅；内部配套分为完备、较完备、一般三个等级。该公司现有两个竞争对手 B 和 C。B 公司的产品主要有配套较完备的一室一厅、配套完备的一室一厅和配套一般的两室一厅；C 公司的主要产品有配套一般的两室两厅、三室一厅、三室两厅，配套较完备的三室一厅和三室两厅。A 公司根据市场竞争情况，结合自身的条件，决定生产五种住宅：配套较完备和配套完备的两室一厅，配套较完备和配套完备的两室两厅和配套完备的三室一厅。因为这五种住宅没有竞争者且市场前景良好，结果如图 10-4 所示。从图 10-4 中可以看出，市场上仍有两个空白点：一是配套一般的一室一厅，各个开发商都不开发的原因是消费者基本放弃了这种产品；另一个是配套完备的三室两厅，因为市场小，开发商若开发此户型，从经济上考虑不合算。

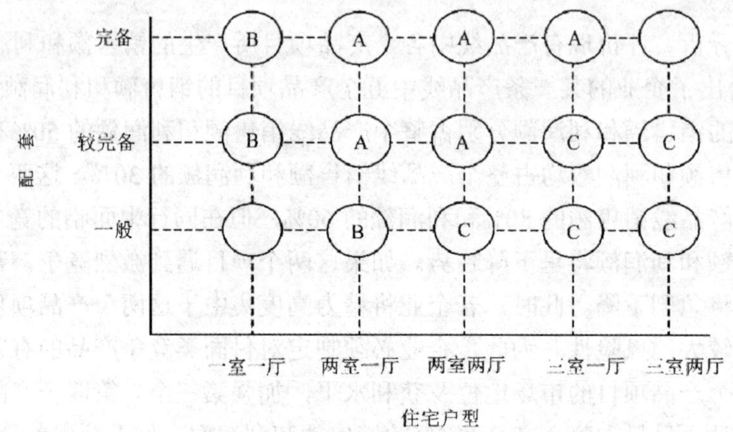

图 10-4　房地产产品项目的市场地位分析

由此可见，对房地产产品组合进行优化分析可使企业根据市场竞争状况和自身情况对拟开发的产品进行准确定位，这对于房地产开发商把握市场机会是非常重要的。

第四节　房地产产品生命周期

房地产产品生命周期理论是房地产开发商进行产品决策的重要理论依据。通过研究产品生命周期，开发商可以更好地了解自身产品所处的产品生命周期阶段并根据产品生命周期阶段的特点，有针对性地采取相应的营销策略，从而在动态的市场营销环境中始终处于有利地位。

一、房地产产品生命周期的含义

所谓房地产产品生命周期，是指房地产产品从进入市场开始直到被市场淘汰最终退出市场为止所经历的全部过程。产品生命周期不同于产品使用寿命，后者是指产品从开始使用到报废为止所经历的时间。一般情况下，房地产产品的生命周期要大大短于它的使用寿命。

产品生命周期与产品的种类和性能有关，有的很长，有的则较短。例如，时尚产品的生命周期很短，而像房地产这类生活必需品的生命周期就很长。产品生命周期最主要的影响因素包括消费者需求的变化、产品更新速度以及市场的竞争激烈程度。随着社会消费水平的提高，消费者需求越来越多样化，科技创新以及科技转化为生产力的速度不断加快，由此带来产品更新换代频率的加快，加之日益激烈的市场竞争，使得绝大多数产品出现使用寿命延长，但生命周期有所缩短的趋势，房地产产品自然也不能逃脱这种规律。虽然人们无论何时何地都离不开房地产产品，总体上看，这种产品的生命周期也会无限延长下去，但对于各种具体的房地产产品，其生命周期显然是不同的。

二、房地产产品生命周期各阶段的特点及营销策略

房地产产品生命周期可分为四个阶段，即引入期、成长期、成熟期和衰退期，如图 10-5 所示。

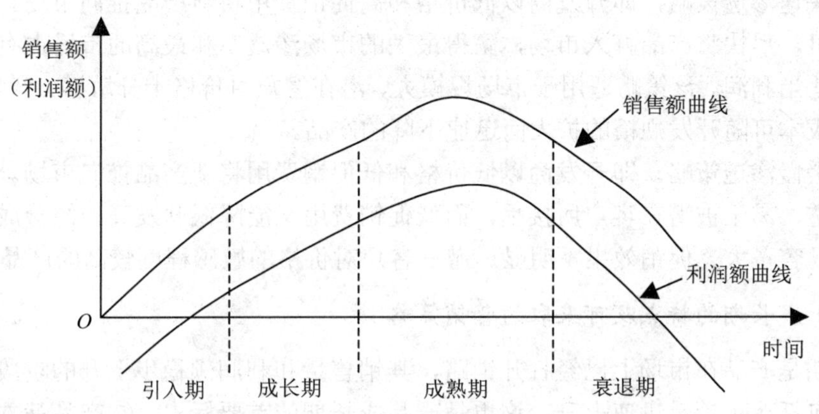

图 10-5　房地产产品生命周期曲线

这四个阶段的划分是相对的，各阶段的分界依据主要是产品的销售量和利润额的变化情况，各阶段具有不同的特点，因而应采取不同的营销策略。

（一）引入期的特点及可采取的营销策略

引入期是新产品进入市场的最初阶段，该阶段的主要特点包括：①消费者对该产品还不太了解，购买者较少，产品销量低；②价格决策风险大，高价可能会限制购买，低价则不易尽快收回成本；③产品生产成本较高，利润较低甚至为负数；④尚未完全建立有效的分销渠道；⑤广告及其他促销开支大；⑥市场竞争者少。

在引入期，开发商的主要营销目标是迅速使新产品进入和占领市场并在尽可能短的时间内扩大产品的销售量。为此，开发商可通过开展一系列促销活动，广泛宣传产品信息，在最短时间内让消费者了解产品特性，提高其认知程度，消除其疑虑并根据市场反馈情况适时进行产品改进。在此阶段，开发商可选择图 10-6 所示的价格-促销组合策略来达到上述目的。

		促销费用	
		高	低
价格水平	高	快速掠取策略	缓慢掠取策略
	低	快速渗透策略	缓慢渗透策略

图 10-6　价格-促销组合策略

（1）快速掠取策略，即开发商以高价格和高促销费用将新产品推向市场。如果能成功

运用这一策略，不仅可以使消费者更快地熟悉和了解新产品，迅速打开销路，而且可以使开发商尽快收回新产品开发的巨额投资，获取较高的利润。但采用这一策略应具备如下条件：产品具有独特的功能或能为目标顾客提供某种独特的利益；市场需求潜力较大，目标顾客求新心理强并愿意为此付出高价；开发商需尽早建立起产品的市场地位，因为较好的销售局面和巨大的盈利空间不可避免地要招致来自竞争对手的进入威胁。

（2）缓慢掠取策略，即开发商以高价格和低促销费用将新产品推向市场。该策略的成功运用可以使开发商以较少的代价获得较高的利润，它适用于市场规模有限、潜在竞争威胁不大、潜在顾客对价格不是十分敏感、适当高价也能被目标客户所接受的产品。

（3）快速渗透策略，即开发商以低价格和高促销费用将新产品推向市场。其目的是抢占市场先机，尽快将产品打入市场，赢得最大的市场渗透率和最高的市场占有率，以薄利多销获取适当利润。该策略适用于市场规模大、潜在客户对价格十分敏感、竞争十分激烈、单位开发成本可随开发规模的扩大而迅速下降的产品。

（4）缓慢渗透策略，即开发商以低价格和低促销费用将新产品推向市场。低价格有利于市场渗透，易于被潜在客户所接受，而低促销费用又能降低开发商的经营成本。该策略适用于市场容量大、促销效果不明显、潜在客户对价格的敏感程度较高的产品。

（二）成长期的特点及可采取的营销策略

成长期是产品在市场上已经打开销路，其销售量和利润额稳步上升的阶段。该阶段的主要特点包括：①销量迅速上升，这也是产品成长期的首要标志；②产品基本定型、成本降低、利润提高；③价格稳定或略有下降；④促销费用持平或略有提高；⑤分销渠道疏通；⑥竞争者涌入。

在成长期，开发商的主要营销目标是进一步拓展市场、扩大市场占有率、增加销售量和利润额。这一阶段可采取的营销策略有以下几种。

（1）提高产品品质。从产品整体出发，不断提高产品品质，以对抗竞争产品，还可以从拓展产品新用途入手来增强产品的市场竞争力。

（2）开拓新市场。对处于高速发展时期的新产品，市场需求潜力一般都比较大。开发商应抓住这一机会，为产品寻求更广阔的市场。

（3）树立产品形象。从引入期的介绍产品、提高产品知名度转变为突出产品特色，进而树立起良好的产品形象和企业形象，逐渐形成并强化品牌地位。

（4）扩展分销渠道。通过巩固原有渠道，增设销售网点，以达到进一步向市场渗透、拓展市场空间的目标。

（5）调整产品价格。选择适当时机降价或实行折扣价格等有效的价格策略，既可以吸引更多的消费者，又可以阻止竞争对手的进入。

（三）成熟期的特点及可采取的营销策略

成熟期是产品在市场上已经普及，其销售量和利润额达到高峰的饱和阶段。该阶段的主要特点包括：①产品的销售量增长缓慢，逐步达到最高峰，然后缓慢下降；②产品的销售利润从成长期的最高点开始下降；③各种品牌、各种式样的同类产品不断出现；④消费者的兴趣已开始转向其他同类产品或替代产品，销量下跌，利润下降，竞争加剧。

在成熟期，开发商的营销目标是牢固地占领市场，使成熟期延长或使产品生命周期出现再循环。为此，可以采取以下三种营销策略主动出击。

（1）市场调整策略。这种策略不是要调整产品本身，而是发现产品的新用途、寻求新的用户或改变推销方式等，以使产品销售量得以扩大。

（2）产品调整策略。这种策略是通过对产品自身的调整来满足顾客的不同需求，吸引有不同需求的顾客。对整体产品概念中任何一层次的调整都可视为产品再调整。

（3）市场营销组合调整，即通过对产品、定价、渠道、促销四个市场营销组合因素加以综合调整，刺激销售量的回升。常用的方法包括降价、提高促销水平、扩展分销渠道和提高服务质量等。

（四）衰退期的特点及可采取的营销策略

衰退期是销售量持续下降，产品即将退出市场的阶段。该阶段的主要特点包括：①产品销售量急剧下降；②开发商从这种产品中获得的利润很低甚至为零；③大量的竞争者退出市场；④消费者的消费习惯已发生改变，市场上出现了改进产品或换代产品。

在衰退期，开发商的主要营销目标是尽快退出现有市场，转而开发新产品或进入新市场。具体有如下策略可供选择。

（1）继续策略。继续运用过去的策略，仍按照原来的细分市场，使用相同的分销渠道、定价及促销方式，直到这种产品完全退出市场为止。

（2）集中策略。把开发商的能力和资源集中在最有利的细分市场和分销渠道上，从中获取利润。这样有利于缩短产品退出市场的时间，同时又能为开发商创造更多的利润。

（3）收缩策略。抛弃无希望的顾客群体，大幅度降低促销水平，尽量减少促销费用，以增加目前的利润。这样可能导致产品在市场上的衰退加速，但也能通过忠实于这种产品的顾客得到利润。

（4）放弃策略。对于衰退得比较迅速的产品，开发商应该当机立断，放弃经营。可以采取完全放弃的形式，如把产品完全转移出去或立即停止生产；也可采取逐步放弃的方式，将其所占用的资源逐步转移到其他产品的开发上。

在房地产开发商的市场营销活动中，产品生命周期理论具有重要的应用价值。它将房地产产品在市场上的生命历程划分为四个不同的阶段，决策者和营销人员通过正确分析和把握产品所处的生命周期阶段并针对各阶段不同的特点采取相应的策略，尽可能延长产品生命周期中的成长期和成熟期，最终实现利润最大化的目的。

**【阅读资料 10-1】**

房地产产品生命周期的研判[①②]

准确研判房地产产品所处生命周期阶段对于房地产开发商决策的重要性是不言而喻的。但是，在复杂多变的房地产市场环境中，要想准确研判某开发商的某产品所处的生命

① 本阅读资料根据罗建幸、徐红艳的《研判产品生命周期》一文以及董藩教授的演讲稿和作者的研究成果写成，供读者阅读参考。

② 罗建幸，徐红艳．研判产品生命周期[J]．销售与市场，2000（1）：36-38．

周期阶段，进而做出准确决策，实属不易之事。这里，我们根据相关研究文献，对这个问题做如下阐述。

一、根据行业生命周期研判产品生命周期

首先必须指出的是，产品生命周期并不等同于行业生命周期，不能将两者混为一谈。行业生命周期是指每个行业都要经历的一个由成长到衰退的演变过程，显示了一个行业所有产品共有的发展规律，带有普遍性；而产品生命周期是指某企业某种产品在市场上的发展规律，带有特殊性。行业生命周期一般分为孕育期、成长期、成熟期和衰退期四个阶段，如图 10-7 所示。

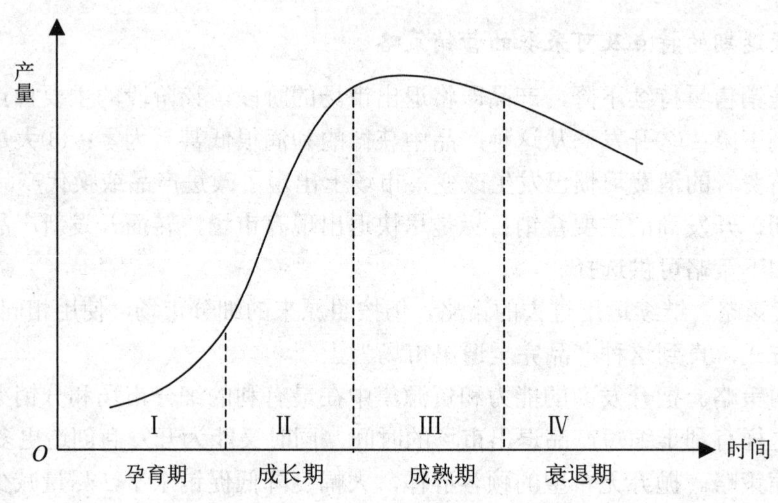

图 10-7　行业生命周期

识别行业生命周期所处阶段的主要标志有市场增长率、需求增长潜力、产品品种数量、竞争者数量、市场占有率状况、进入壁垒、技术革新和用户购买行为等。行业的生命周期对企业发展战略的制定有非常重要的影响。

在行业孕育阶段，企业总是试图吸引客户对其产品产生注意力。在这个阶段，倘若企业资金实力不够强往往很难成功，除非有特殊条件使市场开拓水到渠成，此时小企业最好不进入。

当行业进入到成长阶段，潜在的竞争者被吸引并进入该产品市场，市场竞争加剧了。但需求往往被大量激发，增长得更快，是投资者进入的好时机。

当行业中的产品满足了市场上所有的客户需求时，增长率开始降低，市场进入成熟阶段。这时尽管增长有所减缓，但新的竞争者可能还在进入该市场。为了争夺更多的市场份额，各个公司之间都展开了更加激烈的竞争，因此市场逐渐变成了更小的碎片，市场份额已经变得非常分散。如果没有成本优势、技术优势或者不能从市场细分中夺取生存空间，一般要撤出。

行业进入衰退阶段后，整个行业的利润大幅度下降，行业中的竞争者通过转产逐渐退出该行业，只能剩下有限的企业。

根据相关研究，我国房地产行业的生命周期大致划分如下：从20世纪80年代至1998年住房制度改革之前可视为孕育期；1998年住房制度改革之后至2020年为成长期；2020年至2030年为成熟期；2030年之后进入衰退期。

可见，从整个行业发展规律上看，目前至2030年，我国的房地产行业还有巨大的发展空间，也正处于最好的发展时期。这主要得益于城市化进程的推进、人们生活方式的变化、规划变动带来的大拆大建活动等。而在2030年之后，随着拆迁活动的减少、城市化进程趋于结束、人口规模达到或临近巅峰，房地产开发规模将明显下降，一手房交易活动也会随之大大萎缩。

房地产产品生命周期显然要受到房地产行业生命周期的制约，目前至未来很长一段时间的行业成长期和成熟期给房地产开发商提供了发展壮大的良机，而房地产开发商的创新活动也可能延长房地产行业的成长期和成熟期，延后衰退期。

二、根据行业内市场竞争环境研判产品生命周期

企业产品生命周期虽然受制于行业生命周期，但两者并不必然表现出一致性。也就是说，虽然从整体上看，我国房地产业成长期和成熟期可以延伸到2030年，但并不意味着每个开发商的产品生命周期都具有同样的发展趋势。开发商的产品生命周期还要受到行业内市场竞争环境的影响。

根据竞争地位的不同，可将开发商分为领导者、挑战者、跟随者和补缺者。处于不同竞争地位的企业，其产品生命周期是不同的。尤其是领导者或挑战者的竞争行为和竞争策略将延长或缩短它们自身或其他竞争对手的产品生命周期。

（一）领导者旨在扩大整个行业的规模，扩大市场份额则是其次

显然，领导者采取此种行为和策略有利于整个行业的发展，若能成功，则必将导致整个行业进入一个新的成长期，业内各类企业也得以分享领导者的营销成果，它们的产品生命周期也随行业的发展而发展。特别是一些中小企业（如补缺者），若能快速跟进，则能获得进一步发展的机会。一般而言，敢于或有能力实施这种策略的领导者应具备两大条件：一是在市场份额方面一枝独秀；二是产品差异异常显著（如功能独特、品牌忠诚等）。

（二）领导者旨在争夺市场份额或者挑战者向领导者发起挑战

这两种市场行为最易发生在行业成长后期以及成熟期。无论是领导者试图增加市场份额，还是挑战者发起挑战行为，最常用的竞争手段是打价格战或广告战，这对于跟随者和补缺者来说，可能意味着灾难的来临。因为伴随着价格战或广告战，虽然整个行业还处于成长期或成熟期，但跟随者和补缺者的产品可能加速进入衰退期。例如，1996年彩电业巨头长虹发起价格战，随后TCL、康佳等电视机生产企业随之大幅降价，终将熊猫、牡丹、黄河等老牌电视机厂逼向绝境。

然而，这两种市场行为对领导者和挑战者的产品生命周期的影响是不同的。倘若领导者抢夺市场份额成功，而挑战者并没有发起挑战，那么领导者的产品生命周期应与行业生命周期同步，而挑战者的产品面临着提前进入衰退期的风险。倘若挑战者向领导者发起进攻，领导者一般不会坐以待毙，必然会采取相应的市场对策。这样，若领导者的市场对策

获得成功，那么它的产品生命周期不会受到影响；若领导者的市场对策失败，则其产品生命周期的成熟期甚至衰退期会提前到来。对于挑战者而言，既然敢于挑战，必然有备而来，只要营销策划不出意外，市场份额必定提高。此时，无论行业生命周期处于哪一阶段，挑战者自身产品生命周期必然处于成长期。

就目前房地产行业内部市场竞争状况来看，领导者基本上不具备扩大行业规模的能力，而房地产开发商之间的争夺却是常态。争夺影响着各企业的市场份额，进而影响着它们的产品生命周期。

三、根据企业自身状况研判产品生命周期

企业的产品生命周期除了受行业生命周期和业内市场竞争的影响外，企业自身状况也在一定程度上影响着其产品生命周期。

（一）企业本身竞争力的高低

如果企业本身综合实力强大，产品市场份额高，如市场的领导者，那么企业的行为足以影响整个行业，其产品生命周期可与行业生命周期同步；如果企业本身实力较弱，市场份额低，如市场跟随者或补缺者，其产品生命周期将会受到领导者或挑战者的影响。

（二）企业资源投向的变化

即使行业仍处于高速成长期，只要企业重点资源的投向发生转移，就意味着原有产品衰退期的来临。当然，这并不是说企业的营销出现了某种失误，也可能是基于战略转移的考虑。万科退出怡宝蒸馏水即是如此。

（三）企业的创新能力

企业的创新能力一般表现在产品创新、管理创新和营销创新三个方面。通过创新，企业可重新获得竞争优势，使企业的产品再次走向成长之路。

基于以上几个方面的分析，在具体研判房地产产品生命周期时，既要考虑房地产行业生命周期趋向，也要考虑行业市场竞争环境，还要考虑企业自身状况，据此掌握本企业产品的发展趋势，并采取适当对策，尽量延长产品的成长期和成熟期，争取市场主动权。

第五节　房地产新产品开发

房地产产品生命周期理论告诉我们，对于任何一种房地产产品，无论在市场中多么畅销，迟早要退出市场。因此，任何房地产开发商想要持续发展下去，就必须在进入市场的那一刻起就考虑并着手进行新产品的开发。

一、房地产新产品的界定

首先，开发商应该对什么是新产品做出界定。与科技领域新产品的含义有所不同的是，现代市场营销意义上的新产品并不都是新的发明创造，其含义非常广泛。事实上，只要在

产品整体的三个层次中任一层次有所创新、改革或改进，其产物都属于新产品之列。同样，房地产新产品是指房地产产品整体概念中任何一部分的创新或改变后形成的产品。按照创新程度的不同，可将房地产新产品分为全新型房地产新产品、更新型房地产新产品、改良型房地产新产品和仿制型房地产新产品四类。

（一）全新型房地产新产品

全新型房地产新产品是指在房地产开发建造过程中，用新观念设计，用新结构、新技术、新材料、新工艺生产的前所未有的产品。基于房地产产品的特点，在房地产市场上出现的全新型产品是非常少的。

（二）更新型房地产新产品

更新型房地产新产品是指在房地产产品开发建造过程中，部分地采用新工艺、新技术、新材料的产品。与原有产品相比，更新型房地产新产品在使用功能上有了很大的改进。

（三）改良型房地产新产品

改良型房地产新产品是指房地产企业对现有产品结构、造型、质量、特点、功能、包装等进行改良后得到的产品。改良型新产品在房地产新产品开发中运用得较广泛，对于销路较差的一手或二手房地产产品，经过一定的改良可形成新产品，重新推出市场后往往能打开销路。

（四）仿制型房地产新产品

仿制型房地产新产品是指房地产开发商模仿市场上已有的产品。房地产产品新技术与其他行业不同，其保密性较差，共享性较大，因此仿制新产品相对比较容易。

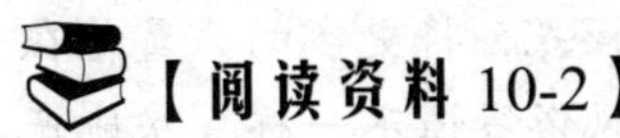

【阅读资料 10-2】

房地产产品创新是时代的需要①

最近十多年来，我国房地产行业得到了很大的发展，随之而来的各种房地产产品的创新使广大民众得到了实惠。但发展到当前这个阶段，过多依靠外来经验推动的创新已经越来越显示出局限性，民众开始抱怨房地产产品千篇一律、缺乏新意；消费者对房地产产品创新有了更高的要求。综观各行各业，企业唯有不断创新才能在竞争中占据主导。

1. 人民生活水平提高，需要高层次的创新

除了房产本身建筑的创新，住宅房地产还有一个居住环境品质问题，随着我国的生活水准提高，住宅的社会标准也逐渐提高，每过一段时间就有一批不符合标准的住宅出现，正是这种社会标准的不断提升才使得住宅品质的创新不断进步。

全面建设小康社会，使人民群众安居乐业是关键，我国正努力走具有中国特色的住房建设和消费模式，从我国人多地少的国情和现阶段经济发展水平出发，合理规划、科学建

① 张健．说来说去都是房价，但产品不是题外话[EB/OL]．[2010-08-06]．http://blog.sina.com.cn/s/blog_51034e0f0100kh2v.html．

设、适度消费，发展节能省地环保型建筑将是我国房地产产品发展的新方向。具体涉及房型和功能、质量与品质、配套设施、环境与服务、消费支出等，目标是彻底解决建筑质量通病；居住区规划布局合理、文化特色突出；配套设施齐全、现代；居住条件舒适、方便、安全；居住区内外环境清洁、优美、安静；居住区服务质量优异；社区公共服务便利；实现以人为本、充分满足发展需要的小康居住目标。

例如，日本的现代住宅有较完善的居住和防火、防震等功能，它从多方面来满足人们对精神文化、生活方便和舒适的需要。仅从空气质量提高方面来看，这类住宅常常通过控制烟尘污染，营造绿化植被，设置宽大的门窗、隔扇，以及简洁的室内陈设布置等措施，有效地提高空气的质量和流通性能。

2. 人口老龄化趋势与房地产产品创新

在人口的构成中，年龄结构是一个极其重要的度量指标。自20世纪初以来，伴随着全球先进技术的发展，各种专业医疗服务模式的出现，以及对饮食、健康的高度重视和对周围安全健康工作环境的新看法，人们的生命周期变长了，和其他国家一样，我国老龄化水平将进一步上升，老龄人口的分布状况也为国家和城市化带来了诸多变化和特点。以房地产行业来说，对养老院和老年公寓项目的需求将增加，但相关开发商在借鉴普通住宅房地产开发经验的基础之上，还要特别注意做好收费定位、谨慎选址、应用专业知识、手续齐全和充分运用政策等。其中，政府导向也起关键作用。例如，上海浦东新区现在就要求大型房地产项目要配置养老院。在创新的时候，企业也可以开阔思路，毕竟每个国家、每个城市的情况不同。例如，美国和澳大利亚等国家的部分老年公寓是建在市中心的高层建筑，这对于觉得在市中心生活和就医更方便的老人很有吸引力。

3. 产品设计创新是房地产产品创新的重要部分

随着消费者日趋理性化，开发商也相应地调整了开发、营销模式，将更多的力量花在产品设计创新上。我国幅员辽阔，各地的房地产市场发展状况和风俗习惯不一样，房地产开发商应该在住宅套型变化和内部功能布局等方面，尽可能多地进行新尝试。

例如，近年来有些中式楼盘比较热销，原因在于它们不只是简单的复古，而且加入了现代的生活理念并应用最新的工艺材料和技术。正所谓创新的基础是传统，创新不是对过去的全盘否定。创新也需要充分利用房地产产品的地域性，挖掘创新潜能。

4. 高科技低碳节能将是房地产产品创新的亮点

现在，各行各业都对高科技低碳节能非常重视，消费者也越来越关注住宅节能问题。很多开发商在建设项目时采用了某几项节能设备和技术，虽然提高了成本，也提高了售价，但满足了高层次消费者的需求。

例如，江苏的朗诗地产多年来建设有高科技含量的低碳节能住宅，其在建筑外墙设置了特别增厚的保温层，制冷采暖能耗大大低于传统住宅，人们无须空调也能享受冬暖夏凉的居住环境，并由此产生了一系列社会效益、环境效益和经济效益。

另外，我们可以引进国外先进国家绿色建筑的一套体系，重点关注环保和节能。例如，雨水是否可以搜集并循环利用、空气是否可以更畅通等；有关专业协会可以给优秀的建筑和楼盘评定“低碳节能级别”，这样会更加激发和促进开发商开发低碳节能住宅的积极性。

尽管我国人民居住水平提高很快，但与西方发达国家相比还存在较大差距，一些先进的经验值得我们研究和学习，因此开发商在房地产产品创新方面潜能巨大。

二、房地产新产品的开发原则

房地产开发商在进行新产品的开发时，应遵循以下原则。

（一）适销原则

这一原则要求开发商所开发出的新产品必须要满足消费者的需求，即不能闭门造车，要认真进行市场调查，充分了解消费者的意愿，针对消费者对产品的品质、性能、功能等的要求，有的放矢地进行开发研究，只有这样才能向市场提供有生命力的新产品。

（二）特色原则

新产品的设计和生产，一定要有新的意境、新的式样、新的功能、新的特色，从而使消费者感到新颖、与众不同，产生强烈的购买欲望。当然，以特色新颖为吸引力并不等于要追求新产品的功能越来越好，而是要做到适中、适度，以免大幅增加成本。

（三）求实原则

一方面，开发商在从事新产品开发时，要从本企业实际情况出发，充分考虑企业自身生产条件、技术力量、资金和原材料供应等因素的影响，要实事求是、量力而行；另一方面，新产品的设计开发一定要考虑到文化传统以及自然地理条件等因素的影响。

（四）效益原则

这是制约房地产新产品开发的最重要的原则。首先，新产品要有社会效益，要让消费者感到舒适、方便，要维修简便，利于保持生态平衡，防止环境污染，节约资源；其次，对开发商自身而言，新产品要能创造出比老产品更大的经济效益，可以充分挖掘开发商自身的生产能力，使效益增加。

三、房地产新产品开发的创新策略

房地产新产品是房地产产品整体概念中任何一部分的创新或改变后形成的产品，不仅应体现出某种创新性，而且这种创新性可以源自房地产开发全过程中任何一个环节的创新，包括规划设计创新、房地产开发过程创新和服务创新等。

（一）房地产产品的规划设计创新

房地产产品的产品规划、图纸设计基本决定了产品的品质，因此，房地产产品的创新性也主要体现在该阶段。规划设计阶段的创新应着重关注以下几点。

1. 以人为本

以人为本充分体现了房地产新产品开发的适销原则。事实上，所谓的房地产产品创新，不是指用另外一种完全不同的产品来取代房地产产品，而是适应人类对房地产产品需求的多样性和无限性，在原有传统功能的基础上，开发出更多的新功能，其目的是更好地满足市场需求。也就是在规划设计时，要切实体现“以人为本”的理念，满足消费者在安全性、保健性、私密性、灵活性、舒适性和艺术性六个方面的要求以及个性化需求。

2. 注重产品细节

目前，人们的投资已非常理性化。虽然每个项目对每个人的吸引力都不尽相同，但若在产品规划、园林设计、户型设计、社区配套等细节问题上处理得当，加以创新，那么所开发出的产品将极具居住价值和投资价值。“细节决定成败”，产品细节的处理在房地产开发中十分重要，房地产开发商可以用一些局部的、细致的手法来进行产品的规划设计，虽然投资不大，但是可以在给消费者带来审美满足的同时，使企业获得较高的经济和社会效益。例如，在加拿大蒙特利尔市，针对连排别墅盛行的情况，建筑师在每幢别墅门口加一个颜色、造型或材料各异的小雨棚，获得了很好的效果。

3. 形成产品差异化

今天，房地产产品同质化非常严重，开发商应通过创新使得本企业在产品品质、功能配套等方面与其他企业形成差异，这种差异就可能意味着强大的市场竞争力。拥有差异化产品的企业的优势在于以竞争对手做不到的方式，更好地满足消费者的需求，最终实现比别人的产品价格高而收益好的目的。实践经验表明，只要顾客相信差异化产品的品质值得多花钱，他们就会愿意接受较高的价格。因此，拥有差异化产品的企业往往是按照市场愿意接受的价格定价，从而获得足够的市场需求来支持高于平均水平的利润率。

4. 提升产品附加值

商业、教育、医疗等资源可以成为房地产产品的附加产品。在房地产市场竞争日益激烈和消费者的消费理念更加理性的情况下，提升产品附加值已成为开发商竞争的重要手段，附加产品的创新有时会成为房地产产品的主要竞争力，自然也成为楼盘成功的关键因素。越来越多的购房者在选房时不仅看房子、看环境，更要重点考察楼盘的配套设施。楼盘周边的商业设施、学校够不够级别成为衡量楼盘档次够不够高的直接因素，这也决定了楼盘是否能够畅销。

5. 提高产品性价比

房地产产品的创新不能忽视产品的性价比。消费者在决定购买某一房地产产品之前，总会货比三家，这实际上是在对不同房地产产品的价格和性能进行比较和分析。房地产产品从规划、设计开始，历经开发建设，再到销售和物业管理阶段，每增加一个环节就会增加一定的成本，而成本又会反映到产品价格上。价格一旦超过消费者的经济和心理承受能力，就会造成产品的滞销。因此，开发商在进行产品规划设计时，必须尽量提升其性价比，以达到尽可能吸引消费者购买本企业产品的目的。

（二）房地产产品开发过程的创新

房地产产品开发建设过程涉及建材、施工技术、施工工艺等，这使得开发过程成为一个新的创新过程，促进对房地产新技术、新材料、新工艺的开发和应用，从而提升开发项目的科技含量和房屋性能质量。对于消费者来说，开发过程的创新会使消费者享受到因创新而带来的实惠，需求得以真正满足。

例如，重庆米兰天空和同创奥韵就是开发过程创新方面的代表。米兰天空通过在墙体中采用保温隔热技术，运用塑钢双层玻璃等建筑节能技术，使能源利用率提高 50%。而同创奥韵是国家健康住宅示范小区，围绕着节能和健康住宅的舒适性，该项目也在建筑新技术和新材料的运用上做了一些尝试，是重庆首家同时采用中空玻璃、外墙保温隔热和浮筑楼板隔声技术的项目。这些新技术的应用，使得住户在充分享受高科技带来的方便的同时，也降低了使用成本。

（三）房地产产品的服务创新

服务作为房地产产品整体的延伸产品部分，对房地产营销活动的顺利展开发挥着不可替代的作用。真正的服务应涵盖售前服务、售中服务和售后服务，服务创新可以就此展开。例如，在预售阶段，应当针对消费者的疑虑和害怕上当的心理，一方面加强解释、宣传工作，另一方面又要让事实说话，通过向消费者提供完善的法律服务打消消费者的种种疑虑；在现房销售阶段，应当针对市场竞争状况和消费者实际需要，侧重于引导消费者看房、答疑赢得消费者信赖并提供便利的购房服务；在售后阶段，则应针对消费者可能存在的不满，做好解释和售后服务工作。

【阅读案例 10-1】

冯仑：后开发时代的房地产发展和变化①

疫情期间，华本企业家举办第二期线上交流会，冯总分享了他在后房地产开发时代的实践布局。以下是部分内容，分享给各位读者。

上市公司减持了以后，我们围绕后开发时代的房地产重新布局了一些东西。经过近三年的尝试，我们重新研究了市场、产品，重新定位，重新架构公司组织，当然过程还是很辛苦的，但这次疫情发生以后，我反倒觉得自己的状态比之前更好了，没有在开发公司时那么大的压力，心态也更从容了。

我们减持出来以后，没有简单地拿着钱先去买一大块地，我们没走过去开发公司的路了，所以现在我们基本没什么负债，这是最直接的一个原因。

另外就是从三年前提出后开发时代后，我们就在研究属于后开发时代的房地产规律，当时我们就定位在围绕大健康的不动产。刚好到去年年底，我们的四大产品系列全都做出来且都开业了，在今年正好转入强运营阶段，所以按照这个节奏，我们这段时期基本没有

① 【阅读案例 10-1】的文字摘录于“华本企业家”微信公众号发表于 2020 年 2 月 27 日的一篇文章。

受疫情的影响。

按后开发时代的需求，我们做了四大类产品，从小往大说，我们按照人的生命周期以及不同生命周期对空间的需求做了深入的产品研究。

比如，我们认为人在20到35岁时会对家庭，尤其是对妇幼类的产品需求比较大，所以我们就围绕妇幼做了一个专业的医疗Mall。

年龄再大一点，35岁到45岁这个阶段的中产阶级，他们承受工作和家庭的压力会比较大，所以我们做健康公寓，从美国引进健康空间的威尔标准，涉及七大类，110多项指标。

除了上班，这些人可能还要去度假，那我们就做疗愈系酒店，出去度假也能享受到我们的三层疗愈，囊括了行为、精神、生活方式和饮食等方面。

年龄再大一点的，对退休以后逐渐进入健康长者的人群，我们就做康养社区。像在海棠湾，我们就配备有远程医疗牌照、康复牌照等康养服务。

在大健康领域，我还有一个观点，就是要选好产品，要考虑好到底用什么逻辑来打造你的产品。所以这三年，我们就闷头学习，扎扎实实做产品，所以最近的压力不是很大，疫情终究是个短期问题，那我们就还是按照自己的节奏去做。

我们也构建了一个主动式资产管理的平台，以人为核心，将包括写字楼、酒店、物流仓储、医疗机构等方面在内的专业合伙人结合起来形成了一个人才的聚集机制，解决主动式资产管理的可持续和规模延伸问题。

另外就是不动产科技，过去三年，我们尝试并做了一些不动产科技的项目投资。

房地产行业还是一个非常好的行业，而且未来能够深耕和发展的机会也非常多。

本章小结

房地产产品是房地产市场营销组合中最基础的要素，最能体现开发商的核心竞争力。本章首先对房地产产品的内涵做了详细的阐述，使读者对房地产产品形成一个“整体产品”概念，然后讨论了房地产产品规划理念，旨在使读者对房地产产品规划有一个较为全面的认识。在此基础上，讨论了房地产产品策略中涉及的细节问题，如产品组合决策、生命周期和新产品开发策略等。读者在学习这些理论的过程中，结合本章所提供的阅读资料和阅读案例，能进一步加深对理论的理解和掌握。

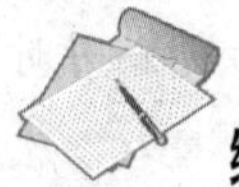

综合练习

一、基本概念

房地产产品；核心产品；形式产品；附加产品；房地产产品组合；房地产产品生命周期；房地产新产品。

二、思考题

1．如何理解房地产整体产品这个概念？

2．如何理解房地产产品规划理念？

3．如何理解房地产产品组合策略？如何对房地产产品组合进行优化？

4．简述房地产产品生命周期各阶段的特点和营销策略。

5．房地产新产品包括哪些类型？新产品开发时可采用哪些创新策略？

三、案例分析

1．结合阅读资料 10-1，谈一谈你对房地产产品生命周期研判的认识。

2．结合阅读案例 10-1，谈一谈你对后开发时代房地产新产品开发的认识。

3．下面给出的案例是第九章“××城市广场住宅部分的 STP 分析”的后续内容，主要阐述了该项目的产品定位。阅读后请思考：该案例体现了什么样的房地产产品规划理念？

××城市广场住宅部分的产品定位①

（一）产品类型组合及依据

1. 产品类型建议

由于本项目自身地形的原因，同时考虑 6.68 的容积率及经济收益的因素，本项目地块住宅产品只能以高层物业为主。

2. 定位依据

（1）目前该市在售和新建楼盘以高层为主流，销售状况良好，表明高层住宅的市场接受度较高。

（2）本地块规模不大，容积率较高且折迁成本也较高，只有高层方可满足规划需要，并保证一定的盈利水平。

（3）项目所在地并非传统意义上的居住型社区，居住环境和氛围不够充分，不宜建成低密度高档住宅，而高层相对更适宜。

（4）高层具有“挺拔俊朗”的外观特征，蕴含时尚现代的精神内涵，与核心目标客户群的心理需求和消费理念相契合。

（5）南部地块一期以高层住宅面市，可利用“江景房”概念营造楼盘整体形象，推动销售，并在消费者心目中固化这种印象，后期产品的营销则可借势而上。

（6）根据业主座谈会搜集的观点，市民对通风、采光非常重视，由于本项目不能做成低密度住宅小区，因此大间距的高层能够满足这种需求偏好。

（7）兴建高层住宅能够保证社区内包含一定数目的常住人口，对项目的商业部分形成一定的客流支撑，商住物业双向联动，带动整个项目的持续发展。

（二）户型配比及依据

1. 户型配比建议

整体而言，建议将中、小户型相组合，以 2 房为主、3 房为辅，配以部分 1 房，对 4 房及以上户型则不做考虑。具体到分区及分期上，对各区及各期的户型设置建议如表 10-1 所示。

---

① 廖志宇．房地产定位案头手册[M]．北京：中国电力出版社，2008：191-193．

表 10-1 各户型套数的分配比例

单位：%

户 型	R1、R2	R3、R4	R5、R6
1房	0	20～25	45～50
2房（小）	45～50	35～40	40～45
2房（大）	25～30	20～25	10～15
3房	25～30	10～15	0

注：（1）R5、R6 的户型配比应随 R3、R4 的销售状况及时进行调整。

（2）R5、R6 的 1 房中包含部分单身公寓。

（3）原则上，面积相近的户型相对集中在同一栋楼内

（1）R1、R2（南部地块内，一期产品）：设置为 2 房、3 房，建议暂不配置 1 房；其中一栋可以 3 房和大 2 房为主，另一栋可以小 2 房为主。

（2）R3、R4（南部地块内，与 R1、R2 相邻）：以 2 房、3 房为主，设置少量 1 房，以探求市场对 1 房的需求强度。

（3）R5、R6（北部地块内，与 R3、R4 相邻）：若 R3、R4 的 1 房市场反应良好，则 R5、R6 以 2 房和 1 房为主；若反应不佳，则 R5、R6 以 2 房为主。总之，可以根据市场需求及时调整 1 房所占的比例。

根据前文对目标客户群的需求分析，户型面积与分配比例建议如表 10-2 所示。

表 10-2 户型面积配比

户 型	套内面积（m^2）
1房	40～50
2房（小）	60～70
2房（大）	70～80
3房	90～120

2. 户型布局设计建议

（1）各种户型设计宜个性化，户型种类不需要很多，但规格要齐全，即同种户型面积多样化、相近面积布局多样化设计。

（2）设计的小户型（1 房和小 2 房）可放在楼盘中方位较差的位置，但要考虑精巧和实用，需要通过户型创新来增加使用面积，改善居住舒适度。

（3）户型空间形式多样化，平层和错层平分秋色，各占约 45%的比例；部分户型设计为跃层，比例约为 10%。

3. 定位依据

（1）总体思路。本项目地块南部相对安静、清雅、环境较好，居家氛围较为浓厚，私密性较好；而北部地块邻接城市干道，交通便利，但相伴而来的是车流噪声，居住私密性差。从整体来看，从北向南，地块的居家气氛逐渐变得浓厚，适合居住的程度也逐渐增加。

因此，项目组将最南部的R1和R2定位于舒适型住宅，以居家型客户为主。此类客户的收入和素质相对较高，对居住环境和生活质量的要求相对较高，置业的主要目的在于提高居住质量，户型设置上以2房、3房为主。

另外，项目组在业主座谈会上了解到，业主的置业心理是希望楼盘的户型设置比较纯粹，不希望一栋住宅包含各种房型。由于不同房型的居住者具有迥然不同的背景特征，因此，房型设置过多的住宅会对居民结构产生重大影响，并且影响居民的社区认同感和归属感。因此，项目组建议不在R1和R2中设置1房户型。

项目最北部的S1、S2已定位于办公物业，因此项目组将R5、R6（与S1、S2相邻）初步定位于经济型、过渡型住宅，以商务型客户为主。此类客户对居住环境的要求不高，但对交通和配套的要求较高，因此户型设置上应考虑以较大比例的小户型为主。

R3和R4位于上述居家型和商务型两类住宅之间，因此项目组将之作为这两类住宅的过渡空间，在客户群上与这两类住宅分别有一定程度的互通和渗透。在R3和R4中，各种房型均有设置，配置了少量1房，以试探市场反应，视需求来验证和矫正对R5、R6的定位。

总体而言，本项目为中型社区，为多种用途物业的有机组合，因此要配备多种房型才能体现产品的丰富性及差异性，增加客户群的可选择范围，提高市场占有率。

（2）户型、面积的配比依据。关于户型、面积及客厅面积的配比依据，参见前文（即本书第九章综合练习）对目标客户群需求特征的分析数据。

（3）空间形式的配比依据。从前文对目标客户群需求特征的分析可以看到，计划购买平层的比例稍高于错层，两者均接近40%；跃层的首选比例为15%～20%，业主座谈会搜集到的信息也显示错层的受欢迎程度较高。

（三）小区配套建议

根据准目标群和核心客户群对小区必需配套的选择比例，按照各配套项目的必要程度和优先次序，项目组将内部配套分为四级，将外部配套分为三级。建议依项目的开发节奏逐期配置，或者可在考虑各配套项目重要性的基础上，根据成本收益原则进行选择和组合。

1. 小区内部配套建议

内部配套建议如表10-3所示。

表10-3　小区内部配套

需求等级	内部配套	首选比例（%）
一级需求	超市、菜市场	>80
二级需求	室外运动场、儿童游乐场所、药店	50～70
三级需求	大型超市、家政服务中心、快餐店、美容美发店、小卖部、茶馆	20～40
四级需求	火锅店、风味餐厅、酒吧、花店、咖啡店、照相馆	<20

2. 小区外部配套建议

外部配套建议如表10-4所示。

表 10-4　小区外部配套

需求等级	外部配套	首选比例（%）
一级需求	公交车站、银行、医院	>80
二级需求	公园、停车场	50～70
三级需求	邮局、证券营业厅、学校、幼儿园	<20

3. 内部配套主题建议

在内部配套设施的主题方面，建议向两个方向发展：一是突出休闲色彩；二是张扬文化韵味。

（1）在小区运动设施的配置上，建议突出休闲色彩。即需要配备一定规模的运动场所和设备，以及一些大众化康体设施，其用途不仅在于锻炼体魄，更主要是营造一种休闲、健康、活力的生活氛围，但注意要区别于单一的运动主题功能。

本项目的主要客户群首先是践行城市生活方式的主体力量，承担着紧张的生活重压，十分需要缓解疲劳的身体和心理，而“悠闲、康体”的配套不仅可以舒缓身体上的疲惫，更体现一种心境平和、情绪安定的意味。

（2）在小区内各配套建筑的风格选择上，建议张扬文化韵味。即在各功能设施的规划设计上注入独特的品位和格调，并适当体现出一种设计感：以简约、现代、大气、精致而不奢华的设计风格赋予本项目特有的灵气和内涵，再通过个体之间的和谐搭配、有机融合，于整体上形成一种独有的城市居住文化。

本项目的主要客户群定位于25～40岁的人群，他们在创造社会财富的同时，也铭记着属于自己时代的文化和时尚。因此，在建筑及配套的布局、设计上体现出对他们的人文情怀细致入微的体察，必然能够为本项目的定向销售提供更多空间。

推荐阅读资料

1．筑龙网．房地产营销方案实例精选集[M]．北京：机械工业出版社，2007．

2．雷建文，张维伦，胡大为．超级引擎：奥园复合地产实战解码[M]．北京：企业管理出版社，2004．

3．廖志宇．房地产定位案头手册[M]．北京：中国电力出版社，2008．

4．夏联喜．房地产产品规划与配比[M]．北京：中国建筑工业出版社，2016．

网上资源

1．百度文库：http://wenku.baidu.com/．

2．新浪地产网个人后台：http://my.dichan.com/．

3．读秀学术搜索：http://edu.duxiu.com/．

第十一章　房地产定价策略

学习目标

- 影响房地产定价的因素；
- 房地产定价程序；
- 房地产定价方法；
- 单元价格的确定方法；
- 楼盘销售过程中的调价策略、方式与技巧。

导言

在房地产市场营销组合策略中，价格是唯一产生销售收入的因素，其他三个因素则代表成本。因此，对于房地产开发商来说，价格的制定是一个非常敏感的问题，其合理程度直接影响到营销力度和营销周期并进一步影响到整个项目的投资回收期和利润指标。在竞争日益激烈的房地产市场上，开发商如何制定出一个既可以让消费者接受又对自己有利的价格，已经成为关系项目命运的关键。

第一节　影响房地产定价的因素

在房地产市场上，房地产产品的价格要受到多种因素的影响。因此，房地产开发商在进行产品定价时，必须充分考虑这些影响因素。影响房地产定价的因素主要有产品成本、市场需求、竞争状况、产品特点、营销目标、营销环境等。房地产开发商的任何活动均处于一定的营销环境中，因此产品定价必然要考虑环境的影响。在本书第四章中我们已详细讨论了房地产市场营销环境的问题，这里就不再重复，仅就前几个因素展开分析。

一、产品成本

产品定价首先必须考虑产品成本，它是开发商制定产品价格的下限。只有定价高于成本，开发商才能盈利；反之，则不盈利，甚至会亏损。长期来看，房地产定价必须能够补偿成本，这是保证开发商生存下去的基本条件。

二、市场需求

产品成本是房地产定价的下限，而市场需求（消费者愿意支付的价格）则是房地产定价的上限。这也就意味着，开发商在进行产品定价时，必须了解相应产品的市场需求。一般情况下，房地产需求与价格之间呈反向变动关系，即价格越高，需求越低；价格越低，需求越高。但房地产市场具有“买涨不买跌”的显著特性，即房地产产品价格越高，买的人越多（人们会担心价格进一步上升）；相反，若价格下降，人们反而会持币观望，等待着价格的继续下跌。另外，房地产产品属于基本没有替代品的商品，这又使得房地产价格弹性较小，因而开发商总是倾向于不断提升价格水平来提高盈利水平，这是对市场总体而言的。当然，对某个开发商来说，可能存在为快速回笼资金而降价的情况。

三、竞争状况

对一个具体的房地产开发项目来说，开发商在对其产品进行定价时，同类产品的价格水平具有重要的参考价值。在进行产品定价之前，企业必须了解竞争产品在哪里以及这些竞争产品的价格信息并以此作为自身产品的定价依据，而且还必须根据竞争产品价格的变动情况及时调整自身产品的价格。竞争对手之间激烈的价格竞争容易导致价格战，最终使各个开发商的利益受损。要避免价格战，向市场提供差异化产品是一种较为有效的方法。一旦形成了差异化产品，企业就拥有了定价的自主权。差异越大，企业定价的主动权就越大。

四、产品特点

从构成上来看，房地产是土地和建筑物的统一体，对建筑物价格或土地价格产生影响的因素都会对房地产价格产生影响。具体来说，土地的位置、面积、地势、地质、形状、临街状况，以及与公共设施和商业设施的接近程度等因素是影响土地价格的因素；而建筑面积、建材质量、建筑物的设计、造型、结构、颜色、施工质量、用途、私密性等是影响建筑物价格的主要因素。上述这些因素都会对房地产整体的价格产生或大或小的影响。

五、营销目标

房地产开发商的营销目标不同，定价也不同。如果开发商想尽早收回投资，则往往把盈利作为营销的主要目标，所确定的房地产价格会远远高于成本；如果开发商想在目标市场上有较大的市场覆盖面，能在较长时期内有更大的发展，则往往把提高市场占有率作为企业的营销目标，房地产价格就要定得低一些；如果开发商想树立其产品优质名牌的形象，往往会把价格定得高一些。

第二节　房地产定价程序

所谓房地产定价程序，就是房地产开发商根据其营销目标确定定价目标，在综合考虑各种定价因素的前提下，选择适当的定价方法，最终确定产品价格的过程。一般来说，房地产定价程序要经过以下九个步骤。

一、确定定价目标

定价目标是指开发商通过定价所要达到的预期目的，它受开发商营销目标的制约。追求的目标不同，开发商制定的价格也就不同；反过来说，不同的价格会对不同目标的实现产生不同的效果。开发商可以通过不同的定价分别实现表 11-1 所示的目标。

表 11-1　房地产定价目标

序　　号	定 价 目 标	定价目标解释
1	追求最大利润	追求最大利润是开发商的重要目标，但它并不等于追求最高价格，而是追求长期目标的最大总利润
2	生存	如果开发商受到生产过剩、竞争激烈和顾客需求不断变化等问题的困扰，就应将生存作为主要的目标。为了能持续经营下去，通常要降低价格，因为生存比利润更重要
3	获取合理的投资收益率	根据房地产投资期望得到的利润，先确定好一个投资回收的百分比，即投资收益率，然后在定价时以房屋建造的成本为基础，再加上事先确定的投资收益
4	保持价格稳定	开发商为了巩固自己的市场占有率，期望保持自己商品价格的稳定。以这种目标定价，一般价位适中、公平厚道，不易因市场价格的骤变而波动
5	追求最大的市场占有率	价格是企业与竞争者及购房者之间最敏感的核心因素，当条件相当的两处或多处物业在激烈竞争时，价格较低的方案通常能领先群雄，获得较多的市场占有率
6	应付竞争或避免竞争	定价之前都仔细研究竞争对手的定价和有关房屋设计、施工、材料、销售等方面的资料，定出有利于应付和防止竞争的价格
7	追求品质或信誉领先	品质提高则成本跟着提高，因而常需较高的价位，然而较高的价位也会带来较高的风险

二、进行市场调查

价格定位过高会引起消费者对楼盘价格的抵触心理，使销售受挫；价格定位较低，则使开发商的利润受损。为了避免价格定得过高或过低，在对项目进行价格定位之前，开发商应对项目所在区域的楼价进行再调查，分析其走势，做到心中有数。

三、估计成本费用

前已提及，成本是房地产开发商制定价格的下限，定价时必须估算成本。每一个开发项目所涉及的成本费用构成内容十分复杂，主要构成部分如表 11-2 所示。

表 11-2　房地产新开发项目成本费用构成

项　目	内　容
取得土地使用权所支付的费用	为取得土地使用权所支付的地价款和按国家统一规定交纳的有关费用

续表

项　目	内　容
房增开发成本	包括土地征用及拆迁补偿费、前期工程费、建筑安装工程费、基础设施费、公共配套设施费、开发间接费用
房地产开发费用	与房地产开发项目有关的销售费用、管理费用、财务费用
开发及转让期间缴纳的税费	项目在开发过程中所负担的各种税金和地方政府或有关部门征收的费用
不可预见费	包括备用金、不可预见的基础或其他附加工程增加的费用、不可预见的自然灾害增加的费用

四、选择定价方法

在分析确定以上各种因素之后，就应当选择适当的定价方法，以便于后续价格的制定。定价方法详见本章第三节。

五、确定楼盘均价

楼盘均价代表着楼盘的整体价格水准，是控制整个项目销售价格的一个重要标准。它是在综合考虑定价目标、市场需求以及竞争楼盘状况的基础上，采用一定的定价方法确定的。虽然在项目开发前期，每一个开发商通常都会在策划方案中预估一个均价，但到了销售阶段，随着市场环境、产品规划、开盘目标等因素的变化，有必要再次确定楼盘均价，这样会使最终确定的各单元价格更加符合市场需求。

需要注意的是，楼盘均价不等于楼盘最高价和最低价的平均值，而是开发商根据当前的市场情况制定的、得以收回成本并获得合理利润的价格。

六、确定单元价格

楼盘销售时的成交价格以单元为基本单位，所以房地产定价还需要确定每一个单元的价格。为此，首先需要确定垂直价差和水平价差，即根据各个户型的垂直位置（不同楼层）和水平位置（同一层楼中的不同位置）以及每个户型的朝向、采光、通风等的不同定出一个单元价格调整系数表，然后用楼盘均价与相应系数相乘，便得到每个单元的初步价格（单价或总价）。单元价格的确定方法详见本章第四节。

七、选择付款方式

付款方式作为一种隐蔽的价格调整手段和有效的促销工具，它实质性地影响着购房者的支付能力和开发商的资金回收速度，在现今的房地产市场营销中正扮演着越来越重要的角色。常见的付款方式及其优、缺点如表 11-3 所示。

表 11-3　房地产销售常见的付款方式及其优、缺点

付款方式	含　义	优　点	缺　点
一次性付款	在签署房地产买卖合同当天或之后某一天，一次性支付全部房款。适合资金比较多而且不在乎交易安全的买房人	对购房者来说，往往可享受最大比例的优惠；对开发商来说能尽快回笼资金，实现滚动开发，这是开发商最乐意选择的付款方式	一次性支付全部房款后，所有对交易安全的希望将全部寄托在出售方（开发商）的道德自律上，难以对其进行有效制约
首付+贷款（银行按揭）	在签订房地产买卖合同当天或之后某一天，支付首期付款（一般占全部房款的三成以上），余款通过银行贷款支付	对购房者来说，将房款分期支付，且有银行支持，提高了其支付能力，可在一定程度上保障资金安全；对开发商而言，由于大部分房款有银行贷款作为保障，而不用担心买房人无能力支付第二期房款	银行贷款容易受到贷款政策和贷款人信用状况等因素的影响而导致不能贷款或不能足额贷款，在这种情况下，申请贷款额度与实际贷款额度的差额需要买房人用自有资金补足，否则可能会对出卖方构成违约。因此，在申请贷款时应与信贷员仔细磋商，以避免贷款风险
首付+第二期房款	在签订房地产买卖合同当天或之后某一天，支付首期付款（首付多少可任意约定），同时约定第二期房款的支付时间，第二期房款以买房人自有资金支付	首付可以自由约定，但开发商一般仍然要求不低于全部房款的三成。将房款分期支付，可在一定程度上规避买方的风险	购房者全部以自有资金付款，对自有资金要求较高
首付+银行贷款+尾款	“首付+贷款（银行按揭）”的付款方式一般贷足贷款，如首付三成、贷款七成。而这种方式首付三成，贷款本可贷七成，实际只贷六成，余下一成在交房时付或者首付三成，贷款申请七成，但银行只批准六成，余下一成用自有资金支付	将房款分成三个阶段支付，比较能确保资金的安全性	对开发商而言，拉长了回笼资金的时间，因而在卖方强势的市场条件下，难以得到开发商的同意
首付+第二期房款+尾款	由于不需要银行贷款，因此首付的成数可经双方自行约定，第二期房款支付的时间和尾款也可经双方自行约定	同“首付+银行贷款+尾款”	同“首付+银行贷款+尾款”

八、确定成交价格

这是在确定总价、单价、付款方式等具体价格体系的基础上，开发商综合考虑其品牌

质量和竞争者的广告宣传、企业的定价政策、房地产中间商对价格的感觉、售楼人员对价格的看法、竞争者对价格的反应、政府对价格的态度，以及其他营销组合要素的配合程度、消费者对房价的心理评价等因素，确定最能被市场接受的单元实际成交价格。

九、进行价格调整

一个楼盘自开盘至全部销售完毕，往往需要销售一段时间，甚至需要跨年销售，期间，房地产市场是变化莫测的，因此在楼盘的销售过程中，开发商先前所确定的“成交价格”一般不能一成不变。开发商为了尽快将楼盘销售出去，特别是在面临强大的竞争压力、楼盘成本费用发生改变、产品需求出现变动、营销策略改变等情况下，必须对已经制定好的“成交价格”进行调整。调整价格不外乎调高价格或调低价格，因此何时调价和如何调价就成为影响价格调整成败的关键问题。价格调整的有关内容详见本章第五节。

第三节　房地产定价方法

房地产定价方法是开发商为了在目标市场上实现定价目标，给楼盘制定一个基准价格时所采用的方法。影响房地产价格的因素虽然很多，但房地产开发商制定产品价格考虑的主要因素是产品的成本、市场需求和竞争状况。与此相适应，房地产定价方法包括成本导向定价、需求导向定价和竞争导向定价三类方法，而综合考虑需求和竞争两种因素则产生了时下应用得最为广泛的可比楼盘量化定价法。

一、成本导向定价法

成本导向定价法以成本为中心，是一种按卖方意图定价的方法。其基本思路是，在定价时，首先考虑收回企业在生产经营中投入的全部成本，然后加上一定的利润。成本导向定价法主要有成本加成定价法、目标收益定价法两种方法。

（一）成本加成定价法

这是一种最简单的定价方法，即在单位产品成本（含税金）的基础上加上一定比例的预期利润，作为产品的售价。预期利润一般是按成本的一定比例计算的，习惯上将该比例称为“加成”，因此这种方法又被称为成本加成法。其计算公式为

$$单位产品价格=单位产品成本\times(1+加成率) \tag{11.1}$$

（二）目标收益定价法

这种方法又称为目标利润定价法或投资收益率定价法，它是在总成本的基础上，按照目标利润（或目标收益）的高低计算售价的方法。其计算公式为

$$单位成品价格=\frac{总成本+目标利润}{预计销售量} \tag{11.2}$$

成本导向定价法着眼于销售能够收回成本并根据当前房地产行业的平均利润，兼顾影

响自身项目产品的多种因素，制定加成率或目标利润，据此确定产品价格，这种基于成本制定出的价格往往很难适应市场需求。实际上，与其他产品一样，房地产价格最终还是取决于市场供求关系。无论开发商的成本、利润是多少，只要价格能被市场所接受，那么对开发商来说，这种价格就存在合理性。倘若市场能接受的价格高于成本导向定价法所确定的价格，使开发商赚更多的钱，开发商还有理由坚持成本导向吗？倘若市场能接受的价格低于成本导向定价法所确定的价格，那么开发商也不得不降价销售。

二、需求导向定价法

顾名思义，需求导向定价法与成本导向定价法不同，它不是以产品成本为中心，而是基于消费者需求，依据消费者对产品价值的理解和需求强度来制定产品价格的一种方法。其主要方法有认知价值定价法和区分需求定价法。

（一）认知价值定价法

认知价值也称“感受价值”或“理解价值”。认知价值定价法是在买方市场条件下，根据购买者对房地产的“感受价值”或“理解价值”定价。这种“以消费者为中心”的定价方法，关键在于与潜在购买者充分沟通，掌握其需求偏好。为此，需要反复向消费者宣传产品的性能、用途、质量、品牌、服务等内容，使其形成较为准确的产品价值观念，然后按消费者对产品档次的可接受程度来确定楼盘的售价。只要实际定价低于购买者的认知价值，即达成使购买者觉得物超所值的效果，购买行为就很容易发生。

实践中，“客户心理价格”作为一种认知价值定价法得到广泛应用。它主要是在内部认购期通过置业顾问向前来咨询的客户暗示本项目的均价，从客户签订意向认购书来判断所暗示的价格是否为目标客户所接受。若签订意向认购书的客户较多，说明暗示价格低于客户心理价格，那么在开盘时可适当提高均价。同时，通过对客户意向单元进行统计，可以发现哪些单元比较受客户欢迎，这有利于以后各单元价格的确定。

（二）区分需求定价法

区分需求定价法是针对目标客户的不同需求，对处于同一房地产市场上的同一种产品制定两个或两个以上的价格或使不同房地产产品价格之间的差额大于其成本之间的差额。这种定价方法的好处是可以使开发商定价最大限度地符合市场需求，促进产品销售，有利于获取最佳经济效益。区分需求定价法通常表现为以下几种形式。

1. 以买家为基础的差别定价

它是指对同一种产品，针对不同的客户制定不同的价格。例如，某开发商使用“高校教师购房优惠××元”“博士学历优惠××元”等广告用语，实际上就是以买家为基础的差别定价。

2. 以地点为基础的差别定价

这是指随着地点的不同而收取不同的价格。本章第四节中所讲到的垂直价差和水平价差的确定正是以地点为基础的差别定价，这样做的目的是调节客户对不同地点的需求和偏好，平衡市场供求。

3. 以时间为基础的差别定价

同一种产品，成本相同，而价格随季节、月份甚至日期和钟点的不同而变化。有开发商推出新盘后，在开盘的第一天就采用“前 30 名买家，每套优惠两万元”“在某月某日十点前落定者，每套优惠 5000 元”等广告用语，就是这一定价法的典型例子。

4. 以交易条件为基础的差别定价

交易条件主要指交易量大小、交易方式、购买频率、支付手段等。交易条件不同，开发商可能对产品制定不同价格。例如，集团购房，开发商就会给予较大幅度的优惠，也就是交易数量大的价格低，零星购买价格高；开发商给一次性付款的买家一定优惠；期房比现房优惠等。

三、竞争导向定价法

竞争导向定价法是以竞争对手的价格为基础，在综合考虑竞争双方的力量对比和各自产品特色的条件下制定产品价格的一种方法。目前，竞争导向定价法主要有以高于竞争对手的价格定价、以低于竞争对手的价格定价和随行就市定价三种方法。

（一）以高于竞争对手的价格定价

这种定价方法适用于在区域性房地产市场上处于领导者地位的开发商的产品定价，或者对特色显著的产品的定价。一方面，在区域性房地产市场上处于领导者地位的开发商可借助其品牌形象好、市场动员能力强的优势，使产品定价超过同类物业的价格水平（即使是名牌企业，也必须使消费者觉得物有所值）。这样，高价格的定位既与其高档次的产品特性相符，又与以稳定价格维持企业市场形象的定位目标相一致。另一方面，如果开发商产品特色显著且成本较高，也可以以高于竞争对手的价格发售。这样，可将本企业的产品提升到更高档次，以避开价格竞争，夺取不同层次的消费者群体。

（二）以低于竞争对手的价格定价

这种定价方法适用于开盘初期、竞争过于激烈、初次进入某市场、经济大萧条时期、尾盘发售阶段等情况或者具有向领导者挑战的实力但缺乏品牌认知度的企业的定价（这类企业适宜以更好的性能、更低的价格让买方感受到看得见的实惠）。低价销售的主要目的是提高市场占有率，树立企业形象。该定价法对开发前期的盈利影响较大，并且易引发激烈的价格冲突。一方面，开发商必须有能力在占领市场后逐步提高价格，争取盈利，避免消费认知偏颇；另一方面，还要注意横向协调，减少对市场的冲击，避免造成市场动荡。运用此方法一般要对可比性强的领导者物业进行周密分析，在促销中借其声威，并突出宣传自身优势。

（三）随行就市定价

随行就市定价是指开发商根据行业市场上同类产品的平均价格来制定自己产品的价

格。在产品特色不突出、成本预测比较困难、竞争对手不确定、企业竞争能力较弱、不愿意打乱市场正常秩序等情况下，才采取这种定价方法。这种定价方法可以避免因价格竞争而造成竞争对手之间的两败俱伤，属于比较稳妥的定价方法，尤其受中小开发商的欢迎。但按照这种定价方法确定的价格对外销售产品，在区域发售体量较大的时候，不容易引起消费者的注意，不利于迅速打开市场。

四、可比楼盘量化定价法

可比楼盘量化定价法又称市场比较法，是目前房地产项目定价最常采用的一种定价方法。它是将本楼盘与周边楼盘或可比性较强的楼盘进行比较，从而确定本楼盘价格的一种定价方法。定价的过程是首先选择一些可比因素，如楼盘位置、配套设施、物业管理、建筑质量、交通状况、楼盘规模等，然后对本楼盘与可比楼盘的这些因素进行相互比较，并进行打分，同时根据可比楼盘对本楼盘影响程度的不同，赋予可比楼盘价格不同的权重，在此基础上，由可比楼盘的价格得到本楼盘的价格。可见，运用可比楼盘量化定价法时有三个关键点：一是可比楼盘的选择；二是可比因素的选择；三是权重的确定。可比楼盘量化定价法的具体操作过程可参考阅读案例 11-1。

正常情况下，成本是定价的下限，需求是定价的上限，而竞争则是定价的重要参考。若仅用一种方法来对产品进行定价，有时难免会有偏差，因此合理的定价方法是将上述几种定价方法综合运用，力求制定出一个既符合市场需求，又能满足企业利润期望的价格。例如，实际操作时，可在内部认购前先用可比楼盘量化定价法定出一个均价；在内部认购期间观察看楼者对价格的反应，并对其所看楼盘的意向单元进行记录。到公开发售时，根据认购情况调整均价，并根据看楼者意向单元（包括楼层和朝向）进行系数调整，同时适当拉大较优户型与较劣户型的价格差距，最终实现销售的均衡与合理，以取得利益最大化。

【阅读案例 11-1】

某市一住宅项目的价格定位

本项目的价格定位主要采用可比楼盘量化定价法和成本导向定价法，并适当考虑市场需求变化情况。定价过程如下。

一、可比楼盘量化定价法

在可比因素的分析中，以本项目为基准，分值取为 100。将可比楼盘的可比因素与本楼盘的相应因素进行比较，若前者优于后者，则分值大于 100，否则分值小于 100，两者情况相同或相近则等于 100。

（一）楼盘选择

在对本片区整体楼盘进行筛选、整理、分析后，选取海天一色、碧海蓝天、东浦福苑三个目前在售项目作为可比实例，具体情况如表 11-4 所示。

表 11-4　可比实例情况

项　目	海 天 一 色	碧 海 蓝 天	东 浦 福 苑
坐落位置	沙头角滨河路	深盐路与海涛路交会处	深盐路与恩和路交会处
所在区域	相近	相同	相同
用途	住宅	住宅	住宅
交易方式	市场买卖	市场买卖	市场买卖
建筑面积（m^2）	18 500	76 314	31 424
均价（元/m^2）	27 000	25 400	25 800
开发商	略	略	略
交通条件	无公交车	较便利	较便利
容积率	1.5	5.8	3.91

（二）交易情况修正

虽然这三个项目的销售方式都是面向市场，直接买卖，但从销售情况来看，海天一色今年3月份推盘，到10月份为止，销售率达到90%。从该项目的推盘手法来看，项目的推广力度较大，对销售起到了很大的促进作用，良好的销售情况说明市场对该项目的价格是认可的并呈供不应求状态。综合分析其销售状况，我们认为，该项目的售价可以提高5%。碧海蓝天从8月份开始销售至今，销售率为30%左右，消费者对项目的认知价值高于实际售价，我们认为该项目的售价同样可上调5%。东浦福苑的销售是在无任何推广的情况下进行的，销售情况正常。经过上述分析，我们得到如表11-5所示的交易情况修正系数。

表 11-5　交易情况修正系数

项　目	海 天 一 色	碧 海 蓝 天	东 浦 福 苑
修正系数	100/95	100/95	100/100

注：为方便阅读理解，修正系数未化简到最简形式，下同

（三）区域因素修正

通过直接比较法，将本项目与三个可比实例相应的区域因素进行比较，分别打分，结果如表11-6所示。

表 11-6　区域因素打分情况

比 较 因 素	本　项　目	海 天 一 色	碧 海 蓝 天	东 浦 福 苑
景观因素	40	60	42	38
周边环境	10	8	9	9
交通条件	10	5	9	11
生活配套设施	30	25	28	30
发展前景	10	13	10	10
总计	100	111	98	98

通过表11-6的分析，海天一色、碧海蓝天、东浦福苑的区域因素修正系数分别为100/111、100/98、100/98。

（四）产品设计规划情况修正

仍然通过直接比较法，将四个项目的比较情况统计于表 11-7 中。

表 11-7　产品设计规划打分情况

比较因素	本项目	海天一色	碧海蓝天	东浦福苑
户型设计	40	45	40	42
园林规划	20	22	21	20
自身配套	30	35	32	32
物业管理	10	10	11	10
总计	100	112	104	104

据此，海天一色、碧海蓝天、东浦福苑的产品设计规划情况修正系数分别为 100/112、100/104、100/104。

（五）市场宣传推广修正

考察本项目与三个可比项目的市场推广情况，将三个可比项目的宣传推广系数分别修定为海天一色 100/103、碧海蓝天 100/101、东浦福苑 100/99。

（六）交易时期修正

我们的考察是以 10 月份的市场以及现时各项目情况为基础的。本项目的推出是在来年 4 月份，同期将有一批规模不等的项目开始销售或正在推出，如瀚海翠庭、海天一色二期、翠堤雅居、万科项目等，其中许多楼盘在区位上与本项目极为接近，届时竞争环境更为激烈。因此，我们将交易时期修正如表 11-8 所示。

表 11-8　交易时期修正系数

项目	海天一色	碧海蓝天	东浦福苑
修正系数	100/101	100/100	100/101

（七）总结

将上述各项修正因素综合起来，形成表 11-9 所示的修正系数表。

表 11-9　修正系数

项目	海天一色	碧海蓝天	东浦福苑
交易价格/（元/m^2）	27 000	25 400	25 800
交易情况修正	100/95	100/95	100/100
区域因素修正	100/111	100/98	100/98
产品设计规划修正	100/112	100/104	100/104
市场宣传推广修正	100/103	100/101	100/99
交易时期修正	100/101	100/100	100/101
修正后价格/（元/m^2）	25 697	25 522	25 806

注：修正后价格=交易价格×交易情况修正×区域因素修正×产品设计规划修正×市场宣传推广修正×交易时期修正

对表11-9中三个可比项目修正后的价格进行综合，得到用可比楼盘量化定价法求得的本项目单价为

$$(25\ 697+25\ 522+25\ 806)/3=25\ 675(\text{元}/\text{m}^2)$$

二、成本导向定价法

经过估算，该项目的成本费用如下：土地使用费17 000元/m²（以现时该地块市场价值计），土建及配套费3500元/m²（以32层住宅项目的建筑成本计），假定开发商对此项目的期望利润率为25%，则该项目用成本定价法所得价格为

$$(17\ 000+3500)\times 125\%=25\ 625(\text{元}/\text{m}^2)$$

三、定价结论

经以上分析和综合，我们最终确定本项目的均价为25 650元/m²（即两种方法所求得的单价平均值）。当然，在项目推广过程中，还应密切关注市场，根据具体的市场变化情况对比，对此价格进行调整，但这种调整必须是在既维护开发商利益又不影响销售基础上的小调整。

第四节　单元价格的确定方法

利用第三节所讲的房地产定价方法所制定出来的价格只是楼盘的均价，并不是每个单元的具体价格。不同的单元，虽然在开发成本上可能差异不大，但由于其在位置、楼层、朝向等方面存在一定的差异，对购房者来说就会形成不同的效用和价值，因而每个单元的价格应该有所差别。在实际操作中，开发商也正是遵循这样一个原理，在制定出一个楼盘均价时，还要根据各个单元在位置、楼层、朝向等方面的不同进行价格调整，最终确定它们的出售价格。

一、垂直价差和水平价差的经验分布规律

各个单元在楼层、位置、朝向等方面的差异反映在价格上，通常以垂直价差和水平价差来表示。其中，垂直价差反映同一栋楼各层的价格差异，而水平价差则反映各栋楼之间的位置、朝向等方面的差异。

（一）垂直价差的经验分布规律

垂直价差是指在同一栋楼中不同楼层之间的价格差异。对楼层差价的统计规律显示，相同品质情况下，总楼层数越低，相邻楼层差价越高；总楼层数越高，相邻楼层差价越低。楼层差价由高到低的顺序是多层—小高层—高层。对于小高层，楼盘均价高，楼层差价大；楼盘均价低，楼层差价小。对于高层，楼盘均价高，楼层差价小；楼盘均价低，楼层差价大。但对于高品质内销或外销住宅，楼层价差又会增大。

随着每栋楼层数的不同，各楼层的价格等级是不一样的。例如，楼高为七层的多层住

宅，最佳楼层为三、四层，中等楼层为二、五、六层，最差楼层为一、七层。对于小高层或高层住宅来说，最佳楼层为次顶层（也有的楼盘为顶层），基准层（垂直价差为0）一般位于该栋楼的中间[①]；若低于中间楼层，则越往下，楼层位置越差；若高于中间楼层，则越往上，楼层位置越好。

当然，随着产品的不断创新，各楼层的等级排序也不是绝对的。低层住宅由于送花园，其价格比二层要高，甚至价格最高；而顶层住宅由于送阁楼或露台，其价格要高于其他层。

（二）水平价差的经验分布规律

水平价差是指同一楼层不同单元每平方米的价格差异。同一层面的各单元，由于位置、朝向等因素的不同，会形成不同的价格差异，有时这种价格差异会很大。

楼宇位置是指在一个住宅小区中，该楼宇所处的位置，主要通过临街状况、与其他楼宇的间距、与小区花园及其他配套服务设施的距离等因素来反映。一般情况下，临街、楼间距较大、距离配套设施较近的楼宇比不临街、楼间距较小、距离配套设施较远的楼宇的价格要高。

房屋朝向通常指客厅的朝向，简易的判断方式是以客厅临接主阳台所朝的方向为朝向。在水平价差调整中，一个单元的单元调整系数是指该单元的朝向、通风、采光、视野、景观、平面布局等的综合影响系数。一般来说，朝向朝南、南北通透、视野宽阔、景观秀美、室内布局合理的单元调整系数高，因而价格就高。

二、价格调整系数表

这里给出的价格调整系数表包含楼宇位置调节系数表（见表 11-10）、楼层调节系数表（见表 11-11）和单元朝向调节系数表（见表 11-12）。

表 11-10　楼宇位置调节系数

位置类别	一	二	三	四	五
楼宇位置调节系数（%）	+5	+2	0	−2	−5

注：如果位置差异较大，可取更大的系数，但一般不会超过 15%

表 11-11　楼层调节系数

单位：%

层数	楼高						
	二层楼	三层楼	四层楼	五层楼	六层楼	七层楼	高层楼
一层	−1	−2	−2	−3	−3	−2	−（N/2）M
二层	0	+2	+2	+1	+1	+1	−（N/2−1）M
三层		0	+3	+4	+3	+3	−（N/2−2）M
四层			−3	+2	+4	+4	−（N/2−3）M
五层				−4	0	+1	−（N/2−4）M
六层					−5	−2	−（N/2−5）M

① 例如，十四层的小高层可选七层或八层作为基准层。

续表

层　　数	楼　　高						
	二层楼	三层楼	四层楼	五层楼	六层楼	七层楼	高层楼
七层						−5	−（N/2−6）M
……							……
N/2−1 层							−M
N/2 层							0
N/2+1 层							+M
……							……
N−2 层							+（N/2−2）M
N−1 层							+（N/2−1）M
N 层							+（N/2）M

注：（1）$M=k/N$，其中 k 为不同楼层的楼层系数之最大差值，一般取 10%～15%。

（2）如果有另一栋楼遮挡本楼，则在另一栋楼的最高层上下，本楼的楼层系数会有一个较大的跳跃

表 11-12　单元朝向调节系数

双朝向单元	朝　向	南　北　向		东　西　向	
	单元朝向系数（%）	+3		−3	
单朝向单元	朝向	朝向南	朝向北	朝向东	朝向西
	单元朝向系数（%）	+4	−4	+2	−2
复杂朝向单元	朝向	东南	西南	东北	西北
	单元朝向系数（%）	+4	+2	−2	−4

注：仅适用于由阳光照射引起的朝向效用差异。如有较大的景观差异，则可取更大的系数，但一般不超过 15%～25%

三、单元价格计算公式

用楼盘均价乘以各调整系数，最终得到各单元的价格。计算公式为

$$\text{单元价格}=\text{楼盘均价}\times(1+\text{楼宇位置调节系数})\times(1+\text{楼层调节系数})\times(1+\text{单元朝向调节系数}) \tag{11.3}$$

需要说明的是，无论垂直价差还是水平价差，既可以相对数表示，也可以绝对数表示。另外，本节所给出的价格调节系数只是对开发商定价经验的总结，目的是给读者提供一种定价思路和参考。在实际操作中，开发商会根据不同的开发项目确定相应的调节系数。

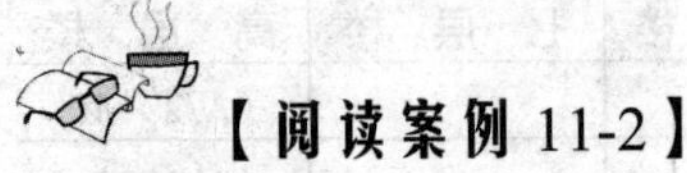

【阅读案例 11-2】

岳阳市某住宅项目单元价格的确定①

该楼盘均价为 1830 元/m^2，各单元价格确定如下。

① 余源鹏．房地产项目整合营销实操一本通[M]．北京：中国物资出版社，2009：371-377.

（一）价格调节系数

（1）位置调节系数及说明如表 11-13 所示。

表 11-13　楼宇位置调节系数及说明

楼　号	7 号	8 号、9 号	10 号、11 号	12 号、13 号	14 号
系数（%）	0	+2	+1	−2	−2
说明	7 号楼南向虽有 30 m 楼间距，但是北向沿街噪声较大，两项相互抵消，位置系数为 0	8 号楼北向有 30 m 楼间距，向南最大有 27 m 楼间距，又位于两个主题花园之间；9 号楼有主题花园，同时东西两头无建筑物遮挡，西向也有花园	10 号楼的南向留出了较大的空间，是主题花园和羽毛球场的位置；11 号楼每层只有 4 个单元	12 号、13 号楼位置相对靠后，离主入口约有 150 m 的距离	14 号楼因位于社区角落，靠近指挥学校，操练声较大

（2）景观调节系数及说明如表 11-14 所示。

表 11-14　景观调节系数及说明

楼号	8 号	7 号、9 号、11 号	10 号、12 号、13 号、14 号
系数(%)	+2	+1	0
说明	8 号楼是观赏主题花园的最好位置，又能与一期的中央花园相呼应	7 号、9 号楼西向是现成的花园，11 号楼南北向是观赏主题花园的位置之一	朝向无突出景观特征

（3）楼层调节系数及说明如表 11-15 所示。

表 11-15　楼层调节系数及说明

楼　层	1F	2F	3F	4F	5F	6F	阁楼层
系数（%）	−9	−4	0	0	0	−3	+30
说明	拉大一、二层之间差价的目的是利用一层住宅的低总价先将低楼层的住宅消化掉；六层是复式住宅或带阁楼住宅，复式按六层价格计算，阁楼户型按六层价格加上均价的 30%计算						

（4）单元朝向调节系数及说明如表 11-16 所示。

表 11-16　单元朝向调节系数及说明

单　元　号	01 单元（东）	06 单元（西）	02、03、04、05 单元（中间）
系数（%）	+4	+3	0
说明	东向靠指挥学校	西向是一期建筑、康复中心和空地	中间的单元，仅靠南北向采光

（5）分摊系数及说明如表 11-17 所示。

表 11-17　分摊系数及说明

楼　号	6 号、7 号、8 号、9 号、11 号	10 号、12 号、13 号、14 号
系数（%）	0	−2
说明	分摊比例为 10.6%	分摊比例为 11.7%～12.9%

（6）户型调节系数及说明如表11-18所示。

表11-18　户型调节系数及说明

楼　　号	8号		10号		11号		13号	
单元	01、06	02～05	01～04	05、06	01、04	02、03	01、06	02～05
系数（%）	+2	0	+1	+1	+2	−1	−1	0
说明	8号楼的01、06单元是全明设计，而且进深仅为11.8 m		01～04单元各功能区隔明显，10号楼的05、06单元南向不被11号楼遮挡		11号楼的全部住宅进深最短，仅为10.2 m，而且01、04单元三房并排朝南	02、03单元厨房的门开向客厅，阁楼户型的梯位在客厅，影响客厅的完整性	13号楼的01、06单元南向是厨房和卫生间，客厅夹在中间，不好摆设家具，而且三房面积105 m^2，只有一个朝北的阳台	

（二）各单元价格的确定

由于楼宇个数比较多，这里选取比较有代表性的10号楼对各单元价格的确定进行说明，其他楼宇单元价格的确定方法同10号楼。10号楼各单元的调节系数及最终价格如表11-19所示。

表11-19　10号楼各单元价格及最终价格

单　　元	系　　数							
	位置系数（%）	景观系数（%）	楼层系数（%）	朝向系数（%）	户型系数（%）	分摊系数（%）	单元综合系数（%）	单元价格（元/m^2）
101	+1	0	−9	+4	+1	−2	−5	1738.5
201	+1	0	−4	+4	+1	−2	0	1830.0
301	+1	0	0	+4	+1	−2	+4	1903.2
401	+1	0	0	+4	+1	−2	+4	1903.2
501	+1	0	0	+4	+1	−2	+4	1903.2
601（阁楼）	+1	0	−3	+4	+31	−2	+31	2397.3
102、103、104、105	+1	0	−9	0	+1	−2	−9	1665.3
202、203、204、205	+1	0	−4	0	+1	−2	−4	1756.8
302、303、304、305	+1	0	0	0	+1	−2	0	1830.0
402、403、404、405	+1	0	0	0	+1	−2	0	1830.0
502、503、504、505	+1	0	0	0	+1	−2	0	1830.0
602、603、604（阁楼）	+1	0	−3	0	+31	−2	+27	2324.1
605（复式）	+1	0	−3	0	+1	−2	−3	1775.1
106	+1	0	−9	+3	+1	−2	−6	1720.2
206	+1	0	−4	+3	+1	−2	−1	1811.7
306	+1	0	0	+3	+1	−2	+3	1884.9
406	+1	0	0	+3	+1	−2	+3	1884.9
506	+1	0	0	+3	+1	−2	+3	1884.9
606（复式）	+1	0	−3	+3	+1	−2	0	1830.0

注：（1）单元价格=楼盘均价×(1+单元综合系数)，楼盘均价为1830元/m^2。

（2）单元编号。10号楼的单元编号是“楼层0+单元号”，如301代表1单元3楼，以此类推

第五节　楼盘销售过程中的价格调整

开发商所确定的单元价格并不是一成不变的，而应随着销售状况和市场状况的变化而不断变化，即在销售过程中应对原有价格不断做出调整，以取得最好的销售业绩和企业利润。

一、调价策略

房地产项目的调价策略是指在房地产项目整体定价确定的前提下，在项目销售过程中，根据项目自身及市场的发展情况，开发商所采取的引导价格走势的价格策略。针对不同的楼盘和市场状况，常用的调价策略主要有低开高走策略和高开低走策略两种。相比较而言，低开高走比高开低走应用得更为广泛一些。

（一）低开高走调价策略

低开高走调价策略就是随工程进度或销售进度情况，每到一个调价时点，按预先确定的调价幅度调高一次售价的策略，即价格有计划定期调高的策略。这种调价策略多用于期房销售，因为随着施工进度的变化，楼盘价格的动态调整与其使用价值的状态保持一致，彰显了楼盘的保值升值功能。可以说，这种策略是对买方趋利心理的纵深挖掘。

作为开发商最为常用的调价策略，低开高走的有利之处在于：第一，“低价开盘，逐步走高，并留有升值空间”的价格控制策略传递给客户购买本项目定能“保值、增值”的信息，这既易吸引投资，又易吸引消费者，达到尽快抢占市场先机的目的；第二，低价开盘，待项目具有一定知名度时再逐步抬高价格，这会对那些迟疑不决的客户造成一种“不买还要涨”的压迫感，促使其尽快下定决心；第三，低价开盘，价格的主动权掌握在开发商手里，这样，对于何时提价、幅度多大，开发商可根据市场反应灵活操控，同时也有利于其他营销措施的执行；第四，先低后高实现了对前期购房者的升值承诺，开发商容易形成口碑。

低开高走的不利之处在于：第一，低价开盘，利润低是必然结果；第二，过低的价格容易给人一种“便宜没好货”的感觉，这会损害楼盘的形象。

（二）高开低走调价策略

高开低走调价策略是开发商在新开发的楼盘上市初期，以高价[①]开盘销售，意欲迅速从市场上获取丰厚的营销利润，然后降价销售，力求在短时间内将投资全部收回。高开低走类似“撇脂定价模式”，即先定高价，然后随需求减少而降价。这种调价策略以阶段性高利润迅速收回资金，当销售进入迟滞阶段，则调低价格吸引另一层次的目标消费者。采用这种策略的楼盘的市场定位应为市场需求弹性较小的高收入人群，以求得最大边际利润。

① 相对于可比楼盘价格而言。

高开低走的有利之处在于：第一，若市场定位得当且有相应产品品质保证，那么这种策略能使开发商快速收回投资，获得最大利润；第二，高价未必高品质，但高品质必然需要高价支撑，因此，这种策略容易形成先声夺人的气势，给人造成楼盘高品质的印象；第三，由于高开低走，价格是先高后低或者定价高折头大，消费者会感到有一定的实惠。

高开低走的不利之处在于：第一，价格高，难以快速聚集人气，难以形成“抢购风”，楼盘营销有一定的风险；第二，先高后低虽然迎合了后期的消费者，但无论如何，对前期消费者是非常不公平的，还会对开发商的品牌造成一定的不利影响。

（三）两种调价策略的适用范围

实践中，低开高走和高开低走都有成功的案例，也都有失败的教训。作为开发商，运用好这两种策略的关键是在深入了解市场的基础上，使楼盘的定位、定价与市场需求相适应，据此赢得市场机会点。

具体来说，低开高走调价策略适合用于下列情形：楼盘综合素质较高，但初期优势不明显或者市场发展趋向不明；大盘或超大盘，这类楼盘首要的是聚集人气，入住的人越多，越容易在消费者心中形成大社区概念，而销售也将直线上升，如人气不旺，则极易因位置等缺陷而无法启动；同类产品供应量大，竞争激烈。

高开低走调价策略适合用于下列情形中：产品具有创新性，卖点独特而鲜明；产品综合性能上佳，功能折旧速率缓慢。

二、调价方式

目前采用的调价方式主要包括直接进行价格调整、付款方式的调整和优惠折扣等方式。

（一）直接进行价格调整

直接进行价格调整就是直接涨价或降价。与普通商品相比，商品房除了具有使用（居住）功能外，还具有保值和增值功能。因此，一个项目对外公开发售后，除非万不得已（如开发商资金链断裂），价格只能上涨而不能下调。降价一方面使得已购商品房的保值、增值功能大打折扣，打击了前期购买客户；另一方面会减少潜在客户的即期购买欲望，因为他们一般是“买涨不买跌”的。

具体来说，在旺销的情况下，开发商可以提高售价，但幅度不宜太大，一般认为5%左右为宜。提价的原则是既要赚取更多利润，又要保持旺销的局面。当然，旺销时也可以在较长一段时间内保持售价不变，以吸引更多客户及时购买，争取在最短时间内将所有单元销售完毕。而在滞销情况下，不到万不得已也不能随意降价。应分析滞销的原因，并针对滞销原因采取相应对策。此时，可保持售价不变或价格略微上升，同时采取一些促销策略，如适当给予一定折扣、赠送物品等，在价格不变或略微上升的情况下，给客户其他方面的补偿，最终达到增加“人气”、扩大销售的目的。

由式11.3可知，直接进行价格调整，既可以调整楼盘均价，也可以调整调节系数。若调整楼盘均价，则相当于对整个楼盘的每个单元的价格均做调整，而且调整的方向和幅度都是一致的。若调整调节系数，则是根据楼盘的实际销售情况，对原先设定的调节系数进行修正，将好卖单元的调节系数再调高一些，将不好卖单元的调节系数调低一些，以均衡各种类型单元的销售比例，适应市场的不同需求。总体来说，调整调节系数是更常用的直接价格调整手段。

（二）付款方式的调整

相比于直接进行价格调整，付款方式的调整对价格的影响是较为隐蔽的，它是房价在时间上的一种折让。分析付款方式的构成要件，我们可以发现，付款时间、付款比例和付款利息是付款方式的三大要件，也就是说，通过付款方式的调整对价格产生影响是通过对这三大要件的调整来实现的。

1. 付款时间的调整

付款时间的调整是指总的付款期限的缩短或延长，将设定的各个阶段的付款时间向前移或向后移。

2. 付款比例的调整

付款比例的调整是指各个阶段的付款比例是前期高、后期低，还是各个阶段均衡分布，或者是各个阶段的付款比例前期低、后期高。

3. 付款利息的调整

付款利息的调整是指付款利息高于、等于或者低于银行的贷款利息，或者干脆取消贷款利息，纯粹是建筑付款在交房后的延续。

（三）优惠折扣

优惠折扣是指为配合整体促销活动计划，在限定的时间范围内通过赠送、折让等方式对客户的购买行为进行直接刺激的一种方法。优惠折扣通常会活跃销售气氛，进行销售调剂，但更多时候是抛开价格体系的直接让利行为。

优惠折扣和付款方式一样，有多种形式，如一个星期内付全款可享受折扣，买房送空调、冰箱或者送书房、储藏室（指相当于一个书房或储藏室的建筑面积），购房抽奖活动，等等。

必须指出的是，优惠折扣要做得好，应该注意以下三点。

（1）要让客户确实感受到开发商在让利，而不是一种促销噱头。例如，许多开发商总喜欢拿出一套最差的房屋做广告，将它的价格压到成本以内、行情以下，大力宣传，以此招揽客户。结果往往适得其反，匆匆而来的客户大呼受骗上当，销售率持续下滑。

（2）优惠折扣应该切合客户的实际需求，采用他们所希望的方式，只有这样才便于促进销售。例如，客户买了房屋要装修，开发商提供免费装修或送家具是最为合适的优惠。再如，住公房的人买商品房往往对物业管理费特别敏感，开发商提供两年免物业管理费的优惠也是很恰当的。

（3）不要与其他竞争楼盘的优惠折扣相似，邯郸学步终究没有好的结局。其实，优惠折扣在形式上的丰富多样也给开发商标新立异提供了可能。

总之，价格调整是在房地产基本价格制定后，开发商根据市场需求和销售具体情况随时对基本价格进行的一系列修正行为。必须强调的是，投入和产出是衡量所有营销行为的根本标准，价格调整的利益得失和所带来的销售状况的变化应该是所有决策者最为关心的事。

三、调价技巧

价格调整除了选择合适的调价方式之外，更为关键的一点就是掌握调价技巧，即掌握调价时机、调价幅度和调价顺序。

（一）调价时机

何时才应进行价格调整？这是一个非常关键的问题。目前，市场上普遍认为在下列三种情况下进行价格调整比较合适。

1. 按工程进度确定调价时机

例如，按楼盘项目工程进度，可将整个工程分为开工后不久、公开发售期、实景样板房开放（或其他标志性物业建成）、项目封顶、项目完全竣工等阶段。每一个阶段都向客户展示了整个项目的不同形象、内涵，同时客户垫付资金的时间长短也不同，售价自然应有所区别。尤其是对于分多期开发的大盘或超大盘来说，随着工程不断展开，生活气氛、配套设施日益完善，因而一期比一期价高更是常见策略。

2. 按销售阶段确定调价时机

这是指每当进入一个新的销售阶段，开发商就对项目的价格进行适当调整。如某楼盘将其整个销售过程分为试销期、销售初期、销售中期、销售后期和收尾期，在每一个阶段，开发商根据销售状况和市场反应，分别做出不同幅度的价格调整。

3. 按销售率确定调价时机

这是指当销售率达到某一个值（很多资料中这个值是30%）时，开发商即可对项目的价格进行适当调整。例如，某楼盘均价 25 000 元/m^2，当项目销售率达到30%时，价格上浮2%（500 元/m^2）；当项目销售率达到50%时，价格再上浮2%（510 元/m^2）；当销售率达到80%～90%时，价格应达到28 000 元/m^2左右。

（二）调价幅度

对于不同的项目，价格调整幅度的大小不尽相同，一般来说，2%～5%是最合适的。对于同一项目，不同户型、不同朝向、不同景观的单位，其调价的幅度也不相同。当房价比周边楼盘低30%以上时，开发商必须大幅度提价，否则顾客会因有所顾虑而不敢购买。需要注意的是，调价应全盘考虑，特别是对分多期开发的大型物业，即使前期开发的楼盘旺销，也应控制好销售和提价节奏，尤其是要把价格控制在一定的范围内，以保证全盘利益，否则可能会因为前期价格涨得太高而给后期销售带来困难，使自己处于窘迫的境地。

（三）调价顺序

如果打算提高价格，在已售房套数较多的情况下，开发商可以先调高已售户型的价格，借此拉大其与未售户型的价差，促进未售户型的销售。如果已售房套数较少，可全面调高价格，给客户造成全面涨价的印象；也可提高某些产品条件特别好的户型，促进剩余户型的销售。如果打算降价，应尽量调整剩余户型，避免引发已经购房的客户的失落心理。

在房地产营销活动中，需要灵活运用调价策略。价格不应仅仅是获取利润的手段，更应成为推动销售、谋取竞争优势的重要策略。尤其是调高价格，这种策略并非一定出现在楼盘热销的市场中，在市场低迷时，若能巧妙地调高价格，也可能会带来意想不到的结果。1998 年，深圳好景豪园即成功地运用了这一策略。当时正值 1997 年深圳房地产大热过后的深幅调整期，市场量价齐跌，多数开发商都在寻思如何以降价或多送几份大礼来吸引人气。好景豪园的策划人员在进行充分的市场调查后，确认好景豪园聘请国外著名怡景师精心营造的小区环境和永无遮挡的海景对目标客户有着极大的吸引力，于是决定逆市而动，将价格调高 3%，并调动所有强势媒体传播“逆市飘红”这一惊人的“好景豪园现象”，结果一举创出了屡高屡旺、价格越高销售越旺的奇迹。

【阅读案例 11-3】

海宁市某楼盘的价格调整策略[①]

现今房地产市场上销售进程策略主要采用渗透定价策略或撇脂定价策略，渗透定价策略主要采用低开高走的价格策略，而撇脂定价策略一般采用高开低走的价格策略。在房地产牛市中一般采用渗透定价策略，而在熊市中采用撇脂定价策略。根据现今海宁市房地产市场的发展状况，本楼盘将采用渗透定价策略，其基本出发点为消费者+竞争的定价模型。

1. 整体销售进程策略

根据上述分析，本楼盘整体销售分市场导入期、市场发展期、强销期、尾盘销售期四个阶段进行。

（1）市场导入期。该阶段将以当前海宁城西楼盘价格为基准点，并根据项目自身情况制定一个海宁消费者普遍能接受的价格。该阶段均价控制在 9000 元左右，为促进销售，可考虑对前几十名客户做折扣，折扣率控制在 1%～5%，销售率控制在 30%左右，对房源要做严格销控，以该项目户型较差、楼层不理想的户型为主要产品推向市场。通过市场导入期的销售情况探测市场价格承受能力，使开发商迅速回笼资金，缓解资金压力，并根据进程时间长短来决定下一阶段策略。

（2）市场发展期。若在市场导入期，房地产市场反映情况良好，销售顺畅，则进入第二阶段即市场发展期。该阶段均价控制在 9300 元左右，比前一阶段价格上涨 3%左右，整体项目销售率完成 60%左右。以楼层户型设计较为合理的产品投入市场，为价格提升提供

① 资料来源于网络并经作者加工整理。

一定的条件依据。通过这一阶段的销售稳定前一部分签单客源，并使该项目在海宁市取得良好的市场口碑。

（3）强销期。该阶段将公开全部房源供客户挑选，均价控制在 9600 元左右，比前一阶段价格再上涨 3.2%左右，整体项目销售率达到 90%左右。通过这一阶段的销售，项目基本完成销售预计，并通过一系列的市场推广，提升公司的整体品牌形象。

（4）尾盘销售期。该阶段价格可能不再提升，均价基本还控制在 9600 元左右，可略微调整。如需要尽快完成尾盘销售，可考虑在该阶段做打折销售，具体方案可视项目进展情况而定，通过这一阶段的销售，项目将顺利完成整体销售进程。

2. 排屋定价策略

排屋为海宁市现阶段房地产稀缺产品，其在品质等各方面都比普通多层住宅高一个档次，故该产品定价应保持在较高水准。但考虑到整体市场需求容量有限，并且相邻楼盘预计将在 7 月份左右有大量高质素的排屋投入市场，该产品定价过高可能导致市场风险度增高，所以该排屋价格定位控制在楼面基准价 10 010 元/m^2 左右。下面根据该产品不同的项目地理位置制定朝向系数。

8 号、9 号、10 号排屋定价基本策略如下。

（1）楼面基准价：10 010 元/ m^2。

（2）朝向系数：考虑到项目地排屋西边套为亲水绿化园林，小区沿河主题绿化也位于此。东边套本身所处地理位置无特色景观，但考虑到东边套在风向、光照时间上的优点，也应设置一定的朝向系数。现根据以上因素，将朝向系数制定为：西朝向系数为楼面基准价上浮 6%，东朝向系数为楼面基准价上浮 4%，即西朝向楼面基准价约为 10 610 元/ m^2，东朝向楼面基准价约为 10 410 元/ m^2。

（3）排屋价格调整方案：排屋定价调整方案将基本参照整体销售进程策略执行，并根据市场对产品本身的反馈和海宁市房地产排屋市场整体趋势做一定程度的调整。

3. 叠加类别墅定价策略

叠加类别墅是房地产市场因竞争激烈而针对特定消费群进行市场细分的产物，其产品定位介于排屋与多层住宅之间，品质优于多层住宅，劣于排屋。因此，其价格定位原则为高于普通多层住宅价格而低于排屋价格，因一般设计车库时将整体楼面抬高于地坪 1 m 左右，使得 1~2 层叠加类住户享有更好的居住空间，且有花园可亲近自然，所以一般定价为 1~2 层叠加类高于 3~4 层叠加类。

鉴于项目属海宁首家推出叠加类别墅的项目，以前无同类产品推出，可考虑适当缩短与排屋定价之间的距离，该类产品定价基本控制在楼面均价 9600 元/ m^2 左右。具体定价策略如下。

11 号、12 号、13 号叠加类别墅定价策略如下。

（1）楼面基准价：1 ~ 2 层叠加类别墅 9700 元/m^2；3 ~ 4 层叠加类别墅 9600 元/m^2（阁楼价格另行计算）。

（2）朝向系数：叠加类别墅西边为小区主题绿化区、亲水绿化公共园林，在趋近自然上独树一帜。东边为小区中心绿化区，在风向、光照时间上有较大的优势。根据其特定因素，现将朝向系数设置如下：西朝向系数为楼面基准价上浮 6%，东朝向系数为楼面基准价上浮 5%。

（3）叠加类别墅价格调整方案：参照整体销售进程策略，并依据此类新产品在海宁房地产市场的接受程度做针对性调整。

本章小结

房地产价格作为房地产市场营销组合中唯一产生收益的因素，其合理与否，关系到一个项目的投资回收与利润，甚至关系到项目的命运。本章首先探讨了影响房地产定价的主要因素，阐述了房地产定价的基本程序；在此基础上，详尽地阐述了房地产定价方法、单元价格的确定方法，以及楼盘销售过程中的价格调整策略、调价方式和调价技巧等相关问题。在阐述房地产定价方法时，简要介绍了成本导向定价法、需求导向定价法和竞争导向定价法三种基本定价方法，由此引出目前房地产项目最常采用的一种定价方法——可比楼盘量化定价法；在阐述单元价格的确定方法时，简要总结了楼盘的垂直价差和水平价差的经验分布规律、价格调整系数表和单元价格的计算方法，旨在给读者提供一种定价思路和参考；在阐述楼盘销售过程的价格调整时，较为详尽地讨论了低开高走和高开低走两种调价策略的内涵、利弊以及它们各自的适用范围，并根据市场实践对不同的调价方式和调价技巧做了说明。另外，读者通过每节提供的阅读案例，可进一步加深对相关理论的理解和掌握，最终达到学以致用的目的。

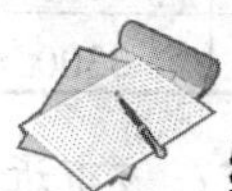

综合练习

一、基本概念

房地产定价程序；楼盘均价；房地产定价方法；成本导向定价法；需求导向定价法；竞争导向定价法；可比楼盘量化定价法；低开高走与高开低走调价策略。

二、思考题

1．影响房地产定价的主要因素有哪些？

2．房地产定价程序是怎样的？方法有哪些？

3．垂直价差和水平价差的经验分布规律是怎样的？

4．低开高走和高开低走调价策略各有什么优缺点？

5．应如何把握调价方式和调价技巧？

三、案例分析

1．仔细阅读本章给出的三个阅读案例，体会房地产定价方法及调价技巧。

2．下面给出的案例是第十章“××城市广场住宅部分的产品定位”的继续，主要阐述了该项目的价格定位。阅读后请思考：该案例体现了什么样的定价思路和方法？有哪些地方需要改进？

××城市广场住宅部分的价格定位[①]

（一）定价总依据

（1）项目的档次定位——中偏高档的社区。

（2）推进市场占有、打造楼盘形象的策略实施。

（3）品牌、规模、地段、综合素质。

（二）销售价格定位推导

（1）市场比较法。采用市场比较法求得的楼盘均价如表11-20所示。

表11-20 市场比较法求楼盘均价

可比实例	销售均价（元/m²）	项目						权重	评估价格（元/m²）
		区位价值（30%）	交通条件（15%）	环境景观（30%）	项目规模（15%）	物业类型（10%）	修正系数		
南方上格林	3300	106%	108%	100%	98%	106%	1.033	0.3	1023
庆业巴蜀城	2850	105%	105%	94%	95%	104%	1.001	0.2	570.6
鲁能星城	3200	102%	101%	91%	90%	101%	0.966 5	0.2	618.7
龙庭蓝天苑	2900	120%	109%	112%	109%	102%	1.125	0.15	489.3
阳光海岸	3600	100%	93%	97%	101%	94%	0.976	0.15	527
本楼盘可比价格									3230
综合考虑品牌价值及发展之后的价格定位									3300

（2）上述价格基于当前市场环境，主要服务于投资分析，价格范围趋于保守；该市近两年楼市火爆，价格上涨幅度大，当前又处于市场调整期，市场变化大。本项目最终定价应注意市场变化，并针对不同产品进行细分。

（3）经济型、过渡型住宅主要面对城市主流时尚人群，可以以低价入市，采取低开高走策略，保证项目的后续开发。

（三）目标客户承受能力

（1）主要目标客户群的单价预算（见表11-21和表11-22）。

表11-21 核心客户群的分户型单价预算

单位：元/m²

户　型	单价最小值	单价最大值	单价均值	单价调整均值
1房1厅1卫	2200	3000	2580	3354
2房1厅1卫	1300	3200	2307	2999

① 廖志宇．房地产定位案头手册[M]．北京：中国电力出版社，2008：193-194．

续表

户　型	单价最小值	单价最大值	单 价 均 值	单价调整均值
2房2厅1卫	2000	3200	2300	2990
2房2厅2卫	1600	3200	2200	2860
3房1厅1卫	1300	2500	1920	2496
3房1厅2卫	1000	3000	2200	2860
3房2厅2卫	1900	3600	2509	3262
合计			2349	3054

表 11-22　扩展客户群的分户型单价预算

单位：元/m²

户　型	单价最小值	单价最大值	单 价 均 值	单价调整均值
2房1厅1卫	1800	3200	2389	3106
2房2厅2卫	1900	3500	2683	3488
3房1厅2卫	2000	2700	2350	3055
3房2厅2卫	2900	3400	2533	3293
合计			2472	3214

说明：表 11-21、表 11-22 中各户型的单价最小值、单价最大值以及单价均值是根据实地调查数据得到的。根据经验测算，购房者实际支付价格通常高于其预期价格 30%，最终得到核心客户群单价调整均值为 3054 元/m^2，扩展客户群单价调整均值为 3214 元/m^2。因此项目销售均价不宜超过 3300 元/m^2，起价可设置在 3000 元/m^2 左右。

（2）主要目标客户群的总价预算。若以均价 3300 元/m^2 计算，根据表 10-2 建议的户型面积配比，1 房的总价约为 13 万～17 万元，2 房的总价约为 20 万～27 万元，3 房的总价约为 30 万～35 万元。从总体水平上看，上述总价高出目标客户群总价预算的比例为 15%～20%。

通过实地调查中对市民购房心理的了解，项目组认为，居民实际支付总价超出预期总价的比例基本上处于 15%～20%，因此项目组认为 3300 元/m^2 的均价与目标客户群的实际承受能力相匹配。

在潜在客户市场调查组报告中，通过价格敏感度分析法及平均值测试法，消费者认为本项目住宅较为合适的均价为 2734～3402 元/m^2。这是消费者在对该住宅市场及项目地块目前条件判断的基础上得出的。

根据业主座谈会搜集的信息，已在五里店片区居住的业主认为本项目的合理价格应为 3000～3500 元/m^2。

（四）定价结果

（1）根据市场比较及时项目持续发展的考虑，项目住宅一期均价拟定位为 3200～3400 元/m^2（套内面积）。

（2）项目周边区域内已建、在售楼盘仍在陆续开发中，有望形成连片开发之势，易于提高消费者对项目地块居住氛围和生活环境的预期，价格应有一定的上涨空间。

推荐阅读资料

1．余源鹏．房地产项目整合营销实操一本通[M]．北京：中国物资出版社，2009．

2．廖志宇．房地产定位案头手册[M]．北京：中国电力出版社，2008．

3．高通．中远·白鹿汀洲房地产项目定价策略研究[D]．天津：天津大学，2018．

网上资源

1．百度文库：http://wenku.baidu.com/.

2．新浪地产网个人后台：http://my.dichan.com/.

3．读秀学术搜索：http://edu.duxiu.com/.

第十二章 房地产分销渠道策略

学习目标

- 房地产分销渠道的内涵；
- 房地产分销渠道的类型及其优缺点；
- 房地产分销渠道选择的影响因素、原则和基本程序；
- 开发商选择代理商的市场标准和评定方法；
- 房地产分销渠道的合作管理与冲突管理。

导言

房地产产品从开发建设到进入消费领域，必须经过一定的通路才能实现，这个通路在市场营销学中被称为分销渠道。随着市场从买方市场向卖方市场转变，如何以最快的速度、最低的费用支出、最佳的经济效益将产品转移到顾客手中，即如何构建一个高效、稳定的营销网络，成为营销中的核心问题。"渠道为王"之说足以说明分销渠道在现代市场营销中的重要性。对于房地产开发商来说，对分销渠道的决策与选择成为营销活动中一个非常重要的问题。

第一节 房地产分销渠道的内涵

开发商作为生产者和利益主体，只有将所开发的房地产产品销售出去，产品价值才能得以实现，再生产活动才能进行下去；而消费者也正是由于开发商销售行为的存在，其对房地产产品的不同需求才得以满足。可见，分销渠道成为连接开发商和消费者的一条不可或缺的纽带。

一、房地产分销渠道的概念

这里所说的房地产分销渠道是针对开发商而言的。所谓房地产分销渠道，是指房地产产品或服务由开发商转移给消费者所经过的流通途径（或称通路）。在这条通路上，开发商是起点，消费者是终点，处于开发商与消费者之间并参与房地产交易活动的企业或个人是中间商（或称为营销中介）。

无论是营销理论还是实践，人们经常将分销渠道与另外一个概念混淆使用，这个概念就是营销渠道。实际上，两者还是有所差别的，这可以从它们的概念中体现出来。所谓营销渠道，是指配合起来参与生产、分销和消费某一生产者的产品或服务的所有相关企业和个人，包括供应商、生产者、中间商、辅助商以及消费者。可见，营销渠道中所涉及的供应商和辅助商并不在分销渠道中。

二、房地产分销渠道的特点

与一般商品的分销渠道相比，房地产分销渠道具有许多不同之处，这主要是由房地产产品的特殊性所决定的。

（一）房地产产品本身不会因为渠道的变化而移动

由于房地产产品的位置固定性，造成了开发商虽然可以选择多种渠道来销售自己的产品，但房地产本身并不会随着渠道的变化而移动。事实上，在渠道中流通的只有房地产的各种权属关系。

（二）房地产分销渠道短而窄[①]

房地产分销渠道的长度较短，一般不会超过一个层次，即最多只经过一层中间商，而且采用直接分销渠道（即直销）的比例也比较高；房地产分销渠道的宽度也较窄，即同一层次上的中间商数量较少，很多情况下采用独家分销。

（三）房地产中间商一般不拥有房地产商品的所有权

经销商拥有商品的所有权，其他许多类商品的销售均采用这种方式，但对于房地产产品的销售而言则不然。绝大多数情况下，房地产中间商采用代理租售方式，因而不拥有房地产产品的所有权（产权）。除非万不得已，开发商是不会将房地产产品的所有权直接转移给中间商的。

三、房地产分销渠道的作用

作为一种开发商向消费者转移产品的通路，房地产分销渠道的重要作用表现在如下几个方面。

（一）良好的分销渠道有助于提高开发商的经济效益

合理、畅通的房地产产品流通渠道可以促进房地产产品流通，从而既可以使房地产产品顺利地进入消费领域，及时满足广大购房者的需求，又可以加速开发商的资金周转，这对于开发商这类资金密集型企业的持续发展具有非常重要的意义。同时，良好的分销渠道可以使房地产产品在尽量短的时间内到达消费者手中，极大地缩短房地产开发经营周期，这为提高开发商的经济效益创造了有利的条件。

（二）良好的分销渠道有利于实现开发商和消费者之间的及时沟通

开发和消费这两个环节是存在差异的。良好的分销渠道可以有效地把开发商和消费者

---

① 房地产分销渠道的长度、宽度概念见本章第二节。

联系起来，极大地缩小两者的差异，使之成为一个有机整体，便于相互理解、相互信任。良好的产销关系是开发商立于不败之地的重要法宝。

（三）良好的分销渠道有利于提高开发商的经营管理水平

通过良好的分销渠道，开发商能够收集到所需要的市场情报和信息，洞悉竞争对手的新举措，了解消费者的新需求，据此改善本企业产品的设计，提高企业内部管理水平，强化经营措施，为企业的更快发展打下坚实的基础。

第二节 房地产分销渠道的类型

房地产分销渠道基本上分为直接分销渠道和间接分销渠道两大类型，由分销渠道上是否采用中间商、分销渠道的层次[①]以及每一层次中间商数量的多少决定，而每种分销渠道又具有不同的优、缺点。

一、房地产中间商

普遍意义上的中间商是指商品流通过程中参与交易活动和协助交易活动完成的一切机构，可以有不同的分类。中间商按照是否拥有商品所有权分为经销商（拥有所有权）和代理商（不拥有所有权）。经销商又分为批发商（经营批发业务）和零售商（从事商品零售）。而房地产中间商一般不拥有房地产产品的所有权，更没有批发和零售之分，通常情况下仅指房地产代理商。

（一）房地产代理商的分类

所谓房地产代理商，是指接受房地产开发商、用户或经销商的委托，从事房地产销售或租赁业务，但不拥有房地产产品所有权的中间商。经销商的目的是获取投资收益（经营收益）和转卖差价；而代理商只为开发商、经销商、购买者以及承租者提供咨询、代办服务，其目的是向交易双方或单方收取一定数额或一定比例的佣金。因此，虽然经销商和代理商都是中间商，但因其目的差异性较大，所以两者的市场行为也有明显区别。

按组织形式，房地产代理商可分为机构代理商和个人代理商（即房地产经纪人）两种。两者的业务性质相同，他们与开发商之间的关系都是合同契约关系，其实质是建立在相互信任的基础上的委托—代理关系。但由于经纪人的经营实力和经济实力有限，其业务范围和业务规模一般较小，所以对开发商楼盘销售的代理基本都是由机构代理商完成的，房地产经纪人可以作为机构代理商的补充渠道。

目前，许多房地产代理商的业务范围已从最初的楼盘销售逐步扩展、延伸到产业链上的其他环节，企业本身得到快速发展，形成了一批知名的房地产代理企业。例如，以易居中国、中原地产、合福辉煌、世联地产为代表的国内房地产代理行业中的领军企业，将产

---

① 在分销渠道中，产品的所有权每经过一次转移，就构成分销渠道的一个层次。

业链向后延伸至市场调研、产品定位、市场策划等环节的同时，又向前延伸至中介服务行业，利用中介门店的销售渠道资源，形成二、三级市场联动效应，获取了丰富的客户资源和信息。

（二）房地产代理模式

目前，房地产代理市场上常见的代理模式有如下几种。

1. 独家代理

独家代理是指房地产代理商受开发商的独家委托[①]，全权负责房地产销售。双方在明确销售价格、销售进度之后签订委托销售协议，代理商按实际的销售额提取一定比例的代理费。在合同规定的销售期内，如果开发商自行售出房屋，则无须支付佣金给代理商。实践中，独立代理又可分为现场代理、风险包销代理、全程代理和买断代理。

（1）现场代理。现场代理是一些开发商在销售有困难的情况下委托代理商进行物业代理销售，允许开发商本人销售，但手续仍由代理商办理，中介费同样收取。

（2）风险包销代理。风险包销代理是代理商向开发商支付一笔保证金，保证在一定时期销售一定数量的物业。这种代理方式的风险很大，但开发商比较乐意采用。

（3）全程代理。全程代理是代理商在房地产项目前期便介入开发的全过程，从项目的可行性研究开始，提供包括市场调查、项目定位、提出建筑规划及设计要求、物业管理及经营规划、销售策划、项目推广、执行政策和全面推广销售的一条龙服务。

（4）买断代理。买断代理是指代理商在市场调研、市场前景的预测及风险度测算的基础上，向开发商一次性买断房地产，然后再向社会销售，以获得销售差价的代理方式。严格来说，这种方式已不属于代理销售的范畴，而且风险非常大，但对于前景看好的在建项目以及由于资金短缺而形成的“半拉子”工程则收益较高。

2. 独家销售权代理

独家销售权代理与独家代理只有一个重要区别，就是代理商有独家销售标的物的权利，在契约有效期内不论是代理商还是开发商将房地产出售，开发商都必须向代理商支付代理费。经开发商同意，代理商也可以委托分代理完成部分物业的销售代理工作。

3. 公开销售代理

公开销售代理是指房地产开发商给众多的代理商平等销售房地产的机会，通知所有代理商以一个固定的价格出售房地产，如果有代理商找到了买主，它就有权取得佣金。在契约有效期内，开发商若自行售出房屋，则无须向中介公司支付佣金。

4. 联合销售代理

联合销售代理是指同一个项目由多个代理商同时提供服务的代理模式。这种代理模式与公开销售代理不同，常见于规模较大的项目中。若开发商仅委托一家代理商不能顺利实现项目的销售，便可将该项目同时委托给两家或两家以上的代理商进行销售。

---

① 即开发商只能与一家中介公司签订委托契约，不可同时与一家以上的代理公司签约。

5. 净值销售代理

这种方式已经具有房地产行纪的特点，即开发商对其标的物设有固定价格（最低价），不管代理人或经纪人的实际售价为多少，只需按固定价格交付开发商费用即可。经纪人获取的佣金为售价与最低价之间的差价，但经纪人必须把差额告知开发商。实践中，也有采取按固定价格的一定百分比加上售价与最低价之间的差价分成计算佣金的。

二、房地产分销渠道的类型及优、缺点

与一般商品的分销渠道相比，房地产分销渠道具有自身显著的特点。在这里，首先介绍一般商品分销渠道的类型及优缺点，然后在其基础上介绍房地产分销渠道的类型及优缺点。

（一）一般商品分销渠道

一般来说，分销渠道可以根据是否采用中间商分为直接分销渠道和间接分销渠道；根据分销渠道层次的多少，可将分销渠道分为长渠道和短渠道；按照每一层次上中间商数量的多少，可将分销渠道分为宽渠道和窄渠道。

1. 直接分销渠道和间接分销渠道

这是根据分销渠道中有无中间商的介入而划分的渠道类型。直接分销渠道简称直销或自销，又称为零级渠道，是指生产者直接将商品销售给消费者而不经过任何中间环节的一种分销渠道类型，如图 12-1 所示。上门推销、邮购和生产者自设门市销售是这种渠道的主要方式。

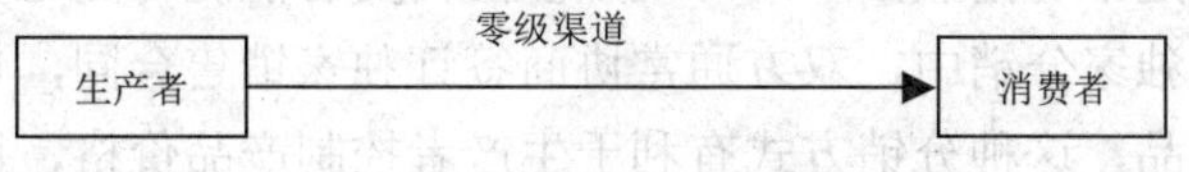

图 12-1　直接分销渠道

间接分销渠道是指生产者通过中间商将商品销售给消费者的一种渠道类型。根据中间商层次的不同，又可将间接分销渠道分为一级渠道、二级渠道和三级渠道等，如图 12-2 所示。从生产者的角度看，分销渠道级数越多，控制难度越大，因此，四级以上的分销渠道比较少见。

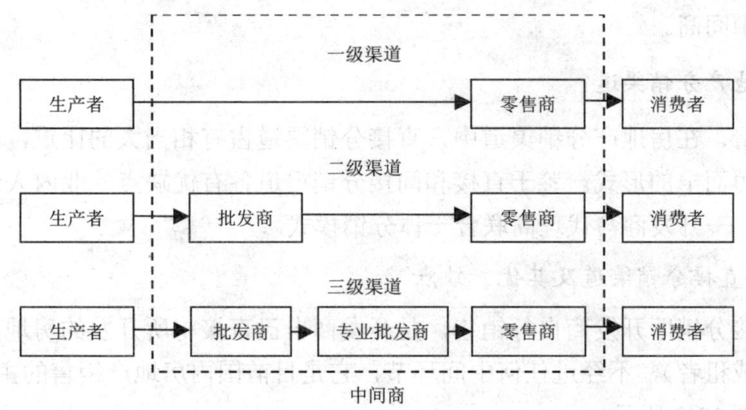

图 12-2　间接分销渠道

2. 长渠道和短渠道

这是根据分销渠道流通环节（层次）多少而划分的类型。长渠道是指生产者利用两个或两个以上的流通环节来将自己的产品销售给消费者的一种分销渠道类型，图12-2中的二级渠道、三级渠道即属于长渠道。长渠道虽然能有效地扩大市场覆盖面和商品销售，但较长的渠道会使生产者和消费者之间的沟通变得困难，也不利于生产者对渠道进行控制，而且由于环节较多，流通成本加大，导致商品价格较高，不利于市场竞争。

短渠道是指商品从生产者转移给消费者的过程中，不经过中间商或只经过一个级别的中间商的一种分销渠道。图12-1中的零级渠道和图12-2中的一级渠道即属于短渠道。短渠道的显著特点是流通环节较少，既节省流通时间，又降低流通费用，使得商品价格较低，而且信息的传播和反馈速度较快，但短渠道也迫使生产者承担更多的流通职能，这是短渠道的不利之处。

3. 宽渠道和窄渠道

这是根据每级渠道中使用中间商数量的多少而划分的分销渠道类型。在同一级分销渠道中，使用的中间商越多，渠道就越宽；反之，渠道就越窄。

密集分销、选择分销和独家分销是这种划分形式中常见的三种表现形式。密集分销是指生产者尽可能通过较多的中间商来销售自己的产品；选择分销是生产者从愿意合作的中间商中选择一些条件较好的中间商来销售其产品；独家分销是生产者在一定的市场区域内仅选用一家经验丰富、信誉卓越的中间商销售本企业的产品。

密集分销的优点是市场覆盖面广，可使众多的消费者能随时随地买到产品，但成本较高且管理难度较大；独家分销中，双方通常协商签订独家销售合同，规定不得经营第三方特别是竞争对手的产品，这种分销方式有利于生产者控制产品价格，提高中间商的积极性和销售效率，产销双方的互相支持与合作，但缺点是生产者过分依赖中间商，如果中间商选择不当或与中间商关系恶化，可能会完全失去市场，另外，只用一家中间商，可能因销售力量不足而失去很多潜在顾客；选择分销中，企业过滤择优选择中间商，比密集分销面窄，又避免过度依赖某及一家中间商。一般来说，企业先密集分销，占据市场后选择高质量的中间商为其销货。选择分销为企业节省多余的分销成本，提高了营销的效率，比较容易管理和控制中间商。

（二）房地产分销渠道

从总体上看，在房地产分销渠道中，直接分销渠道占有相当大的比重，间接分销渠道基本上采取了短而窄的形式。鉴于直接和间接分销渠道各有优缺点，业内人士又开发出第三种渠道模式——开发商与代理商联合一体分销模式。

1. 房地产直接分销渠道及其优、缺点

房地产直接分销即开发商自行销售，是开发商自己直接将所开发的房地产产品销售给消费者（业主或租者），不经过任何中间环节，它是目前国内房地产销售的主要渠道之一，其交易过程如图12-3所示。

图 12-3　房地产直接分销渠道

（1）房地产直接分销渠道的优点。由于产销直接见面，避免了一些中间环节，这样既节省了销售成本，又便于开发商了解市场，同时还有利于开发商树立起良好的形象。

① 可节省销售费用。开发商采取直销方式最大的好处是可节省渠道的费用。委托代理销售要支付 1%～3%的佣金，若开发商自行销售，就可以节省这笔数目不小的佣金，这是有实力的开发商自行租售的原因之一。

② 有利于更好地掌握目标市场的动态。采取直接分销渠道销售产品会使开发商更贴近目标市场，可以及时收集消费者对产品的意见和建议，掌握其购买动态及市场变化趋势，及时调整销售策略。尤其是当楼盘开发为滚动开发、连续开发的情况下，更需要积累客户资料，而产销直接见面对此提供了有利条件。

③ 可有效地控制销售节奏和销售价格。对销售节奏和销售价格的控制是房地产渠道控制中最关键的两个环节，也是最难以把握的两个环节。分销渠道越长，开发商越难以把握这两个环节；相反，分销渠道越短，开发商就越容易控制这两个环节。当开发商具备相应的楼盘分销能力且对自身楼盘状况及市场动态把握得比较精准的情况下，自行销售楼盘可使销售节奏有条不紊、张弛相宜；销售价格也能灵活多样，不至于出现大的失误。

④ 有利于树立起良好的企业形象。目前，国内房地产代理行业中各企业的服务水平和能力良莠不齐，需要改进的地方很多，服务活动中存在大量的不规范行为。例如，行业管理不健全，运行低效、侵害消费者权益的事情时有发生，素质不高的企业相对过多，优秀企业相对较少等。开发商一旦选择了能力不佳的代理商，会有损于自身的社会形象。而直接分销渠道可使开发商避免这方面的问题，有利于企业良好形象的树立。

（2）房地产直接分销渠道的缺点。开发商自行销售楼盘可能面临销售力量不足、销售人员素质不高、市场覆盖面不够广等问题。

① 销售力量不足。开发商自行销售，必须组建自己的销售网络，需要增设销售机构、设施和人员，人力、物力投入较大，因而不可避免地要分散企业有限的资源和决策层的精力，这可能会使大多数开发商顾此失彼，导致资源不能得到有效利用。如此一来，销售力量就显得不足，直接影响楼盘的销售业绩。

② 销售人员素质不高。房地产销售不仅需要有强有力的销售机构，更需要既懂房地产相关知识（不仅仅是营销知识），又懂相关法律、法规且具有丰富销售经验的高素质销售人员，而这正是大多数房地产开发商所欠缺的。

③ 市场覆盖面不够广。开发商自行销售可能会由于力量不足、推广不到位等问题，使得市场覆盖面不够广，从而影响到销售业绩。另外，由于企业内部没有建立起专业市场研究机构，使得对市场信息的收集不充足、分析不充分，不能形成有效的客户资料库，往往会形成销售盲区。

综合考虑房地产直接分销渠道的优缺点，不难发现，这种分销渠道模式并不适合所有的开发商。当开发商是大型房地产开发企业，或者市场为卖方市场，或者楼盘素质特别优良的情况下，最主要的是开发商已经拥有了专业的营销组织体系、熟练的销售经验以及完备的客户网络时，则可以考虑采用这种分销模式，此时直销的优点可以充分弥补其缺点。

2. *房地产间接分销渠道及其优缺点*

房地产间接分销渠道即委托代理销售，是开发商经过中间环节（代理商）把房地产产品销售给消费者（业主或租者）的销售方式。这种渠道模式已被越来越多的开发商所采用。房地产间接分销渠道如图12-4所示。

图12-4　房地产间接分销渠道

（1）房地产间接分销渠道的优点。间接分销渠道弥补了直接分销渠道的某些缺陷，具体来说，其优点如下。

①在营销专长上，优秀的代理商往往比开发商更加专业。优秀的代理商经过一段时间的发展，拥有了一支专门从事营销策划、物业推广、具有丰富销售和管理经验的专业化队伍，在这方面，开发商可能无法与其相比。开发商的主要责任是整合房地产开发过程中各参与方的力量，而项目推广并非开发商的专业特长。在项目推广过程中充分发挥代理商的业务专长，既缓解了开发商人力、物力资源紧张的状况，又能更快地将产品推向市场并为消费者所接受。尤其是新产品上市或者进入新的地区进行开发活动时，代理商的专业优势就更加突出。

②代理商所拥有的客户资料往往比开发商更加丰富。一般来说，代理商经过长期积累，除了形成一支专业化队伍外，还拥有大量的客户资料信息，并建立起广泛的客户网络。在项目的营销推广中，丰富的客户资料和广泛的客户网络是非常重要的。没有客户网络，缺少客户信息，仅依靠广告宣传，犹如大海捞针，推广效果往往很不理想。而客户资料不是开发商在短期内能够积累起来的。

（2）房地产间接分销渠道的缺点。由于代理商的介入，使得开发商与消费者被分割开，这样会对开发商掌握市场动向和消费者需求情况带来困难，久而久之，开发商对市场的敏感度下降；由代理商负责楼盘的销售推广工作，使得开发商难以把握销售节奏和销售价格；代理费的增加使得开发商的销售费用上升，也加重了购房者的负担；更值得关注的是，若不慎选择了素质差的代理商，非但不能创造好的销售业绩，反而有可能对开发商的信誉带来不利影响。

在房地产市场发展初期，整个市场基本上处于卖方市场阶段，开发商忽视中间商服务的专业化和对产品的价值增值效益，往往采取自行设计、自行开发、自行营销、自行管理等全能型、整个产业链渗透的经营模式，但是随着房地产市场的日渐成熟，尤其是卖方市场向买方市场转变，绝大多数全能型开发商已逐渐感到力不从心。为了保持其核心竞争力，它们必须专注于主业，将产业链上的一部分业务外包。对于一些新成立或异地销售的开发商，尤其是在境外销售时，由于缺乏成熟的销售网络、专业的销售人员及丰富的销售经验，它们对市场环境、客户需求等信息不够了解，为了加强推销工作，也常常采用间接分销渠道模式，这也就为代理商等营销中介在房地产市场上的崛起和迅速发展提供了机会。图12-5

所示的主流开发商楼盘代理比例数据足以说明这一点。

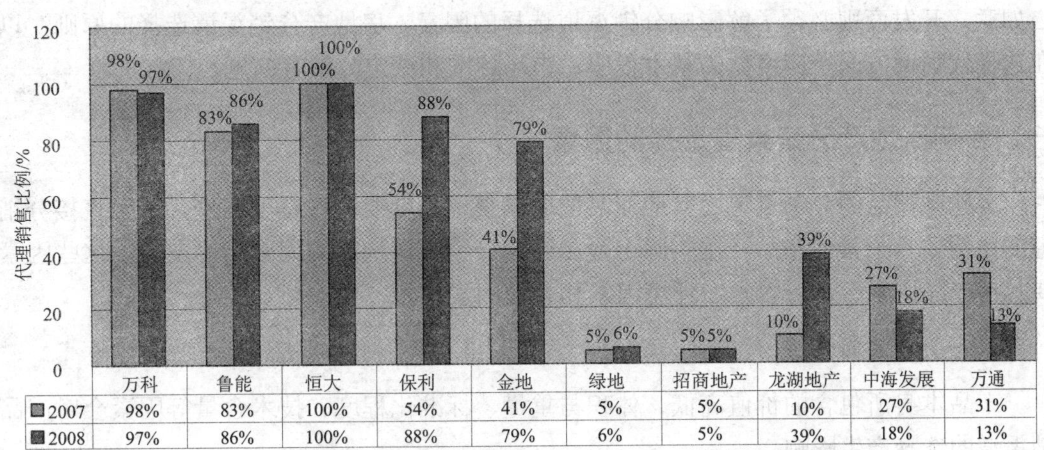

	万科	鲁能	恒大	保利	金地	绿地	招商地产	龙湖地产	中海发展	万通
2007	98%	83%	100%	54%	41%	5%	5%	10%	27%	31%
2008	97%	86%	100%	88%	79%	6%	5%	39%	18%	13%

图 12-5　2007—2008 年主流开发商楼盘代理比例①

当然，有些规模较大、综合势力较强的开发商在发展之初就创立了自己的销售队伍，并在市场中不断得到发展壮大，所以这些企业一直以来延续了以楼盘自销为主的经营模式。图 12-5 中的绿地、招商地产、龙湖地产、中海发展、万通即是如此。

中国房地产 TOP10 研究组发布的《2019 中国房地产策划代理百强企业研究报告》表明，2018 年，我国房地产非理性需求继续得到抑制，房地产逐步回归居住属性，市场保持平稳发展态势，百强企业 2018 年销售总额增长 33.2%，市场份额提升至 58.1%，规模效应加速资源集聚，中型企业增长表现亮眼。伴随着楼市调控进入"深水区"，百强企业一方面紧抓城镇化与城市发展分化机遇，寻求业绩规模的适度增长，继续做强做大；另一方面更加重视对产品的打造，着力提升运营硬实力，实现企业高质量发展。随着调控政策持续及市场竞争白热化，行业优胜劣汰加剧，百强企业带领中小型企业在激烈的市场竞争中奋力奔跑，实现了销售业绩的跨越式增长，与此同时，以均衡、稳健、高效、高质为特征的行业新风正在形成。

3. 开发商与代理商联合一体分销模式

这种模式要求代理商发挥自己的专业特长，对所销售的房地产产品进行全程营销策划，而开发商则对销售给予较大的投入和重视，两者真诚相待、荣辱与共，形成利益共同体，这样可集中发挥开发商和代理商的长处，弥补直接分销渠道和间接分销渠道的不足，形成整体优势和规范服务，共同提高销售业绩。

第三节　房地产分销渠道的选择

经过前两节的学习，我们已充分领略到，在分销渠道这个问题上，开发商必须做出选

① 中国房地产测评中心．2009 年中国最佳房地产营销代理企业测评研究报告[R]．(2009-03-23)．

择。选择合适的分销渠道成为影响项目成功营销的关键环节。而要使所选择的分销渠道称心如意，开发商则必须了解影响分销渠道选择的因素、房地产分销渠道选择的原则，以及在选择代理商方面所应遵循的基本程序、市场标准和评定方法等问题。

一、影响房地产分销渠道选择的因素

房地产产品的分销渠道比其他商品的分销渠道长度要短，宽度要窄，采用直接分销渠道的比例要高于其他产品。这实际上是由影响分销渠道选择的因素所决定的，这些因素主要包括产品因素、市场因素、环境因素和企业因素等。

（一）产品因素

产品本身所包含的价值高低、体积与重量、标准化程度、技术含量等因素会对产品分销渠道的选择产生影响。

从产品价值高低来看，价值低的产品，其分销渠道应长而宽；价值高的产品，其分销渠道应短而窄。从产品体积与重量来看，体积小、重量轻的产品，其分销渠道应长而宽；体积大、重量重的产品，其分销渠道应短而窄。从产品的标准化程度来看，标准化程度高的产品，其分销渠道应长而宽；标准化程度低的产品，其分销渠道应短而窄。从产品的技术含量来看，技术含量低的产品，其分销渠道应长而宽；技术含量高的产品，其分销渠道应短而窄。

从产品因素来考虑，房地产产品具有价值量高、不可移动、标准化程度低、技术含量高等特性，故宜采用短而窄的分销渠道。

（二）市场因素

开发商选择分销渠道时，不能忽略市场类型、市场规模、目标市场的集中程度及购买数量等市场因素。

从市场类型来看，生活资料市场往往需要长而宽的分销渠道，生产资料市场的分销渠道往往短而窄。从市场规模[①]来看，产品的市场规模越大，需要为之服务的中间商就越多，分销渠道就越长、越宽；产品的市场规模越小，其分销渠道就越短、越窄。从目标市场的集中程度来看，市场集中程度低的产品，其分销渠道宜长而宽；市场集中程度高的产品，其分销渠道宜短而窄。从目标市场的购买数量来看，购买数量多的产品，其分销渠道宜短而窄；购买数量少的产品，其分销渠道宜长而宽。

（三）环境因素

开发商在进行分销渠道选择时，还应顾及一系列环境因素。例如，当整体经济环境有利于房地产市场发展时，开发商可拓宽渠道；当整体经济环境不利于房地产市场发展时，开发商应缩窄分销渠道。从竞争环境来看，当市场供大于求，竞争较为激烈时，开发商应选择长而宽的分销渠道；当市场供不应求，竞争程度较低时，开发商可选择短而窄的分销

① 市场规模的大小是由现实和潜在消费者数量决定的。

渠道，甚至可选择直销。另外项目周边环境[①]直接影响项目的销售难易程度。当房地产项目的周边环境良好时，产品的销售难度较低，开发商可以选择较短的分销渠道，甚至直销；当项目的周边环境不佳时，产品的销售难度较大，开发商应将产品交给具有丰富销售经验的代理商进行销售。

（四）企业因素

开发商选择分销渠道，除了考虑上述几方面因素外，还应该考虑企业自身所具备的条件，即企业的规模、实力和声誉，企业的经营管理水平和员工素质，分销渠道的控制要求等企业因素。

从企业的规模、实力和声誉来看，规模大、实力雄厚、声誉好、经营管理水平和员工素质较高的开发商往往有能力选择直销模式；而规模小、实力较为薄弱、在市场上声誉不高、经营管理水平和员工素质较差的开发商，则必须借助代理商的力量销售产品。另外，若企业对代理商的控制程度要求较高，则分销渠道就应较短、较窄；反之，若企业对分销商的控制程度要求较低，则分销渠道就可较长、较宽。

二、选择房地产分销渠道的原则

选择房地产分销渠道一般应遵循经济性原则、控制性原则和适应性原则。

（一）经济性原则

开发商在进行分销渠道选择时，所面临的第一个问题就是应采用直接分销渠道还是间接分销渠道。事实上，判断渠道方案优劣的首要标准就是它的经济性高低，即所选择的分销渠道模式最终应能给企业带来最好的经济效益，而不应仅仅看这种分销渠道能否导致较高的销售额或者较低的成本费用。开发商应通过比较每种渠道方案的销售额与实现这一销售额所花费的成本费用之间的差额来选择合适的分销渠道。

（二）控制性原则

从长远来看，开发商选择分销渠道时，除了考虑它的经济性之外，还要考虑对分销渠道的有效控制问题，以便于建立一套长效、稳定的分销系统，从而实现足够的市场份额。直接分销渠道是最容易控制的，但鉴于其自身的缺陷，开发商不可能完全利用直接渠道销售。相比较而言，间接分销渠道中的独家代理或独家销售权代理比较容易控制，而其他代理方式，如公开销售代理、联合销售代理或净值销售代理等就比较难以控制。同时，开发商对分销渠道的控制也要适度，要将控制的必要性与控制成本进行比较，以达到良好的控制效果。

（三）适应性原则

分销渠道是企业营销的重要外部资源，除建立的直接分销系统以外，间接分销渠道中的代理商不是开发商能够完全控制的，因此，在选择分销渠道时必须考虑渠道的适应性问

---

① 项目周边环境包括项目的交通环境、自然环境、生活环境和基础设施条件等。

题。在销售区域上要考虑不同地区的消费水平、市场特点、人口分布等特性；在时间上要根据产品的特性、消费的季节性等因素，适应市场的客观要求；在代理商的选择上，要合理确定利用代理商的类型、数量及其对分销产品的态度，以达到既能避免代理商的渠道冲突，又能调动其积极性的目的。

三、开发商选择代理商的基本程序

开发完成一个项目往往需要几年的时间，开发商一旦选择某个代理商就不能轻易解除代理合同，因此在选择代理商时必须慎重，尤其是选择独家代理的情况。为此，开发商首先要做的是组成一个评审小组并制订一个详细的选择计划，然后对候选代理商进行考察、评价，在此基础上做出决策。具体来说，开发商选择代理商的基本程序如下。

（一）组成评审小组并制订选择计划

在销售经理的指导下，组建一个由3～5人组成的评审小组，其主要任务如下。

（1）如果已有项目委托代理商销售，那么评审小组应对其工作进行评估。

（2）如果还没有项目委托代理商销售，那么评审小组应该收集市场上代理商的有关资料。

（3）制定选择代理商的市场标准，并根据该标准初选一批代理商作为重点考察对象。当然，也可以根据需要随时增减代理商。

（4）拟订一个详细的选择计划，对各项活动及所需时间和经费做出具体安排。

（二）访问候选代理商

评审小组要按照计划安排访问候选代理商，收集所需的各种资料。需要收集的主要资料包括以下内容。

（1）代理商的基本状况，包括代理商及其员工的素质、经验、能力、实力、管理水平和财务状况等。

（2）代理商的主要服务领域和服务范围。

（3）代理商代理楼盘的规模及主要客户，成功代理项目占所有代理项目的比例。

（4）代理商与客户的关系。

（三）适时邀请候选代理商访问本公司

在访问候选代理商之后，评审小组可以舍弃其中不合格的代理商，并适时邀请余下的代理商访问本公司。这一阶段的主要工作包括以下内容。

（1）介绍本公司的发展历史、组织结构。

（2）介绍开发项目的基本情况及特点。

（3）介绍楼盘推出和销售计划。

（4）请各代理商在规定的时间内，给出各自的营销方案。

（四）评审并最终确定代理商

评审小组根据选择代理商的市场标准设计一个评审表并根据评审表中给出的评审项目

和评分标准对候选代理商进行评分。在交由决策者做出最终选择以后，开发商便可与中选的代理商签订代理合同。

四、开发商选择代理商的市场标准和评定方法

开发商选择代理商的过程中所遵循的市场标准和采用的评定方法是否科学合理将决定其能否选到合适的代理商。对于市场标准，开发商通常着眼于以下几个方面。

（一）代理商的综合实力

代理商的综合实力不仅体现在它的规模、资金实力等方面，更体现在它是否具有专业的营销技术、高素质的员工队伍以及对市场和消费者的了解是否深入。一般来说，大型代理商的综合实力要比中小型代理商强，因而开发商通常倾向于将规模较大的楼盘委托给大型代理商，将规模较小的楼盘委托给小型代理商。对于小规模楼盘的发售，大型代理商会觉得利润太少而不愿意承接或者虽然承接但并不给予足够的重视；而对于大规模楼盘的发售，小型代理商可能由于人力有限而难以承接。

（二）代理商的过往业绩

代理商的业绩反映了其代理销售的工作安排是否井然有序，是否有针对性，是否能准确把握住项目的市场脉搏，并能杜绝不该发生的事。如果一个代理商曾经代理的多数楼盘均有较好的业绩，就说明该代理商的过往业绩是不错的。倘若一个代理商仅仅成功销售了个别楼盘，则不能说明它具有优良的业绩，因为这些个别楼盘的成功销售可能是靠某种运气而得来的。所以，要在一定的时间、空间内考察代理商的业绩，这样得到的结论才可能比较准确。

（三）代理商的擅长面

因为各代理商的背景不同、成长经历不同，所以它们的擅长面各有不同，有的擅长企划，有的擅长广告宣传，有的擅长销售，有的擅长商场招商；有的擅长销售写字楼，有的擅长推广住宅等。另外，各代理商的客户群也不尽相同，有的代理商的客户群仅限于本地，有的代理商能拓展本省客户，更有的代理商有海外的客户资源。因此，即使某个代理商的过往业绩再好，如果它的擅长面与项目不相符，开发商也应该果断将其舍弃。

（四）代理商的管理、沟通和协调能力

房地产销售涉及众多的服务环节，需要代理商积极参与，这些环节既涉及土地、房产等方面的政府主管部门，又涉及银行等金融机构，同时还要为消费者提供有关项目销售方面的各种信息咨询服务，其中任何一个环节出了问题都会影响销售进程，甚至影响企业形象。这必然要求代理商对内有一套严格的管理制度和管理方法，对外具有良好的沟通和协调能力，在出现问题时能及时妥善解决。

（五）代理商的预期合作程度

若代理商与开发商合作愉快，代理商会积极主动地拓展市场，精心促销。若双方合作

不愉快，那么代理商的积极性会大打折扣。另外，开发商一般不应选择已代理了竞争对手楼盘的代理商，在自身实力不如竞争对手时，更应避免这种情况。因为在这种情况下，双方在合作过程中可能会出现难以解决的问题，往往会给项目的销售带来许多困难。

（六）代理商的业内口碑

代理商的业内口碑是非常重要的。一个口碑不佳的代理商很难开展工作，因为它得不到社会各界的支持与信赖，得到的资讯也少，那么销售业绩就可想而知了。特别是在市场不景气或遭遇某些挫折时，口碑好的代理商必定会全力以赴，与开发商共渡难关，而口碑差的代理商可能会溜之大吉。所以，开发商考察代理商时，最好能想办法了解代理商的背景情况、处事态度，以免选到口碑差的代理商。

开发商选择代理商的评定方法各异，在阅读案例 12-1 中，我们为读者介绍了一种较为简单的方法。

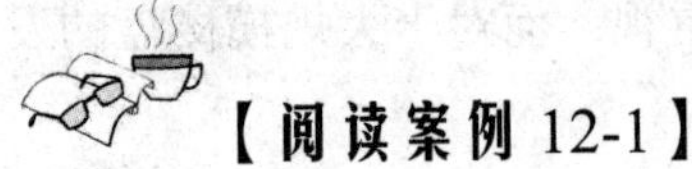

【阅读案例 12-1】

房地产代理商选择举例

为了能使项目的销售工作顺利展开，某开发商决定将相关事宜委托给代理商。为此，该开发商组建了一个由销售部门经理、外聘专家、企业高级顾问等组成的评审委员会，从 A、B、C 三个候选代理商中选择一个代理项目销售。评审标准及结果如表 12-1 所示。

表 12-1　综合评分表

评审标准	权重	代理商 A		代理商 B		代理商 C	
		分值	加权分值	分值	加权分值	分值	加权分值
综合实力	0.2	80	16	85	17	90	18
过往业绩	0.15	60	9	70	10.5	70	10.5
擅长面	0.15	85	12.75	90	13.5	65	9.75
管理、沟通与协调能力	0.2	80	16	80	16	85	17
预期合作程度	0.15	75	11.25	85	12.75	80	12
业内口碑	0.15	70	10.5	85	12.75	85	12.75
加权分值合计			75.5		82.5		80

注：每一项评审标准的满分为 100 分

根据表 12-1 中的评审结果可以得出结论，代理商 B 的加权分值最高，最终获得该项目的代理权。

目前，伴随着国内房地产行业的不断发展和市场竞争的日益激烈，开发商在保持既有的分销渠道模式下，又不断发掘出一些新的渠道模式，如互联网营销、连锁分销渠道、异地营销推广等，这些新模式在房地产营销中发挥着越来越重要的作用，也使得开发商的选择余地越来越大。全方位、多元化的房地产分销渠道格局正在形成并将不断发展。

第四节　房地产分销渠道的管理

当开发商对分销渠道做出选择之后，就要将分销渠道管理提上日程。俗话说，“三分技术，七分管理”，分销渠道管理在整个房地产市场营销活动中占据着举足轻重的地位。

一、房地产分销渠道管理的主要内容

所谓的房地产分销渠道管理并非行政意义上的管理，而是指开发商根据本企业营销目标对分销渠道进行的计划、实施和控制过程，包括分销渠道的合作管理和分销渠道的冲突管理。前者主要是指开发商在实施营销的过程中，如何确保自身与渠道成员之间能够相互协调、通力合作；后者主要是指在这一过程中，开发商如何较好地处理自身与渠道成员之间以及各渠道成员之间的冲突。

二、房地产分销渠道的合作管理

开发商与代理商毕竟是两个利益追求不同的企业实体，两者所关注的重点总是会有所差异，而这种差异可能会给产品的销售带来不利影响。因此，开发商做好分销渠道管理的首要任务就是要处理好与代理商之间这种特定的合作关系，使双方摒弃分歧走向一致，最终达到一种双赢的效果。房地产分销渠道的管理可从了解中间商的需求和对中间商进行必要的激励两个方面来理解。

（一）了解中间商的需求

既然开发商与代理商之间是一种合作关系，那么代理商也会对开发商有这样或那样的要求。开发商只有深入了解代理商的合理需求，并尽量加以满足，才有可能充分调动其积极性和销售热情。从产品角度来考虑，开发商可以从如下两个方面来满足代理商的需求。

（1）代理商希望所代理的产品是适销对路的优质产品，这就要求开发商注重产品质量、功能的提升与式样的创新，使之符合市场需求和潮流。

（2）代理商希望开发商能在广告、公关、促销推广活动、市场信息的调查与预测、营销人员的培训、专业技术的支持，以及产品售后能力的提高等方面提供一定的帮助。

（二）对中间商进行必要的激励

为了能建立起一种良好的合作关系，开发商除了要了解代理商的合理需求并加以满足外，适当的激励也是非常有必要的。具体包括以下两方面。

（1）直接激励。直接激励是开发商通过给予代理商物质、金钱等奖励来激发代理商的积极性，从而实现企业的营销目标。具体有给予折扣优惠和给予营销业绩奖励这两种形式，此外，开发商还可以给予代理商的工作人员生活用品、旅游等奖励。这样就可以促进双方的感情，为日后长期稳定合作打下基础。

（2）间接激励。间接激励是指开发商通过给代理商提供营销方面的帮助来提高产品的销售，也可间接激发代理商的合作积极性。

上面讲到的激励措施都是积极性鼓励措施，属于主流激励措施，激励措施也可以是消极惩罚性的，如减少所提供的服务、推迟结算代理费，甚至终止双方关系等。当然，在实际操作中，这种惩罚性激励措施应尽量少用。

表12-2给出了建立良好渠道关系的基本准则，可供读者参考。

表12-2　建立良好渠道关系的基本准则①

基本准则	具体要求
合作双方都应从彼此关系中受益	建立以双赢为目标的渠道关系
尊重对方	关注对方的企业文化而不是简单的资产规模，并尊重对方的行为
不做夸大其词的承诺	合作双方应该坦诚相待
在建立关系以前，设立具体目标	设立相应的目标、准则，以避免日后发生矛盾
建立长远的合作关系	实施具体行动要考虑长远利益，而不能只顾眼前利益
应该花费一定时间来了解对方	了解对方的需求和优势
双方应设立关系的维护人	每一方都应任命指定联系人，负责双方的沟通和协调工作
畅通的沟通渠道	发生冲突时，双方应该相互信任地讨论问题
双方共同做出有关决定	事前沟通，避免单方面的决定、一方强迫另一方接受决定而造成的不信任感
保持长久关系	某些关键人员的离开可能破坏双方的关系，应该尽量保持平稳的过渡

三、房地产分销渠道的冲突管理

开发商对分销渠道的冲突进行管理的主要目的在于通过建立一定的机制来发现并解决现有渠道中的矛盾和冲突，以消除成员之间的敌对行为，从而保证营销活动的顺利进行。

（一）渠道冲突的产生原因

渠道冲突的产生原因有很多，而且这种冲突的产生往往不是单一原因造成的，而是多种原因综合的结果。总的来看，除了渠道成员利益目标不一致会引起冲突外，如下几方面问题也可能成为渠道冲突产生的原因。

1. 权利和义务不明确

当渠道成员之间的权利和义务不明确时，经常会产生一些冲突。例如，开发商自己的营销人员和其委托的代理商同时向同一目标市场销售同一类房地产产品会造成人力、物力和财力的极大浪费；两个代理商联合代理同一项目时，会因彼此之间的权利和义务不明确而出现业务重叠现象，造成两个代理商之间竞争同一目标市场，引发冲突。

2. 信息沟通上的偏差

分销渠道正常有效地运作需要各个环节相互沟通、协同一致。当开发商与渠道成员或者渠道成员之间出现了信息不对称、信息失灵或信息理解失误等情况时，彼此之间的沟通就会存在问题，潜在的冲突就会增加。

① 袁野．房地产营销学[M]．上海：复旦大学出版社，2005：197．

3. 主观认识上的差异

由于不同渠道成员所掌握的信息情况以及市场经验不同，在对市场的不同情况做出主观判断时难免会有差异，这也是发生冲突的原因。例如，开发商对市场持乐观态度，但是代理商不看好市场前景，这种认识上的差异会造成双方在营销策略上起冲突。

（二）渠道冲突的解决之道

渠道冲突的解决方法有两种：一是预防型方法；二是治理型方法。

1. 预防型方法

预防型方法即在第一时间控制低级层次的冲突，防止其演化升级为更高层次的冲突，通常是通过建立制度化机制来解决。在冲突的萌芽阶段，渠道成员通常会制定一些措施来处理冲突，最后这些措施就变成了制度。

（1）建立信息沟通机制。这是指通过渠道成员之间充分的信息交流与沟通，实现信息共享，从而达到预防和化解渠道冲突的目的。通过信息沟通机制，加强了渠道成员彼此的信任，从而能建立和维护彼此间的良好合作关系。例如，通过建立会员制度、定期互派人员沟通、渠道成员之间信息与成果共享、邀请渠道成员参与本企业的咨询会议或董事会议等方法，可以充分实现信息沟通。

（2）建立产销战略联盟。这是指从长远发展的角度出发，“产”方与“销”方之间可通过签订协议的方式形成风险-利益联盟共同体，按照商定的营销策略和游戏规则，共同开发市场，共同承担市场责任和风险，共同管理和规范销售行为，并共同分享销售利润的一种战略联盟。事实上，解决渠道冲突最有效的办法是让渠道成员建立产销战略联盟，形成利益共同体，使矛盾双方成为“一家人”。

（3）形成第三方机制。这是指冲突双方不是通过协商、说服等充分沟通的方式实现彼此谅解和理解，最终达成共识、解决冲突，而是需要第三方通过调解或仲裁方式介入来解决冲突。调解机制的存在能够制止冲突，仲裁也同样是制止冲突的有效途径。仲裁可以是强制性的，也可以是自愿的。在强制性仲裁程序中，法律要求各方把争端交由第三方，而第三方的决定是最终的和具有约束力的。

2. 治理型方法

治理型方法是在显性冲突出现之后，采取某种行为方式，如回避、迁就、强制、折中、合作等解决冲突。

（1）回避。回避即从冲突中退出，任其发展变化。当冲突微不足道时，或当冲突双方情绪过于激动而需要时间使他们恢复平静时，或当采取行动后所带来的负面影响超过冲突解决后获得的利益时，回避就不失为一种理智的策略。

（2）迁就。这是将他人的需要和利益放在高于自己的位置之上，以“他赢你输”来维持和谐关系的策略，是通过成全另一个渠道成员来强化关系的主动手段。它标志着一种合作的、互惠的真诚意愿，相应地将在一个更长时期内建立起信任和承诺。

（3）强制。强制与迁就相反，指追逐自己的目标而忽视他人的利益，以牺牲他人利益为代价而满足自己的利益需要。这种方式不做任何让步，结果只能加剧冲突，助长不信任感或者使合作破灭。在长期的合作关系中，渠道成员一般应尽量避免使用这种方式。

（4）折中。双方都做出一定的让步，结果是各方都有所赢、有所输的方式。当冲突双方势均力敌时，或当希望对复杂的问题取得暂时的解决办法时，或者当时间要求过紧而需要一个权宜之计时，折中是合适的方式。

（5）合作。与其他方式不同，合作方式之下，冲突各方都满足了自己的利益，渠道成员实现了双赢。这种方式要求各方之间开诚布公地进行讨论，积极倾听并理解对方的建议，认真考察所有可能的解决办法。但是，这种理想的冲突解决方式并不是在任何条件下都可以采用的。它需要双方的承诺，当双方都希望互利时，或当没有时间压力时，或当问题十分重要而不宜妥协折中时，合作是最佳策略。

本章小结

对房地产开发商来说，适宜的分销渠道对于提高经济效益、加强企业与消费者之间的沟通起着非常重要的作用。本章首先阐述了房地产分销渠道的内涵、特点及作用；指出因房地产产品的特殊性，房地产分销渠道宜短而窄，并将房地产分销渠道分为直接分销渠道和间接分销渠道；鉴于直接和间接分销渠道方式各有优缺点，业内人士开发出了第三种分销渠道，即开发商与代理商联合一体分销模式；在此基础上，深入分析了房地产分销渠道的选择问题，包括影响房地产分销渠道选择的因素，房地产分销渠道选择的原则（经济性、可控性、适应性），开发商选择代理商的程序、市场标准、评定方法等；最后从合作管理和冲突管理两个角度对开发商的渠道管理进行了简要分析。本章同样提供了阅读案例，以便于读者深入学习和掌握房地产分销渠道的相关理论。

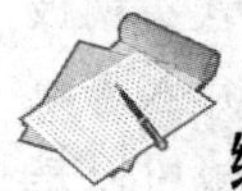

综合练习

一、基本概念

房地产分销渠道；房地产代理商；直接分销渠道与间接分销渠道；长渠道与短渠道；宽渠道与窄渠道；开发商与代理商联合一体分销模式；房地产分销渠道管理。

二、思考题

1. 房地产分销渠道的特点和作用是什么？
2. 简述房地产分销渠道的类型及其优缺点。
3. 影响房地产分销渠道选择的因素有哪些？
4. 开发商如何选择代理商？
5. 开发商如何管理分销渠道？

三、案例分析

阅读下面的案例，分析讨论如下问题。

1. 该楼盘的代理方案有哪些值得借鉴之处？

2．开发商选择的渠道模式属于哪一类？开发商又是如何管理代理商的？

××实验公寓项目的销售代理方案[①]

某房地产开发商开发的××实验公寓地处城区中心地段，占地面积约 11 400 m^2，共有 6 幢多层公寓楼，总建筑面积为 23 863 m^2，总销售额为 8500 万元。该实验公寓是一个独立的居住组团，公寓规划力图体现“以人为本”的设计思想。公寓大院除建筑四周绿化外，还设计有 800 m^2 的中心花园、林荫步道、休闲庭廊；公寓楼绕园错节布局，斜坡屋面，曲线檐口，大面白墙嵌红格窗条；公寓科技含量高，配置进口中央空调、电梯、变频恒压供水系统，配置家用燃油锅炉、24 小时供应热水、变压式排气道、水电气三表计量出户微机管理系统、周界防盗报警和入口处监控可视对讲系统，公寓底层配有 24 个小汽车库和 20 多个泊车位。公寓户型共有 8 种，分为平面式和错层式两类，面积为 73.54～150.43 m^2 不等。该项目由开发商委托某房地产经纪公司做独家代理，由代理商派驻销售人员进入开发公司的现场售楼处进行销售。

开发商之所以选择独家代理方式进行该项目的销售，主要是出于以下几方面的考虑。

（1）开发商自身的销售力量较为薄弱，销售人员不足，缺乏销售经验，无法保证在销售期内完成销售额并收回成本。

（2）代理商是该地区实行独家代理方式进行物业销售的中介公司中实力较为雄厚的一家，销售经验丰富，销售网络和信息网络健全，信誉较好，专业化程度和专业人员素质较高且过去有很不错的销售业绩。

（3）开发商与代理商在物业的前期策划阶段已经开始合作，虽然合作是松散型的，但由于代理商对于市场状况、顾客品位、宏观政策等方面非常熟悉，因此在项目定位、配套设施、平面布局、市场推出时机等方面给予了开发商许多有益的建议，为代理商成功地拿下该项目的代理权打下良好的基础。

该实验公寓的基准价格由开发商确定，具体如下。

03、04 幢：4200 元/m^2。

08 幢：5000 元/m^2。

02、05、06 幢：4800 元/m^2。

代理商根据开发商制定的基准价格，经协商后制定出楼层差价系数，如表 12-3 所示。

表 12-3　楼层差价系数

楼　层	楼层差价系数				
	02 幢	03 幢	04 幢	05、06 幢	08 幢
八	—	—	—	—	−2
七	—	0	0	—	+3
六	0	−2	−2	—	+7
五	+4	+3	+3	+4	+7
四	+7	+7	+7	+7	+7

① 吴翔华．房地产中介运作指南[M]．南京：江苏科学技术出版社，2003：123-126．

续表

楼层	楼层差价系数				
	02幢	03幢	04幢	05、06幢	08幢
三	+7	+7	+7	+7	+7
二	0	0	0	0	0
一	+2	+2	+2	0	0
备注	一梯一户	普通式	普通式	错层式	框架结构

同时确定购房款计算方法为

购房款=基准价×(1+楼层价系数)×面积×优惠后的百分点

合同中规定，代理商与开发商共同成立销售价格领导小组，协调销售折扣，确定集团购买的最大让利幅度，规定了代理商的浮动权限，如表12-4所示。

表12-4 代理商浮动权限

销售阶段	浮动权限
房屋交付使用前	最低至销售价格的95%
房屋交付使用后	最低至销售价格的96%
销售至总量的50%	最低至销售价格的97%
销售至总量的80%	最低至销售价格的98%

同时规定，一次性购买整个单元者，房屋价格优惠2%，如在签约后7天内能支付房款总额的50%以上，再优惠2%。

合同中规定佣金取费率占销售总额8500万元的1.2%。之所以在合同中降低取费费率，主要原因是该项目的广告费用支出由委托方全部承担。此外，作为代理商确定出这样的取费标准主要还考虑以下三方面内容。

（1）此价格是计算了代理商进行独家代理所需的成本加上利润和税金后得出的。

（2）虽然代理价格与进行普通居间介绍的佣金取费费率比相差不多，但是实行独家代理以后，在销售期内代理商的佣金收入得到了保证。

（3）这个价格是开发商能够承受的价格。

制定出物业销售价格和项目代理价格以后，开发商又将销售任务按照季度划分出来，并且确定了佣金的支付办法和支付时间，以控制和激励代理商完成代理任务。

开发商将销售总额8500万元分解为四部分：第一季度1500万元，第二季度1000万元，第三、第四季度均为3000万元。代理商得到的佣金按销售额所占比例在每季度末由开发商支付，即第一季度支付佣金总额的17.6%，第二季度支付佣金总额的11.8%，第三、第四季度分别支付佣金总额的35.3%。第一季度由于跨越年末，开发商希望能够尽可能多地回笼资金，同时，在正式发售楼盘以前，已经做了大量的广告宣传工作，所以开发商安排的第一季度销售任务比较重，并且还规定，如果代理商能在第一季度内完成销售总额的20%，开发商便将第一季度的佣金比例提高一倍予以奖励；第二季度由于跨越春节，因此任务分摊较少；第三、第四季度进入销售旺盛期，任务分摊相应较多。开发商同时也规定了代理商违约时的控制办法：当代理商没有完成本季度的销售任务时，由开发商在代理佣金费用中进行扣减，扣减比例与代理商未完成合同额的比例相同，即佣金额=佣金总额×本季度佣金比例×(1−未完成合同额/本季度合同额)；如果代理商连续两次未完成合同中规定的销售任务，则开发商有权取消代理商的独家代理权，并且终止合作关系。

代理商在签署委托代理合同之后，根据开发商的实际情况，从代理公司派出人员组建该物业的现场售楼部，以扩大销售范围，全面代理开发商的销售工作，并采取了以下几种营销策略。

（1）广告宣传。代理商着手制作广告并通过报纸、电台加以宣传。由于销售期的第一个阶段跨越年末，所代理的房屋未正式交付使用，因此，代理商在这一阶段的广告宣传主要侧重于介绍该实用公寓的总体定位，以激发购买者的兴趣，没有标注出房屋的实际售价。房屋正式交付使用后，代理商自元旦起，多次通过报纸、电台发布房地产广告，由于此时是现房，因此广告宣传取得了非常好的效果，代理商超额完成了第一季度的销售任务。

（2）参加展示会。由于恰逢该市举办“金秋恳谈会”，代理商利用这次机会，投入力量制作现场广告展板及现场摊位展示，并制作售楼书现场发放，吸引了一部分目标客户购买房屋。

（3）通过销售网络进行营销。代理商利用其专业的销售人员、固定的销售网络，不断地收集有关买房者的信息，进行上门服务，向有购买意愿的社会集团和个人定向发放资料，由于信息来源准确，定向发放资料取得了比较好的销售效果。

（4）与其他代理商进行合作。代理商把销售物业的情况，包括销售价格、平面布局、套型设计、物业管理、水电暖设施等基本情况介绍给其他代理商，其他代理商利用其销售渠道对该物业进行销售，然后按其销售额的比例提取相应佣金。

经过代理商的种种促销活动，不但第一季度超额完成了销售指标，而且截至第三季度，代理商已完成销售任务的85.4%，回收资金7259万元，得到了开发商的好评，并获得了超额奖金，也为开发商与该代理商的长期合作打下了坚实的基础。

推荐阅读资料

1．吴翔华．房地产中介运作指南[M]．南京：江苏科学技术出版社，2003.
2．卓坚红，栾淑梅．房地产销售策划[M]．北京：科学出版社，2011.
3．余源鹏．房地产实战促销300例[M]．北京：中国建筑工业出版社，2005.

网上资源

1．百度文库：http://wenku.baidu.com/.
2．新浪地产网个人后台：http://my.dichan.com/.
3．读秀学术搜索：http://edu.duxiu.com/.
4．中国知网：https://www.cnki.net/.

第十三章　房地产促销策略

学习目标

- 房地产促销方式的分类及优缺点；
- 房地产促销组合策略；
- 房地产人员推销策略的作用及决策内容；
- 房地产广告策划的主要内容；
- 房地产公共关系的特点及作用；
- 房地产营业推广方案的制定、实施与评价。

导言

开发商开发了好的产品，制定了合理的价格，选择了合适的分销渠道，销售是否就一定能获得成功呢？当然不是。“好酒不怕巷子深、皇帝女儿不愁嫁”的时代已经过去，为了能让自己的产品卖上一个好价钱，开发商除了做好产品、定价、渠道之外，还必须开展一系列促销活动，使消费者尽快了解本企业的产品，激发消费者的购房欲望，使潜在的消费力量转化为现实消费力量，最终达到预期的销售目标。

第一节　房地产促销及促销组合

房地产促销是房地产营销者通过人员或非人员的方式，将企业、产品或其他服务信息传递给潜在消费者，使其理解、信赖并最终产生购买或租赁行为的一种经营活动。它体现了营销者与潜在消费者之间进行信息沟通的艺术，其主要目的是引起消费者的兴趣和注意，激发消费者的购买欲望，促成消费者购买或租赁行为的发生。

一、房地产促销方式的分类及其优、缺点

房地产促销方式主要有人员推销和非人员推销两大类，而非人员推销包括广告促销、公共关系促销、营业推广三种方式，每种方式各有不同的优、缺点。

（一）房地产人员推销

人员推销是最古老的一种促销方式，也是上述四种促销方式中唯一直接依靠人员的促销方式。房地产人员推销是指销售人员直接与消费者接触、洽谈，将有关开发商、产品及

其服务的信息传递给消费者，促使其购买的一种营销活动。与其他房地产促销方式相比，人员推销是最有效的一种促销方式。因为房地产不仅价格高而且难以把握，这使得消费者在购买过程中顾虑重重、难以决定。人员推销过程中，销售人员与消费者直接沟通，将产品和企业信息传递给消费者的同时，可以及时解答他们的各种问题，这不仅有利于消除消费者的各种疑虑，而且也有利于双方建立起良好的合作关系。一旦取得了消费者的信任，推销产品就变得非常容易。但是，人员推销也存在接触成本较高、受制于推销人员的素质及推销人员流动性较大等缺点。

（二）房地产广告促销

房地产广告促销是开发商以公开付费的方式，采取非人员沟通的形式，通过一定的媒体方式，传播或宣传以事实为依据的经济信息，以达到影响目标受众的购买心理、推销商品和劳务的目的，是开发商向消费者传递信息的最主要的促销方式。它可以利用各种媒体的灵活表现方式，将图像、色彩、声音、文字等要素艺术性地结合在一起。人们在观看广告时，会受到某种视觉冲击，产生某种感受，尤其是当连续、多次播放同一个广告画面时，这种冲击效果会不断得到加强，久而久之就会影响消费者的购买决策。当然，广告推销也存在广告效果难以度量、广告受众不易把握且难以沟通、广告费用较高等缺点。

（三）房地产公共关系促销

房地产公共关系促销就是房地产企业为了提升企业形象，增强企业的竞争和发展能力，优化企业经营的内外环境，加强与企业内部公众和外部公众进行双向沟通而采取的方式。公共关系促销与其他三种促销方式存在很大的差别，实施该策略的直接目的并不是促进房地产产品的销售，而是树立和改善企业在公众中的良好形象。当今社会中，树立起良好的社会形象比成功推销一个产品的层次更高，影响力更大，因而公共关系宣传活动已被越来越多的开发商重视。但公共关系宣传往往不是针对房地产产品本身，因此这种促销方式的针对性较差。

（四）房地产营业推广

房地产营业推广又称房地产销售促进，是指开发商采取的除人员推销、广告和公共关系以外的，能迅速刺激需求、鼓励购买的各种促销活动，如价格折扣、免费赠送、有奖销售等。营业推广特别强调利益、实惠、刺激和诱导，具有很强的诱惑力和吸引力，能迅速引起消费者注意，短期内促销效果明显。但这种促销方式极易引起竞争者模仿，并会导致公开的相互竞争而使促销效果不理想；同时，如果长期使用或频繁使用同一种营业推广手段，促销效果也会迅速下降。

二、房地产促销组合

房地产促销组合是指开发商为了实现一定的促销目标，将不同的促销方式进行组合所形成的有机整体。上述四种促销方式在房地产促销中发挥着不同的作用且存在不同的优缺点。若能对这四种促销方式进行有效组合，那么企业得以最少的促销费用达到预期的促销目标。

（一）房地产促销组合的特点

将各种促销方式恰当地组合在一起具有如下特点。

1. 房地产促销组合是一个有机的整体组合

将几种促销方式有机地结合在一起，配合默契，由此形成的促销组合能达到单独使用每种促销方式而后相加所不能达到的效果，即 1+1>2；若几种促销方式组合在一起却不能相互配合，则起到相反的效果，即 1+1<2。由此可见，作为有机整体的促销组合中，各促销方式之间存在着一种相互制约的力量，其中任何一种促销方式作用的发挥都要受到其他促销方式的影响。合理的促销组合将使促销效果达到最大，而不合理的促销组合必将影响某些促销方式作用的发挥。

2. 构成促销组合的各种促销方式既具有可替代性又具有独立性

促销的实质是企业与消费者间有效信息的沟通，而任何一种促销方式都可以承担信息沟通职责，也都可以起到促进销售的作用，因此各种方式都具有可替代性。但是，各种方式具有不同的特点，不同促销方式所产生的效果有所差异，因此各种方式又都具有独立性。

3. 促销组合是一种动态组合

促销组合策略必须建立在一定的内外部环境条件的基础上并且必须与营销组合的其他因素相互协调。有的时候，一个效果好的促销组合在环境条件变化后可能会获得较差的促销效果。因此，促销组合必须根据环境条件的变化而不断做出调整。

（二）影响房地产促销组合的因素

选择房地产促销组合时，还应考虑促销目标、市场状况、房地产建设阶段、促销预算以及市场环境等因素的影响。

1. 促销目标

开发商在不同时期、不同市场营销环境下会制定不同的促销目标，促销目标不同，促销组合也不同。例如，在一定时期内，开发商的促销目标是迅速增加房地产的销售面积，提高市场占有率，那么它的促销组合应注重于广告和营业推广，强调短期效益；如果开发商的促销目标是塑造企业形象，为今后占领市场、赢得有利的市场竞争地位奠定基础，那么它的促销组合应注重于公共关系和公益性广告，强调长期效益。

2. 市场状况

如果房地产市场潜在消费者多，地理分布较为分散，购买数量小，促销组合应以广告为主；反之，如果潜在客户少，分布集中，购买数量大，则以人员推销为主。例如，普通住宅和高级别墅的促销组合方式存在很大的差异。对于前者，潜在消费者数量多而分散，因而广告是最重要的促销方式，然后才是人员推销、营业推广、公共关系促销；而对于后者，潜在消费者数量少而集中，人员推销则是最重要的促销方式，其次才是广告、营业推广、公共关系促销。

3. 房地产建设阶段

房地产产品的建设周期一般较长，从取得预售证直到项目建成入住，都是房地产的租售期。房地产建设各阶段都需要使用促销组合策略，而在每一阶段应使用不同的促销组合。一般来说，在项目开工的前期阶段，可多采用公共关系及广告的促销组合，以提高企业及产品的知名度；在项目施工阶段，采用广告和营业推广相结合的促销组合进行促销，此时也要加强人员推销的力度；项目竣工以后，促销组合中人员推销起的作用将增强，同时也要对广告、营业推广、公共关系等促销方式做出调整并组合使用。因此，在房地产建设的不同阶段，只有不断变换不同的促销组合方式，才能达到最好的促销效果。

4. 促销预算

促销预算对促销方式的选择有很大的制约作用。在促销预算不足的情况下，就无法使用费用昂贵的促销方式，如电视广告、收费较高的报纸广告等促销方式。开发商应根据促销预算合理选用促销方式，使促销达到最大的效果。

5. 市场环境

开发商应随着市场环境的变化及时改变促销组合。例如，当市场处于不利环境中，人们对价格的反应较为敏感时，就可以加大营业推广（价格折扣、优惠等方法）在促销组合中的分量，以促进销售；而当市场环境好转时，整体促销水平可以降低，此时广告和公共关系的影响最大，营业推广甚至可以取消。

房地产企业促销组合决策是一个很复杂的系统决策，其影响因素很多且所有影响因素是相互作用的。因此，开发商在制定促销组合时，应综合考虑各种影响因素，以制定出最佳的促销组合决策。

（三）房地产促销组合策略

房地产促销组合策略有三种，即推式策略、拉式策略和推拉结合策略，具体作用过程叙述如下。

1. 推式策略

推式策略如图 13-1 所示，是开发商对中间商积极促销并促使中间商积极寻找消费者进行促销，将房地产租售出去。开发商采用这种策略时，推销对象主要是中间商，因此人员推销和针对中间商的营业推广是主要促销方式，其他促销方式可作为辅助手段。

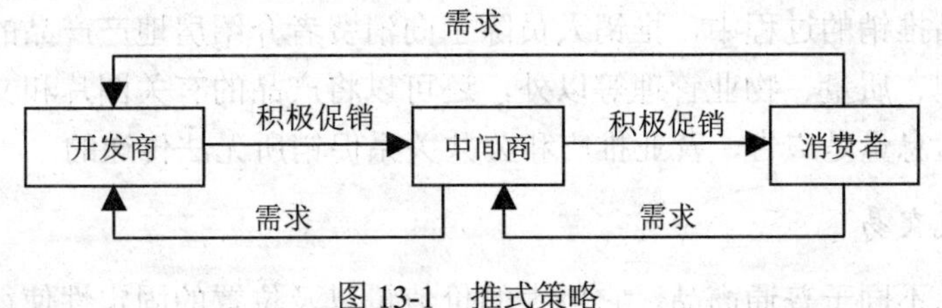

图 13-1　推式策略

2. 拉式策略

拉式策略如图 13-2 所示，是开发商针对最终消费者进行促销，使之产生强烈的购买欲望，形成急切的市场需求，然后拉动中间商纷纷要求代理销售这种房地产。由于拉式策略的促销对象与推式策略不同，因此所使用的促销方法也有所区别。在拉式策略中，开发商主要使用广告和对消费者的营业推广方式，辅以其他促销方式。

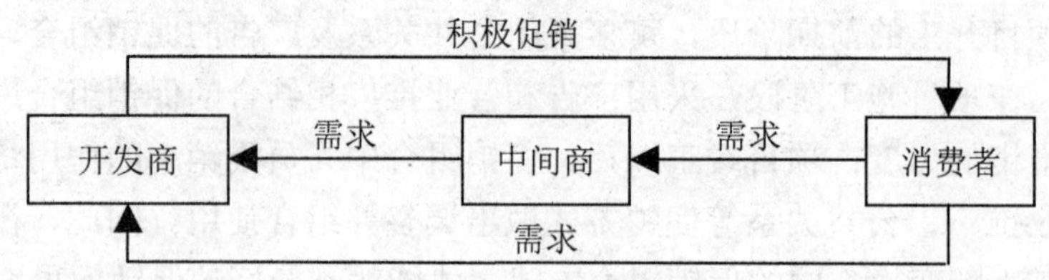

图 13-2　拉式策略

在房地产市场上，当某些房地产新产品初次上市时，中间商往往过高地估计市场风险而不愿代理销售。在这种情况下，开发商只能先向消费者直接推销，然后拉动中间商加入销售的行列。

3. 推拉结合策略

一般情况下，开发商会将上述两种策略配合起来使用，在向中间商大力促销的同时，通过广告刺激房地产市场需求。

第二节　房地产人员推销策略

虽然越来越多的开发商倾向于选择代理商代为销售产品，但仍有许多开发商保留了自己的一部分销售力量，以应对市场销售形势的变化。这样，开发商就必然要对人员推销的有关事宜做出决策，以充分发挥这种古老促销方式的独特魅力。

一、房地产人员推销的作用

人员推销作为唯一一种直接依靠人员的促销方式，在房地产产品的促销过程中可发挥如下作用。

（一）传递产品信息

向潜在消费者进行信息传递是人员推销的基本职能之一，也是人员推销工作成功的关键。在进行产品推销的过程中，推销人员除了向消费者介绍房地产产品的各种情况，如地段、价格、房型、质量、物业管理等以外，还可以将产品的有关图片和文字资料带给消费者，如此大的信息量是广告、营业推广和公共关系促销所无法传递的。

（二）促成交易

房地产产品不同于普通商品，它巨大的价值量以及位置的固定性使得消费者很难下决心购买，再加上交易过程异常复杂、交易环节众多，就更增加了交易的难度。为了促成交易，需要开发商提供相关的服务，而能够承担起这种服务的推销方式大概只有人员推销了。

例如，项目工程进展情况、售前的咨询服务、售中的按揭贷款服务以及产权登记服务、售后的协助入住服务等，都需要推销人员做出相应解释并提供必要的服务，消费者只有了解清楚这些环节并感到满意才可能下决心购买，达成交易。

（三）建立长期关系

推销人员通过与消费者直接接触，可以建立消费者档案库并根据档案库的实际资料对消费者进行定期访问，与消费者经常沟通，为消费者提供各种服务，甚至可以与消费者建立起一种超越利益关系的友谊。这是人员推销的独特作用，是广告、公共关系、营业推广所不能实现的。而且由于房地产的需求和消费往往是长期的、发展的，所以这种关系对于开发商，特别是对房地产中介代理企业来说是十分重要的。

（四）及时反馈信息

由于房地产推销人员直接面对消费者，因此，消费者、竞争对手以及整个房地产市场的各种信息情报可以通过他们迅速地反馈给企业的决策层，决策层根据这些信息对产品、价格以及促销方式等迅速做出调整，这对企业赢得市场机会是非常关键的。在这里，推销人员实际上间接地完成了部分市场调研工作。

二、房地产人员推销的决策

如果某个开发商在项目预售前临时从社会上招聘一些人员，不进行任何培训或只进行简单的培训就让他们匆匆上岗，销售结果是可想而知的。因此，对开发商来说，要想使人员推销发挥最大的促销作用，必须对这种促销方式做出一系列决策。以下给读者提供的房地产人员推销的决策思路同样适用于代理商。

（一）控制销售队伍规模

销售队伍的规模直接影响着销售成果和销售成本的大小，因此销售队伍规模的确定是人员推销中的一个重要问题，它既要受到市场营销组合中其他因素的制约，又反过来对企业的市场营销活动产生影响。通常，开发商确定销售队伍规模有以下三种方法。

1. 销售百分比法

根据历史资料计算出销售队伍的各种耗费占销售额的百分比以及销售人员的平均成本并对未来一段时间内的销售进行预测，从而确定在这一段时间内所需销售人员的数量。

2. 产出水平分解法

这种方法是对每一位销售人员的产出水平进行分解，再同销售预测进行对比，就可大致判断出销售队伍的规模。

3. 工作量法

该方法主要从销售人员的数量与销售量之间的内在联系出发确定销售队伍规模。例如，可根据历年的数据积累建立一个数学模型，通过该模型预测出某种销售量水平下需要的销售队伍的规模。

（二）确定销售人员的选择标准

销售队伍规模确定以后，如何挑选到合适的销售人员就成为人员推销能否成功的关键。因为普通销售人员和高效率销售人员在业务水平上存在很大的差异，如果用错人，将会给企业造成巨大的浪费。为此，必须制定出销售人员的选择标准，对将要入选的销售人员的销售业绩及人员流动性等方面做出相应限制，以利于销售人员的顺利招聘。

（三）招聘与培训销售人员

在确定了选择标准之后，就可着手招聘。招聘的途径和范围应尽可能广泛，以吸引更多的应聘者。人力资源部门可通过由现有销售人员引荐、利用职业介绍所、刊登广告等途径进行招聘。此后，要对应聘者进行评价、筛选和培训。

需要强调的是，培训非常重要。许多开发商在招聘到销售人员之后，往往不进行培训，仅向他们提供与楼盘相关的简单资料介绍就委派他们去实际工作。之所以如此，是因为开发商担心培训要支付大量培训费并会失去一些销售机会，还可能给他人作嫁衣，这种情况在现实中确实存在。然而事实证明，训练有素的销售人员所带来的销售业绩往往要超越培训成本，而那些未经系统培训的销售人员的工作并不理想，尤其是在消费者日渐成熟的今天，如果销售人员不经过系统的训练，他们很难获得与消费者进行有效沟通的机会。

（四）控制销售工作节奏

在销售队伍规模和销售人员既定的条件下，销售经理需要决定如何控制销售工作节奏，这主要涉及对不同产品的推销时间控制和对不同类型消费者的推销时间控制。

1. 对不同产品的推销时间控制

一支销售队伍通常需要推销一系列项目产品，所以销售经理必须寻求一种最为经济的方式在各个项目产品间配置推销时间，这项决策较为困难，却是必须做的。因为没有相应的规定限制，销售人员在对不同产品的时间安排上就可能存在着很大的随意性，如好销的产品就花大力气去推销，而不好销的产品就弃之不顾，这对项目的整体销售是很不利的。

2. 对不同类型消费者的推销时间控制

同一个项目可能面对现有消费者和潜在消费者，因而每位销售人员在做销售时间安排时总要涉及这样三个问题，即在现有消费者身上要花多少时间、在潜在消费者身上要花多少时间、如何在他们之间合理分配时间。如某销售经理指示其销售人员要将40%的时间花在现有消费者身上，将剩余60%的时间花在潜在消费者身上。如果不这样规定比例，销售人员很可能会把绝大部分时间用于向现有消费者推销产品，而忽视挖掘潜在消费者。因此，对不同类型消费者的推销时间控制也是非常必要的。

（五）设置激励与报酬机制

组织中的任何成员都需要激励，房地产销售人员亦不例外。完善的激励机制能促使销售人员努力工作，使他们保持旺盛的斗志，充分发挥自身潜力，努力去迎接各种挑战。同时，要根据他们的工作成绩给予相应的报酬。实践证明，这种激励与报酬相结合的方式能充分调动销售人员的积极性和创造性。

1. *激励机制*

这里所说的激励机制是指房地产销售工作中经常采用的目标激励机制。目标是激励的前提，没有目标也就失去了激励的基础。

（1）目标的确定。对房地产推销人员的激励目标可通过一些指标来反映，如销售量指标，销售额的增加幅度、增长率指标，每月访问用户的次数，一年内访问用户的次数，消费者反馈信息的数量，每年提出合理化建议的条数，等等。

（2）公开激励。将上面制定好的各项指标告知各位推销人员并明确规定凡达到或超过了这些目标就及时给予奖励，达不到目标则不给予奖励，甚至加以惩罚，以此激励销售人员积极工作。

2. *报酬机制*

除了激励外，开发商还应对推销人员建立相应的报酬机制。推销人员的报酬与推销人员的业绩、工作能力及经验等相对应，一般由固定收入、变动收入、津贴和福利四部分组成。固定收入一般为固定工资部分，变动收入是与推销额成正比例的奖金。由于这两部分确定的形式不同，目前，推销人员的报酬形式一般有以下三种。

（1）薪金制。不考虑推销人员的工作效果，而是按期支付给他们固定的货币数额。

（2）佣金制。根据推销人员所完成的工作数量和质量支付他们相应的货币数额。佣金制体现多劳多得的原则。例如，完成基本销售额得 5%的佣金，超过部分提成 7%。

（3）混合制。同时采用薪金制和佣金制的报酬制度。目前，行业内普遍采用的底薪加提成就是这样一种报酬制度。

推销人员的报酬应因人而异、多劳多得，行业内也因此形成了很大的差别。对真正优秀的、成绩卓著的推销员，开发商往往要不惜重金聘用。

第三节　房地产广告策略

如今，城市的大街小巷中，映入人们眼帘的往往是各式各样的房地产广告，数量之多令人目不暇接。房地产作为一种商品，它的销售离不开广告。“房地产卖的其实不是房地产本身，更多时候是在贩卖人们对特殊生活的一种梦想”，而要将这种“梦想”传递给想要的人，就必然要发挥广告的神奇作用。据统计，2020 年 1—12 月我国房地产广告主投放费用为 489.51 亿元，其中，12 月份房地产广告主投放费用为 8.08 亿元，为一年中房地产广告主投放费用最高的月份[①]。

① 2021 年中国房地产广告市场分析报告-市场竞争现状与发展前景评估[EB/OL]. [2021.01.13]. http://baogao.chinabaogao.com/guanggaochuanmei/541721541721.html.

一、房地产广告的特点

房地产广告除了具有一般广告所有的公众性、渗透性和表现性等特点外，还具有由房地产本身特性所决定的特点，表现在如下几个方面。

（一）房地产广告具有较强的区域性和针对性

房地产位置固定，需要媒体的广泛传播才能达到促销要求，仅仅依靠楼盘现场的广告是远远不够的，但这并不意味着广告范围越广越好。特定的房地产广告必须针对特定的目标市场，即在考虑目标消费者的偏好和媒体使用习惯的基础上，选择特定的媒体，同时所选媒体的覆盖区域应与目标市场的区域相一致，否则即使花了大价钱制作了华丽的广告，也不能获得预期的效果。

（二）房地产广告具有一定的时效性

房地产项目的建设周期一般很长，如果仅靠几则轰炸式广告是难以达到理想效果的，而采取阶段式广告策略，效果则大不一样。鉴于在不同阶段，房地产的建设进度、定价、付款方式等都不一样，因此房地产广告具有明显的时效性。合理的做法是采取波浪式重点宣传和细水长流式宣传相结合的策略，即每个阶段的广告内容除了宣传楼盘的一般信息外，更应突出某个卖点。只有这样，才能获得良好的广告效果。

（三）房地产广告具有独特性

任何一个房地产产品都是独特的，即使都是好地段、好户型、好环境、好社区、好物业，不同楼盘也存在差异。与此相对应，房地产广告也应具有独特性，应充分反映项目的优越性。如果房地产广告的内容都相似或相同，消费者就无法从中获取有价值的信息，这种没有优势的广告缺乏宣传作用，也缺乏诚信，没有很好地发挥出纳文化之经典、集人文之精华、宣楼盘之优势的作用，这种广告对楼盘推广并没有太大意义和实际效果。

二、房地产广告策划需要考虑的主要内容

房地产开发商在进行广告宣传时，不仅要使发布的广告内容符合有关法律、法规的要求，还要使广告起到有效的促销作用。但实际上，很多房地产广告看上去是大手笔、大制作，华丽无比，但实际广告效果不尽如人意，难以达到预期目的。究其原因，是开发商在做广告时，往往只考虑了广告的媒体、投入的力度、播放的频率等，而没有深入、细致地进行广告策划。如今，随着代理商和广告商在行业中的深层次介入，广告策划已成为房地产市场营销的客观要求。

房地产广告策划涉及的内容非常丰富，但目前并没有统一模板。笔者通过查阅相关研究文献，总结出了房地产策划必须涉及的内容，即进行市场分析、确定广告目标、确定广告预算、选择广告媒体、主题确定及创意表现、确定广告投放节奏、进行广告效果评估。

随着现代化信息技术的不断发展，传媒的发展深刻影响着房地产营销方式、策略及内

容。同时，随着 90 后甚至 00 后客群生活和观念的变化、新媒体形式的创新，房地产广告出现了新的特征和趋向，短视频平台成为当前线上投放广告的核心媒介。根据智研资询数据显示，2020 年，我国房地产广告主在短视频平台的投放费用为 2.58 亿元，在房地产广告投放总费用中的占比位居第一；其次是综合资讯媒介，投放费用为 2.51 亿元，占比位居第二；第三是即时通信，投放费用为 1.43 亿元；第四、第五分别为搜索下载、在线视频，投放费用分别为 1.22 亿元、0.13 亿元。

（一）市场分析

任何一个优秀的广告策划方案都不是策划人员凭空想象出来的，它必定要符合市场需求，因此进行市场分析是房地产广告策划的前提，主要包括营销环境分析、消费者购买行为分析、个案分析和竞争对手分析。广告策划者通过对这些市场因素的分析，可充分了解市场发展动态以及竞争对手所采取的广告策略，为后续工作的顺利开展奠定基础。

（二）房地产广告目标

房地产广告目标是指在特定的时间内，一则房地产广告针对特定的目标消费者所要完成的沟通任务和销售目标。它是广告策划人员在市场分析的基础上确定的，是选择广告媒体、进行广告创意以及广告效果评估的依据和基础。

根据企业的营销策略和目标市场的具体情况，房地产广告目标可分为告知、劝说和提醒三类，每类目标常见的具体目标列于表 13-1 中。

表 13-1　房地产广告目标分类

广告目标分类	各类广告目标的具体目标	
告知	介绍新楼盘； 介绍楼盘特点； 提供房地产价格信息； 树立企业形象；	介绍物业管理； 修正消费者印象； 提供房地产环境状况信息； 说明付款方式
劝说	说服消费者购买或租赁； 强化消费者对楼盘的喜好；	劝说消费者赴现场参观； 改变消费者的认知态度
提醒	提醒售楼处地址、电话； 保持对楼盘的知晓；	维持企业知名度； 提醒投资机会

告知性广告一般在新楼盘上市或者楼盘状况、营销方式等方面发生改变时采用。它是通过广告告知消费者楼盘的有关信息，如即将推出哪些新楼盘、何时开盘、新楼盘有哪些特点、开盘优惠价是多少等。告知性广告的目的是引起消费者注意，触发消费者需求。

劝说性广告又叫诱导性（或说服性）广告，主要是为了加深消费者的认知程度并最终说服消费者购买产品。这种广告的主要目的在于建立选择性需求，使目标消费者的偏好从竞争楼盘转移至本企业楼盘，增强本企业楼盘的市场竞争力。

提醒性广告常用于楼盘销售的后期或新、旧楼盘开发的间隙期，用以提醒消费者，加深消费者的印象。

制定广告目标时，人们（包括开发商在内）常常会陷入一个误区，就是将广告目标定位于提高知名度、促进销售、建立某种品牌等。事实上，这些目标是任何一个房地产广告或多或少都想要达到的目标。要使制定出的广告目标对整个广告策划方案具有一定的指导作用，广告策划人员应当明白，一个切合实际的广告目标的制定必须考虑“6M”。

（1）商品（merchandise）：我们所卖房子的特点以及最重要的卖点是什么？

（2）市场（markets）：我们所要影响的消费者是谁？

（3）动机（motives）：消费者为什么选择或不选择我们的产品？

（4）信息（messages）：我们要传达给消费者的信息是什么？

（5）媒体（medium）：怎样才能有效地传达这些信息？

（6）测定（measurements）：我们用什么样的准则来测定所要传达给特定消费者的成果？

上述这六个方面是美国著名广告专家科利提出的广告目标制定的“6M”方法在房地产广告目标制定中的应用。这个方法的长处还在于，我们可以用各种调查研究工具和方法来得到“6M”结果并据此不断制定和修正房地产广告目标，使其更适应市场的变化和消费者认知深度的改变，发挥房地产广告的最佳效果。

（三）房地产广告预算

广告目标确定以后，开发商就可以制定广告预算。制定预算时需要考虑有关的影响因素并采取一定的方法。

1. 影响房地产广告预算的因素

（1）竞争状况。房地产市场竞争越激烈，竞争者数量越多，需要投入的广告费用也就越多。

（2）广告频率。同一支广告往往要重复播放多次才能产生效果，广告播放频率必然影响广告预算。当然，广告的播放频率也不是越高越好，频率过高反而会产生负面效果。

（3）房地产销售进度。在楼盘刚开始销售时，广告预算往往较高；当销售进度达到一半时，开发商投入的广告支出通常是最多的；当销售至尾盘时，广告支出就很少了。

（4）房地产的替代性。对于替代性强的房地产产品，一般要求做大量的广告，突出它与替代产品的差异性，广告预算自然需要多一些；对于替代性弱的房地产产品，广告预算则可少一些。

2. 确定广告预算的方法

确定房地产广告预算最常用的方法是量入为出法、销售百分比法、竞争对等法、目标任务法等。

（1）量入为出法，即开发商根据自身资金的承受能力来确定广告预算。这种预算安排方法具有一定的片面性，因为它完全忽略了广告对销量的影响。

（2）销售百分比法，即开发商根据目前或预测的销售量的百分比决定广告费用的多少。这种预算安排同样存在一定问题，它将销量看成广告的原因而不是结果，这会导致销量低的时候广告投入就低，而此时恰恰需要大量的广告投入来带动销量的增加。

（3）竞争对等法，即开发商根据既定销售额的百分比来决定广告费用的多少。这种确定广告预算的方法是开发商常采用的方法，有助于保持竞争的平衡。但成功运用这种方法必须满足一系列前提条件，如开发商能准确获得竞争者的广告预算信息，实际上这是很难做到的。

（4）目标任务法，即开发商首先确定促销目标，根据所要完成的促销目标决定必须执行的工作任务，然后估算每项任务所需的促销支出，这些促销支出的总和就是计划促销预算。这种方法的好处在于能够克服预算费用确定的盲目性，减少预算浪费，提高促销效果。不足之处是开发商不容易检验促销费用在完成促销目标上所能达到的具体效果。

在确定广告预算时，不同的开发商往往会根据自身特点、促销策略和目标选择合适的方法。通常，大型房地产开发商会把销售百分比法和竞争对等法结合起来确定广告预算，其广告预算一般控制在楼盘销售总金额的1%～3%，而小型开发商则会根据销售状况阶段性地滚动执行。

（四）房地产广告媒体选择

房地产广告媒体是用来传播房地产广告信息的载体。如何选择不同的媒体以及正确组合不同媒体，是房地产广告能否达到预期效果的关键之一。

1. 房地产广告媒体的种类及其优、缺点

通常，人们接触到的房地产广告媒体主要有报纸、杂志、广播、电视、网络、户外广告、售点广告、DM广告[①]、传单海报等。传统上，报纸、杂志、广播、电视被称为四大广告媒体。近年来，随着互联网技术的迅速普及和发展，网络作为广告宣传的一种重要媒体而被广泛利用，网络因而被称为第五大媒体。除此之外，其他媒体在传播房地产信息方面也发挥了重要作用，新的广告媒体也逐渐被创造出来。各类广告媒体的优、缺点如表13-2所示。

表13-2 各类房地产广告媒体的优、缺点

媒体	优点	缺点	备注
报纸	覆盖面广，遍及社会各阶层，时效性强，反应及时；报纸发行有一定区域或行业，针对性强；制作灵活，费用相对较低	报纸生命周期短，广告“寿命”较短；不易引起注意、阅读率较低；表现手法单调、印刷质量一般、缺少吸引力等	
杂志	针对性强，特别是专业性杂志；持续时间长，广告寿命也长，重复出现率高；广告印刷精致、图文并茂，对读者较有吸引力	杂志广告周期长、时效性差、缺乏灵活性；杂志的阅读范围比较局限；杂志读者对市场的实际反应可能会较慢	
广播	覆盖面广、传播速度快、送达率高；方式灵活、制作简单、成本低	转瞬即逝，信息不易保存；只有声音没有形象，难以很好地表达房地产的许多特点；缺少视觉上的刺激，给人的印象不深	

① DM指directmail，意为直投。而直投式广告指通过邮寄或赠送等形式，将宣传品送到消费者手中、家中或公司所在地，如商场超市散布的传单。

续表

媒　体	优　点	缺　点	备　注
电视	综合视听、生动形象、感染力强；覆盖面广、送达率高、表现手法灵活	信息传播快，不易保存；制作复杂，成本高；受众选择性差，干扰多	
网络	除了具有电视媒体的优点外，还具有信息量大、重复出现、双向信息沟通、时效性强、成本低等优点	难以规范管理，可信性较差，干扰多	
户外广告	广告展示时间长，表现手段灵活，可以利用光电技术使户外广告更吸引人，费用比较低，不易受竞争对手干扰	受区域因素限制，可供选择的地方不多，广告内容修改难度较大，时效性较差	户外高炮[①]、霓虹灯、灯箱、宣传条幅、车厢广告、工地围墙、道旗、引导旗等
售点广告	易引导和诱发消费者对售点的差别化认识，树立售点的形象，加深消费者的印象；有利于提醒消费者进入销售点或与销售点联系	地点受限，只有前往售点的人才能看到；大多千篇一律，给人以雷同的感觉	房地产售楼处或楼盘销售现场的广告
DM广告	广告发布者完全可以根据自己的意愿选择传播对象，针对性强；在广告内容上不受广告发布时间、媒体面积等的限制，可以对楼盘或房源进行详细的介绍，有利于提高企业和房地产的知名度；广告制作较简便、费用较低	传播面窄，投递成本高	主要通过邮寄发放楼书、房源说明、宣传小册子等方式
传单海报	费用低廉、比较灵活；广告带有一定的强迫性，对加强宣传印象有一定的效果	一般不为人重视，人们常常是拿了就扔；传单广告的散发也会受到市政及环卫部门的一定限制	

2. *选择房地产广告媒体应考虑的因素*

实践中，无论选择哪种媒体做广告，开发商都应考虑以下基本因素。

（1）媒体特性。不同的媒体在传播范围、表现手法、目标沟通对象、影响力等方面有很大的差别，广告效果的差别也很大。因此，开发商在选择广告媒体时，必须首先了解不同媒体本身的优、缺点，再结合自身的实际情况做出选择。

（2）目标沟通对象的媒体习惯。要考虑房地产广告欲送达的对象平时更习惯使用哪种媒体，以提高广告的有效性。

---

① 户外高炮又称交通道路指示牌广告，它一般位于城市道路的交叉路口或重要路段，一面为车辆行人指示方向，一面为行人展示企业的品牌和形象。高炮广告一般位于十字路口，受路人关注度极高，可起到较好的传播作用。高炮广告具有连续发布的特点，如整条道路连续发布可显示企业的声势与实力，效果极佳。

（3）房地产产品本身的特点。选择媒体时，还要考虑房地产产品本身的特点适合在哪种媒体上进行传播。例如，高级写字楼项目多采用DM广告的方式向公司主管人员直接邮寄楼盘资料；面向海外的楼盘，可以在互联网上推出广告。

（4）房地产信息传播本身的要求。例如，要宣布第二天的营销活动，必须在电视或报纸上做广告，也可以采用在电视节目下方插播滚动字幕的方式；若要求楼盘项目在短期内迅速形成热点，则必须做大量广告，而且要同时选择多种媒体作为传播媒介。

（5）媒体成本。不同媒体所需费用是不同的，电视最昂贵，传单则较便宜。开发商在选择广告媒体时，既要考虑广告效果，又要考虑企业的资金承受能力。不过，最重要的不是绝对成本数字的差异，而是目标沟通对象的人数构成与成本之间的相对关系，经常采用每千人成本作为衡量媒体成本的一个重要依据。

随着社会经济的飞速发展，新媒体层出不穷，在这种巨大的冲击下，我国房地产广告的发展呈现出新变化，广告媒体的类型、广告信息的传播方式、广告对象的行为习惯、广告主的特点等，都已发生巨大变化。媒体融合的趋势更加明显，媒体融合一方面增强了房地产广告媒体投放的精准度，另一方面也重新塑造了房地产广告的互联网思维及营销模式。新媒体的飞速发展为我国房地产广告带来了良好的机遇与极大的挑战。

（五）主题确定与创意表现

广告往往以优美、生动的画面体现出某种艺术性，这也是广告策划人员的创意表现之所在。而开发商做广告的主要目的不仅限于此，还要引起消费者的注意和兴趣，激发消费者的购买热情，并最终促使消费者购买行为的发生，这就要求房地产广告一定要充分展现楼盘产品的优点且便于被消费者理解、记忆和接受。为此，需要将广告主题的确定与创意手法有机结合起来，使创作出的广告既富有观赏性又能将相关信息准确无误地传递给目标受众。

1. 广告主题的确定

在深入了解项目之后，广告策划人员应就项目本身的卖点（或称诉求点）进行提炼并确定广告主题。一个楼盘总有多个卖点，有主要和次要之分。最理想的楼盘卖点是其他楼盘所不具备或大部分项目很难做到的卖点，这样的卖点才能体现出楼盘的独特性。一般情况下，开发商不会将全部卖点作为某一则广告的主题，而是一次只选择其中的一个或几个，用不同的广告轮流展示不同的卖点，可保持楼盘常新常亮，销售热度持续不减，这点对于开发周期较长的超级大盘来说尤为重要。

一则房地产广告应安排几个卖点，这一直是业内人士争论的话题，有些人认为多些好，有些人认为少些好。实际上，确定广告中卖点数量的多少要考虑以下因素。

（1）媒体因素。视听类媒体，如电视、广播等一般费用较高，播放时间较短，信息容量小，在这类媒体上做广告时，卖点不宜过多；户外广告由于受版面的限制和人们阅读习惯的影响，卖点也不易过多；而印刷类媒体，如报纸、杂志、楼书等，可承载的信息量较大且可反复阅读，卖点就可以多一些。

（2）主卖点影响力的大小。主卖点是所有卖点中最主要的卖点，它对消费者购买心理的影响上最大。因此，广告中应力求突出主卖点，减少其他次要卖点的数量，否则会因为次要卖点过多而掩盖和影响主卖点的影响力，最终影响整个广告的传播效果。

（3）报纸广告的传播方式。房地产报纸广告的传播方式分为系列式和一版式两种。其中，系列式就是将所要传播的广告内容集中起来，然后分为几部分，有计划地连续传播；而一版式则是将要传播的广告内容集中在一个版面内，有计划地重复传播。一般来说，系列式广告由于可容纳的信息较多，因而卖点可以多一些；而一版式广告受限于版面，卖点应尽量少而精。

（4）地域性因素。处于不同地域范围内的人，生活方式、行为等往往存在很大的不同，这会影响到他们对广告媒体的使用习惯。例如，广州生活节奏快，当地人普遍处事果断，不喜欢拖泥带水，所以在广州做广告能简则简；而上海人做事相当精细，所以在上海做广告就要做得细致一些。

2. 创意表现的确定

创意是广告不可缺少的生命力，但广告毕竟不是纯艺术作品，因此那些充满艺术创意却让受众看不懂的广告作品不是成功的广告，同样，那些开发商本身不专业却以自己的喜好限制广告策划人员创意的做法也是不可取的。成功的广告创意应是开发商与广告策划人员之间充分沟通的成果。经过沟通，广告策划人员可对项目进行彻底了解，并在此基础上进行创意；而开发商也能理解并支持策划人员基于产品的创意表现。

在进行广告设计时，开发商和广告策划人员应避免如下错误：注重表现形式而淡化广告诉求；过分采用联想式表达法，过分“艺术化”；传播媒体选择单调；虚张声势、华而不实，不顾产品特点，将自己的审美观强加于对方等。

（六）房地产广告投放的节奏

房地产广告在媒体上的投放节奏一般有连续型、间歇型和脉冲型三种类型，分别适用于楼盘上市后的不同时期。

1. 连续型广告投放

连续型广告投放是指在一定时间内连续发布广告，使其在这段时间内经常性地反复出现在目标受众面前，以逐步加深他们的印象。许多开发商从项目开始开发直到竣工入伙的整个建设和销售期间采用这种连续型广告投放的方式，其目的就是要不断刺激消费者，引起消费者的关注。但连续型广告投放犹如“温水煮青蛙”，可能并不能达到预期效果。

2. 间歇型广告投放

间歇型广告投放是指间断地进行广告投放，即在一段时间内播放广告，然后停播一段时间，再播放一段时间，如此反复进行。有的开发商在项目开工、预售开始、楼盘封顶、竣工入伙等几个可能出现销售热潮的时间集中安排广告，在其他时间则停播。开发商采取这种方式在广告播放期间会形成强大的广告攻势，给予目标受众强烈的视觉冲击，但广告停播期间若恰逢竞争对手加大广告宣传攻势，开发商极有可能失去部分目标市场。

3. 脉冲型广告投放

脉冲型广告投放综合了连续型和间歇型的特征，即既在一段时间内连续不断地发布广告，同时又在某些关键时机加大广告投放力度，形成广告攻势。应当说，脉冲型集中了连续型和间歇型的优点，既能不断刺激消费者而不至于被其遗忘，又能在短期内形成购买热潮。只是相对于其他两种广告投放方式，脉冲型的费用高得多。

实践中，选择广告投放节奏通常与一个项目的大小有关，小项目宜采取间歇型广告投放方式，以短、平、快的形式最大限度地提高项目的知名度，而一些大盘则更适合采取脉冲型广告投放方式。

（七）房地产广告效果的评估

房地产广告效果可以分为直接效果和间接效果，直接效果即沟通效果，间接效果即销售效果，因此对房地产广告效果进行评估时，应该分别评估它的沟通效果和销售效果。

1. 沟通效果的评估

沟通效果的评估就是评估某个房地产广告能否将有关信息有效地传递给目标受众，具体分为事前评估和事后评估。

（1）事前评估。

事前评估可以采取直接评估法，即邀请部分消费者或广告专家看各种房地产广告方案，然后请他们对广告做出评定；也可以采取组合测试法，即邀请消费者观看一组广告，然后请他们回忆所看过的广告中哪些地方更吸引他们。事前评估有助于筛选掉一些不良广告方案。

（2）事后评估。一则广告能否真正发挥应有的沟通作用，可由事后评估来确定。广告的沟通效果通常体现在三个方面：一是直接到访；二是电话咨询；三是留下印象。不同项目的反复实践反映出，来电数量的确能在一定程度上反映一则广告的投放效果。之所以有这样的结论，是因为消费者在观看完一段广告之后，无论被其中的哪部分内容所打动，都会促使他们拿起电话进一步询问项目的细节或者直接前往售楼处咨询，而大部分不了解项目周边情况的消费者一般会先电话咨询。因此，来电数量就成了广告沟通效果的直接反映。不过，也不能过分强调来电数量，否则会使广告评估走入误区。

2. 销售效果的评估

销售效果的评估就是评估房地产广告使销售额增长了多少。但是，房地产销售额的增长不仅取决于广告，还取决于许多其他因素，如经济发展、消费者可支配收入的增加、房地产产品本身质量的提高和功能改进、价格合理调整以及其他促销方式的配合使用等，因此，单独衡量房地产广告对销售额的影响是比较困难的。

良好的沟通是销量增加的前提，而销量的增加是良好沟通的结果。房地产广告的传播若能使开发商与消费者之间的沟通加强，必然会吸引更多的消费者前来咨询，如此一来，好的销售效果就有了基本的保障。

第四节　房地产公共关系策略

房地产公共关系是指房地产开发商与公众之间的各种联系。对于开发商来说，正确处理与公众的各种关系，对于树立良好的企业形象，进而促进销售，增强市场竞争力有着重要作用。

一、公共关系在房地产促销中的作用

公共关系之所以日益引起房地产开发商的重视，是因为它在整个房地产促销中起着其他促销方式无法取代的作用。具体来说，公共关系的促销作用如下。

（一）有助于树立良好的企业形象

公共关系活动的开展可以帮助开发商树立起良好的企业形象，这包括企业的内部形象和外部形象。良好的企业内部形象是企业内部员工具有很强的凝聚力和向心力，而树立良好的外部形象需要企业公关人员精心策划一些有助于提高企业知名度与美誉度的事件来吸引新闻舆论的注意，进而借助大众传媒广泛吸引其他公众的注意，以此扩大企业的影响力。

（二）有助于开发商与消费者建立良好的关系

通过开展一些与消费者有关的公共关系活动，开发商能极大地增加与消费者交流的机会，增进与他们的感情，促进彼此之间良好关系的建立。例如，举办或参与各种公益活动或文化娱乐活动，与消费者形成和谐的沟通关系；定期举办房地产知识讲座、研讨会，使消费者主动接收本企业的信息；设立“投诉热线”，倾听消费者的心声，不断提高本企业的服务水平，更好地满足消费者的需求。

（三）有助于节约促销费用

研究表明，公共关系促销是前述四种促销方式中成本最低的。为了吸引消费者购买本企业的产品，开发商的广告花费往往非常惊人，人员推销和营业推广的费用也很高，而公共关系促销的成本可能只有前三者的几分之一，甚至几十分之一。开发商若能恰当地利用各种公共关系进行促销，就可以大大节约企业的促销费用，促销效果往往事半功倍。

（四）有助于促进产品销售

通过一系列公共关系活动的开展，开发商可以树立良好的企业形象，公众因此会更加理解、支持和信任开发商，进而信任开发商的产品，这间接促进了产品的销售。

（五）有助于消除公众误解

任何一个房地产开发商在楼盘的开发、销售以及使用过程中都可能出现某些失误、遇到某些问题，开发商若不能尽快妥善处理，这些失误或问题极有可能演变为企业危机，甚至造成非常严重的后果。平时就注重公共关系管理的开发商，在发生失误或危机来临时，就可以利用公共关系及时消除负面消息，平息不利事件，化解与公众之间的误解。例如，房地产开发中的拆迁问题最易引发开发商与当地居民之间的冲突，严重时甚至会发生流血事件。若开发商善于开展公共关系活动，就可在矛盾激化之前加以化解，避免很多悲剧的发生。

二、房地产公共关系促销的特点

房地产公共关系促销与广告、人员推销、营业推广这三种促销方式的区别较大，它的主要特点有以下几个。

（一）可信度高

开发商开展公共关系活动常借助于公共传媒，即以新闻报道、评论、采访等形式将要发布的信息传达给公众，同时习惯上人们认为公共传媒具有权威性、真实性、公正性，这就使得公共关系促销方式不同于一般的付费广告，它往往因为公共传媒的存在而具有较高的可信度。

（二）易接受

消费者对广告、营业推广、人员推销等直接促销宣传形式有一种戒备心理，总认为企业想向他们兜售东西，所以不容易马上接受企业欲传递的信息。而公共关系活动不是以直接的促销宣传形式出现，因而容易引起消费者的注意并消除他们的戒备心理，消费者接受起来就更容易一些。

（三）社会反响大

房地产公共关系促销通常经过精细、周密的策划，构思新颖独特，表现的又常常是社会焦点问题、公众关注的问题或与消费者利益密切相关的问题，因此容易引起社会关注，社会反响也比较大。

（四）促销费用低

由于房地产公共关系促销往往是企业以非直接付款方式通过各种传播媒体与消费者沟通的，因此其促销费用是四种促销方式中最低的。

三、房地产公共关系促销活动举例

房地产公共关系促销活动丰富多彩，任何与公众有关的事件都可以策划成一场公关活动，而且新的活动方式也正在被不断地创造出来。现列举以下几例。

（一）开展新闻宣传

新闻媒体是重要的舆论工具，具有广泛性、权威性和客观性的特点，对社会舆论具有很大的影响力和控制力。开发商应积极主动地同新闻媒体建立联系，及时将有新闻价值的信息提供给新闻媒体，针对重大事件可举办新闻发布会或召开记者招待会，为企业发展创造良好的舆论环境。

（二）开展公益性活动

开发商可以通过赞助和支持教育事业、体育事业、文化娱乐活动、社会福利事业和其他公益活动，提高企业的声誉，赢得公众的支持和赞赏。

（三）举办专题活动

开发商可以组织或举办宴会、研讨会、座谈会、联谊会、茶话会、展销会、庆典等专题公关活动，扩大企业影响，提高企业知名度。

（四）发布公关广告

公关广告不同于商品广告。商品广告直接宣传企业的产品和服务，达到促销营利的目的；而公关广告主要是宣传企业的整体形象、经营理念、企业文化和企业精神，从而树立企业形象，提高企业声誉，融洽企业和公众之间的关系，增进公众对企业的信赖和支持。

（五）加强与外部公众的联系

开发商要与顾客、政府部门、中间商、供应商、银行、保险公司等保持密切联系，主动向他们介绍企业情况，听取他们的意见和建议，争取他们的支持。

（六）编写宣传材料

开发商可以定期编写有关宣传材料，向公众宣传企业的文化、经营宗旨、经营目标等内容，加深公众对企业的了解，赢得公众的支持。

（七）提供各种优惠服务

开发商通过开展一系列服务活动，如咨询服务、售后服务，可以使公众得到实际利益，容易获得公众的好感。

（八）建立健全内部公关制度

开发商应建立健全内部公关制度，协调企业内部关系，创造和谐的人际关系环境，调动职工的工作积极性。

第五节　房地产营业推广策略

作为一种最直接、对营销对象最具刺激作用的促销方式，营业推广已成为开发商最重要的竞争手段之一，正越来越多地被开发商用在日常营销活动中。

一、房地产营业推广的特点

与普通商品的营业推广一样，房地产营业推广方式也是多种多样的，几乎涵盖了除人员推销、广告和公共关系以外的各种促销手段，如有奖销售、样板房展示、参加房地产交易会、免费赠送、免费试住等。与其他促销方式相比，房地产营业推广具有如下显著特点。

（一）即期效益显著

人员推销、广告以及公共关系的促销效果均具有滞后性的特点，而营业推广则与之显著不同。实践证明，如果营业推广方式选择得当，它会以特殊的优惠和强烈的刺激，在短时间内迅速激发起营销对象的购买欲望，其效果可以很快地在经营活动中显现出来。因此，营业推广最适宜用于完成短期的具体营销目标。

（二）非连续性和非常规性

营业推广与人员推销、广告这些连续性、常规性促销活动显著不同的另外一个特点，就是它的非连续性和非常规性。它是企业在给定的时间内，为了实现某种特定营销目标而专门开展的一次性促销活动，其着眼点更偏重于解决一些更为具体的促销问题。当这些问题得到解决时，相应的营业推广活动即终止。营销实践中出现的营销问题并不具备连续性和常规性的特点，这就使得营业推广活动是非连续和非常规性的活动。

（三）形式灵活多样

在现有的房地产促销策略中，营业推广的方式最多，而且随着房地产市场竞争的日益加剧，新的营业推广方式将不断涌现。这些营业推广方式各具特点，在营销过程中，开发商可以根据随时出现的营销问题，灵活地加以选择和运用。由于突如其来的新冠疫情，线上营销也成为 2020 年房地产市场营销的新方式。据统计，2020 年 6 月，全国近百个城市五百多家楼盘的数千名置业顾问在网络直播间“云卖房”，某著名电商平台也上线了“自营房产”业务，CEO 亲自直播“云卖房”。开播 10 分钟观看人数破万，全场总观看量达到 400 万，点赞数超过 750 万，互动人数超过 50 万[①]。

二、房地产营业推广的目标

房地产营业推广的目标是指开发商通过营业推广活动想要达到的目标。总体上看，房地产营业推广的类型分为三大类，即对消费者的营业推广、对代理商的营业推广以及对推销人员的营业推广。不同类型的营业推广最终所要达到的目标是不同的。

（一）对消费者的营业推广的目标

开发商对消费者的营业推广的目标通常表现为以下两个方面。

（1）吸引现实的或潜在的消费者前来咨询。目前，大量的楼盘信息充斥于消费者的生活，往往使消费者难以抉择。开发商应适时进行营业推广，吸引消费者前来咨询（电话咨询、网上咨询或亲自前往售楼地点咨询），因为大量的消费者前来咨询不但能提升楼盘的“人气”，而且对实际的销售起着相当重要的作用。

（2）刺激现实的或潜在的消费者购买或租赁本企业的房地产产品。如果推广方式得当，就能起到立竿见影的效果。

（二）对代理商的营业推广的目标

开发商对代理商的营业推广的目标是促使代理商积极地参与本企业楼盘的促销活动。代理商，特别是一些过往业绩好的代理商，往往代理多家楼盘的销售。如果本企业的楼盘

① 2020 年中国房地产广告行业投放费用、解决对策及行业发展新趋势分析[EB/OL]．[2021.01.13]．https://www.chyxx.com/industry/202105/949378.html.

在其所代理的楼盘中没有独特的优势，就有可能得不到应有的重视，最终影响到楼盘的销售。在这种情况下，开发商必然要对代理商采取一些营业推广措施，以形成一种激励机制，促使其将更多的精力投入本企业楼盘的推广销售中。

（三）对推销人员的营业推广的目标

房地产推销人员不单指本企业的推销人员，也包括代理商的推销人员。很显然，对房地产推销人员的营业推广的目标是激励推销人员努力工作，积极开拓市场，增加销售量。

尽管以上三类营业推广的目标表现不同，但最终目标是相同的，即促进楼盘的销售。不仅如此，开发商还可通过一系列营业推广活动，达到迅速扩大影响力、提高市场知名度、树立品牌形象的目标。

三、房地产营业推广的方式

无论是对消费者的营业推广，还是对代理商的营业推广，或者是对推销人员的营业推广，具体可采用的营业推广方式均有很多种，每种方式又有不同的特点。因此，开发商在明确了营业推广目标后，还应选择合适的营业推广方式。

（一）针对消费者的营业推广方式

在三类营业推广中，针对消费者的营业推广方式最多，这里仅介绍如下几种。

1. 价格折扣

这是开发商最常采用的一种营业推广方式，无论是对消费者还是对代理商，这种方式都是最有效的。实践中，价格折扣除了常规的打折活动外，还不断产生新的方式。例如，万科推出的“万元代金券”活动；某房地产开发商针对 VIP 客户提供购买商铺享受 5000 元优惠，交 5 万元诚意金抵 6 万元购房款等活动，这些价格折扣方式都有效地促进了相应企业的产品销售。

2. 免费赠送

这也是开发商经常采用的一种营业推广方式，如购买或租赁某种特定的房地产产品即免费赠送家电、家具、装修费、若干年的物业管理费，或者购买顶楼赠送阁楼等。免费赠送这种方式存在的问题是，开发商所附赠商品的价值往往与房地产产品本身的价值相差悬殊，趋于理性的消费者往往不容易被打动。但如果免费赠送的力度比较大或者能满足目标客户的某方面愿望，同样可以起到很好的推广效果。

3. 有奖销售

开发商有时还采取抽奖的方式给予某些购房者某种价格上的优惠或实物奖励。例如，某楼盘在竣工典礼上给予前 10 位购房者每人每平方米 400 元的价格优惠。

4. 样板房展示

样板房展示是开发商对拟推出楼盘的某一套或几套进行装修并配置家具、各种设备，布置各种精美的装饰品，供消费者参观，使其亲身体验入住后感受的一种营业推广方式。

在现代楼盘，尤其是高档楼盘的销售中，样板房的设置十分重要。样板房通过模拟消费者入住后的生活方式，给消费者以直观的感觉，可极大地调动消费者的购房热情和购房欲望。

5. 参加展销会

每年全国各地都会举办形式多样的房地产展销会，如房交会、住交会等。通过参加展销会，开发商将本企业的产品展现在广大参观者（包括消费者和代理商）的面前，并进行现场解说或演示，以进一步展示产品的特色。同时，在展销会上，参展的产品种类齐全，各参展商往往也会推出各种优惠措施，因而能够吸引大量的参观者前往参观，无形中扩大了企业的知名度，同时促进了产品的销售。

6. 返租销售

这里提出的返租销售是指开发商在某一时间（如产品交付使用之日起）一次性支付给业主返租期（如 3 年）的总租金，该总租金从房款中扣除。在返租期内，无论出租与否，业主风险为零，而开发商则承担反租期的全部风险，同时享有超出年回报差额的租金收入。这种营业推广方式实际上是变相降低了产品价格，缩短了产品的去化期，对商住楼或商业店铺的销售极为有效。

7. “噱头”促销

“噱头”一词主要有三个意思：一是引人发笑的话或举动；二是花招儿；三是滑稽。房地产营业推广中的“噱头”促销是指第二个意思，其方式也是多种多样的，如新产品推介会、文艺表演、活动抽奖、业主论坛、赠送礼品、免费试住等。利用“噱头”的确能达到吸引消费者前来咨询的目的，但有些消费者前来的目的只是为了体验“噱头”，这会使得活动现场看上去热热闹闹，实际推广效果却可能一般化。

“免费试住”是近年来兴起的“噱头”促销方式，目前被用于各类楼盘的销售中。一方面，开发商可通过举办此类活动，顺势试探一下市场，看购房者能否接受他们的产品；另一方面，购房者试住一段时间后，可获得比参观样板房更多的入住感受。显然，如果试住者在试住期间获得较高的满意度，那么将非常有利于楼盘的销售；反之，将对楼盘的销售产生消极影响。

8. 开盘促销

一个楼盘的开盘通常是指开发商在取得楼盘的预售许可证后，为楼盘正式推向市场所举行的一场盛大的综合性营销推广活动，如同酒店开业一样。开盘活动中，开发商往往综合运用上述营业推广方式并辅以广告、人员推销、公共关系等手段开展开盘促销活动，以吸引消费者，提升人气，形成热销的场景。

9. 数字营销

2020 年以来，房地产行业受疫情的影响，营销策略出现了一些转变。为防控疫情，一些线下的售楼部和展厅仍处于关闭状态，少数营业的售楼部和展厅也是人流稀少。线下销售活动几乎停摆进一步推进了房地产经销商对线上流量的争夺，线上营销平台也就成为各房地产经销商竞争的主战场。为把握线上营销机遇，各房地产商纷纷尝试和推出了一些线上交互活动来补偿线下的缺失。

（二）针对代理商和推销人员的营业推广方式

代理商与消费者关注的重点不一样，他们的根本目标是企业利润最大化。因而，针对代理商的营业推广除了可采用价格折扣和参加展销会等方式之外，通常还采取如下方式。

1. 推广津贴

推广津贴是开发商给予代理商的一种补贴，是为了鼓励代理商积极推销本企业的产品而设置的，分为广告津贴、展销津贴等。其中，广告津贴是开发商对代理商代做本企业广告所给予的一种补贴；展销津贴是开发商对代理商举办产品特别展销会而给予的一种补贴。

2. 促销合作

促销合作是指在代理商开展促销活动时，开发商提供一定的协作或帮助，是一种共同参与的行为。促销合作可以以提供现金、实物或劳务的方式进行，如合作广告、为代理商设计宣传品、提供展览会的布置材料等。

3. 销售竞赛

销售竞赛是为推动代理商努力完成推销任务而使用的一种促销方式，获胜者可以获得开发商给予的现金或其他一些奖励，如海外旅游等，这种方式可以极大地提高代理商的工作热情。

同样，推销人员与消费者关注的重点也不一样，他们的根本目标是追求个人利益最大化。针对推销人员的营业推广方式一般有奖金、推销竞赛及赠品等。

四、房地产营业推广方案的制定

房地产营业推广的目标不同，方式多样，因而营业推广方案的制定没有固定的模式，不过，基本上应包括如下几个方面的内容。

（一）活动背景与目标

前已述及，房地产营业推广活动是在一定的时间内，为了解决某种营销问题而专门开展的一次性营销活动。因此，某一营业推广活动总是在一定的背景下进行的，其目的是实现一定的目标。我们可进一步将营业推广目标分成两种：一种是非量化目标，前文所描述的三大类营业推广目标即是如此；另一种是量化目标，如某房地产开盘活动的目标是使到场客户达到 500 人、当天售房 80 套、前期积累客户实际购买率超过 80%等。

（二）活动概况

通常，活动概况包括活动主题、活动地点、活动时间、活动对象、活动规模等内容，因活动的不同而不同。其中，活动主题即活动的主要议题，应紧扣活动目标；活动对象就是参与活动的人群；活动规模是参与活动的各类人群的总量控制，涉及活动成本，在活动方案中应加以说明。

（三）活动内容及流程

活动内容是指本次活动方案所涉及的具体项目，应列出项目名称并对其内容做出相应解释；活动流程也称活动程序，是将活动内容按时间的先后顺序进行排列，并估计出每项活动所需占用的时间。

与活动内容所不同的是，活动流程应在时间安排、人力安排、物料安排以及具体操作等方面针对每项活动内容做出说明。

（四）费用测算

成功的房地产营业推广活动一般需要投入大量的人、财、物，即需要相应的费用投入作为支持，因此，费用测算应成为营业推广方案的重要组成部分，它是方案是否可行、能否获批的关键所在。推广费用随着活动规模、活动内容的不同而不同，可用两种方法测算：一是加总法，即先确定活动中各项费用的支出，然后相加得出总额；二是百分比法，即先确定企业促销的总费用，然后按一定的百分比确定营业推广的费用，其费用测算比例随营业推广所处市场环境的不同而不同，而且要参照竞争对手的投入才能确定。

五、制定房地产营业推广方案应注意的问题

营业推广是一种效果比较显著的促销方式，但若使用不当，不仅达不到促销目的，反而可能对产品的销售造成消极影响，甚至损害到企业形象。因此，开发商在制定营业推广方案时，应注意以下问题。

（一）恰当选择营业推广方式

营业推广方式很多且各种推广方式对消费者的吸引力、刺激程度不同，企业所需付出的成本不同，由此获得的收益也不相同。通常，推广力度越大，刺激程度越高，促销效果越好。但是研究发现，这种效果存在递减规律，因此，开发商在制定新一轮营业推广方案时，应对过去已经实施过的营业推广活动进行分析和总结，选择能取得最好效果的营业推广模式。

（二）准确选择营业推广对象

营业推广的最终目的是引起目标客户的注意，增加楼盘销售。因此，营业推广是面向目标客户中的每一个人，还是选择某些人或团体为目标对象，这会直接影响营业推广的效果。

（三）合理选择营业推广时机

房地产开发商何时开展营业推广活动，即开发商如何选择营业推广的入市时机，这是个值得研究的问题。一般认为，应选择在节假日或企业庆典时开展相应的营业推广活动。例如，若价格折扣售房活动的主要对象是广大教师，那么这次活动的入市时机最好选在教

师节前的某一日，若选在其他日期，推广效果可能会大大降低。最好选择在旺季[①]入市，不过，如果没有做好充分的准备，即便是旺季也不能入市。另外，还应控制入市节奏，可根据工程进度、促销策略、销售导向等分期、分批地将房源推向市场，避免大批房源一起上市，造成好房被迅速抢尽而劣房积压的局面。

（四）适当控制营业推广持续时间

适当控制营业推广持续时间也是营业推广获得成功的重要一环。推广的持续时间既不能过长，也不宜过短。这是因为时间过长会降低推广的号召力，失去刺激需求的作用，甚至会使消费者产生疑问或不信任感，还会增大企业的促销费用开支，收不到最佳的推广效果；时间过短会使部分消费者没有机会参与活动，同样影响推广效果。但是，每次营业推广的持续时间长短也因活动而异，没有固定的时间限制。例如，前面提到的针对教师节的房价折扣活动，持续时间就应为教师节前后1周或10天左右[②]；周六、周日可举办小型产品推介会；开盘庆典通常为1天；为了配合楼盘销售举办的大型选秀活动可能要持续1～2个月。

（五）认真安排营业推广费用

目前，按照国际趋势，营业推广的费用在全部促销费用中的比例越来越大，甚至比广告费用还高出许多。尽管如此，营业推广费用也不应超出企业本身的资金承受能力。为此，开发商应认真安排营业推广费用的用途，争取以最少的费用支出获得最好的促销效果。

（六）协调使用各种促销手段

营业推广若能与其他促销手段，如广告、人员推销、公共关系等结合使用，会显著扩大营业推广的声势，取得单项推广活动达不到的效果。

六、房地产营业推广方案的实施

（一）营业推广方案的试验

如果条件允许，企业应对制定的营业推广方案进行试验。

试验主要是为了检验营业推广方案是否合适，能否达到预期的推广目标。为此，可以邀请部分目标客户对备选的营业推广方案做出评价或打分，也可在有限的区域内试行方案。若通过试验或试行，认为营业推广方案合适，则可正式实施；若发现存在问题，则应对方案做进一步修改、完善，然后方可正式实施。

（二）营业推广方案的实施与控制

无论多么好的营业推广方案，其预期目标的实现也直接取决于实施力度，主要体现在

---

① 传统认为，每年的5月前后、10月前后为房地产销售的旺季，很多楼盘选在这两个时段开盘，而7、8月和12月以及春节前后为房地产销售的淡季。但目前已经出现了旺季不旺、淡季不淡的现象，尤其在2009年，这种现象表现得更为明显。据实地调查，很多房地产公司在2009年7、8月的时候，量价都有上好表现，尤其受国家政策的影响，进入2009年12月以来，房地产销售更是出现了火爆的场面，而传统的“金九银十”却没有想象中表现得那样好。因此，季节因素固然重要，但更多时候开发商选择营业推广的入市时机要从国家政策、企业的销售策略、项目的进展等方面加以考虑。

② 王爱民．房地产市场营销[M]．上海：复旦大学出版社，2006：239-240．

以下两个方面。

（1）对推广程度的控制。营业推广方案实施过程中，开发商应时刻关注市场反应，并及时对方案中不恰当之处做出相应调整，始终保持对方案实施的良好控制，以求顺利实现预期目标。

（2）对不测事件的控制和调整。方案实施过程中可能会碰到一些意外事件，这些事件是做方案时没有想到或被忽略的，或者是不可预见的突发事件，我们将这类事件统称为不测事件。不测事件的突然发生会对推广活动造成一定的冲击，开发商要对这些不测事件做好控制和调整，以最大限度地排除其干扰和负面影响。

七、房地产营业推广效果的评价

每一次营业推广活动结束之后，开发商都要对其实施效果做出评价。这种评价不仅仅是对本次活动的总结，对于了解该营业推广手段的有效性以及今后营业推广活动的改进和提高也有重要作用。实践中，常用的营业推广效果评价方法有以下两种。

（一）租售量变化比较评价法

这种方法是通过比较营业推广前、中、后各时期房地产租售量的变化情况来评价营业推广效果的一种方法。

通常情况下，营业推广活动实施过程中，房地产租售量会明显上升，而在营业推广活动的前、后不同时期，租售量会发生不同程度的变化。如果活动结束后，销售量迅速下降，甚至达不到活动前的水平或者活动结束后，销售量迅速下降，然后逐渐回升，经过一段时间以后，又慢慢恢复到活动前的水平，则表明此次营业推广没有取得长期效果。如果营业推广活动结束后，经过一段时间，销售量超过活动以前的水平，则说明此次营业推广活动取得了较好的效果。

（二）营业推广对象调查评价法

这种方法是对营业推广对象进行调查，了解他们对营业推广活动的反应和行动，以此来评价营业推广的效果。如果调查发现，多数营业推广对象对活动记忆深刻或活动结束后仍有许多消费者前往售楼处参观或咨询，那就说明此次营业推广达到了预期效果；如果多数营业推广对象对活动印象不深甚至毫无印象，前来售楼处参观或咨询的消费者也没有明显增多，则说明营业推广效果不佳。

【阅读案例 13-1】

房地产数字化营销的成功案例分享之万科售楼处拓客怎么做[①]

2021 年 3 月 16 日，被当成全面评判房地产开发企业综合实力及行业地位重要标准的

① 文章摘录自指挥家科技发表的文章《房地产数字化营销的成功案例分享之万科售楼处拓客怎么做》。

测评成果已经发布[①]。在这份报告中，2021 年中国房地产开发企业综合实力 TOP500 榜单中万科、恒大、碧桂园位列前三。其中，万科重返“C 位”（即核心位置），综合实力位居第一，比 2020 年排名上升两位。

突如其来的疫情成为 2020 年房地产行业最大的“黑天鹅”，售楼处关闭成为房企首要的、不得不面对的现实难题，房企面临挑战的同时却也迎来了新的发展契机，可谓有人欢喜有人忧。

一直以来万科都有着精准的前瞻性以及深刻的行业洞察力，这也是其总能在不断变化的市场中保持绝对优势的重要原因。在线上卖房成了所有房企的必选项后，VR 售楼处成为房企进行数字化营销的最佳助手，也成为房企售楼处四大痛点问题的突破口。与同行对手相比，万科获得如此优异的成绩不禁令人思考，它到底对售楼处做了什么？

1. VR 售楼处不只看房，房子里的这些小秘密才是制胜的法宝

楼盘来访量不足的原因是多方面的，但最主要的原因就在于客户喜爱度不足。

在 VR 看房刚掀起热潮的前半场，可以说谁能在用户体验上略胜一筹，谁就能抢占市场先机。这很好理解，不论是线上还是线下，客户总是需要货比三家的，因此客户筛选的环节就是房企获客的重要环节。对于客户来说，楼盘信息获取的便捷度以及完整度是其线上看房最基本的考量，其次自然就是 VR 售楼处的场景质量，优质的场景质量可以为项目赢得更多的机会。

在 VR 看房的后半场，房企线上售楼处基本上都处于相对成熟的状态，线上 VR 售楼处无论是功能还是场景也已经严重同质化，这时候玩出新花样就成了制胜法宝。而万科早就给出了范例。

万科在线上 VR 样板房场景中的不同位置藏有小粽子（见图 13-3）。客户只需要在参观的同时逐一找到小粽子，并在最后准确地填写出粽子的数量，就可以在购房时得到相应的奖励。游戏模式的线上 VR 看房还不够，可以让客户边玩边吐槽的弹幕功能帮助客户进一步沉浸式体验游戏。这样极具参与感的互动体验和娱乐效果能够更好地让客户沉浸其中，客户看得越久，成交的胜算越大；另外，也给予了客户很强的存在感，无形当中拉近了与客户的距离，是一种极其符合客户胃口的营销方式。

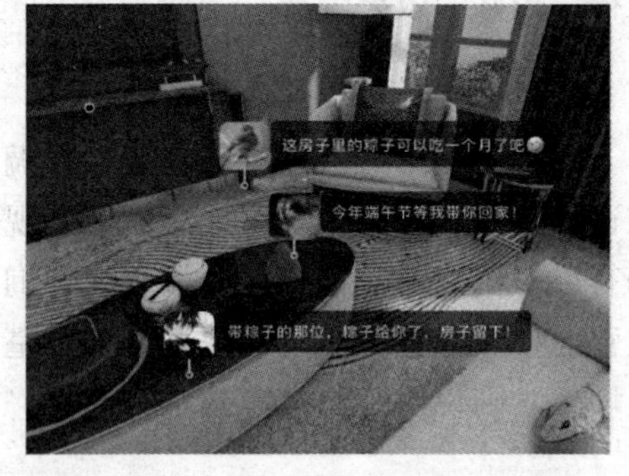

图 13-3 万科线上 VR 样板房弹幕截图

VR 样板房还是那个 VR 样板房，粽子和弹幕只是很讨巧地锦上添花罢了。但是，只有万科想到了这一点。

2. 精准定位、高效蓄客，客户全是高意向

无论是线上直接下单，还是到线下售楼处看一看再下单的客户，线上售楼处的营销是

① 2021 中国房地产开发企业综合实力 TOP500 测评成果发布[EB/OL]. [2021.01.13]. http://m.fangchan.com/industry/22/2021-03-16/6777225563674579253.html.

蓄客的关键。客户必定是先货比三家之后，有了沉浸式体验，清楚自己要的是什么，而后再决定去哪一个楼盘看房，走马观花式客户几乎不存在，来访质量大大提高，客户转化率也随之提升。

另外，对于线下置业顾问来说，在线上蓄客的阶段之后，所有的来访客户都极其精准，这也极大提高了置业顾问的效率。

小结

简单总结万科新营销模式成功的原因如下。

（1）用样板房+游戏+优惠的方式让客户点开链接，并且沉浸在游戏中。

（2）用弹幕功能加深游戏沉浸感，满足客户的社交欲望，为产品争取更多被客户认可的机会。

（3）用以上讨巧的创意营销为项目节省了大量的营销成本。

（4）在以上工作准备就绪后，利用互联网的优势获取线上大量的精准流量，为成交奠定基础。

所以，线上售楼处想要卖出爆品，技术开发很重要，营销策划也很重要。

本章小结

在房地产市场营销活动中，开发商通过开展一系列促销活动达到激发消费者购房欲望并最终促成交易的目的。促销策略所发挥的作用是 4Ps 营销组合中的其他策略所无法取代的。本章首先阐述了房地产四种促销方式——人员推销、广告、公共关系、营业推广的含义及其优缺点，介绍了房地产促销组合、影响因素以及四种促销方式的作用、特点；重点从开发商决策的角度，较为详细地阐述了四种促销方式（策略）的决策思路和内容。本章旨在让读者充分了解开发商对四种促销方式（策略）是如何做出决策的，决策过程中应考虑哪些主要问题。至于一些细节问题，如房地产推销人员的推销技巧问题，限于篇幅和所要表达的主题，本章则不予关注。本章所提供的阅读案例既便于读者深入理解和掌握房地产促销组合理论，又为其在实践中学以致用奠定了基础。

综合练习

一、基本概念

房地产促销；房地产促销组合；房地产人员推销；房地产广告；房地产公共关系；房地产营业推广。

二、思考题

1．房地产促销组合的特点及影响因素是什么？

2．开发商是如何进行人员推销决策的？

3．开发商在进行广告策划时需要考虑的主要内容有哪些？

4．举例说明公共关系策略在房地产促销中的重要作用。

5．开发商开展营业推广活动时需要考虑哪些环节？

三、案例分析

1．请分析总结阅读案例13-1中万科房地产的成功经验，探寻浦东星河湾成功营销之道。

2．下面给出的案例是第十一章“××城市广场住宅部分的价格定位”的继续，主要阐述了该项目的营销主题建议。阅读后请思考：该案例的营销主题有什么独到之处？它是如何被提炼和反映的？如果给你一个项目，你是否能够提炼出相应的营销主题？

××城市广场住宅部分的营销主题建议[①]

（一）核心营销概念

对于一个项目而言，核心营销概念是在归纳、总结项目核心特征的基础上形成的。那么本项目的核心特征究竟是什么呢？对于第一期开发的住宅组团，它的核心特征又是什么呢？为了使论述更具逻辑性，在阐述具体的核心营销概念以前，先从不同角度来分析以下项目的特点。

1．社区的居民特点

根据项目的定位，社区的居民主要是正处于事业发展期的、年轻的工商界人士。他们大多出生于20世纪70年代，参加工作的时间并不长，没有太多可以动用的积蓄，个人收入属于中等或中上等；因结婚或与家人分居等原因需要一个属于自己的生活空间。这些年轻人精力充沛、风华正茂、意气风发，满怀对未来的期待；他们需要发展，渴望交流和成长；他们浪漫，强调自由、个性和独立，是城市未来的精英阶层。

2．社区的功能特点

根据项目总体规划设计方案，项目包括三种功能：居住功能、商业功能和办公功能。一期开发的住宅组团主要以中小户型为主，属于第一次置业、过渡型置业和投资型置业的物业类型。

3．社区的文化特点

根据项目的客户群定位，社区的文化特点是所有与年轻、时尚、活力、发展有关的关键词——动感、活力、阳光、灵动、奋斗、发展、进取。繁忙、紧张的生活节奏是社区的生活写照，这所年轻的精神堡垒象征着勇气与进取精神，涌动着充满活力的血液。

4．核心营销概念

选择居所不仅仅是选择房子，更是选择了一种生活方式。在产品同质化越来越严重的今天，社区文化成为客户选择居所的重要标准。因此，项目的核心营销概念是营造一种适合客户居住、生活、发展的社区文化氛围。根据以上对社区居民、社区功能和社区文化的

---

① 廖志宇．房地产定位案头手册[M]．北京：中国电力出版社，2008：193-194．

分析，为居民营造一种属于他们的个性化都市生活圈，既符合项目多种功能集于一体的事实，又与周边众多项目生活型社区的定位有所区别，避免出现不利的市场竞争局面。

（二）营销概念的延展

从项目的总体功能来看，它具备了居住、商业和办公三种功能，也就是说，居住在社区的人可以在社区内工作、在社区内消费。在绝大部分情况下，居民不用走出社区就可以完成生活链条上的各个环节。

（三）营销主题的设定

项目的营销主题必须以精练的语言准确地表达项目的核心特征，只有这样的营销主题才能在营销推广时达到最佳的推广效果。根据上面的分析，形成如下建议。

（1）项目总体营销主题：一站式生活空间（living mall）。

（2）一期住宅组团的营销主题：演绎属于自己的个性化生活。

（四）营销主题的体现

对于一个项目来说，有了核心营销概念和营销主题只是有了“灵魂”，而并非“实体”。因为项目的核心营销概念和营销主题是对项目核心特征的提炼，相对而言显得比较“空泛”，这时就需要一个载体来具体表现这种核心的理念，这就是项目营销主题的体现。

1. 营销主题在设计方面的体现

在项目的设计方面，注重建筑外立面的表现效果，营造活泼、阳光的社区形象，使之与社区个性时尚的文化格调相配合。

2. 营销主题在配套方面的体现

在项目配套设施方面，注重各种配套设施与社区文化的协调性，如健身设施、娱乐设施和服务设施的设立，都需要与社区文化相协调，表现社区文化的精神。

3. 营销主题在社区文化方面的体现

在社区文化方面，可以建立各种各样的平台和机会促进社区居民的互动与交流。与一般生活小区宁静、悠闲的生活氛围不同，都市白领的社区更需要互动和交流，在互动中成长，在交流中学习。

（1）互助交流中心。可以在会所中建立会员制互助交流中心，每个会员将自己的专长和希望交流的知识、技能告诉中心，中心根据会员的资料为不同会员相互介绍，使他们各展所长、各补所短。这对于正处于发展阶段的年轻人是非常重要的，不仅可以学到知识和技能，还可以交到朋友，加强交流。

（2）个性化居室命名权。每个人的家都是特别的，每一个居住在家里的人都是与众不同的。所有的这一切不是简单的数字可以表示的，给每一位居民命名自己居所的权利，给每一个人展示个性的空间。

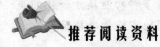

推荐阅读资料

1．汤鸿，纪昌品．房地产策划技术与案例分析[M]．南京：东南大学出版社，2008．

2．易居中国十大经典案例[EB/OL].(2009.12)[2021.01.17]．https://wenku.baidu.com/view/ee85ee7401f69e3143329482.html．

3．廖志宇．房地产定位案头手册[M]．北京：中国电力出版社，2008．

网上资源

1．百度文库：http://wenku.baidu.com/．

2．新浪地产网个人后台：http://my.dichan.com/．

3．读秀学术搜索：http://edu.duxiu.com/．

4．知乎：https://www.zhihu.com/．

第十四章 房地产网络营销

学习目标

- 房地产网络营销的含义、特殊性、原则及作用；
- 房地产网络营销模式；
- 5G 时代的房地产营销。

导言

随着互联网的发展，隶属于典型传统产业的房地产企业纷纷涉足互联网，各种网络营销方式大行其道并取得很好的效果。资料表明，美国已经有 90%的房地产开发商经常利用网络和客户交流。供方中，72%的房地产利用网络销售房屋；需方中，有 80%的购房者在买房之前都在网上进行搜集信息的活动。[①]目前，我国已有三分之一的网民是房地产网民。“房地产网络营销”的变化必将越来越大。

第一节 房地产网络营销概述

互联网影响的进一步扩大，使得人们对网络营销的理解进一步加深，越来越多网络营销推广的成功案例呈现在人们眼前，人们已经开始意识到网络营销的诸多优点并越来越多地通过网络进行营销推广。2020 年 9 月，第十届中国价值地产年会在深圳召开，并于现场发布《2020 中国房地产互联网营销报告》。无论是从市场结构变化还是消费者趋势看，房地产营销势必要掀起一场革命，这也意味着房地产营销的理念、方式方法都将发生很大的变化。

一、网络营销的含义

网络营销（online marketing，cyber marketing）是企业以现代营销理论为基础，利用互联网技术和功能，最大限度地满足客户需求，以开拓市场、增加盈利的经营过程。它是直接市场营销的最新形式，是以互联网替代了报刊、邮件、电话、电视等传统中介媒体，其实质是利用互联网对产品的售前、售中、售后各环节进行跟踪服务，贯穿企业经营的全过程，包括市场调查、客户分析、产品开发、销售策略和反馈信息等环节。

---

① 浅谈“互联网+”房地产的管理创新[EB/OL]. [2021.01.17]. https://www.renrendoc.com/paper/96777654.html.

网络营销是企业营销实践与现代信息通信技术、计算机网络技术相结合的产物，是企业与消费者沟通并进一步向消费者提供产品和服务的另一个渠道。它的出现为企业提供了增强竞争优势、增加盈利的机会。网络营销较之传统市场营销，从理论到方法都有了很大的改变。

在传统的市场营销策略中，由于技术手段和物质基础的限制，商家的市场营销组合策略逃不开 4Ps 的范围，但互联网技术的产生和迅速发展使得这种营销策略发生了很大的改变，4Cs 营销策略将拥有较大的生存空间。不受时空限制的网络营销可以将产品或服务信息通过互联网直接、快速地传递给世界上任何一个角落的客户；商品或服务的推广不再是面对面地与客户直接进行交易，而是借助计算机与互联网在网上与客户直接接触；客户不再是被动地接受商品或服务，而是利用互联网选择商品和服务，因而客户具有了更大的发言权和选择权。从某种程度上说，网络营销这种全新的营销模式带给企业更多机会的同时，也使其面临更大的挑战。

二、房地产网络营销的含义

房地产网络营销是将网络营销方式应用于房地产领域的新型营销手段。从狭义角度讲，房地产网络营销是房地产企业通过建立自己的网站或网页，并利用一定的方式[①]，让社会各界人士广泛知晓企业在互联网上的域名地址，顾客可根据自己的需要浏览房地产企业的网站或网页，通过网页了解正在销售的房地产项目，同时向房地产企业反馈一些重要的信息，还可通过网上支付手段，在网上签订购房合同。而从广义角度来讲，房地产企业将自己的营销活动全部或部分地建立在互联网的基础上，就具备了网络营销的特性。

三、房地产网络营销的特殊性

网络营销在房地产经营中的最重要的应用领域是信息传递。房地产是一种高价值商品，购买者在做出购买决策前要充分了解有关的政策法律信息、金融信息、房地产本身信息、物业管理信息等，因此，房地产企业开展网络营销，将这些信息发布到网上，供购买者随时随地查看，无疑是一种高效率、低成本的信息传播方式。但房地产并不是标准化商品，每一套住房都是唯一的，因此其交易要求双方面对面签订合同，谈妥合同中的每一个条款，有时还需要双方律师的协助。房地产产品的这种特性决定了其不适合在网上完成全部交易，从这种意义上说，房地产网络营销有很大的局限性和特殊性。因而，现阶段的房产网络营销方式主要涉及线上和线下两部分，在线上完成商品展示和交易意向达成，并通过房产交易平台支付交易意向保证金，其他事项主要通过线下完成。

四、房地产网络营销的原则

国内著名网络营销专家刘东明在《网络整合营销兵器谱》中提到网络营销的 4I 原则，即趣味原则（interesting）、利益原则（interests）、互动原则（interaction）和个性化原则

① 参见本章第二节。

（individuality）。

（一）趣味原则

刘东明认为，我国互联网的本质属性是娱乐的，网络经济就是娱乐经济，恶搞的、娱乐的新闻往往传播得最快。因此在互联网时代，广告、营销也必须是娱乐化的，必须具有趣味性。多数网民一般不喜欢太官方的语言、枯燥无味的话题以及一些生硬的广告，对缺乏趣味性的内容敬而远之。2009 年 7 月，500 年一遇的天文事件“日全食”吸引了国人的关注。但是作为普通人，并不了解观测日全食的相关专业知识，知名动漫品牌 PP 猪的一套生动可爱的“PP 猪日全食观测傻瓜攻略”成为网络追捧的热点。该套漫画形象地展示了日全食的观测方法，解决了日全食观众的燃眉之急，而最后杰士邦的爆笑包袱更让人忍俊不禁。网民们在哈哈大笑之时，恰恰中了 PP 猪和杰士邦的“埋伏”。这正是 PP 猪漫画与杰士邦借日全食进行整合营销的策略。

（二）利益原则

网络上充斥着各种信息与资讯，若企业发布的网络信息或者策划的网络营销活动不能为目标受众带来实实在在的利益，那么企业将寸步难行。需要注意的是，这里所说的“利益”除了物质、金钱外，还包括各种信息、功能、服务、心理满足、荣誉等，后者可能比物质、金钱更能引发目标受众的共鸣，最终达到营销的目的。

（三）互动原则

网络媒体区别于传统媒体的另一个重要的特征是其互动性，如果企业不能充分挖掘运用这一点，而是新瓶装旧酒，直接沿用传统广告的手法，无异于买椟还珠。只有充分挖掘网络媒体互动性，与消费者充分交流，才能扬长避短，将网络营销的功能发挥至极致。例如，现在的很多网络小说是由作者和读者互动完成的。作者提供充足的线索，安排文本结构，引起读者好奇心，使其入迷，进而加入故事线的发展，经历故事中的一切。正如麦克·怀特在《叙事治疗的工作地图》中引用杰罗姆·布鲁纳（Jerome Seymour Bruner，1915—2016）的话所言，这种为读者理解经验并增加选择性的作用，是伟大的作家所送的礼物：“伟大作家所献出的礼物，是让读者成为更好的作者。”

（四）个性化原则

个性化原则，顾名思义，就是要把网络营销做得有个性，把产品做得有个性，和别人做的不一样，让消费者感受到特别之处。个性化营销可让消费者产生被“焦点关注”的满足感，更能投其所好，更容易引发其互动与购买行为。但是在传统营销环境中，个性化营销的成本非常高，只有少数品牌可以做到。但在网络媒体中，数字流的特征让这一切变得简单、便宜，针对某一类人甚至针对一个人做一对一营销都是有可能的。

五、房地产网络营销的重要作用

房地产网络营销是对传统房地产营销方式的补充和发展，对于房地产企业和顾客双方都具有比较明显的优势。对于每一个顾客来说，房地产网络营销的迅速发展使得过去十分耗费时间、精力的选房过程变得十分轻松和便捷；对于房地产开发企业来说，房地产网络营销能使其大幅度降低营销成本，增强与顾客之间的沟通和互动，扩大企业营销空间，进而有利于快速提升企业形象。

（一）给顾客带来极大的便利

在传统的房地产营销中，顾客要想选择满意的房子，就不得不赶到各个营销宣传地去获取信息，这需要耗费大量的时间、精力和金钱。而在网络营销中，顾客可做到"足不出户，扫尽天下楼盘"，其所关心的一切信息，如房屋的位置、户型、小区环境、周围配套等都可以在网络上看到，由此极大地拓宽了顾客的选择余地，给顾客带来极大的便利。

（二）大大降低房地产营销成本

在房地产网络营销中，开发商运用的网络推广方法包括付费推广和免费推广两种。付费网络推广常见的形式有网络广告、搜索引擎关键词广告等，而免费网络推广方法相对较多，应用也更灵活。常见的免费网络推广方法包括搜索引擎自然检索、网络分类目录、网站链接、博客推广、论坛推广、病毒推广等。这些丰富的免费推广资源能更好地为企业节省开支和预算，如果企业能巧妙地对其加以利用，会达到"四两拨千斤"的效果。

（三）生动、形象地展示房地产项目

与电视广告、小篇幅的报刊广告相比，房地产网络营销可以更加充分、生动地展现房地产的特质，做到有声有色、图文并茂。互联网技术集现有各种媒体的功能于一体，可结合文字、图形、图像、声音等多种形式传播信息，虚拟现实技术可让购买者"身临其境"地体验所选房屋的大小、光线的明暗、周围的环境等。互联网传播的不是简单的文字信息，而是有声有色的多媒体信息。在声音和图像等的渲染下，开发商的精心构思和设计会给每一位购买者留下非常深刻的印象。

（四）拓展房地产营销的空间

与其他动产营销不同，房地产属于不动产，地产地销是其长久以来的主要营销模式。但随着人们生活水平的进一步提高和信息传播速度的进一步加快，拥有优越的自然、人文景观的房地产项目对异地顾客也越来越具有吸引力，房地产销售正逐渐打破地域界限。网络营销为这种需求变化提供了便利，房地产企业可借助互联网将原本地域性极强的房地产营销活动拓展到世界各地，尤其适合宣传一些"高大上"的项目。

（五）在企业与顾客之间架起沟通的桥梁

传统的房地产市场营销通常是企业主动做宣传，顾客被动做听众或观众，彼此直接交流、沟通的机会很少。而网络营销更加强调互动式信息交流，顾客可以在开发商精心设计的房地产网站上浏览信息，同时还可以在网站中提出自己的意见和建议；房地产企业管理者可以根据收集到的意见和建议，对企业的经营策略做出相应调整。当企业与顾客保持良好的双向沟通与交流时，企业及其产品的良好形象就树立起来了。

第二节　房地产网络营销模式

在互联网时代，房地产企业与互联网的结合已经成为不可逆转的潮流。从 1999 年至今，我国房地产网络营销经历了二十多年的不断发展，新的网络营销模式不断出现，原有的模式得以不断创新，各种模式互相渗透。网络营销的 4I 原则在房地产网络营销实践中逐步得到应用。过去二十多年的营销都是以房找客，房子是稀缺资源。而在今天及未来，为客找房将成为主流模式，客户成为稀缺。这是由我国住房供应总体区域平衡、局部供给过剩决定的。真正的首次置业越来越低，跨区域、改善型换房是未来市场的主流需求。客在房中，想获客变得更难。

一、房地产网络广告模式

该模式即房地产企业通过自身建立的网站或者通过其他门户网站发布广告，对产品进行宣传，是房地产企业最早采用的网络营销模式，在目前至未来仍将占有重要地位。所谓房地产网络广告，即利用网站上的广告条幅、文本链接、多媒体等在互联网上发布的房地产广告，包括硬广告和软广告两种形式。

（一）房地产网络硬广告

房地产网络硬广告就是在网络上直接展现品牌、产品与服务的广告，如图 14-1 所示。

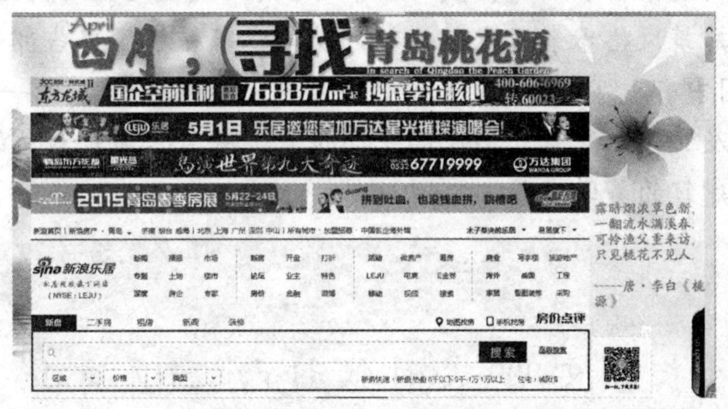

图 14-1　新浪乐居硬广告截图

网络硬广告通常具有如下特征：一般具有明显的品牌信息；占据一定的广告位；以文字、图片 flash、视频等形式展现；需要付费给第三方平台，自建网站除外。

早期，房地产网络硬广告大多形式简单，基本上延续了传统媒体的做法，并未突破“内容为王”的框架。通常做法为在房地产企业自建网站上或者在其他门户网站上设专题页面，其中有详细的图文项目介绍，以项目的开盘信息、优惠信息、业主活动等与项目密切相关的内容为主。目前，网络硬广告逐渐向复杂、动态、多样化的方向发展，几乎涵盖了所有网络广告形式，如横幅式广告、按钮式广告、浮标式广告、对联式广告、全屏收缩式广告、弹出式广告、富媒体广告、文字链接广告等。

（二）房地产网络软广告

房地产网络软广告即房地产软文，是相对于房地产网络硬广告而言的。这种软文以互联网为传播平台，主要以文字为载体，主要包括企业新闻稿、公关软文、广告软文等多种表现方式。人们愿意看新闻而不愿意接受广告，网络软文正是抓住人们的这种普遍喜好，为企业的宣传起到了立竿见影的作用。网络新闻软文具有二次传播特性，即一个网站首先发布出来之后，别的地方和专业网站会转载这篇新闻，这样的事情屡见不鲜。

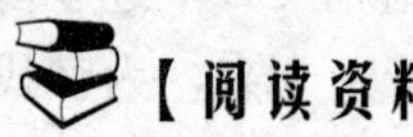

【阅读资料 14-1】

房地产网络软文广告分析[①]

网络广告的繁荣离不开信息技术的发展，flash 技术被应用到网页视觉设计中，清晰度较高的数字合成图像和摄影图像的使用为实现生动绚丽的广告视觉效果提供了技术支持。网络软文是一种广告，但它不同于一般的广告。它利用具有可读性文字来叙述一些看似与广告无关的内容，实际上表达不同的思想或主题，吸引消费者阅读，并最终实现广告的说服功能。同时，网络软文又具有网络传播的特点，它综合利用了网络媒介传播面广、受众多和扩散迅速等特点。为了获取点击量和转载量，网络软文在文字原创、标题吸引度、热点追踪和内容创新等方面有着不同程度的要求。

葛洲坝 · 紫郡兰园 | 以高远意境，完美演绎极简宋韵

以一篇以议论宋代简约的审美风格为话题的软文为例。文章在话题部分论述的主要观点是“极简是高度的复杂”和“‘简练、大气’是我们民族文化的精髓”，接着作者就以地产商所推出的楼房建筑风格承袭了宋朝极简的美学意蕴植入了广告部分，图像的画面构成也是比较简单的，图中有文字，有一座具有中国古典风格的房子，还有一个落款（见图 14-2）。图中的房屋、落款及文字都是处于图像的中间位置，并且房屋是对称的，这也就照应了文中所说的中国古代建筑的美学意蕴。

图 14-2 葛洲坝宣传软文附图

① 杨艳莉．房地产网络软文意义构建的多模态语篇分析[D]．武汉：华中师范大学，2019.

于空港，敬时代丨临空香廷发布会唤醒品质人居新主张

再如，武汉临空新城的一则网络软文，图中最显眼的广告标语“一席华宅 执掌空港未来”是对信息的高度概括与理想化。然后是楼房的面积和样式，其次是楼房的风格、环境和小区绿化等相关的真实信息。图片的最下面，以深绿色为底色的那一栏，则是楼盘的联系电话和具体的地址（见图 14-3）。我们可以看出，在垂直方向上，图片最上面的信息是理想信息，即广告标语。而越向下，图中的信息展现的是真实信息，如联系电话和地址，都是准确无误的实际信息，它能给予消费者实际性的指导，增加消费者对此楼盘的信息认知。

图 14-3　临空新城宣传软文附图

这种图片通常放在软文的最后，一方面是为了提供联系电话和地址，另一方面也是为了加深软文读者对广告的印象，尤其是广告标语，其由放大字体形成的显著性让人不得不将视线转移到上面，使消费者在短时间内留下较深的印象，这样比直接在软文最后添加提供的实际服务信息更能达到广告目的。

为了实现广告劝说目的，软文在语言层面上使用个多种语用预设手段，广告中的文化、情感和价值以及情景设置都是为了说服消费者实施购买行为。除了语言修辞，图像中展示的色彩、形象和风格也能起到说服作用。

（三）房地产网络广告渠道选择

在房地产网络广告投放渠道的选择上，易观智库研究数据显示，2016 年第三季度我国新房品牌网络营销市场规模达到 26.82 亿元人民币，同比上涨 11.1%；2016 年第 3 季度延续第二季度市场余热，同时又即将迎来“金九银十”的传统销售旺季，新房品牌网络营销市场广告主 ARPU①为 59.8 万元，规模基本稳定，环比增长 0.7%。2016 年第三季度，乐居、房天下、搜狐焦点分别以 49.7%、30.6%、10.4%的市场份额位居房地产互联网媒体新房品牌网络营销投放媒介前三位（见图 14-4）。

---

① ARPU 全称为 average revenue per user，即每用户平均收入，是运营商用来测定其取自每个最终用户的收入的一个指标，但并不反映最终利润率。

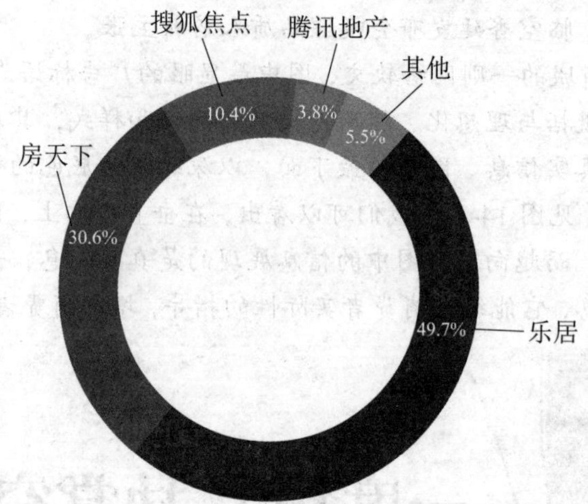

图 14-4　2016 年第三季度中国新房品牌网络营销投放媒介分布①

房地产企业在网络媒体的选择上开始逐步分化，呈现出专业化和本地化的特点。专业化是指房地产项目通常会在房地产专业网站投放广告，而较少投放在综合性门户网站或新闻网站上。这是由于房地产网站汇集了关注房地产行业人群，目标受众较为精准。本地化是指房地产网络广告通常会选择地方性网站，而较少在全国性网站投放。虽然网络已经脱离了地域的限制，但房地产作为不动产大多时候还是具有生产地和消费地在同一地的特点，所以本地消费仍然是房地产网站的主流受众。另外，专业化和本地化的网络媒体的广告费用相对较低，这也是影响房地产网络广告投放的一个重要因素。

二、房产搜索引擎模式

搜索引擎是网民们进入互联网海洋的导航。第 33 次互联网调查报告显示，2013 年综合搜索引擎仍然是网民最基本的搜索工具，网民使用综合搜索网站的比例达 98.0%。国内外调查报告也表明，除了少数大型互联网站可以获得大量独立域名访问外，一般网站的访问来源有 75%或以上都是来自各搜索引擎，其重要性可见一斑。

随着互联网的高速发展，2019 年我国搜索用户规模突破 7 亿人，2020 年受新冠肺炎疫情的影响，互联网加速渗透，市场数据显示，搜索引擎、社交平台、电商平台是受访网民获取信息的前三大渠道，占比分别为 69.6%、49.0%、35.3%。②

房产搜索引擎是指根据一定的策略、运用特定的计算机程序搜集网站内或网站外的房源信息，在对房源信息进行组织和处理后，将处理后的信息显示给用户，是为用户提供房源搜索的网站。比较知名的房产搜索引擎有搜房网、新浪乐居、搜狗房产、搜狐焦点、千间房、安居客等，它们为用户提供各类房产供求信息，极大地方便了用户。在房地产企业自建网站的情况下，为了让用户快速搜索到自己的信息，搜索引擎优化（SEO）成为关键技术。然而，像大多数企业建站一样，房地产企业经常犯的错误是认为 SEO 是建站工程完

① 来源：易观国际·易观智库·中国互联网商情。

② 艾媒咨询．2020 上半年中国移动搜索行业研究报告[EB/OL]．(2009.12)[2021.01.17]．https://xueqiu.com/9582690951/159451934.

成后要开展的工作。这种做法就像做一个房地产项目，前期没有规划好道路，后期所有工程都完结了却要改建扩出通路，这会牵扯到很多建筑，带来许多不必要的麻烦。因此，如果一个房地产企业网站没有从 SEO 角度去设计网站，做好之后再请专业的 SEO 公司进行网站优化，不仅非常麻烦，更会浪费很多时间和金钱。所以房地产企业在网站构建之初，就需要从 SEO 的角度去设计。

三、社交媒体模式

互联网的发展使得受众不再是信息的被动接收者，而是信息的共同生产者和信息传播的参与者。以博客、论坛、微博、微信为代表的社交媒体网络平台逐渐受到房地产企业的关注和重视。在这些社交媒体网络平台上，网络传播是交互式、全方位的，传者与受众相互交流、相互影响，受众的参与意识被大大地激发出来。这些社交媒体营销具有传播速度快、信息二次传播能力强等优势，将商务活动、生活服务引入社交网站，可以进一步挖掘其营销价值，让品牌与产品信息被更多的人分享、传播与了解。

（一）博客营销

博客又称网络日志，是一种通常由个人管理、不定期发布新的文章的网站。博客结合了文字、图像、其他博客或网站的链接及其他与主题相关的媒体，能够让读者以互动的方式留下意见。大部分的博客内容以文字为主，仍有少数博客专注在艺术、摄影、视频、音乐、播客等主题。比较著名的有新浪、网易、搜狐等博客。博客营销是利用博客这种网络应用形式开展网络营销，利用博客作者个人的知识、兴趣和生活体验等传播商品信息的营销活动。博客能够加强与客户、用户、目标受众群体、员工之间的沟通交流，因而博客成为房地产网络营销的“新宠”，企业和个人纷纷开设博客，与粉丝交流互动，博客使地产相关企业的知名度得到了大幅度提升。

（二）论坛营销

论坛在互联网诞生之初就已存在，历经多年，论坛作为一种网络平台，不仅没有消失，反而焕发出更大的活力。人们很早就开始利用论坛进行各种各样的企业营销活动，如企业在论坛里发布企业产品的一些信息。

论坛营销可以成为支持整个网站推广的主要渠道，尤其是在网站刚开始建立运行的时候，论坛营销是个很好的推广方法。利用论坛的超高人气，可以有效为企业提供营销传播服务。而由于论坛话题的开放性，几乎企业所有的营销诉求都可以通过论坛传播得到有效实现。论坛营销是以论坛为媒介，参与论坛讨论，建立自己的知名度和权威度，并顺带推广自己的产品或服务。运用得好，论坛营销可以是非常有效的网络营销手段。

（三）微博营销

微博即微博客（micro blog）的简称，是一个基于用户关系的信息分享、传播以及获取平台，用户可以通过计算机、手机更新信息并实现即时分享（限 140 字）。微博与传统博客相比，具有“短、灵、快”的特点。“微博是地球的脉搏”，美国《时代》周刊如此评价微博强大的信息传播功能。随之衍生出来的微博营销也逐渐成为网络营销的新配工具之一，它在房地产行业掀起的热潮取得了非常强大的营销效果。

（四）微信营销

微信（Wechat）是腾讯公司于 2011 年 1 月 21 日推出的一个为智能终端提供即时通信服务的免费应用程序。微信提供公众平台、朋友圈、消息推送等功能，用户可以通过“摇一摇”“搜索号码”“附近的人”“扫二维码”方式添加好友和关注公众平台，同时微信支持将内容分享给好友以及将用户看到的精彩内容分享到微信朋友圈。截至 2013 年 11 月，微信注册用户量已经突破 6 亿，是亚洲地区用户群体最大的移动即时通信软件。如今，微信已不单单只是一个充满创新功能的手机应用，它已成为我国电子革命的代表，覆盖 90%以上的智能手机，成为人们日常生活中不可或缺的社交工具。

房地产企业瞄准微信营销是正确的选择。随着“微时代”的来临，很多楼盘注册了微信公众号，微信用户只要“扫一扫”二维码，二者可立刻建立起关联。房地产微信营销打造了一种互动式营销、服务平台，直接解决了从营销推广、销售储客、案场跟进、售后服务到社区服务的客户关系管理问题，宛如一个“移动售楼处”，而且可以有效节省营销费用，使营销更具有针对性，有效的信息到达率也提高了二次营销的针对性，直接提高了成交比例。

（五）直播营销

直播营销是指利用直播平台进行实时互动的一种新型网络广告方式，让观看直播的用户可以直观地感受到项目价值。直播营销可用于房地产项目品牌发布会、样板间公开等需要快速传播、互动性强的场景，拉近客户与产品之间的距离，给予客户亲切感。2020 年年初，疫情使房企无法在售楼处开门迎客，于是它们纷纷奔赴互联网的怀抱，转战淘宝、抖音、微博、bilibili 弹幕网等平台，被迫“触网”叠加转型焦虑促成了房企布局线上，实施数字化营销的集中转型浪潮。

时至今日，百强房企基本上已经全部进入了数字化转型领域，但真正走向成熟且有所斩获的房企还不算很多，碧桂园、富力、正荣、华发股份等已是个中翘楚。

以华发股份做的一场直播卖房活动为例，当次直播官方小程序累计观看量超 190 万人次，点赞量超 120 万次；房天下同步直播观看量也达到了 107 万次。早在 2019 年，华发股份的直播卖房就已带动了全国近 10 亿元的销售额。2020 年，直播日的销售业绩更是翻了倍，全国线上、线下销售额达到 21.3 亿元。

四、房地产电商模式

根据艾瑞咨询的定义，房产电子商务是指以网络为基础进行的房产商务活动，是商品和服务的提供者、广告商、消费者、中介商等有关各方行为的总和。现阶段，房产电子商务涉及线上和线下两部分，只要在线上完成商品展示和交易意向达成，并通过房产电子商务平台支付交易意向保证金的，均可视为房产电子商务行为，属于房产电子商务范畴。2011

年是我国房地产的电子商务元年，新浪乐居与 SOHO 中国在 4 月首次合作推出网上卖房，成功拉开房地产电子商务的帷幕，房地产网络营销由此进入了电子商务时代。

实际上，早在 2000 年，房地产电子商务就已初现雏形。当时，北京的天创世缘项目与思源公司合作，推出网上售楼业务，利用 VR 和 360°全景技术实现网上虚拟样板间展示，与销售现场同步楼盘表进行销控，接受客户网上下单。虽然当时的大环境还无法真正实现网上交易，但这种销售模式，在当时有效地促进了天创世缘这种期房项目的销售，创造了国内最早实现网上售楼的纪录。

在电子商务市场逐步成熟的今天，不少房地产开发商逐渐将视线投向电子商务平台。万科、恒大、富力、华远、绿城等全国知名房企都已“试水”网上售房，这些房企除了注重本身官网的建立、完善外，还与淘宝房产频道、新浪乐居房产电商频道、搜房网、搜狐焦点房产等专业媒介网站合作。数据显示，2013 年全国房地产销售总额达 8.25 万亿元，2014 年新房市场规模达 1.2 万亿元，主要房产电商合同销售规模达 3000 亿元，主要房产电商收入达到 31 亿元。在上海易居房地产研究院总结的“2014 中国房地产业十大事件”中，“互联网渗透房地产，商业模式不断创新”位列其中。2015 年，我国房地产电子商务销售面积达 107.62 万平方米，2020 年达到了 1440.73 万平方米，占比从 2015 年的 0.08%增长到了 2020 年的 0.82%。从各类商品房电子商务规模来看，房地产电子商务主要集中在住宅销售市场。2020 年，住宅电子商务市场规模为 1370.2 亿元，占比为 96.5%；商业营业用房电子商务市场规模为 29.3 亿元；办公楼市场电子商务规模为 13.5 亿元。在我们感叹于房地产电子商务高速发展之余，不得不承认这一切的“不可思议”是互联网精神引发的巨大变革，房地产电商时代的到来已成为必然。

五、房地产企业网站建设

刘东明在《网络整合营销兵器谱》一书中将网站建设比喻为楚霸王项羽钟爱的“霸王枪”，足见网站建设对企业的重要性。事实上，网络广告、博客营销、微博营销、微信营销等精彩纷呈的方式，手段仅仅可以说是在别人的地盘上展开的“游击战”，他们最后都必须有一个指向点。这些信息都是碎片式的，像浮萍一样漂游于网络之中。如果缺乏网站作为根据地，从营销层面来讲就很难把其他营销活动系统地梳理到一起。

那么，什么样的房地产网站才是好的房地产网站？即应该用什么样的标准来衡量房地产网站的优劣呢？

刘东明认为，衡量一个企业网站优劣的标准需要从建设网站的目的来挖掘。网站不是面子工程，不是为了赶时髦，而是营销利器，是为了提升企业、品牌的知名度，吸引消费者和经销商购买和合作。因此，真正的营销型网站的构建是技术、设计、营销三位一体的系统工程，而设计必须围绕营销运行。刘东明梳理了营销型网站的七大标准。①SEO：对搜索引擎的友好表现。②content：完好的内容支持。③vision：视觉设计。④usability：易用性。⑤community：互动沟通功能。⑥monitor：全面的网站监测、分析。⑦promotion：推广。这些标准同样适用于房地产企业。

根据《2020 年中国房地产电子商务行业规模》，现阶段贝壳平台是中国最大的房产电商平台，同时是仅次于阿里的第二大商业平台。贝壳旗下拥有贝壳、链家两大平台，主要包含存量房交易、新房交易以及其他新兴业务。以贝壳房地产电商平台为例，截至2020年年底，贝壳楼盘字典累计收集了我国2.4亿套房屋的动态数据，累计收集了超过900万套房屋的VR房屋模型。2020年，贝壳平台总交易额（gross transaction value，GTV）突破3.5万亿元。截至2020年第四季度，其移动端月活跃用户人数（monthly active users，MAU）达到4818万。2020年贝壳全年营业收入为705亿元。房地产电子商务行业正在经历持续发展阶段。

第三节　5G时代的房地产营销

2019年6月6日，工业和信息化部向中国电信、中国移动、中国联通、中国广电发放了5G商用牌照，这标志着我国正式进入“5G商用元年”。5G时代的到来将使各行各业发生翻天覆地的变化。

5G即第五代移动信息技术网络的总称。5G具有超窄带、超宽带、海量连接、高可靠性、低时延等技术特征；其最高数据传输速度达到20 Gbit/s，比4G网络的传输速度快数百倍。5G技术有望将人类带入万物互联时代。房地产业作为集房地产投资、开发、建设、经营、管理和服务活动于一体的综合性产业，更是受到多方面的深刻影响。机遇与挑战往往并存。那么，在5G背景下，我国的房地产营销在未来可能拥有什么样的发展前景？同时将面临哪些挑战与冲击？

一、沉浸式营销方式

近年来，部分房地产企业已开始在各类促销活动中使用虚拟现实（virtual reality，VR）、增强现实（augment reality，AR）、全息投影等沉浸式技术。但是，受限于网速、受众接收的终端设备等因素，尚未能普遍使用这些沉浸式技术。而随着5G的广泛覆盖和便于进行沉浸式体验的终端设备的普及，虚拟现实、增强现实等技术被大量运用于房地产促销活动之中，其典型应用形式或场景包括售楼书、样板房、营业推广、公共关系等。

例如，万科翡翠公园曾推出VR楼书。读者可在手机或平板电脑上打开该VR楼书，通过点击、拖曳、放大、缩小等操作，不但可以观看楼盘外景航拍效果，还可以参观小区景观、样板间展厅、沙盘展示区、性能馆与营销中心等。而碧桂园凤凰山则曾推出AR楼书，读者可以通过该电子楼书全方位地查看三维立体的户型结构并了解其中的承重墙、赠送面积、窗外全景等信息；同时，亦可参照纸质版楼书，身临其境般地了解其中部分户型的AR实景。

又如，2017年5月，天水碧桂园推出了主题为“大美天水——我为天水代言”的百万AR实景红包发放活动。天水碧桂园通过“支付宝AR实景红包”上传现金红包，并将红包“投放”于天水市区的九处知名景点中。参与者可借助线索图找到相关景点，并通过支付宝“找红包”功能获取红包。同时，分别领取九处景点的红包并截屏后，发布标题为“碧桂园大美天水——我为天水代言”的朋友圈信息，集齐50个赞，还可前往天水碧桂园销售中心领取“黄金钥匙”一把。该活动巧妙利用 AR 技术，集广告、公关、事件营销、营业推广于一体，较好地体现了整合营销传播的理念。

再如，2017 年 11 月，南昌恒大翡翠珑庭在其营销中心举办了 AR 魔幻秀和亲子手工活动。参与者可以自由创作各种彩绘动物画，如五彩斑斓的小鱼——通过 AR 投影仪将小鱼投射到 3D 大屏幕后，小鱼瞬间就“活”了，在浩瀚的蓝色海洋里畅游起来，近乎逼真地展现了神秘、瑰丽的海洋世界，淋漓尽致地传达了该房地产项目“亲近大自然”的设计理念，在增进参与者亲子关系的同时，也拉近了房地产企业与公众的距离。

5G 时代，类似上述案例的沉浸式技术的应用将大量出现在房地产促销中，不仅会给受众带来生动、直观、互动的沉浸式体验，还可提升房地产促销活动的传播效果与销售效果。

二、5G 时代房地产营销面临的特殊挑战

如上所述，5G 时代将给我国房地产营销带来新的机遇。但是，新时代的到来，也将使我国房地产营销面临特殊的挑战，如何应对这些挑战呢？

（一）房地产产品如不能契合消费者需求，将付出极其惨重的代价

产品如不能符合消费者需求，营销就很难成功——在任何时代、对任何品类商品或服务而言都是如此。但是，在 5G 时代，房地产产品如不能契合消费者需求，可能要付出比以往时代、比其他品类商品或服务更为惨重的代价。这源于 5G 应用与房地产产品在技术层面上的关系。据有关专家介绍，超密集异构网络是未来 5G 网络提高数据流量的关键技术之一。未来无线网络将部署超过现有站点 10 倍以上的各种无线节点，在宏站覆盖区内，站点间距离将保持在 10 m 以内，并且支持在每平方千米范围内为 25 000 个用户提供服务，甚至可能出现活跃用户与服务节点一一对应的现象。超密集网络部署使得网络拓扑更加复杂，需要解决网络干扰、边缘计算、频繁切换、动态部署等诸多问题。这就要求进行 5G 应用建设的房地产产品在设计之初就要充分考虑不同的用户需求，将专业通信设计与建筑空间设计进行合理结合。这意味着，未进行 5G 应用建设的房地产产品，如要在后期进行 5G 应用建设，相对于在初始阶段即进行 5G 应用建设，将付出更大的经济代价，且可能存在难以逾越的技术障碍；而进行了 5G 应用建设的房地产产品一旦成形，不但要付出较为昂贵的前期成本，而且在技术层面上，后期的试错或改造空间可能较小。总之，5G 时代的房地产产品如果不能符合消费者需求，将付出极其惨重的代价。

要应对这些挑战，房地产开发企业宜在房地产产品开发设计之前即进行全面、周密的市场调研，在调研的基础上进行市场细分、统筹规划，根据不同的目标市场开发、设计不同类型的房地产项目。而在开发特定的房地产项目之前，应认真、审慎地调研特定目标群体的需求，在此基础上进行产品定位与设计；同时仔细研判消费者真正愿意为之“买单”的需求，据此确定是否进行 5G 应用建设，以及如何进行 5G 应用建设设计。在房地产产品的 5G 应用建设设计上，既要避免华而不实、大而无当的“噱头”，也要避免食之无味、弃之可惜的“鸡肋”，更要避免面面俱到、徒增成本的“全副武装”。

（二）运营的难度及成本增大，易于陷入经营困境

在5G技术及相关应用发展的过程中，进行5G应用建设的房地产项目在其运营初期，创新研发、宣传推广、后期维护等方面的运作难度及成本都可能大大增加。假如房地产企业不能实现规模扩张与持续成长，则极易陷入停滞、亏本等难以为继的经营困境。这一状况可能带来房地产行业的大洗牌，导致房地产行业出现强者恒强、弱者消亡的态势。

针对这一挑战，房地产企业宜审时度势，客观评价自身实力。实力雄厚的房地产企业宜进行全面、长远的规划，未雨绸缪，循序渐进地稳步推进相关工作，不断积累房地产项目5G应用建设、利用5G技术进行宣传推广等相关经验教训，培养相关人才，加强相关制度与体系建设；其他房地产企业则宜找准突破口，专注于自身的核心竞争优势项目，精益求精。同时，房地产企业还可通过外包、整合、重组等方式与其他关联企业进行互补合作，谋求共赢发展。

因此，在5G时代，我国房地产营销有望形成如下发展前景：在产品方面，在5G的助力下，房地产产品有望从核心产品、形式产品、延伸产品和潜在产品等多个层次加以提升，带给顾客更舒适便捷的居住体验和更丰富多样的拓展可能；在价格方面，5G的发展将给土地区位、房地产开发成本、产品差异性等房地产价格影响因素带来变化，在一定程度上重新界定这些影响因素的内涵与外延，进而影响房地产价格；在渠道方面，5G时代的房地产营销中，直接销售渠道占比可能进一步提高，但具有优越的传播效能、丰富的房地产销售经验、特殊的客源积累等竞争优势的中间商仍受青睐；在促销方面，虚拟现实、增强现实等沉浸式技术将大量运用于房地产广告、公共关系及营业推广等促销活动中，给人带来生动、直观、互动的沉浸式体验。

面对这些挑战，房地产企业宜分别采取如下针对性策略：进行周密的市场调研，在精准把握目标消费群体需求的前提下进行产品定位与设计；审时度势，根据自身客观实力，或致力全面推进，或专注优势项目，或寻求互补合作；持续关注外部环境变化及政策导向，与时俱进，练好“内功”。

【阅读资料 14-2】

房天下：5G时代房地产营销迎来新变革[①]

2020年4月8日，武汉解封，湖北中经联盟、中经联盟房地产创新大学联合优铺网、中国房地产经纪公义联合会、景晖学堂、景晖智库共同发起“4.8 归队！我们的大武汉！”大型线上直播活动。武汉开发商、经纪公司、代理公司、金融机构、产业园区等业内精英云端相聚，为武汉经济复兴和崛起献言献策、共谋发展。

1. 5G时代房地产营销迎来新变革

武汉解封是抗击疫情的一个重要节点，经济建设成为接下来一段时间的发展重心，而新基建正是一个重要的发力点。发展新基建带来的5G时代加速，将大大改变人们的生活。

① 摘自：江南文明网发布的《5G时代房地产营销迎来新变革》一文。http://www.jnwmw.com/loushinews/27615.html.

对房地产行业来说，5G 的发展将推动传统营销、作业模式的转变，直播时代已经到来。在传统的经纪作业模式下，人均 GMV（gross merchandise volume）为 400 万～500 万元，人均成交单量 3 单，经纪人多是等客上门或者采用点对点方式进行人际拓展，获客的一个重要来源是老客户转介。但直播是无边界的广播方式，受众更广泛，内容更丰富。直播展示房源，也展示置业顾问和经纪人的专业实力，对从业人员提出了更高的要求。长远来看，对整个房地产、经纪行业的规范化、专业化有极大的推动作用。

直播方式有利于经纪人、经纪公司品牌的打造。通过直播平台，优秀的经纪人可以最大限度地将自己的专业性展现出来，并快速扩大影响力，获得客户认可。未来，房产直播将持续推动房产市场营销线上化、房产内容视频化、房地产行业获客节点提前、置业顾问和经纪人个人作业模式改变。

2. 武汉市场正在快速恢复

据房天下数据显示，4 月份第一周武汉新房需求增长极为迅猛，与今年 2 月初相比，增长了 139%，增长率超过国内一线城市（广州增长 104%，上海增长 69%，北京增长 35%）。武汉二手房需求增长也很快，在国内一线、新一线城市中排名第二。

近一周，房天下平台上来自用户的新房、二手房咨询电话与 2 月初相比增长了 91%，有些新房明星热点楼盘、二手房小区更是有 200%、300%的增长。此外，房天下与百度、阿里神马、搜狗、360 四大综合搜索引擎还建立了战略性的合作。据四大搜索引擎数据显示，3 月武汉新房、二手房的楼盘搜索量环比 2 月增长了 105%。除了明显上涨的需求端数据，供给端的数据也在快速恢复。开发企业、经纪行业、家居产业都在积极推进复工复产。来自房天下 B 端平台开发云、经纪云的数据显示，武汉的置业顾问、经纪人数量快速增长，已经超过 2019 年的最高点。以上多个数据指标和数据源均验证了武汉房地产市场的快速复苏。

在全新市场的环境下，房天下将全面推动产业的数字化、信息化，加速直播升级、VR 升级。房天下还推出了直播视频的专业平台“抖房”App，并通过平台的升级来支持开发企业、经纪行业、家居产业，与大家共同努力推进中国房地产家居行业的发展。

本章小结

房地产网络营销是将网络营销方式应用于房地产领域的新型营销手段，在房地产市场营销中发挥着越来越重要的作用。房地产网络营销应坚持趣味原则、利益原则、互动原则和个性化原则（即 4I 原则）。房地产网络营销模式多样，本章主要介绍了房地产广告模式（包括硬广告和软文）、房地产搜索引擎模式、房地产社交媒体模式（博客营销、论坛营销、微博营销、微信营销、直播营销），并就 5G 的发展对房地产网络营销进行了阐述，对 5G 时代我国房地产营销的未来发展前景加以展望。

综合练习

一、基本概念

网络营销；房地产网络营销；房地产网络硬广告；房地产网络软文；房地产搜索引擎；博客营销；论坛营销；微博营销；微信营销；直播营销、房地产电商；5G。

二、思考题

1．如何理解房地产网络营销的特殊性？

2．房地产网络营销的原则有哪些？

3．谈谈房地产网络营销的重要作用。

4．谈谈房地产网络营销模式。

5．谈谈5G对房地产网络营销带来的影响。

推荐阅读资料

1．刘东明．网络整合营销兵器谱[M]．沈阳：辽宁科学技术出版社，2009．

2．胡炬．微信营销实战——快速提升品牌影响力的7堂精品课[M]．北京：中国铁道出版社，2014．

3．张嘉卿．房地产传统营销与网络营销实战全案[M]．北京：化学工业出版社，2018．

4．杨艳莉．房地产网络软文意义构建的多模态语篇分析[D]．武汉：华中师范大学，2019．

5．何竞平．5G时代房地产营销的未来展望、挑战及对策——基于4P理论的分析[J]．中国房地产，2019（27）：73-79．

网上资源

1．百度文库：http://wenku.baidu.com/．

2．新浪地产网个人后台：http://my.dichan.com/．

3．读秀学术搜索：http://edu.duxiu.com/．

4．知乎：https://www.zhihu.com/．

第十五章　房地产大盘开发与营销

学习目标

- 房地产大盘与大盘价值；
- 房地产大盘的开发模式；
- 房地产大盘的产品与定价策略；
- 房地产大盘的推广策略。

导言

1991 年前后，广州华南板块第一次将地产大盘推向市场，拉开了我国房地产大盘开发的序幕。目前，地产大盘已经完成了从“体量巨大的住宅建筑群”到“具备完备城市功能的现代生活社区”的概念转化。对于如今大盘时代的到来，也有人称之为新时代的“新造城运动”。“大盘地产”在北京、上海、广州等地已屡见不鲜，北京玫瑰园、广州碧桂园、祈福新村等诸多楼盘在操作、运营、销售上都取得了巨大的成功。

第一节　房地产大盘的基本认识

一、大盘及大盘价值

大盘是指体量大的房地产开发项目，通常意义的大盘占地 10 万平方米以上，建筑面积在 30 万平方米以上。世联地产对国内 50 个大盘的开发面积进行统计分析后发现，建筑面积在 30 万平方米左右的大盘占到样本总数的 90%以上，而 50 万平方米以上的占比为 80%以上。

实际上，房地产大盘的概念本身比较模糊。由于不同地区房地产市场发育程度的差异，没有固定的规模标准可以判定一个楼盘是否属于大盘，只能说在一定区域内，那些整体规模远超出区域平均水平的楼盘应当属于大盘的范畴。

对大盘价值的理解也发生了根本变化，这体现在大盘价值的三个层面的诠释上。传统对大盘物业类型的理解是住宅物业，新时期的大盘物业既包括住宅，也包括商务、商业体和都市综合体等，这是第一个层面；传统对大盘影响力的理解仅仅是大盘规模，新时期大盘的影响力除了表现在大盘规模方面，最重要的是对社会发展的影响力，这是第二个层面；传统对大盘价值的理解表现为开发利润，新时期大盘的价值更重要的是打造新的生活方式，引导生活模式的改变，这是第三个层面。

从功能上来理解，第一层面是相对于业主来说的，社区的规模与完善的生活配套实现了居住、商业、商务等功能的组合，这使得业主仅仅通过社区就能享受到完善的生活配套；第二个层面主要是相对于开发商来说的，项目的体量大、聚集人口多，成功运作将有利于该项目品牌的社会影响力；第三个层面特指城市与开发商的共赢局面，即开发商通过运作大盘，不仅获得巨大的商业利润，提升了企业本身的品牌，而且与政府的规划战略相匹配，从而营造出一种双赢的局面。

因此，新时期的大盘开发不仅仅有规模优势，还有完善的学校、医院、会所、商业中心等大型配套，更重要的是大盘所拥有的巨大的社会影响力可引领城市新的生活方式与居住方式。

二、我国地产大盘的产生与发展

我国最早的大盘始于20世纪90年代，早期的大盘数量较少，增长速度不快。1991年，6500多亩的祈福新村在番禺开盘并未引起地产界的广泛关注，直至1998年广地花园开盘之时，由于番禺撤市设区的酝酿、华南快速干线的建成通车以及广州概念规划拟定“南拓”方案的出台，广州这片郊区之地迅速被开发商盯上，两万多亩的土地一下子被瓜分完毕。

进入21世纪，城市化进程的速度加快，加上政治因素的影响，我国房地产行业进入火热的开发阶段，大盘的开发也渐成规模。仅以广州华南板块为例，南国奥园（1000亩）、星河湾（1200亩）、锦绣香江（3000亩）、华南新城（3800亩）、祈福新村（7500亩）、广地花园（1000亩）、碧桂园（1200亩）、雅居乐（4500亩）八大楼盘并称华南板块的“八大金刚”。

在这个时期，伴随着国企改革的进一步深化，大量具有政府背景的房企（如上实、华侨城、张江高科）开始涌现，加之诸如万科、碧桂园等一大批民营大型房企的成长，催生了很多大盘。据统计，2007年年底，全国建筑面积在50万平方米以上的在建、拟建大盘项目超过300个，几乎遍布所有中心城市。2008年，地产行业进入“冬天”，大盘的产生速度明显下降。不过，随着政府各种利好政策的出台，原本沉寂的大盘项目又开始出现。2013年11月20日，由中国地产联合澳亚卫视、中央人民广播电台、和讯网打造的大型活动“中国好大盘”启幕，涉及全国30个城市的上百个地产项目。“中国好大盘”由“中国地产大盘行”和“全国大盘海选”两个部分组成。活动于2013年11月20日持续到2014年8月31日，充分彰显了地产大盘对国内房地产行业的巨大影响力。2020年，房地产行业走过先抑后扬再趋稳的历程，疫情之下，百强房企全年累计销售规模仍实现了近13%的正增长。百亿大盘数量减少，百强门槛提升6%，达到50.2亿元，竞争加剧。上海绿地海珀外滩以279.3亿元摘得金额榜桂冠，两倍于2019年榜首，但其他百亿“神盘”表现一般，全年销售过百亿的项目较2019年减少2～8个，均处于105亿～120亿元，呈一超多强的格局。

第二节　房地产大盘的开发模式

目前，房地产大盘的开发模式若从选址上来划分，一般分为三种：郊区陌生大盘、城市新区大盘和城市中心大盘。郊区陌生大盘距离城市中心较远，无法享受到城市的各种优质资源，因此此类大盘必须借助开发商的优势作为驱动来吸引购房者；城市新区大盘的重点在于打造城市新社区，最终形成城市新中心或城市副中心；位于城市中心的大盘则更强调项目功能与城市、区域功能的互补性。

一、郊区陌生大盘开发

主题社区开发模式和产业驱动开发模式是郊区陌生大盘的两种常见开发模式。主题社区开发模式，如教育社区、老年社区、体育社区，是通过社区特定生活主题吸引对应的消费人群，以此确定社区清晰的生活方式和社区文化并以此为主线贯穿整个营销推广过程，确定项目的主题风格定位；产业驱动开发模式，如休闲度假产业驱动模式，是通过具有特色的产业开发与经营，最大限度地提升区域和项目的影响力。

（一）主题社区开发模式

郊区陌生大盘开发中遇到的最大问题是项目距离城市中心远，因而若没有特殊的吸引力，很容易使购房者产生抗拒心理。为此，需要有影响力、有冲击力的元素形成吸引力，以此来打动购房者。社区主题便承担了这个作用，健康、教育、老年社区等多种主题成为大盘开发的重要驱动力。社区主题的形成必须根据所处的地域环境等因素来确定，打造教育社区、老年社区还是体育社区，取决于当地有哪种核心优势资源并且是周边社区所不具备的、已形成不可复制的核心竞争力。例如，厦门中航国际社区依托周边良好的教育资源引进名校，打造成厦门集美区的教育社区主题大盘。

成功开发主题社区大盘的关键是如何造就独特的、不可复制的核心竞争力。开发前期，需首先建设能体现主题的硬件设施，通过主题吸引购房者的关注，再通过完善的社区配套和良好的社区环境消除购房者的抗拒心理。因此，运作这种大盘，前期投入非常大，开发商一定要有雄厚的资金实力；同时，由于项目比较大，实现周期必然很长，因此开发商还要做好打持久战的心理准备。

（二）产业驱动开发模式

以产业带动的大盘开发需要依靠大盘本身的资源优势形成特色产业并通过长期经营具有盈利能力的特色产业，提升项目的影响力与地位，体现项目的开发价值，达到产业与房地产开发双赢的目的。休闲度假产业驱动模式是以产业带动的一种典型大盘开发模式，它实际上是从大型主题公园演变而来的一种复合地产模式，是伴随着人们闲暇时间的增多、可自由支配财富的增长、城市化引发的环境问题加剧以及交通的改善而逐步发展起来的一种新型地产形式，该模式通过和旅游项目的嫁接与融合，互为依托，共同构成了旅居结合的，融旅游、休闲、居住等诸多功能于一体的大型旅游休闲度假社区。这一类作品中最典型的是杭州良渚文化村，它距离杭州市区 16 千米，规划占地面积达 12 000 亩，集居住、旅游、文化、康养等功能于一身，居民约 3 万人，年接待游客达 100 万人次。

判断一个项目是否适合以产业的特色经营来带动开发有三个标准。首先，该项目是否位于大城市近郊，距离市中心直线距离是否超过 30 千米，交通是否便利；其次，项目周边的环境破坏及工业污染是否比较少；第三，运作开发的企业是否具有雄厚的资金实力，能否维持较长时期的持续开发。除此之外，还应确保项目具有长期的盈利能力，对城市和区域发展具有巨大的提升作用。

二、城市新区大盘开发

城市新区模式最早可以追溯至霍华德的“花园城市”。19 世纪末，由于工业化浪潮的影响，人们原有的美好生活空间遭到了极大破坏。为重建一个理想家园，英国规划专家霍华德于 1898 年提出了“花园城市”的构想，这一理论迅速被付诸欧美的城市建设，历经百余年发展，最终形成了今天的城市新区大盘模式。

城市新区是经过事先规划所新建的新城市或大型社区，通常位于大都市的郊区。它通过建立较为完善的市镇结构及公共空间体系来实现项目规划和建设，主要功能是疏散市中心过多的人口。城市新区大盘的成功开发需要具备一定的条件，具体如下。

（1）此类大盘一般位于郊区或者城乡接合部，占地规模足够大，能容纳较多人口。

（2）此类大盘所处区域必须有发达的对外交通网络，项目周边具有良好的生态环境和社区生态系统，依托发达城市群，周边产业发展能形成项目的客户群体支持，从而使该区域未来的价值被认可。

（3）此类大盘主要是塑造一个新的生活区，通过多种物业的组合，以住宅为主，打造多功能的复合社区，形成相关的产业配套，为当地创造就业机会，最终形成一座新的卫星城镇。

以贵州兴义文化艺术旅游城为例，该大盘位于城市新区，是一座规划用地面积达 5000 亩的理想之城。交通便捷、配套完善，不仅满足度假需求，更适合长期居住生活，这是其独特的“地利”。项目所在的民航片区承载着旅游、商贸、商务、医疗、居住、康养等城市职能，是集山川之秀美、康养之闲适的山水旅游城市中心。

三、城市中心大盘开发

城市中心大盘这一模式在欧洲颇为盛行，它反对大规模的功能分区，避免城市过分向郊区和乡村扩张，主张步行和建立邻里关系。

城市中心大盘开发选址一般位于中央商务区（CBD）或城市中心边缘，因而享有优越的地理位置与便利的交通条件；主张在城市小的区域内建立一个多功能的城市综合体，至少包括商业、办公、居住、酒店、展览、休闲、娱乐等功能中的三项，通过组合在各部分间建立一种相互依存、相互裨益的能动关系，从而形成一个多功能、高效率、复杂而统一的综合体，即"都市综合体开发"；建筑物强调视觉冲击效果，多为超高层的建筑群，规模较大。城市中心大盘开发的主要目的是营造城市新的中心区，打造新地标，创造活力之源，避免城市中心空洞化，减少城市通勤交通压力，因而一般都能得到政府的支持，开发主体的资金实力之雄厚不必多说。

城市中心大盘开发模式可以不同业态为核心，其开发适用条件有所不同。例如，采用各种功能均衡发展模式应当具备优越的地理位置（CBD／城市中心）、便利的交通条件（城市主干道／地铁口）、较大规模（建筑面积在 20 万平方米以上）、强烈的视觉冲击（超高层／建筑群）；以写字楼为核心的模式应已形成产业族群，引入核心客户带来相关族群，属于未来商务核心区；以酒店为核心的模式其地理位置不应远离城市核心区，而应位于城市主干道沿线，有相应的商务客户做支撑；以商业为核心的模式，其地理位置应位于城市核心区、城市主干道沿线或地铁口，人流量大、商业氛围浓厚。

第三节 房地产大盘的产品与定价策略

相比普通项目，房地产大盘开发具有综合开发的性质，产品体现为住宅、商业、教育、医疗、银行等多业态组合，因此大盘的营销组合策略就比普通房地产项目更加复杂一些。本节主要介绍大盘开发的产品与定价问题。

一、大盘开发中的产品规划

除了遵循普通房地产产品规划的设计规律外，大盘产品规划具有独特的设计原则与设计重点，体现出大盘规划的前瞻性。

（一）大盘产品规划设计的原则

大盘的规模特点决定了其在整体规划上具有更大的发挥空间，容易创造出有特色的产品，因此大盘的设计和规划对项目的成败有乘数效应。从规划角度考虑，成功运作一个大盘项目应遵循以下四大原则。

1. 用统一的开发理念树立项目品牌形象

对于大盘项目来说，由于开发周期较长，最怕开发商因为市场变动和新的市场机会出现而动摇最初的开发理念。另外，整体开发理念要保持一致性，即根据需要将统一的特色（鲜明的主题）贯穿项目开发的始终，使得推向社会的产品是一个完整的形象，这样更容易树立项目品牌形象。

2. 根据市场变化分期推出不同风格的产品

大盘的整体设计理念一致并不代表产品单一。恰恰相反，因为大盘的规模大，给产品的个性化提供了广阔的空间。许多开发商都会在统一主题的指导下，在不同区域和不同时期推出不同风格的产品。

3. 资源整合及调配要合理

大盘项目理念确定、定位完毕以后，开发商需要对项目所具备的内外资源进行有效整合，力求资源效益最大化；同时要对现有资源进行合理调配，力求产品的均好性和各项配套的合理推进。

4. 要具备较强的精品意识

现代地产大盘不仅仅意味着产品，更重要的是创造一种生活方式，因此大盘产品设计的重点不是追求豪华、气派，而是从人性化角度提高业主生活质量，从细节入手，合理规划每一寸土地，创造出客户能实实在在感觉到的精品。

（二）大盘产品的规划设计重点

大盘产品在规划设计过程中要注意以下四个重点。

1. 将城市规划体现到大盘产品规划上

大盘规划设计不同于建筑规划，可参照城市规划原理，使大盘的规划设计成为城市的延续，体现对城市文脉、生活习俗的适配性。有了全盘的考虑和计划，每一步开发和设计都可以有依据、有目的、有步骤地进行，即使随时调整也不至于失控，避免由于随机操作而导致的错误和遗憾。

2. 将产品定位落实到产品设计上

规划设计的结果绝不是设计师臆想出来的，必须以项目的市场定位为基础，以营销为目标，通过调查研究和论证，提出具有操作性的设计原理和创意。因此，在做产品规划设计时，设计师应首先具备市场观念，从产品定位角度出发落实产品设计。

3. 设计理念应“一次规划，分期实施”

有些开发商要求在开始就把大盘总体规划做得详尽仔细、准确无误，有些城市的主管部门也要求总规一经报批就不得变更，这些做法对于大盘的操作来说很不科学。道理很简单，因为市场是随时变化的，目前只接受多层，不等于一段时间以后仍不接受高层；道路宽度目前够用，也不意味着后期不会出现拥堵。因此，大盘的规划设计要坚持“一次规划，分期实施”，规划时应多考虑未来的机会与问题，在设计上要弹性考虑，留有机动性。

4. 在规划设计阶段应有效控制成本

实际上，这个原则适于任何楼盘，设计上的节约超过任何环节，大盘尤其如此。大盘的开发量大、投资大，合理的成本控制可以大幅度地节约资金，因此，在规划设计阶段就应将成本控制放在首位，通过设计标准化、细化产品设计，有效控制成本。

二、大盘开发的产品组合策略

除单体建筑外，所有房地产项目基本上都有不同的产品组合，如洋房与别墅的组合，洋房又有高层与小高层等产品的组合。现代大盘开发中，涉及的产品组合远不止于此，而是包括住宅及相关配套，如商业、教育、医疗等多业态的组合。

（一）住宅产品开发策略

基于购房者的不同需求，大盘开发的住宅产品组合策略可表述为：大盘开发的住宅产品组合策略=建立梯度型产品结构+个性产品领先市场+产品不断升级。

1. 建立梯度型产品结构策略

大盘开发更倾向于采用多元化产品，方式是以标杆型产品（如多层住宅）树立产品形象，以跑量型产品（如小高层住宅）回笼资金，以补量型产品（如高层住宅或别墅）满足客户的广度和深度需求。在不同诉求的大盘产品中，这三种类型的产品所占比例会有所差别，如杭州绿城翡翠城选择了跑量型产品达到总量的 70%，而标杆型和补量型产品仅占到 20%和 10%；杭州坤和·和家园选择了跑量型产品达到总量的 70%，而标杆型和补量型产品均占到 15%。建立梯度型产品结构的目的是通过不同梯度型产品的组合，实现大盘项目盈利最大化。

2. 个性产品领先策略

在产品入市策略方面，大盘通常会以绝对领先或适度领先的策略进入市场，以抢占市场、夺取机会。大盘开发中前期奠定项目形象至关重要，因此首先要用抢眼的产品入市，以引起市场的关注，为后期产品的入市打下基础。

3. 产品不断升级策略

前期促进后期销售，后期带动前期升值，这是一个成功大盘所必须考虑的。而要做到这一点，在首期产品入市以后，必须通过对产品的不断升级不断增加项目卖点，这样才会使得大盘项目在长期的开发过程中持续引起人们的关注。这种产品不断升级策略完全由企业内部控制，易于实施。

表 15-1 所示为杭州绿城翡翠城一代、二代产品的升级差异。

表 15-1　杭州绿城翡翠城一代、二代产品的升级差异

产 品 升 级	绿一代（桂花系）	绿二代（法式公寓）
外立面	以石材、涂料、面粘结合	全石材
电梯	未配置	配置
景观风格	以自然风格为主	以纯欧式风格为主

（二）开发节奏控制

常规房地产项目开发的主要利润来源于竞争优势，而房地产大盘项目的开发中，利润

主要来源于开发节奏。大盘开发的时间跨度长，往往需要分期来完成，一般至少要两期、三期，甚至要超过十期。因此，大盘开发必须重视开发节奏，优秀的开发节奏可以胜过多种组合营销策略所产生的营销效果。

现实中很多大盘都采用了“组团开发，滚动发展”的开发战略。在这一过程中，要随时关注市场变动情况，注意总体风险，在考虑自身实力的条件下确定每年能开发出的平方米数，这个数字的控制随着开发阶段的不同而不同。如开发早期阶段是培育起步阶段，可以小体量试水，维持 1 年以上（如持续试水 2～3 年）再查探市场反应；中期阶段要实现快速回笼资金，因此需进行规模化与高溢价开发；后期阶段要保持适量的现金流，达到投入与产出的平衡。

开发中的物业搭配关系，即配套与住宅之间的关系，也是大盘开发节奏控制要考虑的一个很重要的方面。在开发的不同时期，住宅与其他配套应合理搭配，以寻求最能满足购房者需求的搭配方式，同时兼顾企业利润。通常资源要在前期展示，但资源最好的产品适宜推后开发，以博取高价值，最终通过各类物业的科学组合，可以有效地控制开发节奏，实现应有的现金流和长周期开发。

三、大盘开发的价格控制

在大盘开发过程中，价格控制是否科学极大地影响大盘的整体开发效果。总的来说，根据项目开发的不同阶段，应该有一个整体的定价策略，但也要考虑到其他多方面因素的影响，尤其是当市场出现波动时，应及时采用相应的市场波动应变策略。

（一）先做整体定价

大盘适宜采用“稳步拉升”价格的整体定价策略，即开盘的价格策略采取适应市场的低开策略，售价贴近目标消费群的心理水平甚至低于成本价发售，迅速吸引市场的关注。随着配套等各个环节的落实，价格不断攀升，最终达到利润、品牌的双赢。整体定价策略主要分为三个阶段进行控制。初期阶段主要是出于吸引力的引导，定价可采取高于区域均价但低于市内同类产品均价的策略；中期采取小幅度调涨，静待大盘成熟的策略；中后期主要是执行高溢价高利润，延续市场均价，以达到快速实现现金流的目的。

（二）基于市场波动提前建立价格应变策略

当市场价格出现波动的时候，就应采取相应的措施来应对，使得产品一直处于优势地位。市场波动应变策略主要强调的是以市场变化灵活调整物业的销售价格为核心，这种价格策略需要决策者对房地产市场走势具有非常准确的前瞻性、应变性，这种价格策略的不足之处是易变、难以控制。但是在应对市场波动的时候，不宜采用直接优惠降价的方式，可以采用其他更有效的方法来吸引购房者，如精装交付、产品升级等。

第四节　房地产大盘推广策略

大盘的开发周期长，推广周期必然也很长，这就使得大盘的营销非常容易因为推广方式多样而发生混乱。大盘在不同的时期销售要突出不同的卖点，但要形成体系，始终保持气质、调性的一致性，使其有踪可寻。对大盘而言，销售执行必须成为操盘核心。

一、大盘推广的基本原则

（一）开发初期要确定启动哪类楼盘

大盘开发初期是开发商“烧钱”的时期，这时项目还没有开始销售。这一时期的销售工作为后期的大盘营销起积累和铺垫作用。可根据楼盘类型确定大盘的启动策略，如产业驱动大盘——产业先行，通过产业成功建立项目地位；景观大盘——高等级酒店启动后，住宅再启动，提升项目价值；一般大盘——通过前期住宅启动带动后期商业、配套的实现。

大盘在启动时还应遵循如下原则：市场可实现性——最先启动的物业必须为市场可实现物业，否则项目形象与价值将大大贬损；符合项目资源特色——大盘为了展现价值点，一般在景观较好的区位启动；有利于价值最大化——通过前期成功启动实现后期价值提升。

值得注意的是，启动期往往要有多种产品组合，以体现生活方式为目标，要复合而不要单一，要注重与规模匹配的感知价值。在这里，启动区的选择至关重要。启动区要有标杆物业，用细节展现项目品质，突出超值感，通过强强联手以及商业联盟给购房者信心。同时，启动区要利用核心资源集中展示。

（二）开发中后期要以目标市场为工作导向

这里所说的开发中后期是指自大盘一期开盘至整个大盘开发结束的时期。这个时期是大盘营销耗费时间最长的时期，也是大盘营销能否实现企业战略目标的最为关键的时期。开发中后期要以目标市场为工作导向，采取“五步法”，即收集相关信息细化大盘定位、用差异化营销抢占市场先机、提供定制化服务拓展市场、用机动化营销手段应对多变的市场环境、整合外部资源促进大盘营销。

（三）大盘开发必须逐渐形成某种区域价值

大盘竞争不是个别楼盘的竞争，而是区域价值的竞争。如果缺乏区域价值，大盘往往必须自己营造“区域价值”，需要做边界界定和区域营销。强势的概念必须有利于形成区域中心和区域价值，而这些概念的推广必须在大盘启动初期就开始植入并逐步渗透。特别是对于郊区大盘而言，往往需要以比常规方式更高的营销费用进行强势推广，使特色概念深入人心，最终建立一定的市场影响。从硬件上看，往往需要1～2个“震撼点”，形成强势的传播，如创新产品样板段、极尽风情的商业配套等。成功的大盘营销往往最终成为“本地营销规则的最终制定者”。

二、大盘营业推广的体系化控制

大盘营业推广体系包含产品、广告、宣传、推广的气势和频率、价值的传播方式等各种营销实体要素的关联关系搭建，前后有衔接线索，让客户容易有始终清晰如一的品牌记忆。

（一）品牌构筑线索

品牌对大盘营销至关重要，因此，一个地产大牌的营销思路首先就是要构筑品牌。大盘体量大、营销周期长，不建立品牌势必会被后来者的新理念、新概念覆盖或超越，导致后续营销乏力；而品牌一旦构筑起来，对销售的促进是任何营销推广方案所无法比拟的。品牌营销应成为一条主线贯穿于开发、销售与管理的各个环节。

（二）产品推广线索

大盘的产品推广应始终把握大盘是复合型生活方式的特点。大盘体量大决定了其客户群体不能单一，应体现出多元复合的特点，因此，在营业推广时，无论因为哪种目标做出何种主题推广，都要保持宣传好大盘产品复合型生活方式的特点。

（三）广告宣传线索

大盘营业推广的用力重点在前半段，若操作得当，后半段能形成客户带客户的效果，但是前半段的广告宣传投入应保持核心调性的一致性，即只能变形而不能改变。大盘广告线索可通过线上宣传与线下公关同时进行，依次按照“品牌—区位—产品”的宣传主题，每个主题可持续一个月，直至开盘。

（四）价格线索

在价格宣传策略上，关键是多手段制造楼价上涨的紧迫感和市场紧迫感，克服客户对于大盘的惯性认知——“不着急，后面还有”。另外，还可利用产品特色的稀缺性制造紧迫感，这种紧迫感来自销售人员话语表述和销售现场氛围两方面，如销售人员告诉客户“你喜欢的户型价格可能上涨”，以此造成客户的紧迫感。

（五）价值线索

在价值线索的把控上，主要是控制好节奏，不断强化项目价值点。大盘要用节奏控制整体价值。大盘的开发不再是一个进度逻辑，而是节奏逻辑，节奏的快慢对于确定和提升大盘的整体价值非常重要。坚定开发方向的同时，要不断挖掘项目不同阶段的价值点，但开发方向不应轻易发生变化。规模越大的盘越应该以自身为参照系，不因市场或者其他竞争对手的情况而变化。

三、销售执行必须成为操盘核心

营销前期所做的事情都是花钱的工作，而销售阶段则是开发商收钱的时期，因此，销售执行阶段对于开发商而言非常重要，有以下八个关键点。

（一）团队思想：必须具备全员销售意识

大盘销售要引入全员营销理念。从门口的保安、销售接待员、清洁工、工程人员乃至总经理均需要培养“为客户服务”和“每个人都是销售的一个节点”的意识，每个人的行为及工作均会在销售中起到或好或坏、或大或小的影响和作用，因此，强化大盘营销理念必须导入“全员销售意识”。

（二）销售培训：必须强化销售人员的专业技能

大盘项目在开盘时一定要制造出极大的轰动，现场也必须非常火爆，一旦前期准备不充分，销售人员及服务人员能力不足，场面将会非常被动。而销售人员的意识、能力及悟性参差不齐，因此，前期必须提升销售人员和服务人员的综合能力，包括强化专业能力、增强对楼盘的理解度、统一楼盘的相关细节认知、强化服务营销理念，最终让销售人员和相关服务人员发自内心地理解项目，爱上自己销售的楼盘，这样销售人员最终向客户介绍楼盘、解释问题时才是生动的、能够打动人的。

（三）销售道具：必须齐备、新颖

销售道具主要指售楼现场面对客户所涉及的能代表楼盘形象的任何道具，包括介绍项目的楼书、户型展示的样板房、接待客户的售楼处以及其他能让客户了解楼盘的一切实物。楼书的设计和表现手法可摒弃以往的烦琐介绍，可以设计师手绘原稿为主，配以效果图、景观图、家具示意图等直接进行产品介绍，给人以耳目一新的感觉；样板房可以给客户以身临其境的切身感受，有效树立起客户的信心；售楼处的设置（包括接待区、展示区、洽谈区、签约区、样板区等）应能发挥吸引人流的作用；其他销售道具，如看板、沙盘、小型刊物等的设置要和大盘的整体形象相匹配。上述各种道具的运用都是为达到宣传楼盘形象、延长看房者逗留时间、增加购买机会等目的做铺垫。

（四）开盘组织：掌握三种销售组织模式

大盘采用的销售组织模式主要有三种，即开放式、接力式和陪同式。在开放式销售的现场，封闭式楼盘销售中的种种限制被取消，销售人员会鼓励客户进入样板间，提前感受未来的生活氛围，激起其购买欲望，增加其购买可能性。接力式销售将营销理念渗入每个服务细节，如在售楼部进门处的接待中心有销售人员做简单介绍，后引导客户乘电瓶车进入小区参观，途中有相关人员介绍小区设施、环境布置等，样板房中同样有相关服务人员进行热情介绍。接力式销售模式使得客户始终处于一种温情脉脉的营销氛围中，极具亲和力。陪同式销售即从客户进入售楼处开始到购房结束，自始至终都由同一位销售人员接待和提供服务，这种贴身服务对客户的了解程度更高，服务自然更加到位，但有可能给客户造成一定的压迫感。

（五）营销造势：为大盘开盘进行市场预热

房地产业有“小盘就市、中盘做市、大盘造势”的说法，中、小型楼盘体量有限，随行就市或略加创新再加上一定的宣传就能顺利达到营利目的，而对于大盘，造势却成为其营销中必不可少的重要组成部分。

1. 大盘造势的策略及方法

大盘造势往往是一种综合了视觉、听觉、触觉甚至嗅觉的全方位立体营销方式，内容和手段千变万化，极为复杂。开发商往往根据具体情况随机应变，因而从大方面可将其分为媒体造势、软性造势和硬性造势三大类。媒体造势是利用持续不断的媒体广告使得楼盘名称和卖点频频见报，这是媒体造势最为常用的手段，其表现形式直接且效果最为显著，但所需经费相对较高；软性造势是通过媒体报道、业界评论等非直接接触楼盘的手段进行造势，可以说是“于无声处听惊雷”，客户往往在没有任何准备的情况下被动接受了宣传，将其对广告的抗拒降到了最低；硬性造势就是找出实实在在有品质的楼盘，然后将这样的楼盘摆在客户面前，令其眼前一亮，产生购房的冲动。

总之，造势是一个综合行为，单纯造出优秀楼盘而不通过宣传吸引客户同样达不到引爆的效果。

2. 掌握适合的、高明的“筑池蓄水”手段

“造势”的最主要目的是吸引众多“眼球”，积累客户，因此将“眼球经济”转化为实际的客户才是关键，这需要开发商掌握适宜的“筑池蓄水”手段。高明的“筑池蓄水”手段不仅可以保住客户资源，还可以防止竞争对手“挖墙脚”。同时，“筑池蓄水”也可以试探市场价格承受能力、市场接受量，为“开盘引爆”奠定基础。

大盘的“筑池蓄水”方式与普通楼盘相比相差不大，但更加灵活多变，可以随市场的变化而变化，其主要目的是保住客源。例如，目前市场上较常见的方法有售卡、预订、抽签三种方法。售卡主要是在楼盘推出以后向有购买意向的客户出售贵宾卡，凭卡优先选房或优惠购房；预订是直接预付一定数额的订金；抽签是预订客户通过抽签获得购房的优先权。

（六）顺利引爆：强势引爆开盘

“蓄水”达到一定程度以后[①]，开发商需要将能量集聚到一点上，引爆开盘。引爆开盘不仅仅是为了销售房屋，同时可起到承上启下的作用，是营销中一个环节的终结及另一个环节的开始。

不少大盘为了达到引爆效果，采用全方位进攻的广告策略，即在开盘前一段时间内占领主要报纸、广播、电视等媒体，让人目光所及之处、耳朵所听之处都是同一个楼盘的广告，将所有有购买欲望的客户“一网打尽”。上海奥林匹克花园在开盘之前即采用了全方位的广告策略方式，连续4天在各大媒体投放，开盘当天销售情况异常火爆。

（七）价格与销控：选择价格策略与销控措施

一般情况下，价格策略与销控措施会结合整体营销策略整合使用。房地产与股票一样，客户的信心非常重要，多数人买涨不买跌。大盘的销售一般采用低开高走的价格策略，但低到多少才合适没有一定的标准，只能因项目而异。有专家认为，第一期定价要为后期留有余地，能做到后期开发比第一期增值就很成功了。

在销控措施方面，主要应控制好销售速度、节奏和推货策略等。很多的大楼盘都分两期、三期甚至八期、十期开发。有地产研究人士认为，项目分几期开发主要不是资金问题，而是一个市场预见问题，同时也是一个项目联动问题。销售进度太快，一期卖完之后，二期迟迟接不上，就会冷场；销售速度太慢，一期未完，又接着推二期、三期，不仅会搅乱市场，还会给人挤压太多、销售不畅的不良印象。因此，大盘的推货策略必须兼顾工程进

① “蓄水周期”直接影响销售速度，因而这一时间段不宜过长也不宜过短。一般来说，“蓄水量”超过本次推出房源的50%就可以引爆开盘。另外，推出房源状况也是必须考虑的问题。可售房源过多会对资金回笼造成压力，减弱购房者信心；可售房源不足也容易造成客户的流失。

度、销售速度、销售价格逐步拉升以及树立项目高品质形象四个方面。

（八）尾盘快销：大盘尾盘的处理方式

大盘在销售过程中一般会产生少量尾盘，若不能及时去化，随着新产品的推出，旧产品将过时或陈旧，最终变成存量。但是单独对这些存量做营销推广的话，成本可能过高且不经济。尾盘的去化不能做简单的降价销售，需要一定的销售策略，既不能损害前期购房客户的投资信心，同时也要为后期楼盘的推出奠定市场基础。

尾盘快销可采用参透式扫尾和促销式扫尾两种处理方式。参透式扫尾是借后期之势推前期之盘，即在后期推出之后，可以趁机将尾盘推销给那些对后期产品价格难以接受的客户。这种尾盘推销方式可以在悄无声息的情况下消化完尾盘，而不必担心降价会给前期购房客户带来信心的打击。促销式扫尾更为常见，如对前期中部分户型欠佳的复式房型进行重新分隔，改造成面积较小的一房及二房产品或者开展对大面积复式房型送装修的活动。这种方式实际上是一种变相降价，但不会产生直接降价影响购房者的信心等消极作用。

本章小结

大盘是指体量大的房地产开发项目，其概念本身比较模糊，没有固定标准可用于判定一个楼盘是否属于大盘，只能说在一定区域内，那些整体规模远超出区域平均水平的楼盘应当属于大盘范畴。目前房地产大盘的开发模式若从选址上来划分，一般分为三种：郊区陌生大盘、城市新区大盘和城市中心大盘。大盘产品规划具有独特的设计原则与设计重点，其利润主要来源于开发节奏。在大盘开发过程中，价格控制是否科学极大地影响大盘的整体开发效果。在项目开发的不同阶段，应该有一个整体的定价策略，但也要根据市场波动情况及时采用相应的应变策略。房地产大盘推广策略应关注大盘推广的基本原则、大盘营业推广的体系化控制以及销售执行必须成为操盘核心三个方面。

综合练习

一、基本概念

房地产大盘；郊区陌生大盘；城市新区大盘；城市中心大盘。

二、思考题

1．如何理解大盘价值？

2．大盘产品规划设计应坚持哪些原则？大盘产品规划设计的重点是什么？

3．大盘住宅产品的开发策略是怎样的？如何控制大盘开发节奏？

4．大盘推广应坚持哪些基本原则？

5．大盘推广如何进行体系化控制？

推荐阅读资料

天火同人工作室．房地产大盘策划新法——项目开发即查手册[M]．北京：中国经济出版社，2014．

网上资源

1．百度文库：http://wenku.baidu.com/.

2．新浪地产网个人后台：http://my.dichan.com/.

3．读秀学术搜索：http://edu.duxiu.com/.

参 考 文 献

1．董藩．土地经济学[M]．北京：北京师范大学出版社，2010．

2．王春生，王淞．房地产经济学[M]．5 版．大连：大连理工大学出版社，2006．

3．谢经荣．房地产经济学[M]．2 版．北京：中国人民大学出版社，2008．

4．乔志敏，李德峰．房地产经营管理[M]．北京：中国人民大学出版社，2009．

5．张永岳，陈伯庚，孙斌艺．房地产经济学[M]．北京：高等教育出版社，2008．

6．闫涛蔚．电子商务营销[M]．北京：人民邮电出版社，2003．

7．于颖，周宇．房地产市场营销[M]．大连：东北财经大学出版社，2005．

8．王家庭，李英．物业估价[M]．2 版．北京：清华大学出版社，2010．

9．李英，李兴东，许君一．煤炭城市住房供求博弈研究[M]．北京：煤炭工业出版社，2009．

10．刘宝成．现代营销学[M]．北京：对外经济贸易大学出版社，2004．

11．李健．国际市场营销理论与实务[M]．大连：东北财经大学出版社，2006．

12．全国国际商务专业人员职业资格考试用书委员会．国际商务基础理论与实务[M]．北京：中国商务出版社，2007．

13．罗农．市场营销学[M]．北京：清华大学出版社，2008．

14．汤学俊．营销战略规划与管理[M]．北京：中国商业出版社，2006．

15．严学军，万后芬，涂永式．市场学问题解析[M]．北京：中国财政经济出版社，1988．

16．朱南．现代企业管理实用方法[M]．成都：西南财经大学出版社，2006．

17．刘鹏忠，苏萱．房地产市场营销[M]．北京：人民交通出版社，2007．

18．董金社．商业地产策划与投资运营[M]．北京：商务印书馆，2005．

19．姚玲珍．房地产市场营销[M]．上海：上海财经大学出版社，2004．

20．左斌．房地产营销与风险防范[M]．北京：中国建筑工业出版社，2006．

21．姚玉蓉．房地产营销策划[M]．北京：化学工业出版社，2007．

22．张源，苏萱．房地产营销[M]．北京：机械工业出版社，2006．

23．柴强．房地产估价理论与方法[M]．4 版．北京：中国建筑工业出版社，2009．

24．尹伯成．西方经济学[M]．6 版．上海：上海人民出版社，2010．

25．白茂瑞，胡长明．土木工程概论[M]．北京：冶金工业出版社，2005．

26．上海财经大学投资研究所．2004 中国投资发展报告——持续发展中的房地产投资[M]．上海：上海财经大学出版社，2004．

27．国家信息中心．2006 年中国房地产市场展望[M]．北京：中国市场出版社，2006．

28．尹军，尹丽．房地产市场营销[M]．北京：化学工业出版社，2005．

29．贾士军．房地产项目策划[M]．北京：高等教育出版社，2004．

30．曾肇河．公司投资与融资管理[M]．北京：中国建筑工业出版社，2006.

31．朱华，窦坤芳．市场营销案例精选精析[M]．3 版．北京：中国社会科学出版社，2006.

32．姚玲珍．房地产市场研究[M]．北京：中国建筑工业出版社，2008.

33．王迎军．战略管理[M]．天津：南开大学出版社，2003.

34．陈幼其．战略管理教程[M]．上海：立信会计出版社，2003.

35．邱庆剑，胡校．规划企业的道路——企业战略百问百答[M]．北京：机械工业出版社，2003.

36．王璞，林卫民．房地产管理咨询实务[M]．北京：中信出版社，2005.

37．中国房地产 TOP10 研究组．中国房地产品牌价值研究理论与实践[M]．北京：经济管理出版社，2006.

38．南兆旭，滕宝红．营销组织管理规划[M]．广州：广东经济出版社，2004.

39．宁俊．服装营销管理[M]．北京：中国纺织出版社，2004.

40．韩天雨．企业法人市场营销全书[M]．北京：中国经济出版社，1997.

41．吴涛．市场营销管理[M]．2 版．北京：中国发展出版社，2005.

42．波特．竞争战略[M]．乔晓东，王西青，唐燕农，译．北京：中国财政经济出版社，1989.

43．余源鹏．房地产市场调研与优秀案例[M]．北京：中国建筑工业出版社，2006.

44．房地产行业认证培训管理中心．房地产专业知识与实务（初级）[M]．北京：中国建筑工业出版社，2005.

45．谭术魁．房地产开发与经营[M]．上海：复旦大学出版社，2006.

46．路君平．房地产估价师实务手册[M]．北京：中国建筑工业出版社，2007.

47．徐阳．市场调查与市场预测[M]．北京：高等教育出版社，2001.

48．邓宇．房地产全程营销与策划[M]．银川：宁夏人民出版社，2005.

49．周帆．房地产全程营销图表总汇[M]．北京：机械工业出版社，2007.

50．茆诗松．统计手册[M]．北京：科学出版社，2003.

51．李桂荣．市场调查[M]．广州：羊城晚报出版社，2002.

52．崔发强，刘柳．房地产市场调查与预测[M]．北京：化学工业出版社，2008.

53．黄建聪，黄元亨．房地产营销实务[M]．北京：高等教育出版社，2006.

54．高炳华．房地产市场营销[M]．武汉：华中科技大学出版社，2004.

55．彭文强．建设项目用地审批与房地产开发资本运营管理实务全书[M]．吉林：吉林摄影出版社，2002.

56．袁野．房地产营销学[M]．上海：复旦大学出版社，2005.

57．陈溥才，郭镇宁．房地产开发项目可行性研究与方案优化策略[M]．北京：中国建筑工业出版社，2004.

58．赵丹亚，邵丽．中文版 Excel 2000 应用案例[M]．北京：人民邮电出版社，2000.

59．宁宣熙，刘思峰．管理预测与决策方法[M]．北京：科学出版社，2003.

60. 张桂喜. 经济预测、决策与对策[M]. 北京：首都经济贸易大学出版社，2003.

61. 蔡育天. 房地产市场[M]. 上海：上海社会科学院出版社，1993.

62. 叶剑平，梁兴安. 房地产经纪实务[M]. 3 版. 北京：中国建筑工业出版社，2008.

63. 赵延军，薛文碧. 房地产策划与开发[M]. 北京：机械工业出版社，2005.

64. 李英子，周伟忠. 房地产市场营销[M]. 北京：中国电力出版社，2007.

65. 谭继存. 房地产营销策划[M]. 北京：中国城市出版社，2007.

66. 苗长川. 房地产市场营销[M]. 北京：北京交通大学出版社，2010.

67. 霍太林. 市场营销理论与实务[M]. 沈阳：东北大学出版社，2008.

68. 廖志宇. 房地产定位案头手册[M]. 北京：中国电力出版社，2008.

69. 栾淑梅. 房地产市场营销[M]. 北京：机械工业出版社，2006.

70. 华梅. 房地产市场营销[M]. 北京：中国建筑工业出版社，1997.

71. 筑龙网. 房地产营销方案实例精选集[M]. 北京：机械工业出版社，2007.

72. 马洪波. 房地产销售代表培训教程[M]. 北京：中信出版社，2002.

73. 王久华. 新产品开发总论[M]. 北京：企业管理出版社，1995.

74. 刘昕远. 广告学概论[M]. 北京：中国轻工业出版社，2007.

75. 李连寿. 航运市场营销学[M]. 上海：复旦大学出版社，1999.

76. 王爱民. 房地产市场营销[M]. 上海：复旦大学出版社，2006.

77. 刘海龙. 明天如何做房地产[M]. 北京：中国建筑工业出版社，2005.

78. 韩福荣. 质量生态学[M]. 北京：科学出版社，2005.

79. 张德鹏. 市场营销学[M]. 广州：广东高等教育出版社，2005.

80. 兰苓. 现代市场营销学[M]. 北京：首都经济贸易大学出版社，2003.

81. 周中元. 房地产市场营销[M]. 重庆：重庆大学出版社，2007.

82. 朱亚兵. 房地产开发经营与管理[M]. 上海：立信会计出版社，2007.

83. 雷建文，张维伦，胡大为. 超级引擎：奥园复合地产实战解码[M]. 北京：企业管理出版社，2004.

84. 潘彤. 房地产市场营销[M]. 大连：大连理工大学出版社，2007.

85. 房地产行业认证培训管理中心. 房地产专业知识与实务（中级）[M]. 北京：中国建筑工业出版社，2005.

86. 建筑业与房地产企业工商管理培训教材编审委员会. 建筑市场与房地产营销[M]. 北京：中国建筑工业出版社，1998.

87. 余源鹏. 房地产实战定价与销售策略[M]. 北京：中国建筑工业出版社，2006.

88. 周帆. 房地产销售[M]. 北京：机械工业出版社，2007.

89. 美国房地产业协会. 房地产营销师教程[M]. 丁芸，谭善勇，等，译. 北京：北京理工大学出版社，2006.

90. 余源鹏. 房地产项目整合营销实操一本通[M]. 北京：中国物资出版社，2009.

91. 朱华. 房地产营销[M]. 北京：机械工业出版社，2007.

92. 薛长青. 房地产营销管理[M]. 广州：广东高等教育出版社，2004.

93．喻颖正，章伟杰，林旭东．销售宝典2：高利润地产项目实效销售执行手册[M]．广州：暨南大学出版社，2005．

94．吕朝晖．市场营销学[M]．北京：化学工业出版社，2007．

95．吴翔华．房地产中介运作指南[M]．南京：江苏科学技术出版社，2003．

96．张德鹏．市场营销学[M]．广州：广东高等教育出版社，2005．

97．张在晖．WTO与房地产营销[M]．武汉：湖北人民出版社，2001．

98．张姝颖．房地产估价、经纪与市场营销[M]．北京：机械工业出版社，2008．

99．张建坤，黄安永．房地产市场营销学[M]．南京：东南大学出版社，1994．

100．叶雉鸠．房地产经营销售与购房实务全书新编[M]．北京：中华工商联合出版社，2002．

101．余宇楠．房地产开发与营销[M]．重庆：重庆大学出版社，2009．

102．赵延军，薛文碧．房地产策划与开发[M]．北京：机械工业出版社，2005．

103．余明阳，姜炜．广告经典案例[M]．合肥：安徽人民出版社，2003．

104．黄福新．房地产策划师职业培训教程[M]．北京：机械工业出版社，2006．

105．余源鹏．房地产包装推广策划[M]．北京：中国建筑工业出版社，2005．

106．汤鸿，纪昌品．房地产策划技术与案例分析[M]．南京：东南大学出版社，2008．

107．甘碧群．市场营销学[M]．3版．武汉：武汉大学出版社，2002．

108．赵晓燕，孙梦阳．市场营销管理—理论与应用[M]．2版．北京：北京航空航天大学出版社，2014．

109．张跃松．房地产开发与案例分析[M]．北京：清华大学出版社，2014．

110．栾淑梅．房地产市场营销实务[M]．3版．北京：机械工业出版社，2014．

111．陈春洁，陈慧频．房地产销售代表速成精品手册[M]．北京：中华工商联合出版社，2013．

112．王丽萍，李创．网络营销学概论[M]．北京：清华大学出版社，2014．

113．刘东明．网络整合营销兵器谱[M]．沈阳：辽宁科学技术出版社，2009．

114．谭术魁．房地产经营与管理[M]．北京：首都经济贸易大学出版社，2009．

115．胡炬．微信营销实战—快速提升品牌影响力的7堂精品课[M]．北京：中国铁道出版社，2014．

116．天火同人工作室．房地产大盘策划新法—项目开发即查手册[M]．北京：中国经济出版社，2014．

117．方建国．房地产投资与融资简明教程[M]．北京：清华大学出版社，2014．

118．程道平．现代城市规划[M]．北京：科学出版社，2004．

119．吕萍．房地产开发与经营[M]．4版．北京：中国人民大学出版社，2016．

120．卢新海，王玥．房地产市场营销[M]．北京：首都经济贸易大学出版社，2015．

121．马光红．房地产估价理论与方法[M]．上海：上海大学出版社，2016．

122．周长伟，杨继美．房地产企业“营改增”360度指南[M]．北京：机械工业出版社，2016．

123．郭杰．供给侧结构性改革的理论逻辑及实施路径[M]．北京：中国社会科学出版社，2016．

124．袁一正，曹宇．互联网+房地产：从拥抱到颠覆[C]//魏后凯，李景国．房地产蓝皮书：中国房地产发展报告 NO.12（2015）．北京：社会科学文献出版社，2015．

125．耿继进，李妍，汪友结．房地产整体估价：税基评估方法与技术[M]．北京：人民出版社，2015．

126．李宁衍．逃不开的房地产[M]．北京：清华大学出版社，2014．

127．李洋．“互联网+”战略下的房地产众筹之路[M]．北京：中国经济出版社，2016．

128．刘群红，刘章生，刘桂海．房地产策划与营销[M]．北京：化学工业出版社，2021．

129．中国社会科学院国家未来城市实验室，中国房地产估价师与房地产经纪人学会．房地产蓝皮书：中国房地产发展报告 NO.18（2021）[M]．北京：社会科学文献出版社，2021．

130．袁志华．房地产开发全过程管理及实务研究[M]．西安：西安电子科学技术大学出版社，2021．

131．陈英存，项勇．房地产策划[M]．北京：北京理工大学出版社，2021．

132．中国房地产业协会．中国房地产年鉴（2021 年版）[M]．北京：企业管理出版社，2021．

133．乐居财经．2020 年中国房地产人物年鉴[M]．北京：机械工业出版社，2021．

134．朱晓波．营销制胜：房地产营销标准化体系搭建的 48 个关键节点[M]．北京：中国法制出版社，2021．

135．曹建元．房地产金融[M]．2 版．上海：复旦大学出版社，2021．

136．冯斌，杜强，赵小云．房地产开发与经营[M]．2 版．北京：清华大学出版社，2021．

137．王珍莲，窦义粟．房地产投资分析[M]．北京：北京理工大学出版社，2020．

138．刘琳．房地产市场风险与调控[M]．北京：中国计划出版社，2020．

139．李德智，蒋英，陈红霞．房地产开发与经营[M]．北京：机械工业出版社，2020．

140．牛静敏．我国房地产宏观调控政策效果研究[M]．北京：九州出版社，2020．

141．刘贞平．房地产经纪实务[M]．武汉：武汉理工大学出版社，2020．

142．宋永发．房地产项目投资与策划[M]．北京：机械工业出版社，2020．

143．杨慧．新型城镇化与房地产市场[M]．北京：中国财政经济出版社，2020．

144．朱江．房地产基本制度与政策[M]．北京：中国建筑工业出版社，2019．

145．魏正源．一本书读懂中国房地产[M]．北京：中国商业出版社，2019．

146．中国科学院大学中国产业研究中心．2019 中国房地产市场回顾与展望[M]．北京：科学出版社，2019．

147．瞿富强．房地产开发与经营[M]．3 版．北京：化学工业出版社，2018．

148．谭术魁．房地产项目管理[M]．3 版．北京：机械工业出版社，2018．

149．高惺惟．防范金融风险与维护金融稳定[M]．北京：中国金融出版社，2021．

150．展志勇．中美贸易战背景下对中国房地产金融法律的研究——中国房地产业该何去何从[J]. 法制博览，2019（5）：227.

151. 沈卓涛. 泡沫经济：中国房地产市场的经济计量分析[J]. 山西农经，2021（3）：5-11.

152. 赵奉军. 中美贸易战对住房市场的影响[J]. 中国房地产，2018（19）：10-12.

153. 王艺多. 5G 网络时代房地产企业面临的机遇和挑战初探[J]. 通讯世界，2019（6）：66-67.

154. 何竞平. 5G 时代房地产营销的未来展望、挑战及对策——基于 4P 理论的分析[J]. 中国房地产，2019（27）：73-79.

155. 李如财. 5G 构建智慧地产发展新模式[J]. 经营与管理，2020（12）：150-152.

156. 刘强. 5G 时代房企发展之策[J]. 城市开发，2020（8）：41.

157. 中国铁塔与碧桂园签署战略协议，面向 5G 共推“智慧地产”[J]. 电信工程技术与标准化，2019，32（2）：83.